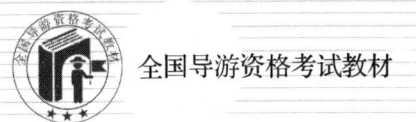

全国导游资格考试教材

CHANGYOU MEILI LIAONING

畅游美丽辽宁

第❷版

范秋梅 谢春山 达温阳 ◎ 编著

北京·旅游教育出版社

全国导游资格考试教材

编委会

主任委员：赵瑞雪　赵　悦
副主任委员：谢春山　范秋梅
委　　　员：邹本涛　张荣娟　秦志学　李　青
　　　　　　赵　杨　戴侠男　王跃伟　何忠诚
　　　　　　于　荀　佟　静　李　巍　陈艳珍
　　　　　　赵爱华　鲁　奇　达温阳

《畅游美丽辽宁》

编　著：范秋梅　谢春山　达温阳

修订前言

全国导游资格考试科目包括《政策与法律法规》《导游业务》《全国导游基础知识》《地方导游基础知识》，我社为适应辽宁省导游资格考试组织专家编写了四个科目的教材，以及《畅游美丽辽宁》和《辽宁导游现场考试指南》，共6本考试参考用书。该套教材自出版以来，除了被用于导游资格考试以外，还被一些旅游院校旅游管理专业和导游管理专业选为专业教材，深受考生和旅游专业教师的欢迎和好评。

随着疫情后全国旅游业的快速发展以及文旅融合背景下旅游新业态的发展，旅游新场景不断涌现，辽宁的旅游景区也在发生变革，处于高质量、高水平的发展阶段；《2023年全国导游资格考试大纲》的公布和依托"六地"资源所涉及的优质红色旅游资源的开发建设，为满足广大考生备考和专业教学的需要，我社对《畅游美丽辽宁》进行了修订。

本教材在注重突出导游知识的完整性、科学性和简洁性的同时，更加注重突出近年来国家旅游业发展中的新变化、新业态、新趋势和辽宁旅游的地方特色、发展潜力和区域优势，使教材具有较强的针对性和实用性。这是本教材有别于国内同类教材最为显著的特点和优势。本教材既可满足广大导游资格考试考生的需要，也可用作旅游院校相关专业教材或教学参考用书。

此次《畅游美丽辽宁》教材的编写得到了辽宁省旅游教育中心领导、工作人员的大力支持和帮助，对此，我们表示衷心的感谢！同时，在教材的编写过程中，我们也参考了大量的相关论著与文献，恕不能一一列出，在此一并表示谢意！

由于时间仓促，加之水平有限，教材虽经认真编写，但仍存在部分缺点和疏漏之处，恳请广大考生、读者和学界同人批评指正。对此，我们将不胜感激！

全国导游资格考试教材编写组
旅游教育出版社
2023年7月

目录 CONTENTS

辽宁概况

沈阳概况——传奇盛京，福运沈阳 /5
  沈阳故宫——清朝发祥地，豪爽关东情 /8
  沈阳昭陵——"彰明""显扬"之陵 /17
  沈阳福陵——启运之陵 /27
  沈阳世博园——"我们与自然和谐共生"之园 /31
  张学良旧居陈列馆 /36
  沈阳"方特欢乐世界"——急速的世界 /41
  辽宁省博物馆 /43
  沈阳"九·一八"历史博物馆 /46
  中国工业博物馆 /49

中 线

——哈大高铁线

大连概况——浪漫之都，时尚大连 /56
  老虎滩海洋公园 /59
  大连森林动物园 /64
  金石滩国家旅游度假区 /69
  东沟生态文化旅游风景区 /83
  长山群岛国际旅游度假区 /88

营口概况——休闲新都营口 /94
  百年辽河老街 /96
  西炮台遗址 /98
  望儿山风景区 /101
  虹溪谷温泉旅游度假区 /104

鞍山概况——中国钢都鞍山 /107
  鞍山钢铁之旅 /109
  千山风景名胜区 /112
  玉佛寺风景名胜区 /121
  辽南名镇——海城西柳 /127
  汤岗子温泉旅游度假区 /133

辽阳概况——历史文化名城 /137
  汤河国际温泉旅游度假区 /139
  广佑寺景区 /142
  龙石风景旅游区 /144
  龙峰山风景区 /146

铁岭概况——辽北名城铁岭 /148
  调兵山蒸汽机车博览园 /150
  莲花湖国家湿地公园 /155
  清河旅游度假区 /159
  龙首山风景名胜区 /163

西线
——京哈高铁线

朝阳概况——三燕古都朝阳 /168
  鸟化石国家地质公园 /171
  朝阳凤凰山风景名胜区 /176
  清风岭风景区 /186

目录

阜新概况——祈福圣地阜新 /194
    海棠山风景区 /194
    大清沟风景区 /197
    十家子玛瑙城 /200
    "小喇嘛洞"——宝力根寺 /201

环　线
——辽宁滨海大道线

葫芦岛概况——关外第一市葫芦岛 /208
    九门口长城 /209
    兴城古城 /213
    兴城温泉 /220
    觉华岛旅游度假区 /221

锦州概况——锦绣之州锦州 /223
    锦州世博园 /226
    笔架山 /236
    辽沈战役纪念馆 /239
    义县奉国寺风景区 /243
    医巫闾山大观音阁风景区 /247

盘锦概况——湿地之都盘锦 /252
    红海滩国家风景廊道 /254
    鼎翔生态旅游度假区 /261
    鑫安源莲花湖 /270
    七彩庄园 /274

东 线
——辽东边境风情游精品线

抚顺概况——满族故里抚顺 /282
    清永陵 /284
    赫图阿拉城 /293
    萨尔浒风景名胜区 /298
    雷锋纪念馆 /302

本溪概况——"枫叶之都"本溪 /304
    九曲银河本溪水洞 /306
    五女山山城 /316
    关门山国家森林公园 /331
    东北抗日义勇军纪念馆 /339

丹东概况——江畔名城丹东 /348
    鸭绿江风景名胜区 /351
    凤凰山风景名胜区 /355
    天桥沟国家森林公园 /359
    抗美援朝纪念馆 /361
    鸭绿江断桥景区 /365

辽宁概况

游客朋友们好！欢迎大家到辽宁旅游。

辽宁省（Liaoning Province）简称辽，是我国东北唯一的沿海省份，是我国近代开埠最早的省份之一，也是中华民族和中华文明的发源地之一，新中国工业崛起的摇篮，被誉为"共和国长子""东方鲁尔"。

辽宁地理位置优越，它位于中国东北地区南部，南临渤海、黄海，西南与河北省交界，西北与内蒙古自治区毗邻，东南隔鸭绿江与朝鲜半岛相望。从地形上分为三大区域：东部辽东丘陵区、中部辽河平原区、西部辽西丘陵区。辽宁沿海城市众多，港口密集，交通发达，公路密度居全国之首，是东北地区的经济中心和交通、通信枢纽。

辽宁共有14个地级市，其中副省级城市2个（沈阳、大连），省会设在沈阳。全省总面积14.8万平方公里，总人口4 300多万。辽宁以汉民族为主，与满族、蒙古族、回族、朝鲜族和锡伯族等51个少数民族共同构成多民族省份。辽宁是全国最大的满族和锡伯族的分布区，其中满族人口500多万，占全省少数民族人口的81%，占全国满族人口总数的50.4%；锡伯族人口13.3万人，约占全国锡伯族人口总数的70.3%。满族和锡伯族民俗文化是辽宁关东民俗的重要组成部分。

辽宁省属于温带大陆性季风气候，夏季多为偏南风，炎热短促，冬季多为偏北风，寒冷稍长。每年5月至10月是辽宁最佳的旅游季节，1月至2月是观赏冰雪景观和民间节日的最佳时间。

辽宁的春天风光

辽宁的夏天风光

辽宁的秋天风光

辽宁的冬天风光

辽宁概况

辽宁省历史悠久，古文化源远流长。辽河流域和黄河流域、长江流域一样都是中华民族灿烂文化的发祥地。早在旧石器时代早期，辽宁地区就有人类生活。在大石桥发现的金牛山遗址，距今已有26万年，是迄今辽宁地区发现的最古老的一处人类栖息地。到了距今8 000年前，辽宁地区开始进入新石器时代。在阜新发现的查海遗址，被称为"辽河第一村"。朝阳牛河梁红山文化遗址距今5 000多年，这里存在一个初具国家雏形的原始文明社会，展现了中华民族5 000年前的文明曙光。自夏朝进入奴隶社会后，辽宁地区就与中原政权建立了隶属关系。据中国最

牛河梁文化遗址

早的地理著作《禹贡》记载，辽宁地区最早隶属于冀州和青州，夏商为幽州、营州之地。春秋战国时期为燕地。秦始皇统一中国后，全面设置郡县，在辽宁地区设置辽东、辽西等郡。此后，中国历代封建王朝均在此设置行政机构，清代称为盛京、奉天。民国初年沿袭清制，1929年，奉天省改为辽宁省，取"辽河流域永远安宁"之意。"九·一八"事变后，辽宁地区曾一度被日本帝国主义占领。新中国成立初期，辽宁地区设辽东省、辽西省和热河省。1954年合并辽东、辽西两省，复称辽宁省。

辽宁省矿产资源丰富，门类齐全，已发现的矿藏有100多种，其中铁、硼、菱镁石、金刚石、滑石、玉石、溶剂灰

新乐遗址

查海遗址

辽河油田

3

辽宁的工业

中国工业博物馆

岩等矿的储量均为中国首位。辽河油田石油、天然气储量分别占全国储量的15%和10%。辽宁工业基础雄厚，具有近百年的工业历史，是我国重工业及主要工业原材料基地。石化、冶金、电子信息、机械是辽宁省的四大支柱产业。省内交通便利，形成了以港口为门户，铁路为动脉，公路为骨架，民用航空、管道运输相配套的四通八达的综合交叉立体运输网。

辽宁是全国重要的农副产品和商品粮基地，盛产水稻、玉米、小麦、高粱、谷子、大豆、棉花、烟草、水果等。辽宁的土特产品和水产品驰名中外，主要有人参、鹿茸、貂皮、柞蚕丝、贝类、海蜇、海参、鲍鱼、螃蟹、扇贝等。

辽宁省风光秀丽，名胜古迹星罗棋布，是中国文物大省之一。现有文物古迹1.12万处，其中，有世界文化遗产6处，全国重点文物保护单位147处，省级重点文物673处；国家级非物质文化遗产76项，省级非物质文化遗产296项。人文景观和自然景观极其丰富。有2 000多年前的秦汉碣石宫殿遗址，有1 500多年前的中国最北部的古代石窟建筑群，有

1 500多年前的东北第一塔朝阳北塔，有精美的辽代建筑奉国寺和辽阳白塔，有"京东首关"九门口水上长城，还有中国目前保存最为完整的四座古城之一的兴城古城，等等。辽宁是清王朝的发祥地，沈阳故宫、关外三陵（永陵、福陵、昭陵）、抚顺赫图阿拉城等名胜古迹都驰名中外。大连和丹东的近代战争遗址、沈阳张学良旧居陈列馆及"九·一八"历史博物馆、锦州辽沈战役纪念馆等著称于世。有大连金石滩、蛇岛、本溪水洞、鸭绿江、医巫闾山、千山、凤凰山、五女山、海棠山、盘锦红海滩、冰峪沟等名山秀水、奇石异洞，遐迩闻名。辽宁民风民情淳朴自然，浓烈炙热。辽宁冰雪·温泉旅游节、辽宁旅游欢乐节、大连国际服装节、鞍山·千山国际旅游节、抚顺满族风情国际旅游节、本溪国际枫叶节、丹东鸭绿江国际旅游节、营口望儿山母亲节、铁岭民间艺术节等节会活动异彩纷呈，深受中外游客的欢迎。

辽宁地方文艺丰富多彩，沈阳杂技团和大连杂技团的表演蜚声海内外。二人转、大秧歌、小品、评书等文艺形式各有特色，热情奔放，粗犷泼辣。

辽宁概况

东北大秧歌

辽宁省旅游业发展迅速，已经成为中国的旅游大省。全省14个地级市全部进入中国优秀旅游城市行列，大连市荣膺"中国最佳旅游城市"的称号。美丽的辽东半岛，多彩的辽西走廊，辽宁人民热诚邀请海内外朋友乐游辽宁！

辽宁的著名手工艺品有岫岩玉雕、大连贝雕、阜新玛瑙雕刻、抚顺煤精雕刻等，极其精美。

岫岩玉雕

大连贝雕

阜新玛瑙

沈阳概况

——传奇盛京，福运沈阳

沈阳是辽宁省省会，东北地区经济、文化、商贸、金融和交通中心，总面积1.3万平方公里，总人口822万。沈阳地处辽东半岛腹地，属温带半湿润大陆性气候，年平均气温8.1℃，四季分明。沈阳现有旅游资源1 100余处，是一座遐迩闻名的优秀旅游城市。

沈阳有东北地区最大的航空港、全国最大的铁路编组站和最高等级的高速公路网。密集的高速铁路、高速公路、城际铁路网及作为中国八大枢纽空港之一的桃仙机场，把沈阳与国内外城市及周边城市连接在一起。

沈阳故宫

5

沈阳是中国历史文化名城，迄今已有2 300余年建城史。1625年，清太祖努尔哈赤建立的后金迁都于此，将沈阳改称为盛京，11年后，皇太极在这里改国号为"大清"，成就了沈阳"一朝发祥地，两代帝王城"的美誉。沈阳故宫是除北京故宫外，中国现存的宫殿建筑群中保存最完好的皇家宫殿。沈阳故宫、清福陵、清昭陵"一宫两陵"全部进入世界文化遗产之列。沈阳也见证了近代中国历史的风云变幻。张氏帅府，作为张作霖及其长子张学良将军的官邸和私宅，是目前东北地区保存最为完好的名人故居。在"九·一八"事变发生地建立的历史纪念馆，每年都有近百万炎黄子孙来这里缅怀历史，警醒自强。

清福陵

清昭陵

张氏帅府

沈阳是祖国大陆的工业重镇，是一座记录中国工业由弱变强、振兴发展历史的鲜活"博物馆"，深厚的工业文化和独特的工业旅游吸引着海内外游人的目光。从20世纪50年代起，沈阳在航空、机床、通用机械等领域创造了500余项第一。

中国工业博物馆

沈阳是一座洋溢着浓郁关东风情的塞外名城。多民族文化在这里水乳交融。作为少数民族聚居的城市，在沈阳还可以品尝到满、回、蒙古、朝鲜等民族的风味美食。

沈阳是中国最具经济活力的城市之一。2006年，通过成功举办世界园艺博

辽宁概况

东北二人转

东北二人转

马家烧卖

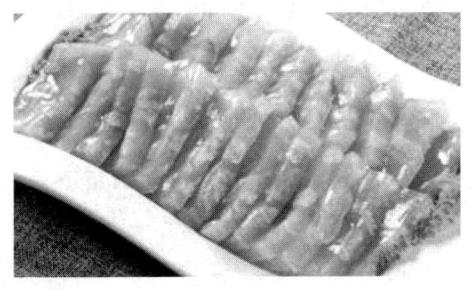

精美皮冻

览会,进一步提升了沈阳的城市形象;2008年,沈阳作为北京奥运会足球赛区城市,聚焦了全世界的目光;2010年,国家正式批准沈阳经济区为国家新型工业化综合配套改革试验区,为经济区发展插上了快速腾飞的翅膀;2013年,第十二届全运会在沈阳举行,为旅游业的发展带来了新的历史机遇。

沈阳有丰富的冰雪旅游资源,沈阳冬季气温常年保持在-10℃左右,是天然的冰雪运动胜地,现已开发了棋盘山冰雪大世界、东北亚滑雪场、白清寨滑雪场、沈阳怪坡国际滑雪场4座滑雪场,提供高山滑雪、森林滑雪、大众滑雪等众多运动项目。沈阳的温泉资源也非常丰富,已经建成沈北温泉旅游聚集区、于洪温泉旅游度假区、沈阳兴隆温泉城、辽中温泉旅游度假区4个温泉旅游度假区,以及沈北国御温泉小镇、小韩村温泉特色名镇、蒲河温泉新市镇、世界温泉部落美国郡旅游小镇、格林康泉府温泉旅游小镇5个温泉旅游小镇,在冰天雪地里泡温泉一定会带来难以忘怀的独特体验。

棋盘山滑雪场

7

沈阳故宫交通图

美国郡温泉

沈阳的旅游景区不仅局限在沈阳境内,沈阳经济区八城市已率先实现了旅游一体化。以沈阳为中心的一小时经济圈,集中了8座百万以上人口的城市,形成了区域面积7.5万平方公里、拥有2 400万人口的城市群。城市化率65%,是全国城市化水平最高的地区之一。

目前,沈阳的主要旅游景点有:世界文化遗产沈阳故宫、昭陵、福陵及张氏帅府博物馆、沈阳方特欢乐世界、沈阳市植物园、沈阳棋盘山风景区、沈阳怪坡风景区、沈阳"九·一八"历史博物馆、沈飞航空博览园、沈阳三农博览园、沈阳科学宫、沈阳新乐遗址博物馆、华晨宝马工业旅游景区、周恩来少年读书旧址纪念馆等。

● **沈阳故宫——清朝发祥地,豪爽关东情**

讲解重点

沈阳故宫是世界文化遗产、国家4A级景区、全国重点文物保护单位。故宫,即旧时宫殿,沈阳故宫始建于后金(努尔哈赤建立政权之初国号为金,史称后金)天命十年(1625)。先后经过3次大规模建设,形成了东中西三路格局。其中东路为老罕王努尔哈赤进沈阳以后修建;中路为努尔哈赤的儿子清太宗皇太极继位以后兴建;西路则为清朝中期乾隆皇帝东巡和为了安放《四库全书》而修建。全部建筑100余座,500余间,组成20多组院落。作为我国现存保存最完好的两座宫殿之一,与北京故宫遥相呼应,却又有着与北京故宫截然不同的建筑风格和格局样式。那么，我们今天就来领略一下昔日皇宫的风采。

游客朋友们好！欢迎游览沈阳故宫。

沈阳故宫是中国现存两座古代帝王宫殿之一，也是举世仅存的满族风格宫殿建筑群，具有很高的历史价值、文化价值和艺术价值。2004年，联合国教科文组织正式将沈阳故宫列入《世界遗产名录》。

沈阳故宫位于沈阳老城中心，即沈河区沈阳路。初建时叫"盛京宫阙"。清迁都北京后又称"陪都宫殿""留都宫殿"，并被尊为"国初圣迹"。它始建于后金天命十年（1625），建成于清崇德元年（1636），是清太祖努尔哈赤和清太宗皇太极营造和使用过的宫殿。清世祖福临也在这里继位称帝，改元"顺治"，并于当年入关，统治全中国。清王朝入主中原后，康熙、乾隆、嘉庆、道光等皇帝曾先后10次"东巡"盛京祭祖，都到此"恭瞻"，或驻跸处理朝政和举行盛大庆典，并有所扩建。沈阳故宫是清王朝定鼎中原前在东北地区的统治中心，也是清统一全国后东北地区的政治和经济中心。

沈阳故宫现占地面积6万多平方米，分为东路、中路和西路三部分。东路建筑为努尔哈赤时期所建，具有浓郁的民族特色；中路建筑主要是皇太极时期所建，曾演绎过许多历史故事；西路建筑建于清乾隆年间，以储藏《四库全书》而闻名。我们按照时间顺序自东向西游览。

[沈阳故宫东路——大政殿]

大政殿

沈阳故宫东路建筑主要包括大政殿和十王亭。从建筑形式上看，它们都是"亭子式"建筑，好像11座"帐殿"依次排列在宽阔的广场中。这种建筑形式脱胎于女真民族戎马生涯中的帐殿，是游牧民族"帐殿"制在皇宫建筑上的反映。从总体建筑布局上看，大政殿居中，两旁分列10个亭子，从北向南，呈八字形展开，在视觉上使大政殿更为深远。这种空间处理方式在中国宫殿中仅此一例。这种把汗王听政的大殿与八旗王公大臣候朝议事的亭子建在一起的格局，正是努尔哈赤崛起之初实行军政合一的八旗制度所决定的，反映了努尔哈赤晚年一汗独尊、八和硕贝勒共治国政的历史风貌。

大政殿，俗称八角殿，又叫"大衙门""笃恭殿"。它外高21米，是一座八角重檐攒尖顶"亭子式"建筑，下有约1.5米高的须弥座式台基，周围绕以青石围栏，栏上有各种精美的雕刻。其东、南、西、北四面都有"踏跺"伸出，南面最大，并有"御路"通连平

大政殿

地。殿身八面均由"斧头眼"式木槅扇门组成,不砌砖石,可以任意开启。周围出廊,有朱漆圆柱18根。正门前两侧柱子上盘绕着一对栩栩如生的金龙,昂首舞爪,双双朝向悬于梁上正中的一颗红光熠熠的火焰宝珠,造型极为生动。殿顶是黄琉璃瓦镶绿剪边,重檐上下各有8条五彩琉璃垂脊,既体现了满族对鲜艳色彩的热爱,又象征着满族从森林草原上的崛起。殿顶正中为宝瓶火焰珠攒尖顶。宝瓶为佛教法器,被视为神圣之物;火焰宝珠为如意珠,据说得此珠者可满足各种欲望;攒尖顶体现了"帐殿"风格,反映了清初政权刚刚建立时的观念意识。8条垂脊上各站着一个蒙古力士,面侧对"宝顶",腿略弯曲,两臂前后分开,侧身牵引,象征"八方归一"。

大政殿内这8根彩绘云龙的红色巨柱顶天立地,支撑殿顶,中间是皇帝御用的九龙金漆宝座屏风。上方这块"泰交景运"匾额,为乾隆皇帝御笔,两旁的楹联有6米长,写的是"神圣相承,恍睹开国宏猷,一心一德;子孙是守,常怀绍庭永祚,卜世卜年"。这是一副为清王朝歌功颂德的楹联,意在警示其后代永保大清江山国运绵长。屋顶上是腾飞的金龙彩凤,正中最高处为圆形木雕金漆降龙藻井,体现了宋代营造法式。周围是梵文天花彩画装饰,靠里侧为"万福、万禄、万寿、万喜"8个篆书汉字图案,为这座穹隆式的殿堂增添了吉祥、神圣的气氛。

大政殿作为17世纪初的建筑杰作,融汇了满、汉、蒙、藏等多民族建筑的艺术风格,是沈阳故宫最著名的建筑之一。大政殿的"亭子式"建筑和黄琉璃瓦绿剪边等,具有浓郁的满族建筑特色;须弥座式台基,殿顶的宝瓶、火焰珠、蒙古力士,殿内的梵文天花和外檐柱顶的兽面纹饰等,带有鲜明的藏蒙建筑风格;大木架结构、廊柱式、飞檐斗拱、八角重檐、降龙藻井,以及殿内外的龙形装饰等,体现了汉族的建筑思想;门、窗为槅扇式,并用高丽纸糊在门窗板外,又具有东北地方特色。

[沈阳故宫东路——十王亭]

十王亭,又称"八旗亭",在广场两侧呈八字形排开,每边5个。从北至南,东边为左翼王亭、镶黄旗亭、正白旗亭、镶白旗亭、正蓝旗亭;西边是右翼王亭、正黄旗亭、正红旗亭、镶红旗亭、镶蓝旗亭。左、右翼王亭,是当时左、右两翼王爷办公的地方。八旗亭是八旗旗主办公的地方,也是在大政殿举行朝会和典礼时各旗官员集结之处。它们之间的区别是左、右翼王是从事政治的,而八旗旗主是从事军事的。这种建筑形式是以八旗制度为核心的军政体制在宫殿建筑上的反映。八旗制度是政治、军事、生产合而为一的组织形式，是当时国家制度的基本组成部分。皇帝对国家的治理要通过八旗来实现，遇有重要事情必须与八旗旗主商量决定，可见八旗在清入关前国家制度中占有非常重要的地位。

十王亭

[沈阳故宫中路——第一进院落]

沈阳故宫中路建筑自成体系，共有三进院落，由南至北依次是大清门、崇政殿、凤凰楼、清宁宫。它们都排列在一条中轴线上，两侧还有一些对称式的附属建筑。这些建筑虽然保持了满族的建筑特色，但受汉族传统建筑文化的影响十分明显，是满、汉等多民族建筑艺术的融汇，并真实地记录了皇太极时期波澜壮阔的历史风云。

第一进院落，南有大清门，北有崇政殿，东有"飞龙阁""东七间楼"，西有"翔凤阁""西七间楼"。飞龙阁、翔凤阁都是二层，为五间九檩硬山式建筑，里面陈列着乾隆东巡时带到沈阳故宫的乐器。

[大清门]

大清门，俗称午门，也就是沈阳故宫的正门，为五间硬山式建筑，是当时文武群臣候朝的地方，也是清太宗皇太极接受群臣谢恩之处。按规定，文武群臣候朝时，只能站在门内或门南，东西对面而立，而不许"背阙"（背向北）或"面阙"（脸朝北）；当官员们升迁、调任或是获罪恩免时，都要到这里遥向门北的崇政殿叩谢"天恩"。当年，明朝著名将领洪承畴、祖大寿等降清后，就是跪在大清门前谢罪请降、候旨传召、受到皇太极接见的。

大清门

[崇政殿]

崇政殿，原名"正殿"，俗称"金銮殿"，崇德元年（1636）定名为"崇政殿"，是沈阳故宫中路最重要的建筑。它建于后金天聪年间（1627—1636），是清太宗皇太极日常处理军政要务、接见外国使臣和边疆少数民族代表的地方。这里曾经发生过许多重大历史事件。天聪十年（1636），皇太极在这里举行登基大典，改国号为"大清"；顺治元年（1644）清迁都北京后，历代皇帝东巡驻跸期间都在这里举行谒陵礼成庆典。

崇政殿

崇政殿为五间九檩硬山式建筑,南北辟有槅扇口,前后出廊,围以石雕栏杆。它最引人注目的地方是殿顶的黄琉璃瓦绿剪边,墀头、搏风、鸱吻、山顶、殿脊等处的五彩琉璃构件,以及浮雕的各色行龙和奇花瑞兽。这些装饰形式把整个大殿装点得庄严、高贵、肃穆、富丽,十分悦目,非常壮观。这种装饰形式还用在殿前的大清门和殿两侧的左、右翊门,反映出设计者尽力使皇宫殿廷主要建筑绚丽华贵的审美心理,也是沈阳故宫的建筑特色之一。崇政殿建筑的另一个独具匠心之处是前后12根外檐柱上端的抱头梁部位做成龙形,龙首从柱头探出,龙身则穿过廊间直通殿内,两两相对,姿态生动,仿佛群龙从大殿飞腾而出,具有结构和装饰双重功能,设计得十分巧妙。此外,方形的檐柱、覆莲式的柱础石、柱头的兽面、殿门上方的莲瓣、如意、蜂窝等各式装饰,与大政殿的同类装饰一样,都来源于藏传佛教的建筑艺术,体现出了多民族的建筑艺术风格。

殿内顶棚为"彻上明造",没有装饰天花,椽间绘满飞云流水,梁架全部是"和玺彩绘",给人以古朴、典雅之感。殿内正中的堂陛前,为金龙盘柱,姿态生动,与大政殿前的蟠龙首尾相反,避免了装饰上的重复与雷同。现在殿内的陈设是按照乾隆皇帝东巡时的面貌设置的。贴金雕龙扇面大屏风和金龙宝座,是皇权至高无上的象征;太平有象,是象征太平、吉祥的装饰品;甪端、鼎式香炉,是烧香用以调节空气的;鹤式烛台,是点蜡烛照明用的。

殿外月台上东南角有"日晷",它是利用太阳的投影和地球自转的原理,借指针所生阴影的位置来显示时间的;西南角有"嘉量亭",它是我国古代的标准量器,含有统一度量衡的意义,象征国家的统一和强盛。月台上还设有四口大缸,都盛满清水以防火灾。古代称它们是"门海",象征缸中水多似海,可镇火灾,故又称"吉祥缸"。因为北方天气寒冷,所以每到冬天要给缸穿上"棉衣",并在缸底点燃炭火,以防冰冻。

[沈阳故宫中路——第二进院落]

第二进院落位于崇政殿后部,为凤凰楼的前庭,处于"前朝后寝"的中间,是一个过渡性的院落。院落的东面,是师善斋、日华楼;西面,是协中斋、霞绮楼,都为硬山式建筑,青布瓦顶,前有出廊。其中的"师善斋"和"协中斋",是皇帝东巡时皇子的书房和寝所。眼前这座高大的建筑就是凤凰楼。它建在3.8米高的青砖台基上,是一座三层歇山式建筑,原名叫翔凤楼,是皇太极休息、宴会和读书之所。清入关后,曾用以存放帝王画像、行乐图及

凤凰楼

清初皇帝玉玺。康熙二十年（1681）重修，乾隆八年（1743）改成今名。凤凰楼正门上方悬挂的"紫气东来"金字横匾，是乾隆皇帝御笔，意思是大清朝国力强盛的福气是从东方盛京而来，表达了清代帝王对祖先创业之地的顶礼膜拜。下层的门洞是连接台上、台下的通道。凤凰楼既是后宫的大门，又是当时盛京城的最高建筑，所以有"凤楼晓日""凤楼观塔"等传称，并被列为"盛京八景"之一。

[沈阳故宫中路——第三进院落]

第三进院落，南起凤凰楼，北至清宁宫，东西各有二宫，是一组典型的北方四合院建筑。这里是皇太极的后宫，为皇太极和后妃们的住所。

整个后宫建在高台之上，并高于前朝的宫殿。这种"宫高殿低"的特色反映了满族的传统和习惯。满族先人曾是一个以游猎为主的山地民族，长年生活在山林之中，逐渐形成了代代择高而居、把山寨首领的住宅建在地势最高处的生活习惯。因此，沈阳虽然地处平原，但仍用人工堆砌高台，在高台上建寝宫。另外，清入关前，后金政权一直处于烽火硝烟的战乱年代，满族作为一个弱小的民族在其发展过程中时时受到威胁，使他们不论在心理上或现实中都必须时刻保持高度的警惕，而后宫建在高处，随时可以登高远眺，起到防御作用。

[清宁宫]

清宁宫，原名"正宫"，为五间硬山前后廊式建筑，是沈阳故宫中最具满族住宅特色的建筑。东一间是皇太极和孝端文皇后博尔济吉特氏的寝宫，称"暖阁"；寝宫分为南北两室，各有火炕，又称"龙床"。崇德八年（1643），皇太极就在南炕"无疾端坐而终"，终年52岁，后葬于昭陵。东侧第二间的北窗下设两口大锅，南面宫门旁设一口锅，是祭祀时煮肉和烧炕用的。西侧三间通连，北、西、南三面搭成相连的环炕，称为"万字炕"，是帝后日常饮食起居及会见、宴请亲眷的厅堂。门开在东面第二间南面，形如口袋，称为"口袋房"。清宁宫的烟囱在清宁宫后面，从地面垒起，略低于房脊，从正面看不见，非常有特点，一会儿再绕过去看。其"口袋房，万字炕，烟囱出在

清宁宫

地面上"的布局，反映了满族民居独特的建筑风格。西四间还有一项十分重要的用途，就是作为宫内举行萨满教祭祀的"神堂"。萨满教是一种以信奉"万物有灵"为特点的原始宗教，也是过去满族民间普遍流行的一种信仰习俗。过去满族人家住房中都在西墙正中安设敬祖祭神的供位，清宁宫也不例外。大家请看，西炕上方墙壁上挂黄绫的"扬子架"，就是供神的地方。室内悬挂的匾额和诗句是当年乾隆、嘉庆、道光皇帝在此祭祀时题写的。

[索伦杆]

索伦杆在清宁宫正门前的庭院南端，满族人称之为"神杆"。木杆下方上圆，底部镶有石座，顶端安有锡斗，全部用红漆涂染。它是满族人用来祭天的。祭天时，在锡斗里面放上五谷杂粮或猪杂碎，以敬乌鸦。这反映了满族萨满教的灵禽崇拜观念，据说也和乌鸦救主的传说有关。

[东西配宫]

清宁宫两侧的东西配宫，都是皇太极和妃子们的居住之所。东配宫有关雎宫、衍庆宫，西配宫有麟趾宫和永福宫，每宫5间，建筑风格与清宁宫相同，只是体量和装饰等级略低。四宫中以永福宫最为著名。崇德三年（1638），清世祖福临就出生在永福宫。崇德八年（1643），6岁的顽童福临在乳娘和侍臣的扶持下走出永福宫，下凤凰楼高台的石阶，到崇政殿前登上龙辇，出大清门，再到大政殿举行登基典礼，开始了做皇帝的生涯。第二年，清军入关，福临成为清王朝统治全国的第一个皇帝。

皇太极称帝后册封的五宫后妃全部来自蒙古草原。其中永福宫的庄妃是清世祖福临的母亲。这位科尔沁的蒙古女子以其卓越的政治才能，除辅佐皇太极以外，还辅佐她的儿子福临（顺治帝）和孙子玄烨（康熙帝）成就了大清基业，成为清初历史上最具影响力的女性杰出人物。在皇太极之前和之后，满族皇室与蒙古部落的通婚一直不断。这不仅是因为满、蒙两个民族在生活习惯上有很多相似之处，更重要的是由于清朝

索伦杆

东西配宫

崛起之初，巩固满蒙联盟，关系到国家的生死存亡。所以，清初帝王的婚姻具有浓厚的政治色彩，为清朝的逐步强大和发展起到了极其重要的作用。

[烟囱]

这个平地而起的烟囱，是沈阳故宫里唯一的一个烟囱。它不是附建于山墙之上，而是在离墙不远的地方建起，好像一座小塔。当年设计这个烟囱时，颇费了一番心思。工匠们将宫内的地下挖空修成地沟，上面盖上方砖，叫火地；又在室外修有烧火的灶门，所以宫内既取了暖，又不受烟熏，由此可以充分体会到满族建筑的精妙之处。宫中把这种挖有地下火道的房子称为"暖阁"。清宁宫的东暖阁就是这种结构。因为皇宫只有这一个烟囱，所以皇太极下旨，盛京城内所有的烟囱都不得高过它，这就叫"大清朝一统天下"！这里取"筒"的谐音。

烟囱

[沈阳故宫西路]

沈阳故宫西路是为了适应皇帝东巡的需要而增建的一组建筑，主要有文溯阁、戏台、嘉荫堂和仰熙斋等，套院相接，多而不乱，是文化气息较浓之处。

文溯阁，建于乾隆四十六年（1781）至乾隆四十八年（1783），为西路建筑中的主体建筑，是仿照明代浙江宁波大藏书家范钦的"天一阁"修建的，专门收藏乾隆时期编撰的大型图书《四库全书》，也是全国存放《四库全书》的著名楼阁之一。阁名是乾隆皇帝钦定的，因其位于"祖宗发祥之地"盛京，所以取"溯源求本"之意，命名为"文溯阁"。《四库全书》分经、史、子、集四大部，结构严谨，是我国古典文献中的珍贵遗产，对于弘扬和传播民族文化具有重要意义。《四库全书》共缮写7部，其中1部就藏在"文溯阁"。1966年10月，基于战备考虑，辽宁省将《四库全书》等秘密运至兰州，后移交到甘肃省图书馆保存。

文溯阁是硬山式建筑，面阔6间，从外面看是重檐2层，从里面看则是3层，明显带有江南建筑风格的样式。与沈阳故宫内的其他建筑不同，文溯阁顶盖上用的是黑琉璃瓦绿剪边。这在沈阳故宫建筑中是独一无二的。根据五行八卦之说，黑是代表水，书最忌火，以黑瓦为顶象征以水克火之意。此外，文溯

文溯阁

阁所有的门、窗、柱都漆成绿色，外檐彩画也以蓝、绿、白相间的冷色调为主。梁枋间彩绘"白马献书"图案，给人以古雅清新之感。阁内还悬有乾隆手书的对联"古今并入含茹，万象沧溟探大本；礼乐仰承基绪，三江天汉导洪澜"。

文溯阁东有方形碑亭1座，内立石碑1块。正面刻有乾隆帝撰写的《御制文溯阁碑记》，北面刻有乾隆帝撰写的《宋孝宗论》。碑文详细记录了建阁经过和《四库全书》的收藏情况。文溯阁后为仰熙斋，是皇帝读书之所。阁前宫门外有嘉荫堂，左右有出廊，南面有戏台，是乾隆、嘉庆时期皇帝东巡赏戏的场所。

各位游客朋友，今天的游览就到此结束了，谢谢大家！

【景区亮点】

1. 沈阳故宫为世界文化遗产保护单位，它是中国目前仅存的较完整的两大古代宫殿建筑群之一。

2. 沈阳故宫是中国现存仅次于北京故宫的完整的皇宫建筑。

3. 沈阳故宫是清代初年的皇宫，是清代皇帝顺治的祖父努尔哈赤和顺治的父亲皇太极的宫殿。

4. 沈阳故宫在建筑艺术上承袭了中国古代建筑的传统，以汉族传统建筑风格和布局为主，兼备了蒙、满等民族风格和布局，具有很高的历史价值和艺术价值。

【美食伴游】

那家白肉血肠、老边饺子、满记甜品、中街冰点、壹佳烤猪蹄等。

那家白肉血肠

壹佳烤猪蹄

【购物推荐】

中街商业街、五爱市场、古玩和玉器等。

【景区地址】

辽宁省沈阳市沈河区沈阳路171号

【交通指南】

乘117、118、132、140、213、222、228、257、276、287、290、292、294、296路或环路公交车到故宫站下车，步行5分钟可到达。

乘105、113、117、131、133、150、168、218、219、237、248、273、298路公交车到大东门站下车，过大东门（抚近门）往西步行10分钟可到达。

乘207、212、224、227、326、

333、334、503路公交车到大西门（怀远门）站下车，过怀远门往东步行10分钟可到达。

乘地铁一号线到中街站、怀远门站下车，步行10分钟可到达；乘地铁二号线在青年大街站换乘一号线。

【周边景点】

中街步行街、张氏帅府、周恩来少年读书旧址纪念馆、小南天主教堂等。

●沈阳昭陵——"彰明""显扬"之陵

游客朋友们好！欢迎游览沈阳昭陵。

昭陵，因位于沈阳市北郊，故又称北陵。它是清朝第二代皇帝清太宗皇太极和孝端文皇后博尔济吉特氏的陵墓，是清朝"关外三陵"中规模最大、气势最宏伟的一座，也是我国现存最完整的古代帝王陵墓建筑群之一。2004年，联合国教科文组织正式将沈阳昭陵列入《世界遗产名录》。

皇太极是清太祖努尔哈赤的第八子，出生于现在的辽宁省抚顺市新宾县永陵镇。他是历史上著名的政治家、军事家，一生勤于政事，勇于战阵，在位

沈阳清昭陵

皇太极雕像

17年，完成了东北统一大业，建立起关东一统的大清帝国。崇德八年（1643）八月初九深夜，在沈阳故宫的清宁宫东屋南炕上"无疾端坐而终"，享年52岁。死后的梓棺移至陵寝暂安。顺治六年（1649）四月十七日，孝端文皇后博尔济吉特氏病故，享年51岁，第二年梓棺移至昭陵与皇太极合葬。

昭陵始建于崇德八年（1643），竣工于顺治八年（1651），以后历经多次改建和增修而形成现在的规模。在建筑风格上，昭陵既吸取了明陵的建筑长处，又具有满族陵寝建筑的特点，是汉满文化交融的典范。昭陵占地面积约318.74万平方米，平面布局遵循"前朝后寝"的原则，其主要建筑都建在一条中轴线上，两侧建筑则取对称形式分布，中轴线的最后面是全部建筑的主体。现在我们就按照由南向北的顺序进行参观游览。

［下马碑］

下马碑，是封建等级制度的标志，

明清时期广泛应用于陵寝、宫殿等处。昭陵周围有6座下马碑。这座下马碑上面用汉、满、蒙、回、藏5种文字刻着"诸王及官员人等至此下马",告诫人们前方是帝王的陵寝,请下马下轿,以示对先皇的怀念和尊重。

下马碑

[神桥]

神桥,是清朝帝王陵寝中普遍使用的建筑形式。这座神桥是一座三孔拱形桥,原为青砖铺面,如今改为条石,两侧有石雕护栏,栏板和护栏上雕刻天马、八宝等图案,桥两端有守桥石狮子,桥下是"玉带河"。神桥意为神灵经过的桥。这种桥既有装饰陵寝的作用,又有实用价值。以这个昭陵来说,陵寝地势基本上是前低后高,每到雨季有大量的雨水从后往前泄出,神桥下面的玉带河就成了排水的渠道,起到了保护陵寝的作用。

[石牌坊]

石牌坊,也称石牌楼,是明清陵寝中特有的装饰性建筑。它的作用是表彰功绩、表示仪注,引导人们进入膜拜帝王的境界。这座石牌楼建于顺治或康熙年间,至乾隆末年已历时100余年,出现了倾斜现象。于是,嘉庆六年(1801),朝廷命将石楼前后增加两组夹杆石进行加固处理,并保存至今。石牌楼是选用辽阳出产的青石雕琢而成,通高15米,宽约14米,其造型为四柱、三间、三楼、单檐歇山式楼顶,斗拱,透雕栏板刻有八宝花卉、行龙等纹饰。柱脚下有坐狮四对、獬豸一对,两两相背蹲踞在石基之上。这10只石兽个个昂首挺胸,虎视眈眈守卫在陵前,起到很好的装饰效果。从总体上看,整个石

神桥

石牌坊

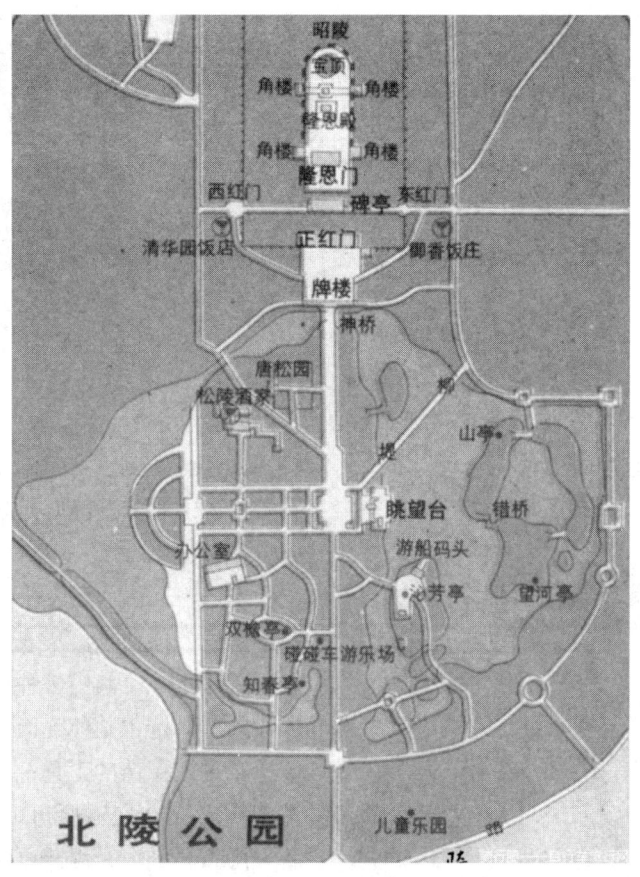

清昭陵导游图

坊雕琢精细,刀法粗犷苍劲,具有高超的艺术价值,堪称一件石雕艺术精品。

[东、西配院]

正红门前的东西两侧各有一组配院,它们建于康熙年间。东侧的叫更衣亭,是皇帝谒陵进祭时更衣、洗漱的地方。按照清代惯例,谒陵时,第一天行"展谒礼",要穿素服;第二天行"大飨礼",要穿朝服。衣服在来前就准备好,需要在正红门前的更衣亭内更换。更衣亭后面的小亭为净房,系皇帝的御用厕所。现只存有遗址,其完整性在全国罕见。

西侧的叫宰牲亭,又称省牲亭,是祭祀时宰杀猪、牛、羊的地方。院内北侧的房间是安置锅灶的,用来收拾祭祀用的猪、牛、羊等。现存遗址有基石、破损建筑材料、灶台等。

[正红门]

正红门,也叫山门,是陵寝的总门户,位于整个陵园的正南位置,全高8.8米,宽16米,是一座单檐歇山式建筑,屋顶上铺满了黄色的琉璃瓦。正脊原有琉璃宝瓶,现已不存。宝瓶谐音"保平",意为保护陵寝平安。正红门有3个券门,其使用有严格的规定。正中的门叫"神门"，是供清太宗和孝端文皇后"神灵"出入的门户，此门平时不开，只有在大祭时开启，只许抬祭品的官兵从此门进陵。东侧的门叫"君门"，是皇帝前来祭陵时走的门。西边的门叫"臣门"，是祭祀时大臣们走的门。因为"神门"只是在大祭时开启，是"神灵"出入的门户，所以当时人们对此门很忌讳。正红门两侧分别装饰有一琉璃"袖壁"，长 7.2 米，外呈海棠形。袖壁上镶嵌五彩琉璃行龙，所以又称"龙壁"。

神道

统一的美学效应。

在神道两侧，自南向北依次排列着石雕华表 1 对、石兽（石像生）6 对。

[华表]

华表，又称"擎天柱"或"望柱"，是中华民族的象征。华表历史悠久，其来历说法不一。其中一种说法是，它从古代的"诽谤木"演变而来，是供人们传递意见或冤情的工具；还有一种说法是它源于立在交通要道上的"路标"。后来用石材制成，因此也叫石柱或"表柱"。在华表柱的顶部端坐着一只石兽，

龙壁

[神道]

正红门向北有 3 条笔直的用石板铺成的石路，正中与神门连接的路叫"神道"。它是清太宗和孝端文皇后"神灵"出入陵墓的道路。与神门一样，除抬祭品的官兵可以行走外，其他任何人绝对禁止乱行。清代时据说有"横走罚，竖走杀，马过砍蹄"的规定。神道由长条石板铺成，一直通向陵寝后部，是整个陵寝的中轴线。陵寝的主要建筑全部建在这条中轴线上，其他附属建筑则均衡地建在中轴线的两侧。这样的陵寝设计体现了居中为尊、至尊无上的思想，同时也达到了使整个建筑群稳重、平衡及

华表

似犬非犬，披鳞挂甲，此兽叫作"犼"。因其生性好望，故又称"望天犼"。相传这种怪兽瘦骨嶙峋，但是非常凶猛，所以把它放在华表顶上，让它来守陵。犼在柱顶上坐的方向不同，有的面南，有的面北。据说，面南的称"望君出"，意在提醒身在北京的皇帝不要忘记先辈的功德，前来祭祀；面北的称"望君归"，意在劝慰来此祭祀先辈的皇帝不要长时间沉湎于哀伤之中，祭毕节哀而出。

[石像生]

石像生，是墓主身份地位的象征和重要标志。昭陵共有6对石像生，它们依次是坐狮、坐獬豸、坐麒麟、立马、卧骆驼、立象。这些石兽虔诚地守护着陵寝，被清康熙年间的道士苗君稷在《秋日望昭陵》诗中描述为"十二御林"。

石像生

第一对是石狮子。狮子是"百兽之王"，所以把狮子放在首位，作为威震八方、唯我独尊的王权的化身，也是守护陵寝"御林军"中的排头卫士。

第二对是头上长着独角的怪兽，叫獬豸。据说，它是东北特产动物，能辨别是非、善恶、曲直，见有人相斗，便以头上的独角去顶撞坏人。在我国古代，执法官头上的帽子就叫獬豸冠，表示他能像獬豸一样执法严明。在陵寝中放置獬豸象征着帝王死后也能明断是非，公正严明。

第三对是麒麟。它是一种祥瑞之兽，形象很特别，头如龙、角如鹿、全身鳞甲，尾似牛、足似马。在石像生中出现麒麟，是表示帝王的仁义至圣，世事吉祥太平，王业兴旺发达。

第四对是立马。它用汉白玉雕成，全身洁白，腿短，体壮，具有蒙古马的特点，大小和真马一样，昂首矗立，英姿勃勃，威武雄壮。满族是一个有着骑射传统的民族，皇太极被称为"马上皇帝"，他的战功都是在马背上取得的。他有两匹心爱的坐骑，一胖一瘦，胖的叫"大白"，瘦的叫"小白"。行军赶路，"大白"可日行500里，"小白"可日行千里。"大白"长于驰骋疆场攻破敌阵，"小白"善于行军赶路。"大白""小白"都曾多次立功，也曾保护过主人的性命，因此皇太极对它们倍加珍爱。皇太极死后，其子孙令工匠按照它们的样子雕成两匹石马，放在墓前，永远陪伴着自己的主人。

第五对是石骆驼，用黑色石料雕造而成。相传此骆驼在皇太极生前的征战中立下大功，所以后来建陵时，把它列在陵寝，表示它的功绩与主人同在。

第六对是立象，以白色石料雕成。大象为绿洲之王，高大威严，性情温和，是天下太平祥和的象征。在石像生中使用它，寓意为江山稳固。

在古代，只有帝陵神道才可以列置石像生，而臣下的坟墓是不允许摆放的。

[神功圣德碑亭]

石像生以北，是神功圣德碑亭，坐落在陵寝的中轴线上，为九脊重檐歇山式建筑，顶上满铺黄琉璃瓦，四面为红墙，每面各有一个拱门。亭子正中有石碑一通，即"大清昭陵神功圣德碑"，为康熙二十七年（1688）所立。碑体通高6.67米，碑身高5.45米，宽1.76米，厚0.71米。碑文写得华丽，文采飞扬，共计1810个字，是对清太宗皇太极一生文德武功的高度概括和颂扬，使人读起来有荡气回肠之感。据载，碑文为清初著名文臣高士奇等人撰拟，经清圣祖康熙御览钦定之后，由当时大书法家顾观庐书写后镌刻。石碑是用北京房山产的石材雕刻而成，重50余吨。驮碑的动物名叫"赑屃（音毕喜）"，相传为龙生九子之一。其长相是龙头、龟身、鹰爪、蛇尾，因其喜好诗文，又善于负重，因此老龙王派其驮碑。

[祭祀用房]

在碑楼北面东西两侧，各有两座三间青砖瓦房，都是当年的祭祀用房。东侧南边的叫仪仗房，是皇帝谒陵时存放旗、伞等祭祀用品的库房；北边的叫奶茶房，是祭祀时烹茶、煮奶和上茶官员休息的地方。西侧南边的叫膳房，是祭祀时做饭和官员休息的地方；北边的叫果房，是祭祀时准备土杂、果品、鲜货及上果官员休息的地方。

[方城]

方城，是北陵的主体建筑，高7.8米，周长263米，青砖堆砌，东、西、南三面有女墙，北面砌成宇墙，城四角有角楼。角楼为二层黄琉璃瓦顶，大脊正中有宝葫芦，四拱角下各悬有风铃。方城上有马道，宽5.4米，青砖铺成，路面由外向里倾斜，目的是防止雨水冲毁方城外围墙基。

[隆恩门]

隆恩门，是方城的正门，也是进入皇陵祭祀区的门户，为单体拱洞形。门楣正中有石刻门额，上面用满、汉、蒙3种文字竖刻"隆恩门"3个字。隆恩门的顶部是"五凤楼"，楼高3层，歇山式建筑，大脊正中原有一只琉璃烧制的宝葫芦，4条金链加固，金链俗称"江山万代"。五凤楼是昭陵的最高建筑，昔日登楼，陵区景物尽收眼底，美不胜收。

隆恩门

[东西配殿]

东配殿的用途主要有两个：一是存放祝板，每年祭礼之前，盛京礼部要将祝板等在大祭前一天送到这里存放；二是代替隆恩殿存放神牌，每当隆恩殿大修，殿内的神牌、宝座、五供等便移到这里供奉。

西配殿，是举行"忌辰"行大祭礼时供喇嘛诵经作法的场所。清朝崇信藏传佛教，配殿只用于做佛事。西配殿前的小型建筑叫"焚帛亭"，祭祀时，先将祭词写在帛上，再行三拜九叩。读祭文、哀毕，便将祭帛放入焚帛亭内烧掉。

[隆恩殿]

隆恩殿，是陵寝的正殿，又称"享殿"，是供奉清太宗皇太极和孝端文皇后神牌及举行祭祀大典的场所，始建于崇德八年（1643），顺治七年（1650）定名为"隆恩殿"，同时悬挂匾额，康熙三十年（1691）改建。隆恩殿坐落在须弥座台基上，台基高2米，平地起台是满族的一种风俗。台基正面有3路踏跺，中路为丹陛御路，俗称"龙道"，由一块巨石铺成，上面雕有"寿山福海"及双龙图案。台基周围环以雕刻精美的汉白玉栏杆，其雕刻技法采用透空雕和凸起浮雕的形式，这在关内明清诸陵中是不多见的，具有浓重的地方色彩。在台基边上还设有石雕龙头作为排水口，每逢暴雨，雨水便会从其口中喷涌而出，十分壮观，成为昭陵一景。

隆恩殿是一座单檐歇山式建筑，殿顶覆以黄琉璃瓦，正中镶有3颗琉璃宝珠，殿檐上有蓝底金字的"隆恩殿"题匾一块，从左至右以汉、满、蒙3种文字书写。殿以"隆恩"命名是表示感恩爱福之意。隆恩殿面阔三间，四门、八窗，窗板剔透，殿内无天花，梁架裸露，上面施以彩绘。殿内后部设大暖阁一座，外罩黄缎。按古代帝王陵墓"事死如事生"的惯例，其形状如寝所，内设宝床、帷、幔、衾枕等卧具，并全部用唯帝王独享的明黄云纹缎制成。大暖阁内还有小暖阁一座，内供帝后"神牌"。上用满、汉两种文字书写皇帝的庙号"太宗"、谥号"文皇帝"。皇后没有庙号，只有谥号，随皇帝称"文皇后"。大暖阁前有帝后的龙凤宝座，宝座前设供桌，为摆放祭品之用。隆恩殿周围所铺的地砖均为金矿石制成。这就是赫赫有名的"金砖铺地"。因为它含有黄金沙的成分，所以在阳光的照射下金光闪闪。

隆恩殿

[石柱门与石祭台]

石柱门，又叫照牌、二柱门、冲天牌坊，两边各有一方形石柱，高约7米。门为一道，其上有一歇山式琉璃瓦屋顶，在两柱之间有木板门，施以彩绘。柱子的顶端各有一只石兽，是用来护卫陵寝的，叫护陵兽，而且身上都锁着一条铁链，民间有"石兽显灵"的传说。石柱门是清嘉庆年间增设的，皇帝来此谒陵时，必须在此门后举哀。

石柱门后是石祭台，用汉白玉雕成，须弥座式。上面雕有各种图案，寓意是把所有宝物奉献给陵主。石祭台上有5件石雕：正中为香炉，两侧有香瓶和烛台各一对。香炉代表香烟不断；香瓶代表鲜花常开；烛台代表神火长明，大清江山万世一系。这座祭台是大祭时皇帝举哀和献奠酒的地方。

石柱门与石祭台

[明楼]

明楼，又称大明楼，坐落在方城北门上，为重檐九脊歇山式建筑，前檐挂有匾额，上书"昭陵"二字，以满、蒙、汉3种文字书写。明楼内立有一通汉白玉石碑，高约6米，碑额浮雕二龙戏珠，正中开光部分刻有"昭陵"二字，也是满、蒙、汉3种字体；碑身竖刻"太宗文皇帝之陵"字样，还是满、蒙、汉3种文字。这座石碑又叫"圣号碑"，刻写的是清太宗的庙号和谥号。在历史上，大明楼几次遭受雷火，最严重的一次是1936年，整个明楼几乎被雷火烧毁，圣号碑也被雷火烧坏，纹饰不全，碑身出现裂痕，后来用两道铁箍加固。现在的大明楼是1939年重修的。

[月牙城]

月牙城，在大明楼后，因其南面凹进，形状如同一弯新月，所以叫"月牙城"。宋朝大文学家苏东坡有词云"人有悲欢离合，月有阴晴圆缺"。月牙有悲伤离散之意，修个月牙城，象征"人缺"，以示对皇帝的哀悼。月牙城北墙正中是琉璃照壁，照壁上有13朵牡丹花，枝繁叶茂，给这座高、大、空的月牙城增添了几分生气。传说地宫的入口就在这个琉璃照壁后面，在照壁上按一定顺序按那些红花、绿叶，就可以开启地宫。但为了防止有人盗墓，地宫入口处安装了许多暗器，如果顺序按错了，就会有毒箭飞出。还有传说，皇上怕陵工们泄密，当他们把棺椁抬入地宫之后，地宫入口便会立刻被堵死，所有的陵工就这样被活活埋葬在地宫里殉葬了。这些传说的确令人感到了月牙城的

明楼

月牙城

阴森恐怖。

宝城、宝顶

[宝城、宝顶]

宝城，是一座半圆形的城，也叫"团城"，青砖垒砌，上面有具有象征意义的垛口和女墙。中间凸起的圆丘叫"宝顶"，又叫"独龙阜"，高约7米，周长约110米，直径约35米。所谓宝顶，就是坟茔，在它的下面是地宫，埋葬着清太宗皇太极和孝文皇后博尔济吉特氏。关于地宫的内部构造，官书讳莫如深，因而引起了许多稀奇古怪的传说。据说，宝顶内有正殿一座，名叫"享殿"；配殿两间，用来排列祭器。正殿后面有石柱2根，用铁链相连，把棺椁悬在铁链上。正下方有一眼井，水流不息，称为"海眼"或"金井"。这种葬法就是所谓的"金井御葬"，是取"龙归沧海"之意。地宫内还有万年灯，可经历万年而不灭。当然这些只是传说，里面的情形只有等到将来挖掘昭陵地宫时才会真相大白。

今天我就为大家介绍到这里，谢谢大家的合作！

【景区亮点】

空气好，清初"关外三陵"中气势最为雄壮的一座。建筑古朴，庄严肃穆。园内古松参天，草木葱茏，湖水荡漾，楼殿威严，金瓦夺目，充分显示出皇家陵园的雄伟、壮丽和现代园林的清雅、秀美。

【美食伴游】

李连贵熏肉大饼、马家烧卖、杨记红烧肉等。

李连贵熏肉大饼

马家烧卖

【购物推荐】

北行商业街、古玩和玉器等。

【景区地址】

沈阳市皇姑区泰山路12号

【交通指南】

乘136、205、210路到北陵公园站。

乘217、232、326、381路到北陵西门站。

乘131、157、178、205、231路到

北陵东门站。

乘地铁二号线到北陵公园站

【周边景点】

新乐遗址、沈阳航天博览园等。

小故事

灵芝草与龙袍的传说

昭陵隆恩殿内的一角原先有一只大樟木箱子,据说,这只木箱是专门盛道光皇帝的3件龙袍和3棵灵芝草用的。对此,民间有一段传说。

故事发生在道光九年(1829)道光东巡盛京祭陵之前。关防官按制派出所有人丁打扫四处环境,清扫灰土,拔除杂草,清理杂物。特别是对隆恩殿打扫得尤其仔细,因为此处是皇帝主要祭祖场所,理应小心翼翼。关防官在壮丁清扫完毕后又亲至这里反复检查,没有发现任何漏洞,这才放心。第二天,道光皇帝带领诸王、贝勒、大臣前来昭陵隆恩殿行大飨礼。正当他登上殿前月台、等候导引官引他叩拜神位时,忽然看见月台东南角长着几棵杂草,心中大为不悦,心想:祭陵大典关防官尚且如此粗心大意,其常务可想而知。这时,站在一旁的昭陵关防官发现了这些杂草,心里十分惊慌,连忙跪在道光面前。道光皇帝又一想,陵官既然能把其他地方打扫干净,此段如此重要的地方焉能忽略,此草必然非同一般,遂让前侍卫将草拔下拿来验看。道光接草在手定睛一看,乃是三棵"灵芝草",这是祥瑞之象,遂转怒为喜,于是赦免了关防官的过错。又把灵芝草交给关防官,要他把此宝收藏好,每当大祭时请出,放在供案之上。不久,道光巡幸盛京礼成。在他即将告别祖宗龙兴之地起驾还京前夕,忽然又想起昭陵三棵灵芝草,感到这是他东巡盛京遇到的一件很祥瑞的事情。于是他命内臣把自己穿戴的三件龙袍留下,交给昭陵关防官,与灵芝草一起尊藏。此后,每当六月六晒龙衣节之际,关防官便把道光龙袍和灵芝草从樟木箱子请出,放在隆恩殿前月台上通风晾晒,大祭时请出供祭。光绪二十六年(1900),沙俄官兵入侵盛京,龙袍和灵芝草从此下落不明。(苗文华:《北陵志略》41页)

以上是流传在昭陵附近的一段民间传说,但是这段传闻并不完全是捕风捉影凭空编造的"瞎话",有些情节确有历史事实为依据。据《黑图档》记载,昭陵的确藏有皇帝龙袍。不过此袍不是道光皇帝的,而是乾隆御袍。事情经过是这样的:乾隆四十八年(1783),皇帝弘历第四次东巡盛京祭祖陵。一天,乾隆在昭陵行完大飨礼之后,传旨给内大臣,叫他把自己一件上好的"金组绝丝龙袍"送到昭陵,交给关防官,要关防官"敬谨尊藏"于隆恩殿,以后每当大祭时将这件龙袍请出供奉。乾隆皇帝此举有他的用意,因为乾隆此时已是72岁的老人了。盛京距离京师道路遥远,交通不便,自觉已很难再来盛京。再有,从东巡制度上来说,他的祖父康熙大帝一生也只四次来盛京巡幸祭祖(最后一次由雍亲王恭代),他作为康熙的后辈不应超越祖父。乾隆在百思之下想出一个变通办法,将自己最好的一件御袍留下来,以后,每遇大祭礼便将这件御

袍供在太宗神位之旁，表示自己永远侍奉祖宗，以尽孝道。因此，传说中的道光龙袍很可能是这件乾隆皇帝留下的龙袍。当然，也不排除昭陵有道光皇帝龙袍的可能性。因为，清代皇帝有个不成文的规制，比如，前一代皇帝办了一件什么事情，后继皇帝也往往要照此办理，因为这是"祖制"，必须效法。这样的事情很多。比如，昭陵石像生中的白马，由于乾隆皇帝写过"白马歌"之后，嘉庆皇帝、道光皇帝来盛京祭祖时，也都要写这样的白马歌。因此，乾隆皇帝留下龙袍，道光皇帝也有可能效法祖制。只是此事尚未见档案记载。

大红门

●沈阳福陵——启运之陵

游客朋友们好！欢迎游览沈阳福陵。

"有朋自远方来，不亦乐乎"，欢迎大家到福陵参观游览。福陵是清太祖努尔哈赤及其皇后叶赫那拉氏的陵寝，因其位于沈阳城的东郊，故又称东陵。它与新宾的永陵、沈阳的昭陵合称为清初的"关外三陵"。

福陵，建在天柱山上，天柱山是长白山的余脉，原名石嘴头山、东牟山。福陵的修建历史大体经过了三个阶段：即天聪时期的草创，顺治时期的修缮，康熙时期的改建。

各位朋友，现在呈现在我们面前的、坐落于翠绿的群山之中、气势雄伟的古建筑群就是福陵。福陵占地面积19.48万平方米，依山傍水，整个陵园由低向高巧妙地依山势而建，宝城、宝顶俱建在山峦之巅。

福陵

福陵按其自然布局可分为3部分，即大红门外区，神道区，方城、宝城区3部分，从下马碑到正红门为第一部分。

福陵的下马碑有6座，四座在陵前，两座在东、西红门附近，正红门前两侧的下马碑上用满、汉、蒙3种文字写着"官员人等至此下马"。过了下马碑，陵园前东西两侧各耸立着石狮一对、华表一对、石牌楼一对。石牌楼，也叫下马牌楼，为仿木石材建成，四柱三楼，横坊上有斗拱以及二龙戏珠等纹饰，正中心刻有文字及各种祥瑞图案，文字朝外，用满、汉、蒙3种文字刻着"往来人等至此下马，如违，定依法

福陵俯瞰图

处治"。整个牌坊的雕工古朴、典雅、精美。

从正红门到牌楼为陵园的第二部分,也就是神道区。正红门是陵园的正门,两侧是五彩蟠龙袖壁,四周由矩形红包缭墙将整个陵园圈为一体。正红门为三楹单檐歇山式仿木架结构,上顶铺满琉璃瓦,大脊、重脊、大吻、脊兽一抹金黄。拱门三道,彩油为饰,上有染金门钉及兽面"铺首"。三道拱门,正中一间叫"神门",是供所谓墓主"神灵"出入的门户。此门平日不开,只是在大祭时供抬祝版、制帛及其他祭品的官员出入,其他人等不得行走。东为"君门",是皇帝祭陵出入之处。西为"臣门",是祭祀大臣走的门。过了正红门,一条与神门相距300米长的"神道"直至石拱桥。神道和神门一样有极其严格的使用规定,除抬祭品的官员可以通行外,其他人等一律严禁行走,违者将受到法律的惩处。对神道的设置,清代陵墓有一项特殊的规定,即在神道与隆恩门之间必须修建一座建筑做隔断,名曰"一眼望不断",寓意大清江山万世一系。为此,有的清陵在神道上修龙凤门。沈阳昭陵修建神功圣德碑,福陵不仅建有神功圣德碑,而且根据地理条件还修有"一百零八蹬",起到双层隔断作用。这是福陵区别于其他清陵之处。

下马碑

神道

神道两侧呈中轴对称，整齐地排列着一对石望柱和四对石像生。石望柱上各坐犼一只。相传"犼"是龙的九子之一，因其好望，故让其守陵。石像生依次为狮、虎、马、骆驼。据说，石马是仿当年努尔哈赤的坐骑龙马——一种典型的蒙古马雕刻的。神道尽头便是与两座"神桥"相连接、巧妙地依山势而建的"福陵天蹬"，俗称"一百零八蹬"。"欲知福陵绝佳处，石阶送尔上天蹬"，福陵天蹬是明清皇陵中独一无二的建筑形式。那么，石阶为什么要修108级呢？一种说法与星宿有关，相传天上有36天罡星、72地煞星，在《水浒传》中梁山好汉一百单八将就是这些星宿"下凡"，"一百零八蹬"寓意将天罡星、地煞星踩于脚下，以保福陵平安无事，也以此显示至高无上的皇权。

另一种说法与佛教有关，佛家认为，人生有108种烦恼，为去掉这些烦恼，念佛要108遍，晓钟要叩108下，佛珠要用108颗，所以佛教建筑多与此数有关。据专家考证，"一百零八蹬"的建筑形式在全国仅有两处，另一处在山西五台山上的菩萨顶。

走过神桥，便会看到碑楼。碑楼始建于清康熙二十七年（1688），重檐歇山式建筑，正中立着康熙皇帝亲笔书写的"大清福陵神功圣德碑"。碑文是用满、汉两种文字雕刻的，上面详细地记述了努尔哈赤的生平、其创业的艰辛及丰功伟绩。福陵的神功圣德碑有一种奇特的现象，每当阴雨天气，碑身的背面会显现宽袍大袖、飘飘然如踏云而来的观音侧身像，所以又称"观音石"。碑楼内伏地四角各雕一凹形海水旋涡，每个旋涡内各雕一鱼、一鳖、一虾、一蟹，每到阴雨天，旋涡内会蓄满水，其实这就是古称"月晕而风，础润而雨"的现象。

碑楼东为茶膳房、果房，西为涤器房、宰牲亭等。这些都是存放和制作祭祀用品的建筑物。

福陵天蹬

碑楼

过了碑楼，是一座城堡式建筑，叫方城。方城是陵园的主体建筑，也是最具满族特色的建筑。这是我们要参观的第三部分。方城高一丈五尺七寸，周长一百一十三丈八尺四寸，正中为隆恩门，上有三滴水歇山式门楼，周围边廊。原来隆恩门两侧有8棵松树，象征皇帝生前文武大臣垂手恭立于门前，故称为"站班松"。隆恩门的两侧有砖砌石阶，拾级而上便到了方城之上。相传，秦始皇陵的内埠和外郭是按秦都咸阳的规制建造的，如此看来，皇陵中的方城是都城的象征，以体现"事死如事生"。方城的四角有4座角楼，均为两层重檐歇山式建筑，上悬风铃，风吹铃动，一是可以驱赶鸟雀，使其不在这里筑巢；二是可以渲染庄严、肃穆的气氛（方城角楼的独特建筑，是沈阳这两座陵寝区别于其他明清皇陵之处）。方城正殿叫隆恩殿，建在5尺高的大须弥座上。这里是祭祀的重要场所。隆恩殿为单檐歇山式建筑，周围边廊，上盖黄色琉璃瓦，架梁全部为和玺彩绘。隆恩殿三间、四门、八窗，明三间以槅扇门为装饰。殿内有大暖阁，大暖阁内供小暖阁，供有陵牌。殿后有二柱门、石祭台、洞门。洞门之上便是大明楼，楼中立"太祖高皇帝之陵"的石碑，此碑就是福陵的"圣号碑"。由于"圣号碑"具有特殊地位，此碑和其他碑碑制不同，其中一点便是它被涂成许多色彩，碑面用朱砂染成红色，碑文填金，其他各部用红、黄、白、蓝、绿五色彩丝，金光闪闪，鲜艳夺目。清末以后由于失修色彩脱落，特别是1962年5月7日大明楼失火被毁时，此碑受到一定破坏。现在我们看到的大明楼是后来修复的。方城后是月牙城，古人认为"天有阴晴，月有盈亏"，满月象征团圆，而月牙则代表离散。人死谓之亏，所以把此城修成月牙形，以示悲哀。城内空旷、沉寂，只有北墙正中的琉璃照壁为这座空城增添了一些生气，据说这是照壁地宫的入口。

月牙城

月牙城以北便是宝城。宝城是一座半圆形的"城"，高一丈七尺一寸，周长五十九丈五尺。相传修宝城要用"童子夯"，就是在夯打衬土时，用10岁左右的男童踩踏，不用木夯或石夯，因为在古人心中，童男童女是圣洁、吉祥的象征。宝城中间高大的土丘是"宝顶"，"宝顶"之下就是福陵的"心脏"部位——地宫，

世界文化遗产

努尔哈赤及其皇后就长眠在这里。宝顶之上有棵榆树，是附会新宾永陵的神榆。

福陵建筑凝聚着我国古代劳动人民的智慧和技艺，也受到了劳动人民的保护，虽几经战火仍保存完好，现为全国重点文物保护单位、世界文化遗产。近年来，陵区附近又开发了一批景区、景点，今天的福陵已成为一处具有历史文物、园林风光、旅游度假功能的观光旅游中心，正以其独特的魅力吸引着八方游客。朋友们，您在闲暇之余，不妨来看看这一代开国皇帝的长眠之地，聆听松涛阵阵，静静地体味一下那古老的传说，感受一下春观杏林春晓、夏看隆楼烟雨、秋望芳草云天、冬赏西山晴雪的乐趣。福陵，这一昔日的帝王陵寝，正以一种既古老又崭新的面貌迎接着您，若老汗王泉下有知，也一定会感慨万千吧！

各位游客朋友，我的讲解到此结束。谢谢大家！

【景区亮点】

1. 清王朝的奠基者——太祖努尔哈赤与其皇后的陵寝。

2. 登108级石阶，观错落有致的皇陵建筑，感受古代皇家气势。

3. 陵区环境清幽，是吐纳清肺的好去处。

【美食伴游】

马家烧卖、和和蒸饺、回转火锅等。

【购物推荐】

中街商业街、五爱市场、古玩和玉器等。

【景区地址】

沈阳市东陵区东陵路210号

【交通指南】

在沈阳北站乘坐公交168路北线或者沈抚三号线，至东陵公园站下即是，全程约需1小时。也可在市中心中街地铁站附近的东中街公交站（东顺城街上）乘坐168路南线或者218路，至东陵公园站下即是，全程约需1小时。

【周边景点】

星光汽车影院、沈阳盛京国际高尔夫俱乐部、沈阳鸟岛、辽宁农业博物馆、沈阳世博园、棋盘山等。

●沈阳世博园——"我们与自然和谐共生"之园

游客朋友们好！欢迎游览沈阳世博园。

沈阳世博园位于沈阳市区东部，坐落在占地203平方公里的沈阳棋盘山国际风景旅游区内，是在沈阳植物园原址之上修建的。这里风光秀美、丘陵起伏、林海波涛、景致宜人、水域丰富，山水、花木融为一体，宛如一幅浑然天成的山水巨画。2006年世界园艺博览会就在这里举行。

[世博园概况]

世界园艺博览会是由国际园艺花卉行业组织即国际园艺生产者协会批准举办的专业性国际展会，被誉为世界园艺界的"奥林匹克"盛会，曾吸引了世界上许多城市竞相申办。沈阳作为东北的中心城市，作为中国最具经济活力的城市之一，

作为国家首批森林城市,凭借着自身的实力和诚意,在众多申办城市中脱颖而出,成功申办了"2006年中国沈阳世界园艺博览会"。

沈阳世界园艺博览会吸引了全世界5大洲,包括中国在内的23个国家、52个城市参展。由于有了棋盘山风景区天造地设的山水林海,有了沈阳植物园万紫千红的美丽园景和2 000余种珍奇植物等,本次博览会得到了专业人士的好评。国际园艺生产者协会主席法博先生这样评价它:"这是我所见过的规模最大、最好的世博园!"

沈阳世界园艺博览会的主题是"我们与自然和谐共生"。这里所说的"我们"是个广义的大概念,既涵盖了沈阳、中国、世界之意,同时也指代了城市、地球和人类。本次世博会的会标以玫瑰、地球、机床飞溅出的铁花为基本元素,整个造型就像一朵盛开的玫瑰花。玫瑰花是沈阳的市花;机床工业是沈阳作为中国装备制造业基地的象征;而红色向绿色的过渡,则象征着沈阳已由过去的污染严重的重工业城市发展为欣欣向荣的绿色环保生态城市、森林城市;地球代表着世界。这个会标的设计蕴含着人与自然的和谐之美,寓意着沈阳将通过世界园艺博览会走向世界。本次世博会的吉祥物是世博园内栖息最多的鸟类,即灰喜鹊,名叫"阳阳"。喜鹊是传统的吉祥、幸运之鸟,也是沈阳市最常见、深受市民喜爱的吉祥之鸟。展开双翅的"阳阳",象征着沈阳的活力和热诚,也象征着沈阳把吉祥如意带给全世界的美好愿望。

沈阳世博园具有四大特色:一是森林里的世博园。它位于千顷林海之间,有着丰富的天然植被基础,被著名世界园艺博览会设计大师尼克诺森誉为世界上唯一的森林里的世博园。二是具有北方特色。它以大尺度、大气势的林海、山水、丘陵、花海,突出宏伟、浑厚、大气的北方景观特色。三是它以城市为基本参展单元,是每个城市向世界展示自己的文化、文明与风貌的舞台。四是环保生态型的"世园会"。其能源系统充分利用太阳能和风能,同时建了生态湿地污水处理厂。

沈阳世博园由246公顷的核心园区和500公顷的背景区构成,分为主入口广场区、北区和南区三大功能区。世博园内有三大特色景观,即生态景观、人工景观和滨水湿地景观;有四大建筑,即"凤之翼""玫瑰园""百合塔"和"综合馆";有100个展园,其中包括23个国际展园、53个国内展园和24个专类展园。现在,就让我们一同进入这个色彩斑斓的山水之园、文化之园和世界之园。

[**主入口广场区**]

正门的主题是"凤之翼",建筑面积为4 168平方米,主塔高72米。整个建筑造型独特,气势雄浑,仿佛是凤凰展翅,象征着沈阳和东北的振兴和腾飞。在举行大型庆典时,它可以形成一个独特的背景、一个永不落下的帷幕。而夜幕降临之时,以"都市之光"为主题,以通透明亮的世博塔为中心,借助综合照明系统,营造出一个流光溢彩、美轮美奂的独特夜景。

迎宾广场

这个广场叫迎宾广场。它以"生命之源"为主题，宽40米，由鲜花、绿树和音乐喷泉等构成。迎宾广场与自然地群地貌、植物群落和花卉完美融合，犹如热情奔放的沈阳人张开双臂欢迎您。与这里的热情、喧闹相比，一个个特色花卉点缀其间的凉棚，形成一处处舒适、恬静的休闲文化场所，花香弥漫的啤酒花街更是给人一种幽静、惬意的感觉。

[北区]

世博园北区占地面积为110公顷，南北长约1 560米，东西宽约1 260米。整个北区的地形以起伏多变的丘陵地带为主，海拔最高点约109米，最低点约70米。这里有着丰富的天然植被，世博

玫瑰园

园的三大标志性建筑——玫瑰园、百合塔和综合馆均建在这里，世博园的大部分国际展园也都分布于此。

玫瑰园是因沈阳的市花——玫瑰而建的。全园占地1万平方米，荟萃3 000种玫瑰，是世界上品种最丰富的玫瑰园。玫瑰园在国内率先采用了地源热泵采暖技术，既节能又环保，即使室外是冰天雪地，园内依然温暖如春，一年四季都会盛开着玫瑰花。因此，园中提供的举行玫瑰婚礼的场所，气氛温馨浪漫；而轻啜玫瑰茶、共进情侣餐的"玫瑰之约"，更是令爱侣们神往。

百合塔

百合塔是目前国内外最大的雕塑体建筑，造型似绽放的百合花，蕴含着2006年世博会"我们与自然和谐共生"的主题，寓意百业兴盛、和谐发展的沈阳正在拥抱无限广阔的未来。它占地500平方米，高125米，相当于一座35层的高楼，是全园的最高点。在塔身95米和100米处有两层观景平台，可供游人登塔，鸟瞰全园风景。两层塔顶观光层面积约400平方米，最多可容纳近200人。百合塔的高速封闭式电梯每秒运行2.5米，游客仅用40秒便可登临

塔顶。塔身淡绿色的玻璃幕墙和银灰色的不锈钢板拖裙,也正与植物的茎叶颜色吻合。百合塔下,依托自然起伏的地形,利用花卉形成的百合花图案,顺势展开数百米宽阔的花带,营造了一条蜿蜒曲折、溢满花香的百合谷。百合花象征"百年好合"。百合塔和巴黎的埃菲尔铁塔一样,都是举办世博会时留下的伟大建筑。

综合馆

综合馆是世博会的最后一个主体建筑。这里的建筑面积 12 000 平方米,是国内最大的花卉室内展馆。馆内有国内最大的壁画《和平鸽》。它是用马赛克镶嵌的。综合馆通过开展各种展览和活动,突出了科学性、知识性、趣味性和互动性,体现了园艺、科技与生活的完美结合。

世博园北区共有 17 个国际展园、14 个省内展园和 39 个省外展园。下面就向大家介绍几个比较有特色的展园。

沈阳园,以水池叠瀑、市花玫瑰、市井民居体现沈阳在母亲河沈水的哺育下成长的历史。马架式的亭廊、古陨石的陪伴,如同时空隧道,将人们带回到沈阳的远古时代。一条雾气弥漫的林谷,流淌着涓涓溪流;一双双刻录着沈阳由古至今发展过程的足迹永远地留在林谷之中,向人们讲述着沈阳灿烂的历史与辉煌的今天,描述着沈阳成为全国最具经济活力十大城市之一的成果和奋斗场景,展示着沈阳作为环保示范城、森林城市及创建舒适人居环境的成果和目标。

沈阳园

在北区国际展园中,最具特色的是印度园。印度园,命名为佛陀启蒙园。在印度各地有许多宗教园。印度园主要围绕佛这一主题,努力展示佛祖的启蒙意义和教化。园中央由一尊佛身雕塑和一块佛祖传经的净地组成。这样的佛陀启蒙园就向参观者提供了宁静的氛围,使他们与佛更近。此外,这里还在园的外围修建了许多与真人一般大小的

印度园

青铜色雕塑，保持了印度艺术和文化的韵味。佛陀启蒙园对参观者来说不仅好看，而且净化心灵。

新加坡园是由许氏兄弟集团投资建设的，位于沈阳世界园艺博览会国际展区内，占地面积2 300平方米。园区设计力求在有限的空间内凸显"鱼尾狮"热情的迎宾形象，鲜明展示新加坡风情和园艺特色。整个园区分为中心区、服务区、花卉区。中心区，由入口广场、水池向上逐级升高，至鱼尾狮雕塑达到园区最高点。雕塑基座高3米，雕塑高5.5米，总高度8.5米。雕塑背后为弧形景墙，墙面镶嵌图片，介绍新加坡风情。服务区，有两层长廊，一层为新加坡纪念品展示，二层为景观平台和方亭。花卉区，设花坛、花坡，展示新加坡国花及其他特色植物。

新加坡园

在北区的专业展园中，我们主要参观的是环保科技园。环保科技园位于世博园主会场的东南角，占地面积15 000平方米，由沈阳环境科学技术人员独立设计、施工。这是沈阳环保人专有的技术。该园集污水生态处理、绿色能源利用、环保科技教育及湿地景观于一体，主要由污水生态处理展区、太阳能利用展区、风能利用展区三部分组成，最大限度地体现了污水生态净化和提供绿色能源两项主题，将历届园艺博览会单独建环保专业园的愿望在这里实现。

环保科技园

[南区]

世博园南区与北区之间横贯一条铁路线，通过"花之天桥"与"时空隧道"的连接遥相呼应、浑然一体。这条铁路线源源不断地从周边地区为世博园输送着各地的游客。下面我们就到南区去看一看。

世博园南区，占地面积100公顷，地形是起伏多变的丘陵地带。中心地带由于雨水汇流，聚成两处自然水面。土壤为棕壤土、草甸土和沼泽土三种类型，具备形成良好植物景观的基础条件。

南区以专业类展园和几个占地面积较大的国际展园为主。这几个庭园的特点是占地面积大，特色鲜明。我们先去感受一下"郁金香之国"——荷兰风情。这里以花卉造型为主。其中郁金香占50%左右。花卉的造型布置突出中国古典形象的主题，如女娲补天的造型，将荷兰花艺融入了中国的古老文化。

在花的海洋中遨游之后，让我们再到水生植物园去领略那花与水的结合之美吧。这里地势比较低洼，并有部分浅水区和沼泽，适合各种水生植物的生长。水生植物有漂浮植物、浮叶植物、沉水植物和沼生植物之分。本园栽种的水生植物主要是浮叶植物和沼生植物。浮于水面的睡莲宛如圣女，素妆淡雅，静候着您的到来。

依山而静的观光园林与傍水而动的娱乐空间相映成趣，是南区的一大特色。走过松风广场，就是一大片游乐场。湖中荡舟、湖畔攀岩、湖上速降、湖面过桥、林中蹦极、林间单骑，让您在风声、鸟语和花香之中体验别样的惊险刺激。当然，世博园也没有忘记为小朋友们开辟一方乐土。这里的"星星乐园"有50多种游艺项目，小朋友们都喜欢来这里尽情玩耍。

朋友们，短暂的旅程，不能让我们将世博园丰富的内容一一览尽，也许会为您留下些许遗憾。但畅游世博园，您会一生无憾。

让我们与自然和谐共生，愿沈阳与世界同步前行。沈阳世博园凝聚着的沈阳人的真诚与热情将使您回味难忘，希望这座活力四射的城市能给您带来新的感受。

各位朋友，欢迎您下次再来沈阳，再来世博园，再见！

【景区亮点】

一是森林里的世博园。它位于千顷林海之间，有着丰富的天然植被基础，被著名世界园艺博览会设计大师尼克诺森誉为世界上唯一的森林里的世博园。二是具有北方特色。它以大尺度、大气势的林海、山水、丘陵、花海，突出宏伟、浑厚、大气的北方景观特色。三是它以城市为基本参展单元，是每个城市向世界展示自己的文化、文明与风貌的舞台。四是环保生态型的"世园会"。其能源系统充分利用太阳能和风能，同时建设了生态湿地污水处理厂。

【美食伴游】

华夏民俗村八碟八碗、沈阳回头、杨家吊炉饼、国际美食广场等。

【购物推荐】

各种小纪念品等。

【景区地址】

沈阳市东陵区双园路301号

【交通指南】

1. 可从沈阳北站乘坐火车前往，沈阳北站候车室门口即可买票；

2. 乘168、234、330路公交车可到；

3. 可在沈阳北站乘坐"雷锋号"直达世博园南门。

【附近景点】

棋盘山、沈阳福陵、鸟岛、沈阳皇家极地海洋馆等。

●张学良旧居陈列馆

游客朋友，大家好！欢迎大家参观张学良旧居。

张学良旧居是张学良在东北的官邸和私宅，始建于1914年。1931年"九·一八"事变后被日伪侵占，作为图书馆使用。1945年，中共中央东北局曾在此办公。中华人民共和国成立后，作为辽宁省图书馆、辽宁省文联、辽宁省作家协会、辽宁省文化厅等多家单位的办公场所使用。该建筑群1985年被沈阳市人民政府公布为市级文物保护单位，1988年被辽宁省人民政府公布为省级文物保护单位，1996年被国务院公布为全国重点文物保护单位。1988年12月12日，该建筑群被辟为张学良旧居陈列馆正式对外开放。如今，张学良旧居陈列馆已是国家二级博物馆和辽宁省爱国主义教育示范基地。

张学良旧居陈列馆鸟瞰图

张学良旧居总占地面积5.3万平方米，建筑面积3.5万平方米，是一处规模庞大的建筑群，由中院、东院、西院以及院外几个不同时期、不同风格的建筑构成。

其中，中院是具有传统风格的三进四合院，为整个建筑群里最早的建筑之一，也是张家早期办公、居住的场所。

东院由小青楼、大青楼、花园等构成。小青楼与三进四合院是同期建筑，1918年开始使用，是张作霖五夫人寿懿生活起居之处。大青楼建成于1922年，是当时奉天城内最高的建筑之一，也是张学良旧居的标志性建筑。建成之后，张家将原来四合院办公和居住的功能转移到了这里。

西院早期建筑是东、西并排的两栋四合院，与中院三进四合院同期完工，一栋由张学良二婶及其孩子们居住，另一栋由张学良几个年龄较大的弟弟居住。张学良主政东北之后，感到房屋不敷使用，遂拆除西院原有建筑，于1929年秋进行招标，1930年春开始在此修建东北边防军司令长官公廨。其中前四栋楼用于办公，后两栋楼用于居住。承建者为美国人马立思。"九·一八"事变发生时，六栋红楼仅完成了主体结构。因此，张学良并未在此办公和居住过。

红楼群承载着红色的印记。1945年抗日战争胜利后，中共中央成立了以彭真为书记的东北局，全权代表中央，领导东北地区党的组织及党员的活动。东北局成立伊始，其机关所在地就在张学良旧居。9月19日，中共中央东北局第一次（扩大）会议在红楼群的1号楼举行。会上，彭真、陈云传达了中共中央关于"向北发展，向南防御"的战略方针，明确了东北局当时的总任务就是力争控制全东北，立即组织部队接收城市，控制交通线，迎接中央派往东北的大批干部和部队。根据这次会议所进行的工作，为后来建立巩固的东北根据地创造了有利条件。这次会议标志着中国共产党对东北战略区实施统一领导的开始。

院外这座日式风格二层小楼，是与张学良相依相守的赵一荻1929年至

1931年的居所。赵一荻在家中排行第四，家人习惯地称她为"四小姐"，故时人又将其称为"赵四小姐"。她居住过的这座小楼也因此得名为"赵四小姐楼"。2000年，该馆对其进行了复原陈列，命名为"赵一荻故居"对外开放。

在赵一荻故居东南边的这栋大楼，是1930年修建的边业银行，它不仅拥有货币储蓄权，还拥有发行权，为奉系调控金融、稳定经济起了至关重要的作用，现在是作为沈阳金融博物馆对外开放的。边业银行西南边的这座1925年修建的小楼，人们习惯地称它为"办事处"，它是当年边业银行总行从天津迁移到沈阳后最初的营业之所，于1926年投入使用。直到新的边业银行启用后，它的使用功能才发生了变化。当时的人把这栋建筑称为旧边业银行，而把1930年修建的那座大楼称为新边业银行。办事处是后来的人赋予它的一个名称。

张学良旧居建筑群经过了前后近20年不同时期的修建，所以展现了不同时期的建筑风格，如传统风格的三进四合院，中式为主、西式为辅的小青楼，西式为主、中式为辅的大青楼，欧式风情的新旧边业银行、红楼群，日式风格的赵一荻故居等，使这一建筑群落成为近代辽沈地区建筑风格演变的一个缩影，清晰地体现了近代建筑的历史走向与基本特征。此外，张学良旧居的建筑装饰艺术，尤其是"三雕一画"，即石雕、砖雕和木雕和大青楼内的原始壁画，因数量庞多、取材广泛、技艺精湛、寓意深刻而成为这一建筑群的一大文化特色。

目前，张学良旧居开放的区域有中院、东院以及院外的赵一荻故居和1930年修建的边业银行。下面，请大家随我首先参观中院，即三进四合院。

三进四合院是采用木构架结构体系而建造的仿王府式建筑，属于典型的中国传统建筑，呈"目"字形，雕梁画栋、飞檐翘角、斗拱彩画，是清末民初辽沈地区四合院建筑的经典之作。四合院融办公与居住为一体，一进院、二进院是办公场所，三进院是家眷的居住地。

雁翅形照壁，挑檐起脊，磨砖对缝，壁心镶嵌"鸿禧"二字。鸿禧即意为多喜多福、福喜连绵，寄托着房宅主人迎祥纳福的祝福和祈盼。

三进四合院正门

旧居的正门的门阶两侧各有一上马石，是专门供主人及宾客上下马使用的石阶。

四合院的正门阔七间，正中一间为大门，大门的左右各三间，东侧三间为当时的警卫室和传达室。西侧三间为电工室和电话室。四合院的大门，上面绘制的护院门神是秦琼和尉迟恭。

三进四合院的一进院，是当时工作

人员办公的场所。东厢房是内账房,是专门掌管开支的部门。西厢房是承启处,内设文、武承启官,负责来访客人的接待和通禀工作。

在我的身后的是垂花仪门,由垂花门楼和仪门组成。仪门平时紧闭,有卫兵把守,当有重要客人来访时,仪门才会打开。请大家随我通过仪门直接进入二进院。

二进院东厢房是秘书长办公室及专门处理机密文件的内收发室。西厢房是一般秘书工作的地方。

二进院正房共7间,有门楼和前后廊,是1918年至1922年张作霖的办公和会客场所。2000年,根据曾经在这里工作过的几位老辈人的亲身回忆和反复研究考证,复原了张作霖的办公室、卧室、会客室、书房等房间。

三进院是张作霖家眷居住的地方。

张作霖一生共娶有6位夫人。原配夫人、张学良的生母赵氏,与张作霖同庚,北镇县高山子镇赵家庙人。二人于1894年结婚。同张作霖生有两男一女,1912年赵氏就在新民府病故,并未在这里居住过。

三夫人戴宪玉,容貌俊秀,一度非常得宠,张作霖在行军打仗时都将她带在身边。但她没有生育子女,1916年就削发为尼了,所以也并未在这里居住过。

正房是二夫人卢氏和子女居住的地方。卢夫人育有两个女儿——怀英和怀卿,不幸的是她们都成了张作霖政治婚姻的牺牲品,怀英嫁给了天生呆傻的蒙古达尔罕王之子,怀卿嫁给了患有神经官能症的张勋之子张梦潮,后怀英和怀卿均离婚。

东厢房是四夫人和子女居住的地方。四夫人许澍旸,教子有方,对子女影响很大。她曾移居美国,中华人民共和国成立后回国定居,1978年在北京病逝。许夫人育有二女二男,即女儿怀曈、怀曦,儿子学曾、学思。张学思从小自强自立,逐渐走上进步道路,成为从张家走出的一名共产党员,曾任中国人民解放军海军参谋长,他也是海军大连舰艇学院的前身——大连海军学校的实际创建者。

西厢房是张学良同原配夫人于凤至及子女1918年至1922年居住的地方。房间共五间,中间为过堂,北侧两间为张学良和于凤至的起居室,南侧是张学良子女日常生活起居的地方。1916年11月25日,张学良和于凤至在奉天完婚,同张学良生有一女三子。如今子女已先后去世。

东院的大青楼建成于1922年,为仿罗马式建筑,因为采用青砖砌筑故称为大青楼。大青楼总建筑面积达2 460平方米,共有地上三层,地下一层,整座楼高22.45米,是当时奉天城的最高点之一。

1931年"九·一八"事变后的第二天清晨,日本军便占领了旧居,旧居遭到了空前的洗劫。日军是能抢走的全部抢走,对带不走的则全部损毁。

一楼有东北政务委员会办公室、老虎厅、宴会厅、张作霖卧室和办公室。1929年1月12日,东北政务委员会宣

大青楼

告成立，张学良任主席。东北政务委员会是东北易帜之后组建的东北地区的政治、军事决策机关，管辖奉、吉、黑、热四省。东北易帜挫败了日本帝国主义企图肢解东北，图谋独占东北的阴谋诡计，维护了民族利益和国家领土完整，南京国民政府也获得了形式上的统一。

老虎厅，因当年曾摆放过两只东北虎标本而得名。著名的"杨常事件"便是在这里发生的。1929年1月10日晚，张学良命奉天省警务处长高纪毅和侍卫副官长谭海率领卫士，将东三省兵工厂督办杨宇霆和黑龙江省省长常荫槐当场处决，史称"杨常事件"。

宴会厅，是过年过节、举办寿筵或者接待重要客人时用餐的地方。这里承载着一段红色的记忆：1945年9月20日晚至23日清晨，中共中央东北局书记彭真就是在这里听取了东北抗联负责人周保中、冯仲云、崔石泉等人的工作汇报。周保中等人向东北局领导汇报了关于东北抗日联军14年的斗争和随苏军进驻东北57座城市的情况汇报。其后，周保中将中共东北委员会的组织工作材料及档案资料全部移交给东北局。至此，与党中央失去联系长达10年之久的东北抗日联军终于找到了党组织，回到了党中央的怀抱。

1922年大青楼建成后，张作霖就将四合院的办公、居住功能转移到了这里。南侧是办公室，西侧是卧室，中间夹有一盥洗室。创建东北大学、成立东北交通事业的最高决策机关——东三省交通委员会等意义重大的历史事件都是在这里决策的。

二楼是张学良办公及生活起居的场所，西侧房间为卧室，南侧房间为休息及会客室。就是在这间屋子内，张学良和于凤至以抛掷银圆的方式决定了杨、常的生死。

办公室是1928年至1931年张学良处理日常政务的地方。张学良主政东北后，积极倡导东北新建设。张学良还特

意在《奉天公报》上长时间专门登载了他每天的办公作息时间表。张学良于1930年9月18日发出"巧电",决定挥师入关,最终帮助蒋介石平息了这场战争,张学良旋即被蒋介石委以陆海空军副司令的重任。张学良也登上了他政治生涯的巅峰。

张学良旧居内的关帝庙是一座三间青砖木结构之硬山式建筑。正殿北侧供奉坐北朝南的关羽坐像一尊,为清末民初时期帝王像风格。西配殿内北侧摆放的长条案上放置一把关羽的青龙偃月刀和一方阳文的"汉寿亭侯之印"。北、东、西墙壁分别绘制有"大破张角""涿州全胜""华容道义释曹操"三幅《关帝圣迹图》壁画。

小青楼是张作霖寿氏夫人的居所,是一座典型的中西合璧式建筑,其造型独特,整座楼体呈"凹"字形,中间为两层高门楼,二楼有外廊式阳台。一楼西屋为会客厅,是张作霖和寿夫人接待重要客人的地方。1928年6月4日,张作霖在皇姑屯被炸成重伤,也是被抬到这个房间,经紧急抢救无效而过世的。一楼东屋为卧室,皇姑屯事件后,寿夫人不顾失去亲人的痛苦,在这个房间里沉着应对各方访客,巧妙地骗过了前来打探消息的日本驻奉天总领事林久治郎的夫人,从而避免了日本人乘虚而入挑起战端,为张学良回奉奔丧及日后主政东北赢得了宝贵时间。

旧居东院门外这座赭红色二层小楼,因1929年至1931年赵一荻在此居住,而得名赵一荻故居。1927年夏,赵一荻同张学良相识。1929年9月,赵一荻离家到沈阳探望生病的张学良。故居的一楼是舞厅、餐厅和琴房。二楼有书房兼会客厅、办公室和卧室。

赵一荻也是从这里开始一路陪伴张学良直至人生的终点,其间包括54载的幽禁岁月。1964年,于凤至同意和张学良解除婚姻后,张学良和赵一荻正式结为夫妻。2000年,陪伴了张学良整整72载的赵一荻因病去世。2001年,张学良也以百岁高龄驾鹤西去,二人合葬在美国夏威夷神殿谷。

● 沈阳"方特欢乐世界"——急速的世界

游客朋友们好!欢迎游览"沈阳方特欢乐世界"!

沈阳"方特欢乐世界"位于沈阳市沈北新区盛京大街,占地约60万平方米,由深圳华强集团投资20亿元精心打造的第四代主题公园。"方特欢乐世界"以科幻和互动体验为最大特色,采用国际一流的理念和技术精心打造,可与西方最先进的主题公园相媲美,被誉为"东方梦幻乐园""亚洲科幻神奇"。

方特欢乐世界

沈阳"方特欢乐世界"由飞越极限、星际航班、恐龙危机、影视特技摄影棚、生命之光、海螺湾、宇宙博览会、聊斋、嘟比历险、嘟比脱口秀、火流星、神秘河谷、维苏威火山、欢乐天地等十几个大型主题项目区组成，涵盖主题项目、游乐项目、休闲及景观项目300多项，其中包括许多世界领先的超大型游乐项目，绝大多数项目老少皆宜。这里有国际一流的高空飞翔体验项目"飞越极限"，大型动感太空飞行体验项目"星际航班"，中国独创的大型火山探险项目"维苏威火山"，目前世界上最先进的大型恐龙复活灾难体验项目"恐龙危机"，让人琢磨不透的中国传统神话神奇演绎项目"聊斋"，以及色彩斑斓、如梦如幻的项目"海螺湾"，神奇的卡通互动项目"嘟比脱口秀"等。

维苏威火山

星际航班

这是一场盛况空前的欢乐盛宴！这是一个充满神奇的梦幻乐园！这是一个未来科幻的探险王国！这是一个梦幻奇妙的世界！

【景区亮点】

1. 采用当今最先进的理念和技术精心打造，堪称"国际一流"，是第四代主题公园。

2. 是一个以科技和幻想为主题的乐园，给游客全新的体验。

3. 园内有国内首创动感射击游戏项目——嘟比历险。

【美食伴游】

满汉全席、朝鲜冷面、打糕、杨国福麻辣烫、沈阳灌汤包、老山记海城馅饼、蒸功夫包子等。

【购物推荐】

儿童玩具、景区吉祥物等。

【景区地址】

沈阳市沈北新区道义开发区盛京大街55号

【交通指南】

公交：

乘178、191路公交车到"盛京大街莆田路"站下车即可。

地铁：

乘坐地铁二号线（全运路—三台子方向）在终点"三台子"站下车，在松山路"黄河大街"站换乘178路至"方特欢乐世界"。

自驾交通：

丹东、本溪方向：游客沿黄河大街向北至蒲河路右转行2公里至盛京大街

北行2.5公里到达"方特欢乐世界"。北京、大连方向：游客由沈阳环城高速三台子出入口，沿道义大街北行6公里，至蒲河路右转行2公里，至盛京大街北行2.5公里到达"方特欢乐世界"。哈尔滨方向：游客由京哈高速蒲河出入口，沿蒲河路西行16公里至盛京大街北行2.5公里到达"方特欢乐世界"。

【周边景点】

沈阳怪坡、卧龙禅寺、沈阳国家森林公园、七星山旅游景区、辽河湿地景区、薰衣草庄园等。

●辽宁省博物馆

游客朋友们大家好！欢迎参观辽宁省博物馆。

辽宁省博物馆是新中国成立后建立的第一座博物馆，成立于1949年7月7日，建馆之初名为东北博物馆，1959年改称辽宁省博物馆，2008年被评为国家一级博物馆，2009年被列为中央与地方共建国家级博物馆。辽博新馆位于沈阳市浑南区智慧三街157号，占地面积8.32万平方米，建筑面积10万余平方米，分为陈列展览、观众服务、文物库房、文物保护、综合业务五个业务区。陈列展览区分三层，有22个现代化展厅，展陈面积2.4万平方米，是国内建筑面积和展陈面积最大的省级博物馆之一。

辽博现有馆藏文物近12万件，其中珍贵文物数万件，以辽宁地区考古出土文物和历史艺术类文物为主体，分为书法、绘画、丝绣、青铜、陶瓷等20个门类，尤以晋唐宋元书画、宋元明清缂丝刺绣、红山文化玉器、商周时期窖藏青铜器、辽代瓷器、历代碑志、明清版画、古地图、历代货币等最具特色和影响。其中，历代书画收藏在国内外占有重要地位，素以体系完整、品质精良、精品荟萃而蜚声中外，馆藏现存世界最早的楷书墨迹《东晋佚名曹娥诔辞》。唐摹《万岁通天帖》，"草圣"张旭草书《古诗四帖》，宋徽宗传世草书孤本《千字文》，传世人物画巨作唐周昉《簪花仕女图》，宋摹唐张萱《虢国夫人游春图》，五代时期中国南派山水画鼻祖董源的传世代表作《夏景山口待渡图》，宋徽宗《瑞鹤图》等，皆为稀世之珍。

现在我们欣赏的就是唐摹《万岁通天帖》，"草圣"张旭《古诗四帖》，董源的传世代表作《夏景山口待渡图》，唐周昉《簪花仕女图》。

2018年7月，辽宁省公共文化服务中心组建，辽博作为中心重要分支机构，结合自身优势与发展规律，积极深化改革，整合资源，举办了"又见大唐""又见红山""唐宋八大家主题文物展""和合中国"等现象级大展，连续

辽宁省博物馆

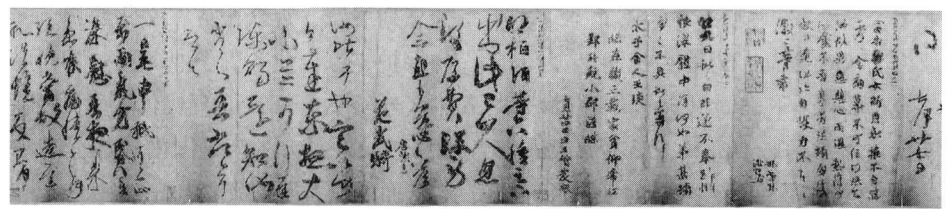

辽宁省博物馆藏唐摹《万岁通天帖》

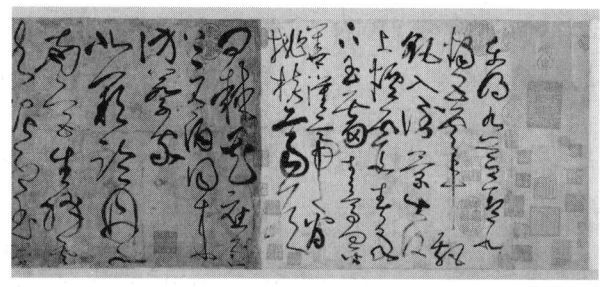

辽宁省博物馆藏唐张旭草书《古诗四帖》

辽宁省博物馆藏五代董源《夏景山口待渡图》

辽宁省博物馆藏唐周昉《簪花仕女图》

四年入围全国博物馆十大陈列展览精品推介活动，并荣获精品奖1次，优胜奖2次，博物馆改革发展的硬实力进一步凸显。积极开展文化志愿服务，"省博物馆志愿者历史文化宣讲团"入选2021年"春雨工程"全国示范性志愿服务项目。强化标准化服务能力建设，入选全国第七批社会管理和公共服务综合标准化试点项目，公共文化服务软实力持续提升。加强藏品保护与研究，获批乙级古生物化石收藏单位，入选2021年国家社科基金年度项目。通过举办现象级展览，辽博海内外影响力显著提升，2020年在由中国文物交流中心指导、文物交流智库编制的《2020年度全国博物馆（展览）海外影响力评估报告》中，辽博获评"全国博物馆海外综合影响力"和"综合类博物馆综合影响力"榜单第七和第六。

2020年12月2日，"山高水长——唐宋八大家主题文物展"开幕式

2022年10月，"和合中国"展览在辽宁省博物馆开展。作为辽博史上规模最大的特展，"和合中国"展览旨在宣扬古意盎然、彬蔚称盛的文物之美，总体呈现出以主题文物展的形式解读"和合"文化、突显"和合"文化对人类社会的重要意义、通过主题文物反映中国古代以和合为美的文化与社会生活、与古为新突出人类命运共同体的天下观、部分重点文物分期展出、专业设计、举办"博物馆之夜"、为观众提供多元的服务活动八大亮点。

"又见大唐"展览

"又见红山"展览

"和合中国"展览

未来，辽博将继续坚持以人民为中心的办馆方向，促进文物和文化遗产活化，不断深化拓展文物合理利用，为人

民群众提供更优质的公共文化服务，对照国内外一流博物馆行业标准，积极开展具有中国特色世界一流博物馆创建工作，以文物展览宣传辽宁文化宝藏，以文化宝藏展示辽宁文化振兴，以文化振兴辉映辽宁全面振兴、全方位振兴。

●沈阳"九·一八"历史博物馆

游客朋友们大家好！欢迎参观沈阳"九·一八"历史博物馆。沈阳"九·一八"历史博物馆是全面反映"九·一八"历史的专题博物馆。位于沈阳市大东区望花南街46号，始建于1991年5月，"九·一八"事变60周年之际正式对外开放，主体为建筑残历碑。

残历碑

1997年陈列馆开始扩建，新馆于1999年9月18日落成并对外开放，扩建后总占地面积3.1万平方米，建筑面积1.26万平方米，展览面积9 180平方米，共设有6个展厅，通过陈列500余件历史文物、资料，1 000余幅珍贵的历史照片，采用多种现代化展示手段，全面反映"九·一八"事变及东北人民14年艰苦抗战的历史。现在我们来到的就是"九·一八"历史博物馆的序厅。

"九·一八"历史博物馆的序厅

游客朋友们请跟随我参观第一展厅：日本侵华政策与战争蓄谋。

日本图谋侵略中国由来已久。1868年，刚刚上台的日本明治天皇睦仁颁布《宸瀚》，称"欲开拓万里波涛，布国威于四方"，其侵略野心昭然若揭。

1894年，日本不宣而战，挑起了中日甲午战争。这场战争以清政府的战败而告终，清政府被迫与日本签订了丧权辱国的《中日马关条约》。1904年，日俄战争爆发。这场战争历时一年零七个月，使清政府将沙俄在辽东半岛租借权、南满铁路及相关特权无偿转让给日本。

为了巩固和扩大这些特权，日本在东北地区相继设立了日本关东厅、日本关东军司令部、日本驻奉天总领事馆、南满洲铁道株式会社四个统治机构，成为日本推行大陆政策的得力工具。

1927年，田中义一上台组阁，制定了《对华政策纲要》，简称《田中奏折》，将侵略矛头直指中国东北。而势力不断壮大的张作霖成为日本侵华的阻碍，日本决定除掉张作霖，制造了震惊中外的皇姑屯事件。此时东北已是战云密布，侵华战争一触即发。

游客朋友们，接下来我们将参观第

二展厅:"九·一八"事变爆发。

1931年9月18日夜10时20分,日军制造柳条湖事件,并以此为借口,进攻北大营。9月19日晨向沈阳城发起进攻,一夜之间,沈阳城全部沦陷。沈阳各个军政要地相继被日军占领,一天之内,日军占领沈阳、长春等26个城市。

现在我们耳畔响起的是流亡三部曲中著名的《松花江上》,它真切地唱出了一批批东北人民背井离乡、流亡关内的悲惨遭遇。

在民族危亡的关键时刻,中国共产党秉承民族大义,站在了抗日战争的最前列。"九·一八"事变后,中国共产党连续发出6篇抗日宣言和决议,号召东北人民组织起来共同反抗日军的侵略。

为向世界揭露"九·一八"事变的真相,以共产党员巩天民为首的九人爱国小组,在李顿调查团来到沈阳调查"九·一八"事变之际,冒死搜集日军侵华罪证多达300余件,递交给国联调查团,令国联作出"九·一八"事变是侵略性事件的国际首次认定。

九人爱国小组

游客朋友们,请跟我继续参观第三展厅:日本在东北的殖民统治。

日本为实现其长期霸占东北的野心,1931年9月22日,即"九·一八"事变爆发后的第四天,就炮制出《满蒙问题解决方案》,决定建立一个以清朝末代皇帝溥仪为元首的亲日"傀儡政权"。

1932年3月9日,溥仪在日本人的操纵下,在长春伪皇宫出任"伪满洲国"执政。同年9月,在日本关东军操纵下签订《日满议定书》,出卖了东北的全部主权。

为镇压东北人民的反抗,日本建立起一整套军警宪特机构,任意抓捕、监禁、残害、屠杀东北民众,频繁制造血案,使东北大地处于白色恐怖之中。这是1997年在沈阳东华门附近日军宪兵队旧址下挖掘出来的两具男、女尸骨,捆住二人手部的麻绳已经腐烂,但脚镣依然清晰可见。

为切断人民群众和抗日武装之间的联系,日本侵略者从1933年起,在东北开始推行归屯并户的"集团部落"政策,东北人民直接受害者达500万人之多。日军对东北抗日志士进行疯狂围剿,这是我抗日志士被日军残杀的情形,令人不忍直视。

为垄断东北经济,日本对各种资源疯狂掠夺。粮食、煤炭、钢铁、木材被源源不断地运往日本,数量难以累计。

请看第四展厅:东北军民的抗日斗争。

哪里有压迫哪里就有反抗,

"九·一八"事变爆发后,东北人民开始了不屈不挠的抗日斗争。

"九·一八"事变后,中共满洲省委派出党员和团员深入到农村和义勇军中,发动组织抗日武装,建立由中国共产党直接领导的抗日游击队。1933年1月26日,中共满洲省委根据《一·二六指示信》精神,开始组建东北人民革命军。

在中华民族生死存亡的关键时刻,1935年8月1日,中国共产党驻共产国际代表团以中共中央的名义,发表了《八一宣言》。东北党组织根据《八一宣言》,开始着手组建东北抗日联军。从此,东北的抗日武装有了统一的称谓——"东北抗日联军",共11个军,3万余人,活动范围遍及南满、东满、吉东、北满70余县的广大地区。

其中有一位巾帼不让须眉的女英雄——赵一曼,她在战斗中受伤被俘,却始终宁死不屈,没有透露半点党的情报。1936年8月2日,敌人将赵一曼杀害。

在自然条件恶劣的情况下,抗联官兵不仅要与残暴的敌人斗争,还要同恶劣的生活环境抗争。场景《露营歌》就表现了抗联战士们在白桦林中过夜的情景。

抗联战士在白桦林中的场景

"九·一八"事变后,不甘屈辱的中国人民纷纷拿起武器反抗日本的侵略,义勇军作为一支自发的抗日武装,成为东北抗战的重要力量,有力地打击了日军。

1935年,田汉、聂耳为电影《风云儿女》创作的主题曲《义勇军进行曲》与《誓词歌》的歌词、曲调都极为相似,因此专家学者普遍认定辽宁为国歌的素材诞生地。

《义勇军进行曲》展厅

游客朋友们,这里是第五部分:东方主战场的东北抗战。

1937年7月7日,日军炮轰宛平县城和进攻卢沟桥,中国由此进入全民族抗战阶段并开始了世界反法西斯战争。日本加紧对东北抗联的讨伐。1940年初,杨靖宇率领的部队在零下40摄氏度的环境下和连续的战斗中不断减员,2月18日,只剩杨靖宇孤身一人。2月23日,杨靖宇在吉林省濛江县(今靖宇县)保安村三道崴子壮烈殉国。杨靖宇牺牲后,日军剖开他的腹部,发现胃里尽是枯草、树皮和棉絮,没有一粒粮食,英雄威武不屈的气概使敌人为之胆寒。他用生命履行了自己"我愿洒尽我的一腔热血,换得民族解放和祖国的未来"的铮铮誓言。

在东北流传着这样一句话："南杨北赵",杨指的就是杨靖宇,赵指的就是赵尚志,赵尚志是东北地区最早的共产党员之一。他与日军作战百余场,令敌人闻风丧胆,"小小的满洲国,大大的赵尚志"在日伪军中流传开来。

1942年2月,赵尚志率领几名战士在小兴安岭山区活动时,遭到一名奸细暗算,重伤被俘。敌人对赵尚志进行刑讯,8小时后,年仅34岁的赵尚志流尽最后一滴鲜血,壮烈牺牲。

这幅国画描绘的是八女投江的悲壮场面。1938年10月,以东北抗联五军一师妇女团教导员冷云为首的八名抗日女战士,为掩护主力部队转移,被日寇围困于牡丹江支流乌斯浑河边,投江殉国。

全民族抗战开始后,中国共产党领导东北抗日联军驰骋于白山黑水之间,大量歼灭和牵制了侵华日军。从1935年到1940年,抗联与敌人作战12万余次,有力地打击和钳制了日军的有生力量,配合了全民族抗战的开展。

1941年12月7日,太平洋战争爆发,中国、美国、英国、苏联等26个国家宣告同盟国成立。根据《雅尔塔协定》,1945年8月9日,抗联与苏联红军奔赴东北,并肩作战。

中国人民在抗日战争的壮阔进程中孕育出伟大的抗战精神,向世界展示了天下兴亡、匹夫有责的爱国情怀,视死如归、宁死不屈的民族气节,不畏强暴、血战到底的英雄气概,百折不挠、坚忍不拔的必胜信念。

正如习近平在抗日战争胜利暨反法西斯战争胜利70周年所说的三个掷地有声的必胜,是对反法西斯战争胜利的回顾和总结,更彰显了中国人民维护世界和平的信心和力量。这幅巨幅油画展现的是沈阳人民走上街头,欢庆来之不易胜利的喜悦场面。

游客朋友们,现在我们参观的是第六部分:铭记历史 珍爱和平。

在我们面前的这座碑叫作感谢中国养父母碑,长达14年的抗日战争给中日两国人民带来巨大灾难。1945年日本战败后,无数的日本孤儿被遗弃在中国,中国人民却以德报怨,向他们伸出了慈爱之手,将他们抚养成人。

新中国成立后,最高人民法院特别军事法庭分别在沈阳和太原对日本战犯进行了审判。按照"不杀少判"的原则给予宽大处理,到1964年将他们全部宽释回国。

每年9月18日,本馆举行撞钟鸣警仪式,就是为了铭记历史,勿忘国耻,振兴中华。

●中国工业博物馆

游客朋友们,大家好!欢迎参观中国工业博物馆。

中国工业博物馆是2012年5月18日对外开放的,是目前我国体量较大的,展示工业历史文化题材的综合性博物馆,是4A级景区,全国爱国主义教育基地,2018年被工信部评为国家工业遗产。博物馆的前身是沈阳铸造厂,

2008年成为铸造博物馆。沈阳铸造厂的历史可以追溯到1939年，几经易名，1956年正式定名为沈阳铸造厂，成为全国乃至当时全亚洲最大的铸造企业。可以说沈阳铸造厂见证了我国工业的发展与变迁。2012年，铁西区委区政府在铸造馆的基础上进行扩建，现在我们工业博物馆占地面积5.3万平方米，建筑面积4.1万平方米，馆藏品1.5万余件，定级文物300余件，涵盖了铸造、冶金、机床等重工业制造等内容，同时涵盖了铁西区工业发展历史的百年变迁，见证了民族工业从无到有、由弱变强的发展轨迹，展示了中国共产党领导人民群众创造奇迹、走向复兴的辉煌历程。

中国工业博物馆

游客朋友们，我们现在所在的位置是序厅，占地面积1 700平方米，高21.7米，四面有钢柱支撑，都是工字型的设计，彰显着老工业基地的工业气息。

青铜雕塑"铁流凝变"

展厅中心的青铜雕塑叫"铁流凝变"，长22米，高11.5米，重达50吨。雕塑展现的是1949年沈阳重型机器厂熔炼出新中国第一炉钢水时气势磅礴的场景。画面上有宽敞的车间、高高的塔罐、轰鸣的机器、转动的齿轮、飞溅的铁水和纵横交错的管线，远处有钢架厂房、油田井架，近处有8位工人，他们是创造中国工业文明的劳动者的代表。这个倾泻而下的铁流凝变的场景象征着中国工业发展的历史、文化和内涵。这座浮雕就像工业博物馆的灵魂，把铸造和艺术有机结合，描绘出了中国工业发展的宏伟气势。

从馆外延伸进来的七块金属钢板，上面记录了自从洋务运动以来我国160多年的重大工业历史事件。第一块钢板记录的是1861年两江总督曾国藩在安徽创办"安庆军械所"，开启了中国近代化工业的序幕；后面分别是1890年湖广总督张之洞创办"汉阳铁厂"、1917年"中华民族化学工业之父"范旭东创办永利制碱公司、1956年长春一汽制造第一辆解放汽车、1961年上海江南造船厂制造第一台12 000吨水压机、1970年中国成功发射第一颗人造地球卫星以及2003年"神舟五号"载人飞船发射成功，实现了千年飞天梦想。

工业博物馆现对外开放了五馆两展区，分别为"通史馆""机床馆""铸造馆""铁西馆""汽车馆"和"冶金机械展区""外国机床展区"。

游客朋友们，我们参观的通史馆占地面积2 300平方米，分四个单元，您

机床馆

脚下"走向工业化"这五个字就概括了通史馆的主体内容,这里以中国工业化历程为主线,参照西方工业发展史,按时间顺序,揭示了中国工业化的发展进程和伟大成就。

机床馆占地面积 2 300 平方米,分为四大单元,共展出 35 台机床、3 个模型,外沿线展出的是沈阳的机床厂生产的机床,按照机床生产年代不同,技术由简单到复杂进行排列。

这个展厅是原来沈阳铸造厂的大型生产车间,始建于 1939 年,新中国成立以后,最高年产量达到了 38 500 吨,生产铸件上万种,是亚洲最大的铸造企业。

铁西馆是中国工业博物馆的重要组成部分,于 2012 年底开始设计施工,2013 年 8 月正式对外开放。展馆占地面积 2 000 平方米,展线 423 米,共设有 7 个展厅,以工业为主线集中展示铁西沧桑变迁的百年历程。

映入眼帘的是长 25.4 米,高 5 米的大型紫铜锻造浮雕《铁西百年记忆》,展现了铁西工业发展所经历的四个历史时期。

1905 年是铁西现代工业的起点,1948 年 11 月 2 日是沈阳解放的日子,1978 年 12 月 18 日,党的十一届三中全会召开,铁西和全国一道进入改革开放的新阶段,2002 年 6 月 18 日是铁西区与沈阳经济技术开发区合署办公的日子。四组数字是铁西振兴发展的重要时间节点,也把整个雕塑分成了四个部分。

铁西因铁路而得名,铁路使铁西孕育了现代工业萌芽。早期民族工业的厂房和烟囱、冯庸大学的工字校旗,代表着民族工业的兴起。

金属国徽

悬挂在天安门城楼的金属国徽、2元人民币上印制的车床、第一台蒸气—空气两用自由锻锤,代表着一五、二五时期铁西工业的辉煌成就。工人村代表了铁西工人当时的生活面貌。

沈阳电缆厂话缆分厂资产经营承包合同、沈阳金杯汽车股份有限公司公开发行的股票，展示了铁西在国企改革中的艰难探索。

铁西区与沈阳经济技术开发区合署办公，中共中央、国务院发布《关于实施东北地区等老工业基地振兴战略的若干意见》为铁西提供了战略契机，以"东搬西建"为序幕，掀开了铁西振兴发展的新篇章。1 000千伏特高压变压器、百万吨乙烯压缩机装置、掘进机、盾构机、浑河西峡谷、铁西工人会堂、铁西体育馆，这些元素代表了10年来铁西发生的巨大变化，这如同一只凌空展翅的凤凰——凤凰涅槃，浴火重生，形象地描绘了以工业为核心的铁西振兴之路。

铁西的百年变迁，见证的是工人阶级砥砺奋进、自强不息的不朽历史，折射的是中国民族工业从无到有、由弱变强的发展轨迹，展示的是中国共产党领导人民群众创造奇迹、走向复兴的辉煌历程。

铁西的历史可以追溯到春秋战国时期。1905年6月，日本在铁西地区建设的奉天机关库，成为日本对铁西实施殖民掠夺的开端。

到1931年，由29家日本工厂和10家民族工业企业，以及一批中小型手工业作坊，共同构建了铁西工业区的基本雏形，生产领域涉及冶金、机械、粮油食品、窑业、纺织、皮革等。

沈阳解放后，铁西工人阶级积极响应党中央毛主席的号召，加班加点生产军用物资，组织支前民工队为部队提供后勤保障，为全中国解放和抗美援朝战争的胜利作出了应有的贡献。1949年9月到12月，创造新纪录1 982件，改进技术操作2 944件，劳动生产率提高了32%。

1953年，全国进入大规模建设时期，国家把沈阳铁西工业区列为重点，投入巨资予以支持。经过"一五""二五"时期的建设，铁西形成了以机电工业为主体，国有大中型企业为骨干，涵盖机械、化工、制药、冶金、轻工等行业的综合性工业基地，为新中国形成独立的现代民族工业体系作出了历史性贡献，被誉为"共和国工业长子"。

从1950年部分工厂北迁，到六七十年代支援"三线"，铁西以"好人、好马、好设备"向全国各地援建了众多企业，足迹遍布29个省（市）和自治区的121个市县，为国家建立完整的工业体系作出了历史性贡献。在新中国建设的前30年里，沈阳市向全国输送了近40万中高级人才，提供机床20多万台、变压器2亿多千伏安、冶金设备60多亿元，是国家投资的3倍。

2007年到2017年，铁西完成了德国鲁尔、法国洛林等著名老工业区历时30多年得以完成的任务，创造了脱胎换骨、沧桑巨变的改造振兴奇迹。

2012年5月24日，总投资15亿欧元、占地2平方公里的华晨宝马铁西工厂正式投产，与其配套的年产80万台发

动机项目随之落户铁西。目前已聚集西班牙海斯坦普、法国延锋彼欧等数十家世界一流汽车及零部件企业。世界500强企业普利司通集团投资10亿美元，在铁西建设1 000万条轮胎生产项目。

2020年1月17日，沈阳·中关村智能制造创新中心率先揭牌。总投资464亿元的15个重大项目多点落铲、集中开工。铁西区、经开区、中德园振兴发展打开新"区势"。

铁西"共和国工业第一"记录了新中国成立以来铁西为共和国创造的160个工业第一，它记录着铁西在中国工业史上书写的不朽传奇。

100多年来，为工业而生、因工业为闻名的铁西，和着时代的风风雨雨走过了极不平凡的发展轨迹。历史昭示我们，发展工业、振兴工业是国家赋予铁西的神圣使命。我们必须毫不动摇地坚持走新型工业化道路，全面做大做强现代工业，努力挺起中国工业的脊梁，为实现中国梦之铁西梦而努力奋斗！

中 线
——哈大高铁线

大连概况

——浪漫之都，时尚大连

各位朋友好！欢迎大家来到美丽的浪漫之都——大连。

关于大连概况，我想引用在2004年CCTV"最具经济活力城市"的评比中，评委们对大连的一段评语："大连是一个大气磅礴的海港城市，它却注册了中国'浪漫之都'的旅游城市品牌。这是一座集大气与浪漫于一身的海滨城市，这是一个用服装表达心情、用足球塑造性格、用浪漫装点生活、用巨轮承载雄心的城市。她的每一次亮相总是携手时尚，她的每一次出场总是彰显力量。这是一座将城市变成风景、将风景变成资本的城市。"

从这段评语中，大家首先可以了解到，大连是一座大气磅礴的海港城市。其实，大连也是一座大气磅礴的工业城市。除港口外，这里还拥有中国最大的造船厂、最大的机车厂、最大的起重机厂、最大的机床厂、最大的轴承厂、最大的冷冻机厂，等等。近年来，大连的石油化工和软件业又异军突起，使大连成为中国著名的石油化工基地和软件城。

[时尚与浪漫之都]

然而，今天人们提到大连，想得更多的却是它的时尚与浪漫——阳光、沙滩、海洋、服装节、模特、足球、满城的欧式建筑和星罗棋布的绿地、广场……

事实的确如此。自1999年以来，大连先后被授予"亚太地区人居示范城市""环境治理先导城市""改善居住环境最佳示范城市""全球环境500佳"城市、"国际生态安全最佳城市""中国最佳旅游城市""国际花园城市"等荣誉称号。一个城市获得如此多的国际奖项，这在全世界的城市中都是罕见的。同时，大连又是国家命名的国家园林城市、国家卫生城市、全国文明城市。

这一切似乎与海港和工业城市的传统形象很难联系在一起，在大连却得到了有机的融合。这就是大连，一个集大气与浪漫于一身的城市，一个于磅礴中透出典雅和精致的城市。

关于大连注册"浪漫之都"旅游品牌的事情是这样的：在此之前，中国很多城市都自称"浪漫之都"，那么谁才是真正的"浪漫之都"呢？1999年8月18日，时任国家旅游局局长的何光暐来大连视察后，挥笔写下了四

金石滩黄金海岸

中　线——哈大高铁线

流光溢彩的国际会议中心

个大字："浪漫之都"。2003年，大连又把这四个字作为城市旅游品牌在国家工商总局做了注册。从此，"浪漫之都"便成了大连的专利和最响亮的广告语，而其他城市再也没有称"浪漫之都"的了。那么，大连究竟浪漫在哪里呢？容我在以后的讲解中慢慢地为大家介绍，大家也可以在游览中仔细品味。

[旅游资源与城市风貌]

大连位于中国东北的最南端，是一座三面环海的半岛城市，而且独跨中国四海中的黄海和渤海两个海。海岸线长达2 211公里，是中国海岸线最长的城市，沿海有着为数众多的美景奇观。由于靠海，这里气候宜人、空气清新。夏天不热，最热的8月平均气温为24 ℃左右，大连因此成为人们向往的避暑胜地；冬天不冷，温度在 −10 ℃ ~ −5 ℃。这个温度正好可以滑雪，而且又不冻手。加上这些年大连建了很多冬季旅游项目，如狩猎场、温泉、室内海水游乐场，以及极地海洋动物馆和圣亚海洋世界、亚洲最大的珊瑚馆、贝壳馆、蛇博物馆等，使大连逐渐成为冬季旅游的热点。

大连物产丰富，可谓物华天宝。这里有亚洲品质最佳的钻石、世界最甜的苹果和大樱桃、最鲜的鲍鱼等，素有"东方钻石城""苹果之乡""大樱桃

魅力星海

故里"的美誉，是中国最大的海珍品生产基地。这些都是大连重要的旅游资源。

大连的浪漫更得力于以人为本的城市建设理念。大连非常重视人居环境的保护和改善，并早在20世纪90年代初就提出了"洋起来，绿起来，亮起来"的城市建设口号，从而形成了大连独特的城市风貌。

由于特殊的历史原因，大连这座城市最初是由俄国人于1899年开建的，至今刚满124年。其间曾先后经历了沙俄租借、日寇占领、苏联红军驻扎几个阶段，时间长达半个多世纪。所以，这里外来文化的氛围异常浓郁，是一座东西方文化高度融合的国际性城市。

延续城市的历史文脉，大连的城市模式和建筑风格不同于中国其他传统城市，是一座充满西洋风味儿的城市，以广场为中心，道路呈辐射状，建筑以欧式为主，多姿多彩，洋气十足。大连现有较大的广场50多个，是中国广场最多的城市。广场上喷泉随着音乐起舞，人与鸽子相伴，呈现出一派祥和的景象。

大连的城市绿化覆盖率高达45%以上（人均占有绿地13余平方米），是中国北方绿色最浓的城市。大连市政府曾为大连描绘过这样一幅蓝图：大连不是要把花园建在城市里，而是要把城市建在花园中，让老百姓出门就能进花园。可以说，大连这座城市本身就是一道迷人的风景。在中国，把城市变成风景，而且有如此大魅力的恐怕还是不多见的。

[中国北方最具开发色彩的城市]

前述评语中还提到："大连的每一次亮相都携手时尚，这是因为大连是中国北方最具开放色彩的城市。这里有中国第一个经济技术开发区，还有保税区和出口加工区。全市现有外资企业15 000多家，外商投资经济占全市GDP的22%以上。大连港是中国东北地区最大的海港，与世界上160多个国家300多个港口建立了贸易往来关系；大连机场是中国第四大国际空港，国际航班与世界上30多个国家和地区的城市通航。更有国际服装节、中国啤酒节、国际红酒节、进出口商品交易会、国际马拉松、国际徒步大会、国际沙滩文化节、国际樱花节、大连赏槐会暨东北亚国际旅游文化周等许多联系世界的平台，不断迎来四海宾朋和无尽商机，使大连成为一座融八面来风的国际性都市，被称为东北三省和内蒙古对外开放的窗口。"

至于大连的"每一次出场总是彰显力量"则是因为，它是中国北方最具经济活力的城市，其经济总量位于东北三省之首。同时又因为，它是中国的体育名城，是国家命名的足球城、田径之乡、游泳之乡，最具阳刚之气。大连并不很大，占地面积1.2574万平方公里，人口753.9万人，然而大连却是一个用巨轮承载雄心的城市。大连是东北亚国际航运中心，这是我国继上海之后，第二个被国家确定为以建设国际航运中心为目标的城市。同时，大连还是东北亚的物流中心和区域性金融中心。大连人正在为实现这些伟大目标而努力奋斗。

● 老虎滩海洋公园

各位朋友，大家好！欢迎来到美丽的老虎滩海洋公园参观游览。

老虎滩海洋公园是以海洋为主题的5A级景区，位于大连市区南部海滨中部，海岸线长4 000多米，占地面积118万平方米，是一座大型现代化综合海洋娱乐场所。园内有国际一流水准的极地馆、珊瑚馆、欢乐剧场、海兽馆、鸟语林、四维影院等闻名全国的景点，还有跨海空中索道、旅游观光船和惊险刺激的侏罗纪激流探险、海盗船等游乐设施。其规模之大、设施之先进，堪称中国之最。

大连老虎滩海洋公园极地海洋动物馆

极地馆的外形就像一只抽象的海洋动物，建筑面积3.6万平方米，其中囤水量约为1.2万立方米，展示极地海洋动物3 000多只（头）。

憨态可掬的北极熊

聪明可爱的白鲸

[极地海洋动物馆]

老虎滩极地海洋动物馆是老虎滩海洋公园的核心旅游项目，也是中国首批"AAAAA"级景点之一。它建成于2002年，是当时中国唯一、世界第三个极地海洋动物馆，经世界吉尼斯组织认证，在当时世界同类馆中规模最大，展示品种最多。

大家知道，极地是我们这个地球上唯一还没有被大规模开发的地域，对于我们这些没有机会去那里的人来说，它无疑充满了神秘与诱惑。所以，自从这个极地馆在大连落成以后，便在国内外引起了轰动效应，成为来大连的国内外游人必看的景点。

走进极地馆，就像走进一个浓缩的极地。在这里，您将会感受到与外面完全不同的另一番景象。什么景象呢？您不妨闭上眼睛，调动您所有已知的关于极地的知识，尽情地想象——皑皑的

白雪、晶莹的雪山、美丽得令人炫目的北极光;因纽特人从他们的雪屋出发,赶着狗拉雪橇去狩猎;被称为"北极之王"的北极熊正在冰面上四处张望,不时发出"哞哞"的吼声;成群的像绅士一样来回踱步的南极企鹅,还有那一米多高的高脚蟹、长得像传说中的龙一样的叶海龙,以及被称为千年古化石的鹦鹉螺等许多珍稀的极地动物……

不知不觉中,您又会步入一座360°的水中广场。此时,其实您已经身在10米深的水中了。周围的情景恍如传说中的龙宫,前后左右,头上脚下,全是碧蓝的海水及数不清的虾兵蟹将和缤纷的鱼群。其中最引人注目的是各种鲨鱼,有10多种。看到这些海中霸王不时张开的嘴巴里露出一排排粗壮锋利的牙齿,不由您不想起美国电影《大白鲨》中那惊悚、恐怖的场景。实际上,这是一种误导。据科学家说,鲨鱼很少会对人类发起攻击。

在这些鲨鱼中,有一个超重量级的庞然大物,名叫鲸鲨。鲸鲨的体长可达20米,被称为"鱼中之冠",据说世界上只有5个城市的水族馆里有这种鲨鱼。老虎滩极地馆里的鲸鲨为雌性,年龄在14岁左右。在鲸鲨家族中,它还只是一个尚未发育成熟的小姑娘。为此,极地馆工作人员给它起了一个很好听的名字,叫"莎莎"。尽管如此,它的体重已达1 000多公斤。

鲸鲨就块头儿来讲,不愧是霸中之霸,可谓"超霸"。据说,它刚被投放进水中广场那几天,曾在原本有秩序的鱼群中引起一片混乱,直吓得大大小小的鱼儿像一只只无头苍蝇似的纷纷抱头鼠窜,就连以往横行霸道的其他鲨鱼们也都乖乖地游到水底,老老实实地观察动静。不过,几天后这里又恢复了往日的平静。因为,它们发现"莎莎"的性情温和得很,根本不像想象中那么霸道,只是有些傲慢罢了。只见它在水中懒洋洋地摆动着身体,像一位威武的大将军,旁若无人地游动在鱼群中,对那些比它身材小许多的鱼儿根本不屑一顾。

极地馆最大的亮点,也是最煽情的地方是表演大厅。在这里,您能欣赏到大白鲸、海豚等海洋演艺明星最精彩的表演,如,大白鲸唱歌,拥抱驯兽员在水中跳华尔兹,用嘴顶着驯兽员跳水中芭蕾;海豚摇呼啦圈、独舞、群舞、打拍球、空中钻圈、驮着站于其背上的驯兽员在水面上冲刺、算数学题等。精彩的表演引起观众海潮般的欢呼和兴奋的尖叫,直到表演完毕仍有很多游客兴犹未尽,不忍离去。

在极地馆里有一种我们大连人最喜爱的动物,也是我们大连旅游的吉祥物,大家猜猜看是什么?启发一下,它的肤色是纯白色的,额头突出,像个老寿星……对了,是白鲸。

白鲸是海洋中一种较大的哺乳动物,刚出生时皮肤是灰色的,随着年龄的增长,皮肤一点点变白,大约四五岁时,就会变成肤色纯白的"美少女"。

据说,在鲸豚类中,白鲸具有最复杂的回音定位系统。它经常一边游泳,一边发出"吱吱"的叫声。因此,白鲸又有"海中金丝雀"之称。

"海中金丝雀"因为稀少,所以价格非常昂贵。大连极地馆中有4只白鲸,每只价格约100万元人民币。

极地馆里的白鲸可乖了,除能为客人表演上述节目外,还会游到池边与游客亲吻,用鳍代手向人致意。所以,我们大连人都亲切地称它"海娃"。

大连为何要把白鲸选为旅游吉祥物呢?这是因为:

第一,白鲸是地球上珍稀的极地海洋动物,可以突出"人无我有,人有我精"的大连城市建设理念。大家想一想,我们大连的旅游景观是不是体现了这样的特点呢?第二,白鲸以其优美的体态成为海洋动物中的极品,以它为吉祥物能够体现大连美的文化底蕴和海一样的宽广胸怀。第三,白鲸以其温和的性格、可爱的形象令人产生一种亲切感,以白鲸作为大连的旅游吉祥物,更能体现大连人的热情与友好。

极地海洋动物馆同时又是国家极地科普教育基地。新上船的极地科考队员出发前经常到这里体验生活。该馆很多工作人员也曾随科考船去过南极。据他们说,极地的风光美极了,美得令人陶醉、令人震撼,而且,在那里会经历很多带有传奇色彩的奇遇。我们普通人根本不可能有这样的机会,只有羡慕的份儿了。去不了真实的极地,只好来这浓缩的极地。虽然是浓缩的,但里面的景象和动物都是真实的。

[珊瑚馆]

介绍完老虎滩海洋公园里的"世界之最"旅游项目——极地海洋动物馆,再给大家介绍一个"亚洲之最"旅游项目——珊瑚馆。

大连老虎滩海洋公园珊瑚馆

老虎滩海洋公园珊瑚馆是一条长长的海底通道,全长220米,面积为3 700多平方米。其中展示有世界各地海域的珊瑚礁生物达200多种、5 000多个,是目前亚洲展示品种最多的珊瑚馆。考大家一个问题:珊瑚是动物,还是植物?对,动物。珊瑚又被称作"海底之花",是由一种单体极小的低级动物——珊瑚虫堆聚而成的。珊瑚虫在海里漂移时,遇到礁石就会附在上面生长、繁殖,越聚越多,层层堆积,死后便钙化成我们所看到的各种美丽的珊瑚石。

珊瑚馆里展示的不全是没有生命的珊瑚石,更多的则是活体珊瑚,并且是正在生长的珊瑚礁以及它们的生存环境。走进珊瑚馆,犹如走进一个五彩缤纷的万花筒,又如走进传说中的龙宫宝殿。色彩斑斓的热带鱼在礁丛间游弋,稀奇古怪的海葵贴着海底蠕动，火焰贝伏在礁石后一闪一闪地放电，佛手贝舞着长须，像在跳彩绸舞……一切都是那样的神奇和美妙。

参观珊瑚馆一点儿也不会觉得枯燥，馆内还设有许多可供游客参与的项目。您可以参加海洋音乐会，亲手演奏钢琴或敲击架子鼓，让各种海洋生物为您伴舞；可以摇动手柄，亲手制造汹涌的海浪和旋涡，看鱼儿如何逆流而上……当然，您也可以亲手在水中捕捉虾贝和小鱼。海底通道里还有一艘古老的沉船，船壁上长满了厚厚的青苔，船舱里活跃着虾怪、小丑鱼、长臂章鱼等许多海底精灵。老船长用沧桑的声音向您讲述海底探宝的故事，有趣而又充满诱惑。

珊瑚馆也是一个科普场所。馆内设有许多部潜望镜、显微镜和电脑连环画，可供游客搜索神秘的海底世界，或观察海底生物的细部构造及其繁殖和生长过程。世界各大海域珊瑚生物品种的资料几乎都能在这里查到。

在珊瑚馆里，您还能看到许多海底趣闻和神奇的物理现象。譬如，馆内有一面高大的水槽，在水槽的下部挖有槽口，水槽里的海水高出槽口70厘米左右，鱼儿可以从槽口游出，游人也可以把手从槽口伸进去摸到水槽里的鱼，但海水却不能从槽口流出。这是为什么呢？要想知道其中的奥秘，只有到现场去慢慢地琢磨了。

[欢乐剧场和海兽馆]

除以上"世界之最"和"亚洲之最"的旅游项目外，老虎滩海洋公园里还有两个特别滑稽逗乐的旅游项目：一个是欢乐剧场，另一个是海兽馆。

聪明伶俐的海豹

欢乐剧场，可是不能不看，尤其是小朋友们。因为，它是目前国内唯一一家将故事情节融入海洋动物表演的场馆。中央电视台少儿节目还曾专题播放过其中的节目呢！

这里的节目主角是海狮、海獭、海象、海豹等海洋动物。它们客串各种角色，与人同台演出滑稽剧。整个演出过程充满了滑稽情节，看后保管您笑得肚子直疼。

您可别小看了这些海洋动物，它们个个都具有演员的天赋，而且非常敬业，能一丝不苟地按照剧情需要完成各种高难表演动作，如，像卓别林那样一瘸一拐地走路，像绅士一样与人握手、告别和打篮球、吹喇叭、摇呼啦圈，以及搞各种令人发笑的恶作剧等。

在这些海洋动物演员中有一只大腕级的明星。它拥有硕大而又肥胖的身躯，面相丑陋，圆头，嘴巴短而阔，鼻子粗大，一副獠牙突出口外，皮肤粗糙而又多皱纹，可以在陆地上行走。大家猜猜看，它是什么动物？对，是海象。

海象是一种非常珍稀的动物。19世纪，有动物学家曾郑重宣布，海象已经在地球上绝迹了。同时，它也是高纬度海洋里除鲸之外最大的哺乳动物，身长可达 5 米，体重可达 1.5 吨。可以想象，如果人胖成这个样子，恐怕连走路都困难，但它却身手敏捷，能随着音乐的节拍娴熟地跳起旋转舞和摇摆舞等。

更有意思的是，它还非常爱美，每天坚持减肥，能用双手抱头，非常正规地一憋气做许多个仰卧起坐。尽管减肥效果不明显，但那股认真劲儿却让我们不得不佩服，更令很多胖人自愧不如。

海兽馆也很好看，其中的表演主题是"美女与海兽"——由一群美丽的少女与海象、海豹、海狮等同池嬉戏，和平而幸福地生活在同一片仿自然的生活空间，滑稽中又多了几分美丽，仿佛是一个离奇的童话世界。

[虎雕广场]

朋友们也许会问，老虎滩现在到底有没有老虎？当然有了，要不怎么能叫老虎滩呢。老虎在哪儿？喏，就在那里。现在就请大家下车去欣赏这座巨大的虎雕。

大家数一数，这里共有几只虎？对，6 只。6 是个吉祥数字，"六六大顺"嘛。

大连虎雕广场

再提一个问题：这是什么虎？对，东北虎。它象征着咱东北人。东北人最突出的性格特点是豪放、爽快、讲义气，素有"东北虎"之称。这也正是我们在这里雕塑虎而不雕塑兔子或其他动物的缘故。

看虎雕，感觉最强烈的是它的气势。它奔腾向前，仿佛要穿越时空，给人以巨大的震撼。来，大家从老虎尾部这个角度往前看，是否有一种驱赶老虎向前奔跑的感觉？

虎雕是老虎滩海洋公园的标志性雕塑，长 35.5 米，高 6.5 米，重 2 000 多吨，是我国著名艺术家韩美林先生用了整整两年零九个月的时间才雕塑成的。

大家都知道，广州有个 5 只羊的雕塑，所以广州又称"羊城"。大连的"六虎"雕塑则与广州的"五羊"形成了南北呼应之势，即"南有五羊，北有六虎"。同时，也为我们大连这座城市增添了一分虎虎生气。

各位朋友，今天的游览到此结束了，欢迎大家再来，祝各位愉快！

【景区亮点】

欣赏极地动物的精彩表演,以及各种海洋鱼类、鸟类、活珊瑚。乘坐跨海索道俯瞰海滨风光,看一场四维电影。

【景点地址】

大连市中山区滨海中路9号

【交通指南】

公交：

市内有公交2路（青泥洼桥大连商场东侧始发）、4路（五一广场、奥林匹克广场可乘坐）、30路（大连火车站站南广场东侧始发）、403路（中山广场友谊商城正门可乘坐）、404路（星海湾广场、和平广场可乘坐），均可至"老虎滩"站下车即到，票价均为1元。

旅游环线：

也可乘坐大连环线旅游巴士至老虎滩,该线路每年4月中旬至10月底运营,始发和终到站均在大连火车站站南广场,票价20元,且可凭当日车票在途经任意站点多次乘车、任意上下,不需额外购票。

故事传说

关于老虎滩名称的得来，在我们大连有一个流传了很久的民间故事。说这里的山上曾出现过一只恶虎，经常下山伤害人畜。有一天，龙王的女儿在岸边的山坡下采花，被恶虎叼跑，有个名叫石槽的青年猎手听到呼救声后，挥剑追赶，迫使恶虎丢下龙女逃走。为了报答石槽的救命之恩，龙女便与他结为夫妻。

龙女告诉石槽，这恶虎是天上的黑虎星下凡，只有用龙宫里的宝剑才能制伏它。为了替民除害，龙女决定回龙宫借剑。不想，在龙女离开的当天，恶虎又下山伤害百姓。石槽等不及龙宫里的宝剑，便与恶虎厮杀起来。他一剑砍飞了虎牙，落到海里变成了虎牙礁；又一把拽住老虎的尾巴，用力一甩，甩到了旅顺口的港湾里；最后一剑砍掉了半个虎头——喏，眼前这座半拉山就是那半个虎头变的。

老虎被杀死了，石槽也累得口吐鲜血，一头栽进大海里，变成了一块礁石。龙女借剑回来见此情景，痛不欲生，守候在丈夫身边日夜哭泣，最后也化作一块礁石，叫"美人礁"。这些礁石在海里都可以看到。

以上说的当然不是真事儿。关于老虎滩名称的由来说法还有很多。有人说是因为从前这里很荒凉，山上有老虎出没。也有人说是因为靠海处有一个岩洞，每当涨大潮时，特别是台风季节，狂吹的飓风裹挟着汹涌的海浪涌入洞口，洞内会传出虎啸般的回声……只因地老天荒，这名称从何时开始叫起已经很难考证，然而人们更愿相信那个美丽而又伤感的传说。

●大连森林动物园

各位朋友，大家好！欢迎大家来到大连森林动物园参观游览，我将带领大家展开一次难忘的动物王国之游。

中　线——哈大高铁线

大连森林动物园南门

[动物园概况]

大连森林动物园坐落于大连市南部海滨白云山风景区内。动物园一期工程圈养区开园于1997年，二期工程散养区开园于2000年，占地7.2平方公里，展出动物200多种、3 000余只。动物园于2000年成为国家首批AAAA级景区，2001年通过ISO9001国际质量管理体系和ISO14001国际环境管理体系认证，被国家、省、市各级部门认定为科普教育基地。有国际环境保护专家认为，大连森林动物园是一座"让人类生活在没有污染的城市环境中，让动物生活在没有人类干扰的自然环境中"的高品位动物园。

从"森林动物园"这个名字大家可以知道，其最大特点，就是让动物回归到大自然中去。园中有高山、岩洞和密林，有湖泊、溪流和瀑布，充满了天然野趣。我们以前见到的猛兽大都是关在笼子里，或是圈养的，实际上已经很难称得上是猛兽。因为，它们的野性已经被驯服得差不多没有了，而这里的动物

东北虎

斑马

火烈鸟

则完全是野生放养的，能够让我们见识野兽的真正面目和原始本性。为了保持一些猛兽的野性，动物园除对它们进行人工喂养外，还放养一些小动物，供它们捕食。

动物园在游览线路和观赏方式的设计上也遵循自然的原则。一条长长的木质栈道顺着山势或隐或现，蜿蜒曲折在山林之中。游人可以怀着一种类似郊游的心情，沿栈道慢慢行走，一边观山景，一边看动物。登高，您可以饱览森林、大海、鲜花等自然风光；进入沟谷，您又会与各种动物不期而遇，近距离地观赏各种动物的生态习性。成群的非洲野狗在草地上互相追逐，黑熊在山坡上挪动着笨重的身躯，狮子在溪边饮水，老虎在道旁懒洋洋地伸着腰肢，长臂猿抓着树枝不停地从一棵树荡到另一棵树上……游人走累了，可以坐在山石上或道边的椅子上喝矿泉水，吃随身携带的食品，也可买一只活物亲手投放到猛兽群中，欣赏老虎争食的情景。

大连森林动物园里不仅有猛兽，还有很多温驯的动物，如骆驼、斑马、大耳羊、小兔子、小熊猫、松鼠猴、火烈鸟、鸡、鸭、鹅等。为了给游客提供亲密接触动物的机会，充分发挥动物园的科普功能，动物园里还专门建了一个小动物村。小动物村分小动物展示、儿童乐园和育幼中心等区域，并设有滑梯、休闲座椅等人性化设施，以供家长带着孩子在这里观赏游玩。小动物村展出的动物突出一个"小"字，除上述温驯的动物外，还有不能对人造成伤害的幼狮、幼虎、幼熊等。人们可以在这里亲手喂养和爱抚它们，并与其合影留念，使爱心得到最大的满足。在动物育幼中心，游客还可透过玻璃幕墙欣赏动物孵化、育幼的全过程。

[大熊猫馆]

动物园里最聚人气的地方是大熊猫馆。大连熊猫馆因其一流的建筑规模和建设标准成为国内首屈一指并与国际接轨的大熊猫展馆，弥补了东北地区没有固定的永久性、全天候大熊猫展示场馆的空白，为国内建设同类展馆提供了比较详细、全面的参考标准和依据。馆内目前住着3只大熊猫，一雄两雌，都是2010年出生的。雄的叫金虎，雌的分别叫飞云和妙音。

它们虽然名字普通，但身份却不普

国宝大熊猫

中　线——哈大高铁线

大熊猫

通。这3只大熊猫在森林动物园里享受的完全是国宝级待遇，不但三口之家独居2 000多平方米的住房，而且还配有1 200平方米的附属面积作为室外运动场。房间内装有冷暖双制空调，温度始终控制在10℃~23℃。展区四周翠竹环绕、环境幽静、空气清新，绝无一丝有害气体。展区里还有潺潺小溪和游泳池，供大熊猫戏水，并安装有雾化系统，以增加空气湿度和保持环境温度。为了全方位照顾到大熊猫的一举一动，展区还在不同角度装有29个摄像头，可360度旋转。

这是住的，再说吃的。大熊猫的消化道粗短且简单，不像一般食草动物那样有细长的肠道、复杂的胃和发达的盲肠，吃进肚里的食物只能吸收20%。因此，大熊猫每天都需要大量进食。粗略统计，一只大熊猫一天要吃15~20公斤竹叶、5公斤竹笋、0.5公斤精饲料、0.5公斤胡萝卜和水果等，折合人民币约500元。

大熊猫对竹子的质量非常挑剔，只吃几个品种，而且必须是新鲜的。如果竹子叶子枯萎了，它们看都不看一眼。为此，动物园每周要从南方空运或海运近千斤新鲜竹子。这样的派头，恐怕只有唐代让人从岭南千里送荔枝到长安享用的杨贵妃可比了！

大熊猫之所以生活如此"腐败"，全因为人们对它宠爱有加。没办法，谁叫人家是国宝呢！整个动物园里数这个展区观众最多，很多游客大老远从外地赶来，就为了看一眼大熊猫。大熊猫也确实可爱，胖乎乎的，圆头圆脑，两个大黑眼圈，像戴着一副大墨镜，一副憨态可掬的样子。

乍一看，大熊猫好像"笨乎乎"的，其实，它的动作非常灵巧。大熊猫很喜欢"泡澡"，没事就慢悠悠地晃到展区的水池边，跳进去玩水。玩够了，浑身湿漉漉地从水里钻出来，然后迅速地爬上木制的栖架，抱起一枝竹子就大口地吃起来，身手之敏捷令人惊讶。

与其他动物园的熊猫相比，这里的3只熊猫比较年轻，活泼好动，经常会把脸贴在玻璃幕墙上与游客近距离接触。来看大熊猫的游客以孩子居多，他们指点着大熊猫又笑又跳，纷纷与之合影，完全沉浸在快乐之中。

[热带雨林爬虫馆]

大家如果进森林动物园，千万别忘了参观中国北方最大的热带雨林爬虫馆。热带雨林爬虫馆很好识别，其外形设计非常巧妙，远远看去就像一朵含苞待放的花蕾，又如传说中的飞碟。到了夜晚，在灯光的映衬下，则如一朵盛开的莲花。

67

热带雨林爬虫馆由5个分区组成：入口综合区、人与自然区、沙漠景观区、热带果园区、热带雨林区，总面积达1万多平方米。置身其中，就像走进风情万种的热带植物王国，400多个品种、15 000多株植物在这里竞相生长，争奇斗艳。鸟儿在飞翔、花儿在开放，加之潺潺的流水、飞泻的瀑布、假山、岩洞，给人一种回归大自然的感觉。

凶猛的鳄鱼

热带雨林爬虫馆内分蟒蛇展区、陆龟象龟展区、蛙类展区、蜥蜴展区和鳄鱼展区，共展出暹罗鳄、黄金蟒、网纹蟒、亚达博拉象龟、变色龙等两栖爬行类动物30多种、近百只。这些动物个个都是同类中的"重量级"明星，个头特别大，可谓珍品中的珍品。

[金丝猴馆与鹤类展区]

下面，我给大家介绍一下森林动物园中另外两个较有特色的馆区，一个是金丝猴馆，另一个是鹤类展区。

金丝猴馆位于动物园圈养区南部，于2016年全新开馆，它是为满足大种群金丝猴饲养、展示需求而建设的馆舍，也是动物园行业第一座集动物饲养、展示、保护教育为一体的金丝猴主题展馆。

饲养展示区位于金丝猴馆二层，包括多媒体科普长廊和4个室内饲养展示间。室内展示区采用亚克力背板喷绘真实山林为背景，挑选自然树木搭配原有拟木栖架，为金丝猴营造出置身野外、模拟原生态环境的氛围。

科普长廊划分为金丝百科、综合体验等五个功能区，通过数字多媒体技术和图文描述，展示金丝猴的种类、栖息地、生活环境和食物类型；通过全新的3D打印技术，真实还原金丝猴的实体形态和生活场景，使游客在游览的同时，还能了解有关金丝猴的知识、普及保护环境的理念。

目前，森林动物园共饲养金丝猴32只，其种群规模、数量均位居国内同行业前列。这些乔迁新居的金丝猴虽然首次在新家迎接这么多客人，但却丝毫没有胆怯！它们在馆中尽情地享受着暖暖的阳光和优美的音乐，并在各自的"私家府邸"美美地享用新鲜的水果。这些金丝猴在展馆中一派悠闲自在、怡然自得的样子，你看这几只在假山上爬来跳去，那几只在凉亭里小憩假寐，好不惬

金丝猴

意。更有几只调皮的小金丝猴不时地瞪大双眼和客人们对视，也不知心中在琢磨什么，惹得小朋友忍不住和它做个鬼脸，而大人们也都情不自禁地拿出手机为这些小家伙拍照……

鹤类展区位于动物园圈养区，2014年开园，规划面积约4 000平方米。展区分为室外活动场地、室内饲养笼舍和室内观赏走廊两部分。

蓑羽鹤

森林动物园原有丹顶鹤、白枕鹤、蓑羽鹤、灰鹤、灰冠鹤、黑颈鹤、白鹤、白头鹤8种鹤类，为丰富展出效果，又从国外引进了肉垂鹤、沙丘鹤、蓝鹤、黑冠鹤、赤颈鹤5种鹤类，使展区展出的鹤类达13种、近百只，其中有6种属濒危鹤类。据说，目前全世界仅存15种鹤，而这里展出的鹤类就达13种，可见大连森林动物园在鹤类保护和展示方面的重要地位和影响。

各位朋友，我们今天的游程结束了，相信大家经过对森林动物园的游览，一定是收获满满、快乐多多！大连森林动物园是一座永远建设不完的园区，园区也一直在努力给大家带来更多快乐和感动！欢迎大家再来大连，再来森林动物园！

【景区亮点】

参观各种圈养和放养的动物，与羊驼等动物亲密接触。

【景区地址】

大连市西岗区南石道街迎春路60号

【交通指南】

圈养区（北门）：乘525、529、715路车至"森林动物园"站下车即到；或乘4、404、702、706路车至"南石道街"站下车后步行约600米可到。

散养区（南门）：可乘5、541、702路车至"森林动物园"站下车。

● 趣味故事 ●

在这个动物园里，您还能听到很多动物的趣闻。譬如，一天，园里有一只老虎生了两只小虎崽儿，但却没有奶水喂养它们。凑巧，一位职工家里养的母狗也在同一天生了4只小狗，动物园就试着让这两只小虎和狗崽儿们一起吃母狗的奶。结果，这两只小虎在母狗的喂养下茁壮成长，现在虽然已经断奶了，而且与狗兄弟身材悬殊，但仍然整天与狗兄弟们吃睡打闹在一起，亲如一家。为此，园里的工作人员给它们起了一个名字——大家猜猜看，这对小老虎叫什么名字？启发一下，四个字……对，"狗娘养的"。这名字听起来不雅，但却透出一种亲切。

●金石滩国家旅游度假区

欢迎您来到国家5A级景区——金

石滩。有人说金石滩很美丽，那是因为这里有滩平沙细的海滩和葱郁静谧的山林；也有人说金石滩很神奇，那是因为史前9亿—前3亿年的星移斗转、地壳变迁为这里留下了数不尽的奇珍异宝。它们就像许多难以破译的符号，深藏着远古的气息，吸引人们去探索、发现。"一海一世界，风情金石滩"，很荣幸今天能为您金石滩的快乐之旅做向导，让我们一起去感受金石滩的浪漫风情，让我们共同去欣赏它的神秘美丽。

相传，很久以前，金石滩是一个荒无人烟的半岛。就在女娲娘娘补天的时候，不小心将一块色彩斑斓、晶莹剔透的五彩灵石遗落到此地。顷刻间，这片土地发生了巨大的变化，苍凉贫瘠的孤岛变成了气候宜人、风平浪静、鱼虾丰盛的人间胜地。神奇的小岛从此像一颗璀璨的明珠，熠熠生辉。女娲娘娘顿时喜笑颜开，于是，她又捏制了两个小泥人放在小岛上，并教会他们打鱼、耕种……千百年过去了，当年的小泥人男渔女织，互敬互爱，并生生不息地繁衍着后代。女娲娘娘又给这个小岛取了一个亲切的名字——"凉水湾"。那么，现在为什么又叫它"金石滩"呢？根据科学考证，金石滩的诞生可以追溯到远古时代的震旦纪。延绵13华里的海岸线上，散落着108处山海奇观。鬼斧神工的自然雕琢、斗转星移的地壳变化，演绎出了一道梦幻而秀美的岸壁奇石风光。这里的石头会说话、有灵性，五彩斑斓的奇石诉说着一个个神奇而美丽的故事。这里的石头因为记载着地球演变的历程，比金子还要珍贵，所以人们把这块布满金石的宝地称为"金石滩"。

恐龙探海

1984年的春天，金石滩拉开了旅游开发建设的华彩序幕。20多年过去了，昔日荒凉无闻的"凉水湾"变成了今天的知名旅游目的地"金石滩"，勤劳智慧的人们让远古的神话传说在今天传承延续。

黄金海岸

贝多芬头像

背景知识

金石滩位于辽东半岛黄海之滨，陆地面积78平方公里，海域面积52平方公里，海岸线长30公里，由东部半岛、西部半岛和中部沿海开阔地带组成。1988年，金石滩被国务院确定为国家级风景名胜区，1992年10月又被批准成立金石滩国家旅游度假区，2000年被评为全国首批国家4A级旅游景区，2002年通过ISO9001和ISO14001国际质量和环境体系认证，2005年被国土资源部和国家环保总局评为国家地质公园，2010年金石滩景区又被评为国家5A级旅游景区，2012年被美国CNN评为中国最美40个景点之一，2014年被评为国家海洋公园，2016年被评为国家生态旅游示范区。

金石滩景区四季分明，冬少严寒，夏无酷暑，海域不淤不冻，属暖温带半湿润气候，年平均气温10℃，全年无霜期190天，年平均相对湿度64%~72%，有"东北小江南"的美誉，是中国北方理想的海滨旅游度假胜地。

金石滩交通便利，距城市中心50分钟车程，与大庄、沈大、土羊高速贯通，金石滩港是陆岛旅游交通的重要枢纽。

金石滩景区目前建成的项目主要有金石文化博览广场、发现王国主题公园、金石及金湾高尔夫球场、唐风国际温泉会馆、狩猎俱乐部、金石国际会议中心、太空飞行体验馆、滨海国家地质公园、中华武馆、金石缘公园、万福鼎公园、唐风温泉、马术基地以及模特、舞蹈、枫叶国际、美国国际、民院、鲁美、沈音等11所大中院校及若干度假别墅和宾馆、酒店。

金石滩因石而成名，绵延13华里的海岸奇石带，震旦纪、寒武纪生命爆发期的地质特征，承载着史前9亿—前3亿年的地质进化史，具有极高的科研价值和观赏价值。"大鹏展翅""神龟寻子""刺猬觅食""恐龙探海"、龟裂石……惟妙惟肖的奇石景观，使金石滩赢得了"海上石林""天然地质陈列馆""神力雕塑公园"的美誉。金石滩的十里黄金海岸沙软滩平，水质清澈，是中国十六大健康型海水浴场之一，日最高接待量逾6万人次，成为一年一度国际沙滩文化节和国际冬泳节的举办地。发现王国主题乐园开园以来，年营业额已达2亿元以上。金石高尔夫球场连续三届获得"中国最佳景观奖"球场荣誉，被国际奥委会指定为高尔夫亚洲主赛区之一。金石滩汽车露营地巧妙利用水域、沙滩、草坪、森林等自然资源，成为国内首家国际汽车露营地暨示范基地。金石滩狩猎俱乐部掩映在山峦之间，成为都市时尚休闲运动典范。名人蜡像馆、毛泽东像章陈列馆每年都吸引近百万中外游客。金石滩文化博览广场的建成和投入使用更加丰富了金石滩的旅游文化内涵。

优越的自然条件和完善的配套设施使金石滩成为大型活动、体育运动及文化艺术等各类活动的平台。2008年北京奥运圣火大连站传递活动在金石滩成功举行，连年举办的国际沙滩文化节、国际冬泳节、徒步大会，以及沙滩排球赛、婚庆旅游节、马拉松赛、国际体育舞蹈大赛等国际国内赛事，让金石滩迸发出无限的激情、活力和魅力。

大鹏展翅

未来，金石滩国家风景名胜区将按照综合性、生态性、国际化的发展战略，高端定位、高标准规划，全面启动养生、休闲、商务、运动、娱乐、文化、科普七大现代旅游项目集群建设，形成海上游艇、游船观光、垂钓、潜水，陆上高尔夫、狩猎射击、越野赛车、主题娱乐、温泉水疗、奇石文化、酒店会议、武术、模特表演等各类旅游功能布局合理、项目体系门类齐全、国内一流、与国际接轨，在东北亚地区有较高知名度的区域性滨海国际旅游度假胜地。

大连模特艺术学校

[大连金石文化博览广场]

金石文化博览广场位于金石滩轻轨站北侧，规划占地面积68 437平方米，总建筑面积76 186平方米。该项目由国内建筑设计大师齐康院士主持，设计风格为欧式，外观典雅大气，俯瞰为人形，与区域环境浑然天成，仿佛一个孩童雀跃于大地之上，象征人本和谐、乐于探索的旅游形象。项目包括金石蜡像馆、生命奥秘博物馆、石文化博览园、奇幻艺术体验馆、毛泽东历史珍藏馆、球幕体验馆六大核心展馆，以及美食广场、购物中心和多功能厅，是集文化展示与体验、商业配套、集散服务、广场休闲、会展交易、特色教学及文化创意产业于一体的综合性文化休闲场所。

金石文化博览广场

[金石蜡像馆]

金石蜡像馆诞生于1997年7月1日，历经23年的成长积淀，曾接待过数以百计的国内外政要、文体明星和知名人士。2012年5月1日，作为金石滩文化旅游新地标的文化博览广场建成，金石蜡像馆正式迁入广场1区，重装启幕。

金石蜡像馆是目前全球展陈规模最大、国际展品最丰、场景设置最为逼真的蜡像艺术展馆。展陈面积达16 500平方米，展示蜡像人物300余尊。顶尖的虚拟动画、全息投影和机器模拟等多媒体技术的运用，带来互动体验的奇妙空间、逼真的场景复制，让您仿佛身临其境，穿越在时空梦境。

大连金石蜡像馆现分3层展示空间，设有：百年回眸、世界风云、科技之光、文苑之尊、蜡像解密、开心餐厅、童话王国、老巷寻踪、勇士奇遇、奥运之光、爱情经典、明星天地、金石有约13个主题展区。以恢宏的场景重温历史经典，以丰富的特效演绎万千梦幻，以精致的造型再现鲜活人物，以巧妙的互动激发游客兴趣，成就了大连金石蜡像馆独具匠心、与众不同的产品风格。金石蜡像馆不仅可以满足游客与各界名人零距离接触的愿望，同时，也会让人们在此尽享蜡艺文化，购物区的蜡质手模、蜡质玩偶、生活之香熏蜡、婚庆蜡、装饰蜡、烛台等会让你发现，其实用蜡艺也可以装点生活，让生活充满欢乐。

走进大连金石蜡像馆，如同步入了一条穿越历史的时空隧道，仿佛打开了一部浓缩精华的人物传记，让我们用心灵去感受这时代变迁与人间百态，自由徜徉于这超凡的梦想空间。

想一睹明星风采吗？成龙、刘德华、张曼玉、章子怡……见到偶像，别说你不会尖叫。

想亲临星光大道吗？造价过百万元的机器人将与你现场对话，并带你步入梦想的舞台……

想穿越童话王国吗？阿拉丁神灯将会满足你的各种愿望，小矮人将带你一起进入神奇的国度……

在未来的发展中，金石蜡像馆会对蜡像艺术精益求精，不断地与时俱进，对内提升游客接待服务，对外不断拓展蜡像展示和制作服务，将其打造成为东北亚地区蜡像艺术文化交流的集散地，并使其成为蜡像艺术发展的枢纽中心。

[生命奥秘博物馆]

大连金石滩生命奥秘博物馆坐落于美丽的海滨城市大连，是一座能够真实、全面、系统地揭示脊椎动物进化历程的自然类综合性博物馆。同时，以其新颖、先进的表现形式，生命奥秘博物馆也日渐成为生物研究领域最具权威性、功能性和代表性的科普教育场所之一。通过展示独特的生物塑化标本，传递完整而精彩的生命信息，再现亿万年间漫长而神奇的生命进化之路。

大连金石滩生命奥秘博物馆的前身是旅顺生命奥秘博物馆，2012年，由旅顺迁至金石滩文化博览广场，并正式更名为大连金石滩生命奥秘博物馆，为公众提供高品位、高质量的自然科普展览以及相关文化休闲服务。新馆占地面积6 000平方米，共收藏展品3 000余件，其中不乏珍稀物种，数十件展品已荣获世界纪录。另外，馆内先进的多媒体设施与独特的展品表现形式完美融合，呈现出了真实、震撼的视觉体验。

大连金石滩生命奥秘博物馆以脊椎动物进化为主线，描绘了生命演化的美妙画卷。"海洋之魂"展厅是生命奥秘博物馆极具自然艺术特色的展示区域，

一件件造型优美的展品涵盖着海洋中的鱼类、爬行类、鸟类和哺乳类等。透过它们,似乎可以窥探到生命诞生的些许奥秘。"脊椎王国"展厅讲述了"人类朋友"身上的秘密,表现了陆地脊椎动物最具代表性的内部特征,生动地展示了动物之美、动物界的神奇。"人体世界"展厅展示着人体内部的精密结构及常见疾病,将人这台精密仪器的"零件"一一展现在眼前,您可以把它们看作一尊尊雕塑,也可视为一件件顶级艺术佳作,但它们所带给您的,不仅仅是心灵的撞击,还有一次次生命的体验。

大连金石滩生命奥秘博物馆作为生命奥秘科普王国下的一个重要分支,在各个领域都发挥着举足轻重的作用,通过前所未见的体现形式打造了中国第一旗舰博物馆。它并不是一个传统、枯燥的说教场所,而是将生物称奇的骨骼肌肉、错综复杂的神经血管表现得淋漓尽致,而此中独创的全新艺术表现形式,是目前世界范围内首次对脊椎动物进化过程进行最系统、最完整、最全面的梳理,这些自然类精华藏品的展品制作,引领着世界塑化技术的发展潮流。截止到新馆落成,生命奥秘博物馆携带旗下多套展品走过了20多个国家60多个城市,创下了3 500多万人次的参观纪录。在美国纽约,生命奥秘展被认为是历史上参观人数最多的展览,也被《纽约时报》评选为"纽约最值得参观的十大文化项目"之一。卓越的影响力,让生命奥秘博物馆成为了蜚声国际的自然科学殿堂。

蜕变后的大连金石滩生命奥秘博物馆将不再把展览作为唯一的视角,它将依托一切有效、直观、生动的形式,利用书籍、音像制品、工艺品等多种载体传递完整、丰富、多样的生命奥秘信息。

[球幕体验馆]

球幕体验馆是集教育与娱乐于一体的多功能娱乐场所。建筑面积2 500平方米,球幕直径25米,银幕面积982平方米,可以容纳340位观众同时观影,也是目前东北地区最大的球幕体验馆。

馆内放映设备采用高性能图形集群系统,球幕四周的LED数字灯具可以通过灯光控制台编辑不同的灯光效果,保证视野画面的完整和观众们的观影质量。观影厅为圆顶式结构,银幕呈半球形,180°超人视角,观众被半球形银幕包围其中,视听效果环绕,仿佛身临其境,带给观众强烈的视听震撼和无与伦比的观影享受。

想不想观看亦真亦幻的唯美影像?

想不想体验普通电影院里无法实现的超凡画面?

想不想尝试不用眼镜也能感受到的惊心动魄?

美景在身边,震撼在眼前,你还在犹豫什么?

球幕体验馆诚邀您一同享受视听娱乐的饕餮盛宴,体验超凡想象空间的无穷乐趣。

[奇幻艺术体验馆]

什么是奇幻艺术?大家经常听到的3D画、3D街头绘画、街头地画、3D地画、街头立体画、三维街头地画、城市三维立体画等都属于奇幻艺术的范畴，是画家直接以地面和墙壁为载体进行油画绘画创作，利用平面透视的原理，制造出视觉上的虚拟立体效果，令参观者在不需要佩戴任何辅助设备的前提下，直接用肉眼和相机体验平面画的立体效果，有一种身临其境的感觉。

大连奇幻艺术体验馆建筑面积2 600多平方米，由15位世界知名的韩国三维立体画家历经一年的策划和设计，用时半年亲自手绘，打造完成150余幅奇幻艺术油画作品，涵盖了所有的奇幻艺术表达形式，构成名画馆、生活错觉馆、希腊罗马埃及馆、恐龙动物海洋馆、中国馆、世界馆、韩国馆七大奇幻场馆。

如果你喜欢世界名画，可以到名画馆与几十幅世界名画中的人物进行互动，为蒙娜丽莎画像、做拿破仑的向导；如果你热衷于体验奇特、有趣味的错觉世界，可以到生活错觉馆当一回超人、飞翔、巨大化、分身、控制海啸等异能都可以在这里轻松实现；如果你喜欢古希腊、古罗马、古埃及的神话世界，可以到希腊罗马埃及馆冒险，探埃及古墓、闯希腊神殿、到美杜莎的巢穴体验天崩地裂。

如果你热爱动物和恐龙，可以到恐龙动物海洋馆一游，与狮子、大象、犀牛等动物亲密接触，与巨鲨、白鲸、企鹅畅游海底世界，在重生的白垩纪恐龙追逐下险象环生；如果你喜欢旅行，向往穿越，可以到中国馆、世界馆、韩国馆体验不同的风土人情，在中国馆你可以穿越回古代给甄嬛献花，与刘关张结义，也可以瞬移到航母上拍照留念，变身航天员与"神九"对接，甚至可以穿越到虚拟世界与功夫熊猫、孙悟空、神龙亲密接触；在世界馆通过彩虹桥，你可以瞬间抵达埃菲尔铁塔、狮身人像、自由女神、比萨斜塔等世界名胜，一不小心还会遇到绿巨人和钢铁侠哦；在韩国馆，几位神秘的韩国明星将与你不期而遇，少男的梦中情人，少女的心中偶像，猜猜都有谁？

准备好了吗？大连奇幻艺术体验馆将带给你超越现实、身临其境、无比震撼的游览享受。告别平面时代，开启三维畅游的全新世界，看你的相机如何欺骗你的眼睛？你的眼睛怎样背叛你的大脑？发挥你的想象力和创造力，成为奇幻艺术世界的主角吧。

[毛泽东历史珍藏馆]

在2001年12月26日毛泽东108周年诞辰之际，"大连金石滩毛泽东像章陈列馆"正式开馆。2013年7月12日升级改造后的"大连金石滩毛泽东历史珍藏馆"正式对外开放。该馆设毛泽东像章陈列馆和毛泽东历史珍藏品陈列馆两个分馆，面积3 500平方米。

该馆现馆藏著名收藏家陈德先生所收藏的毛泽东像章和有关毛泽东的历史文物30余万件。其中新中国成立前、新中国成立初期、"文革"时期毛泽东像章20多万枚、6万多个品种，含金、银、铜、铁、铝、铅、瓷、竹、木、骨雕等36种材质。不同时期有关毛泽东历史图片2万多幅，不同时期毛泽东著作2万多册，不同时期有关毛泽东文史资料、历史文献5万多份，不同时期有关毛泽东等名人塑像500多尊，有关毛泽东历史纪录片100多部，有关毛泽东、红军长征、八路军抗战等历史文物300多件等。毛泽东的孙子毛新宇等毛家亲属捐赠珍藏品200余件。陈列的数量、品种之多在国内外尚属首例。

每年有60多万人次参观，现已接待国内外参观者600多万人次，其中接待青少年50多万人次，产生了很好的社会效果，成为又一个爱国主义教育基地和历史文化景观。

[石文化博览园]

大连金石滩石文化博览园在地质博物馆的基础上重新规划布局，以"亿年的记忆"为设计理念，结合中国传统赏石艺术，汇聚石界精粹，传承、推广奇石文化。它集科普教育和赏石文化于一身，是目前东北地区品种最齐全、藏品最丰富、最具权威性的石文化展览馆。新馆建筑面积3 000平方米，分为"天、地、人、和"四大主题展区，向外界展示了金石滩海石文化、石界名品、禅意奇石等特色奇石，具有奇石交易、品鉴、收藏、科研、文化交流等功能。

石文化博览园在规划设计上充分体现石文化的内涵与外延，把"石头与自然""石头与艺术""石头与民俗"等内容通过景观语言表达出来，以求对石头有一个全新的解读，唯美的布局赋予石头博大精深的文化内涵，满足现代人追求新、奇、特的旅游心理。充满传奇色彩的震旦纪沉积岩标本龟裂石，色彩各异、形态万千的矿物晶体，光彩夺目、秀美绝伦的特色化石等，上百种稀世珍品积淀出丰厚的石文化资源。徜徉在石文化博览园中，让轻柔的音乐、高雅的奇石带你认识大自然，感受大自然的鬼斧神工与精美画作。

来石文化博览园开启一次科普文化的神秘之旅吧，放慢脚步，放松身心，慢慢赏析，绽放您心中的美丽，寻找那一块与你有缘的奇石！

[金石缘公园]

来金石滩，看石头可以算是一个主题了。下面我们将来到今天游览的地质公园景群之一——金石缘公园。大家可能会认为石文化博览园的石头高雅、瑰丽有余，神奇、壮观不足，没有关系，既然金石滩以石闻名，就一定会让您一睹石头的万种风情。

大家可能远远就看到了这片金色的石园，也许有人感慨真的是"金石滩"呀！这片金色的石头孕育在距今9亿—3亿年的震旦纪—早奥陶世，与金石滩闻名于世的龟裂石属同一时期，主要成分为石英砂岩，属海进体系中典型的滨外碎屑堡岛系统的沉积层序。由于地壳下降，海底沉积，基本一致的速度，沉积了现今园内造型万千的、以碳酸盐石为主的沉积岩层。早奥陶世末，由于一次重要的构造运动——太康运动，地壳整体上升，历经数亿年的地质发展变化，形成了今天的金石缘公园。公园不仅再现了数亿年前大自然气势磅礴的壮丽景观，更为地质界深入了解古地理环境、地质地貌形成的年代、地质变化、地壳运动等提供了科学依据。

金石缘公园占地面积3万平方米，其中海石景观区占地2.4万平方米，因为岩石呈金黄色,所以称"金石缘公园"。前人大常委会副委员长王光英同志为公园题写了园名,作家池莉建议将"园"字改成缘分的"缘","金石良缘"——象征金石园的石头与各位游客有注定的缘分。各位游客,特别是情侣们可以在这里拍照留念。

园内岩石千奇百怪,形态各异,如龟似象,如鹿似犬,宛若凝固的动物世界,被人们称为"海蚀动物园"。海马奔腾、群鲸戏宝、雏鹰出击、巨鳄吞螺、一线天、雄狮过涧、罗汉洞、一夫当关、天狗回头、福地洞天、观音石、朝天蹬、玲珑洞、玉兔下凡、鹦鹉石……置身园中,曲径通幽,别有洞天。

金石缘公园

褶皱:形成于印支—燕山期,按其走向,理论上可以发现第二个、第三个类似金石园的景观。

石英:是碎屑岩中分布最广的一种碎屑矿物,平均含量达66.8%,以充填物的形式出现。

海绿石石英砂岩:是海解作用阶段最具特征的产物,是海相沉积的标志,多产于温暖的浅海陆棚中。

长石砂岩:主要由碎屑石英和长石组成,岩层是块状的,颜色常为红色或黄色,外貌似花岗岩。

岩屑砂岩:主要成分为石英和岩屑,颜色较深,多形成于强烈构造隆起区附近。

[大连滨海国家地质公园]

大连滨海国家地质公园在2007年11月12日举行了隆重、盛大的揭碑开园仪式。大连滨海国家地质公园位于辽东半岛最南端,大连市东南沿海地带,地理坐标:东经121°03′~122°10′,北纬38°40′~39°10′。大连滨海国家地质公园是全国唯一的海岸带地质公园,其总面积达216.42平方公里。2005年9月19日,经国土资源部批准,正式成为第四批中国国家地质公园。大连滨海国家地质公园是由金石滩、大黑山、南部海岸和旅顺口四大园区组成的地质带,是一座以海洋风光、海岸地貌、层型剖面和典型地质构造景观为主,以生态和人文景观为辅,集地质科研、教学实习、观光游览、度假休闲、避暑疗养、猎奇探险于一身的综合型城市海岸带地质公园。

金石滩东部景区是大连滨海国家地质公园的核心景区,身为国家5A级旅游度假胜地,金石滩凭借着海岸边独特的山形地貌、海滩上奇绝的礁石形态、岩层中丰富的古生物化石,以及流传于民间美丽的神话传说,拥有了"天工奇观""奇石的园林""凝固的动物世界"和"神力雕塑公园"等众多赞美之词。

地质公园情人湾

大自然是有私心的,在绵亘的时间长河中,它将最浓、最绚丽的一笔重彩勾画在了金石滩的海岸上,偏爱之心便坦露而出,毫不掩饰。

金石滩国家地质公园景区占地面积64.50平方公里,放眼金石滩东部海岸,在绵延曲折的6.5公里海岸线上,震旦纪、寒武纪的地质地貌、沉积岩石和大量的古生物化石鳞次栉比,造就了"玫瑰园""恐龙园""南秀园""鳌滩"四大天然景群,近百处景点,姿态万千,栩栩如生。

"石猴观海""恐龙探海""大鹏展翅""贝多芬头像""刺猬觅食""蟹将出洞"……60多处景观自西向东一字排开,是天造地设的地质画廊。

矗立在金石滩的山巅,只见天蓝、海碧、山秀、石奇,海风携着有韵律的音符在海天之间静静吹拂,那是大自然在这里谱写的一曲沧海桑田。亿万年前,造物主把最饱满的种子撒在金石滩的山海之间,伴随着漫长的时空转换,复杂的海陆变迁让这些种子在潮起潮落中一点点生根、发芽,在山海激击中一天天展露身形,最终呈现出今天让人们叹为观止的美丽容颜。

进入东部海岸景区,不禁惊叹于它自然景致的婀娜多姿、地质奇石的亘古久远、人文景观的神秘浪漫、旅游文化的深奥内蕴。有人说建筑是凝固的音乐,我想自然雕塑的奇石景观,就更应该是不朽的海石交响曲。接下来我们就要沿着东部海岸,去聆听那悠久历史谱写的华美乐章。

[金石高尔夫俱乐部]

高尔夫运动对于大家来说也是既熟悉又陌生的,那么现在我们就到金石高尔夫俱乐部,体验一下什么是绅士的运动。英文GOLF由GREEN——绿色、OXYGEN——氧气、LIGHT——阳光和FOOT——足的第一个字母组成,意为:高尔夫爱好者呼吸着纯净的氧气,沐浴着暖和的阳光,漫步于绿色的草地上。听上去是不是就很高雅、浪漫?

位于金石滩东部半岛的金石高尔夫球场,三面环海,一面依山,是国内罕见的海滨球场,堪称镶嵌在"北方明珠"上的一颗绿宝石。

球场建筑均由加拿大引进的冷杉原木组装而成,古朴典雅,充满异国情调。这里的配套设施一应俱全:会馆、宾馆、高级别墅、五星级酒店、儿童游乐场、海滩浴场、直升机停机场等。已建成的36个球洞充分利用了金石滩的地形地貌,果岭均设在海头之上,惊险刺激,其中最富挑战性的"天下第一道",也称"魔鬼球道"的第7号球道,位于高山头的发球区,已被列入世界球道100佳。为什么这个球道如此吸引高尔夫高手？因为在伸入海面的一处山岩岬角上挥杆，球飞过100多米的海面后，落到对面高度较低的另一块小岭上，小小的岛屿果岭漂浮在拍岸惊涛之中，即使是职业选手，也很难逃脱巨浪的洗劫。巨大的海风与细小的果岭，只有技术加上运气，才有机会品尝胜利的喜悦，这也正体现了高尔夫运动的最高境界——天人合一的无我之境。

俱乐部成立于1993年，是中、港合资企业，注册资金2 000万美元，俱乐部实行会员制，现有会员500多名，大多来自日本和韩国。

球场总体设计由美国著名高尔夫球场设计师Peter Thompson（彼得·汤普森）担任，这是他继为世界几十个国家设计国际一流水准高尔夫球场之后的又一国际杰出力作。球场占地面积223万平方米，一期工程的18洞早已投入使用，二期工程的18个球道也于2002年3月营业，其中的9个夜光球道将使高尔夫球玩家们体验到夜间挥杆的乐趣。

关于高尔夫的发源地，说法较多。现在较流行的说法是其发源于苏格兰圣安德鲁斯镇，也有一说在中国。据史料记载，我国早在唐代就有了类似的运动。唐代盛行马球，即手持木杖，骑在马上击球。此外，唐代还盛行一种由马球派生出的不骑马的持杖打球运动，称为"步打"，宋朝称"步击"，北方则称其为"棰丸"。在北京故宫博物院和上海博物馆里分别珍藏有宋人画的《蕉阴击球图》和《仕女图》，其宫女手中的长杖和旁边的球丸与现代国际流行的

金石高尔夫球场

高尔夫运动器具十分相似，据说竞赛方式也很相似——以杖击球入洞决定胜负。但由于中国森严的等级制度，使这种贵族运动难以普及民间。直到现在，我国正规的高尔夫球场仅百余个。相反，高尔夫运动在西方却十分普及。有资料统计，美国现有高尔夫球场15 000多个，日本有3 000多个。且西方人对高尔夫的喜爱程度也远远超过中国人，很多人甚至达到痴迷的程度。

高尔夫球场的球洞通常分为长、中、短3种，长洞每洞的标准杆为5杆，中洞每洞的标准杆为4杆，短洞每洞的标准杆为3杆。每个球道包括发球台、球道、球洞（果岭）以及长草区、树林和沙地等障碍物。主要用具球杆分为木杆、铁杆、推杆。木杆——主要用于发球台长距离发球，铁杆——主要用于球道击球，推杆——主要用于球洞区推球入洞。高尔夫对球场的要求极高，金石高尔夫球场的草全部是由美国进口的优良品种，具有强耐寒性、松软、富有弹

性等特点，而土壤则多是从大兴安岭一带运来的草炭土，配有特制的复合肥料，经专家反复试验，才达到保水、透气、营养成分高的标准。

高尔夫球以球杆击球入洞的杆数多少判定成绩。目前世界纪录为56杆，我国职业选手一般只能打70杆。

[黄金海岸]

我们刚刚领略了岸边礁石在海浪亿万年拍打之下被雕琢成奇异海石造像的神秘美丽的国家滨海地质公园，这里的一切让我们不由自主地慨叹人世间的沧桑变化。

接下来我们要沿着海岸线向西行进，这条滨海观光路——东起金石高尔夫俱乐部，西至金石国际会议中心，全长12.8公里。一路上我们可以发现岸与海之间原本陡峭的关系，如今却变得温婉而缠绵，以往的陡崖峭壁也被现在的碎石浅滩所取代。

金石滩十里黄金海岸绵延4.5公里，沙滩宽100~200米，是中国北方最大的也是唯一的天然海水灯光浴场，它被中国国家海洋局评定为全国十六大"健康型"浴场之一。海岸的沙质金黄，颗粒均匀；浴场的水质属一类海域，海面波平浪稳，没有暗礁、潜流，海水清洁度也已经达到国家一级标准。超大型的音乐喷泉休闲广场和宽达100~150米的辽阔沙滩可同时容纳10万人进行各类活动。沙滩上近千个凉亭、帐篷、阳伞都是使用进口防紫外线材料制成，它是国内第一个全部使用防紫外线设施的健康型海滨浴场，拥有国宾级旅游接待设施，是大连市首批夏季"3S"的示范单位。它是连续多年成功举办沙滩文化节和国际冬泳节的主会场，而且多次受到国家、省市组织的大型参观、考察专家组的褒奖。

"国宾浴场"，一座坐落在沙滩上的建筑，位于黄金海岸的中心位置，脚下是洁白绵延的沙滩和碧波万顷的大海，北接惊险刺激、创意无限的"发现王国"，因其成功接待过江泽民、胡锦涛、温家宝等国家领导人而得名。1999年8月，原国家主席江泽民来大连视察时曾亲临黄金海岸的"国宾浴场"，并题写了"大连金石滩"5个字。改造后的黄金海岸更让每位游客被它的浪漫气息所感染，25米×50米的国际标准泳道海水游泳池和2 000平方米的大型儿童戏水池像一颗镶嵌在金色沙滩上的蓝宝石，它与5公里长的木栈道共同汇成了一幅魅力无穷的海滨风景图，2008年奥运火炬的传递，又为这幅美丽的海滨画卷添加了绚丽夺目的一笔。这里已经成了国

黄金海岸

内知名的旅游、度假和避暑胜地。

金石滩黄金海岸除传统的"洗海澡"外,还有游艇、摩托艇、帆板、垂钓、趣味沙雕比赛、沙滩摩托、沙滩排球、沙滩足球等娱乐项目,堪称"海上运动的大本营"。夜晚海滩篝火、烟花表演、烧烤晚会,以及为自驾游朋友们设置的国际汽车露营地等,丰富多彩的沙滩娱乐项目让人们真正地感受到了沙滩的热情和大海的亲情。

[发现王国]

大连发现王国主题公园位于国家5A级景区的大连金石滩国家旅游度假区内,占地面积约47万平方米,其世界顶尖的游乐设施、环球风情演艺和丰富多彩的四季庆典成功吸引了中外游客。配套的发现王国度假酒店与大海近在咫尺,更是进一步完善了公园的休闲度假功能,为来园的游客提供了更多的便利。

"天旋地转"过山车、太空梭、沙漠风暴、亚马孙探险、水上大冲撞……众多世界顶级游乐设施,给你心跳加速的极致体验。其中悬挂式过山车"天旋地转"号称"亚洲第一轨";57米高太空梭为国内最高;近1公里长的人工漂流为全国最长;2016年4D体验馆新片入驻《里约大冒险》,让你身临其境地加入一场丛林冒险的旅程中;全新建造的"电锯惊魂"主题体验馆,恐怖氛围凝结,令你寒毛战栗;由意大利著名的zamperla公司生产、高35米、全长688米,是zamperla公司为发现王国10周年量身定做的一台过山车,已于2017年7月开放,是中国首台塔楼过山车。

发现王国

而在演艺方面,世界级花车巡游、新奇有趣的卡通游园、浪漫唯美的童话婚礼巡游及夜间灯光花车巡游,将带你"巡游"全世界的精彩;大型舞台音乐剧《鬼魅新娘》以全新的演绎形式,将唯美的爱情与神秘夸张的恐怖造型相结合,带给游客一场美与幻的视听震撼;《飞越裂谷镇》——美国好莱坞动作大片现场拍摄真人秀,2016年斥巨资实力打造,力邀好莱坞顶级特技团队加盟,爆破、飞车等特技表演将现场游客带入大片,体会"身临其境"的震撼感受;公园打造的全新水上舞台,占地面积3 000平方米,全球无二,升降舞台、自动滑道、仿真大炮等技术手段的运用更突出了整场演出的气势;大型实景舞台剧《狂欢加勒比》以百老汇歌舞剧形式演绎《加勒比海盗》传奇,全新夜光花车巡游"加勒比影光秀"瞬间将你带入奇幻的光影世界,声、光、电效果的结合使灯光随着音乐节奏不停地变幻出不同的色彩和图案,巧妙地串联起了一个精彩的海盗探险的故事,在铺陈于天际的璀璨烟花中将这一整天的快乐放飞!

汇聚世界精彩，海滨欢乐假期——精心推出的四季欢乐庆典，给每个季节带来新意：春季，动漫嘉年华；夏季，艳阳之下，戏水巡游，浪漫夜晚，狂欢加勒比盛典；秋季，欢乐万圣节……每一季独具匠心的景观变化、新颖有趣的活动形式，总带给游客以不同的惊喜。

积聚快乐能量，实现童话梦想，启程发现之旅，一起来加入一次次充满奇趣的快乐旅程吧——发现快乐，发现王国！

[结束语]

今天，我陪伴大家一起游览了美丽而神奇的金石滩，想必这里的山、水、奇石会令您感慨万千。有人说，金石滩像一个蒙着神秘面纱的天真烂漫少女，那么她是不是给您留下了不虚此行的深刻印象呢？人们都说，来过金石滩的人不愿离去，离去的人还想再来金石滩，金石滩的山对您情有独钟，金石滩的海对您敞开胸襟，魅力四射的浪漫少女在等待着各位揭开她那神秘的面纱。期待各位有品位的朋友再度光临，也希望大家能够将金石滩介绍给和您一样的亲朋好友，让他们一起来分享大自然的奇珍异宝，让他们一起来感受金石滩的瑰丽神奇！

【景区亮点】

大连金石滩国家旅游度假区位于金州区东南黄海之滨，毗邻经济技术开发区，总面积112.3平方公里，系全国最大的国家级旅游度假区。依山傍海，自然环境优美，旅游功能齐全，休闲特色突出，充满艺术氛围，具有异国田园情调，拥有金石高尔夫球场、国际游艇俱乐部、蜡像馆、狩猎场、鲜花大世界、奇石馆、金石园、龟裂石、大连模特学校、枫叶国际学校、金石跑马场等国内著名的旅游项目和设施，素有"神力雕塑公园""大连后花园"和"地质博物馆"的美誉。是融清静、幽雅于一体的国际性花园式旅游度假胜地。

【景点地址】

辽宁省大连市大连金石滩国家旅游度假区金石路65号

【交通指南】

火车乘车路线：

始发大连火车站，经香炉礁、金家街站、泉水站、后盐站、大连湾站、金马路站、开发区站、保税区站、双D港站，终点到达金石滩；乘车价格：全程票价8元；全程时间：单程运行时间为52分钟左右；始末车：两头对开发车时间早6：30到晚6：30，每20分钟一趟。

汽车乘车路线：

大连火车站后建设街自早6：40开始，大连—金石滩的中巴每40分钟一班，票价9元，车程约1小时；从5月1日起，火车站前胜利广场北侧豪华奔驰大巴开通金石滩一日游专线；也可先从火车站后乘开往开发区的中巴，票价7.5元，车程约50分钟，然后再从开发区转中巴前往金石滩，票价3元，车程约半小时。金石滩末班车时间为16：00。

["龟背石"传说]

金石滩有一块"龟背石"十分惹人瞩目，其石面上呈紫红色均匀裂纹，形如龟背，因此称为"龟背石"。然而，传说这就是古时候的"金龟婿"，他是在等着出走千年未归的心上人。

晚唐时，有河南李姓公子考中进士，并留在京城长安为官。他才情卓著，诗书俱佳。京都世家郑姓小姐才貌双全，慕李氏才名，托人说媒。二人婚成，恩爱有加。几年后，李氏升为三品朝官，成为当朝重臣，得穿紫袍，佩金鱼袋。于是郑府上下为之欣喜，郑小姐自也是乐在心头，庆幸自己没有看错人，终于嫁得"金龟婿"。

郑小姐的"金龟婿"自从官升三品，于是就整日在皇帝身边理事，夫妻二人几天难得见上一面。本就属意"张敞画眉"和红袖添香生活的妻子对丈夫热衷朝中政治颇为无奈，同时也难耐那种寂寞深闺里香衾变冷被的空房生活。于是郑小姐劝丈夫不如急流勇退，过清静的日子。然而充满政治热情的丈夫很难听进妻子的劝告，依然故我。后来，郑家在朝廷党争中败势，全家被贬辽东，郑小姐也一同随家人远赴辽海。不久，李大官人也在党争中失去皇帝的信任，一落而成为庶民。这时他后悔当初不听妻子的劝告，如此热衷政治，到头来落得无家可归的境地。

从官场醒来的这位"金龟婿"特别想念他的爱妻，于是跋山涉水到辽东寻找妻子，来到了渤海边。在海边，有人说他的妻子随家人到了黄海那边打鱼去了。于是他就来到金石滩，在最靠近大海的岬角处守望。为了让妻子能认出自己，他还特意披上当年在京城上朝时总穿的紫袍。日复一日，年复一年，日日见帆影，年年有船回，然而就是不见妻子归来。多少年过去了，他没有等来妻子。在海风的吹拂下，他须发变白，腰背变驼，身上的紫袍也碎裂斑驳。他高大挺直的身形渐渐矮了下去，蜷伏下来，最终成了一块"龟背石"。身死而心不甘，石上的龟背状裂纹似乎还在证明他依然是当年夫妻恩爱时的"金龟婿"；而石上的紫红色，则是他身上披的紫色朝袍褪色而形成的。

●东沟生态文化旅游风景区

各位朋友，我们今天要去的是被誉为"东北第一沟"的大连东沟生态文化旅游风景区。

东沟隶属于大连市金普新区的石河街道，距大连市区中心50公里，距石河街道1.5公里。

东沟的四周被大连南部地区第二高峰——小黑山和寓意吉祥的九顶莲花山层层环绕，山里沟谷纵横、林木茂密。由于地处僻静，与外界相对隔绝，又无工业污染，所以一直保持着近乎原始的自然生态。东沟人正是利用这种得天独厚的自然优势，大力发展起生态旅游。自2005年起，东沟先后被授予"国家级农业旅游示范点""全国生态文化村""中国最有魅力休闲乡村"等荣誉称号。

[自然景观]

到东沟旅游，最重要的是为了观景和怡情。东沟不但有山，而且有水，除雨季处处可见倒悬的瀑布和如银练般的溪流外，东沟水库就坐落在景区内，积水面积达 11.5 平方公里。水面倒映着蓝蓝的天空、飘荡的白云，以及岸边陡立的奇峰和崖壁。那景象，恰如一位游人在楹联中所写："山色溪声真实义，天光云影去来身。"更有山林里不时传来山鸡的啼鸣和布谷鸟的歌唱……令人恍若进入一座世外桃源。

大连东沟生态文化旅游风景区——东沟水库景点

如同佳酿般令人陶醉。

东沟的山麓和坡谷全都被锦缎般的山花覆盖，其中尤以野杜鹃为多。每当花开时，整个东沟仿佛浸浴在一片红色的花海里，畅游其中，阵阵花香沁人心脾。

大连东沟生态文化旅游风景区——小黑山景点

在东沟的树木中，最具魅力的是紫槐和刺槐。紫槐的花朵是紫色的，绽放时，一欻噜一串，紫得耀眼，如同秋天葡萄架上熟透了的葡萄，招人喜爱。刺槐的花朵则如初春的白雪覆盖在枝头，素净淡雅。深呼吸一口，那清甜的味道

大连东沟生态文化旅游风景区——小黑山景点

东沟的空气中一点杂质都没有，非常清新，就像一个天然的大氧吧。在那

里住上几天,您会觉得头脑特别清醒,肺部和支气管等呼吸系统疾病也会减轻许多。

[人文景观]

东沟展示给外界的不仅是自然生态美,还有很多历史悠久的人文景观,其中最多的当数寺庙和道观。

在绿树簇拥的莲花山下有一座九莲寺(原名大寺庙),已有700多年的历史了。几株苍翠古树、几栋青瓦红梁、几条弯弯的山径,令人浮想联翩……

在接近小黑山顶峰的悬崖峭壁间,可见金元时期建成的青云寺,也有人管它叫"佛爷庙"。庙墙是用花岗岩石块加糯米浆砌成的,至今仍然相当坚固。

小黑山的西坡下还有一座庙宇,叫青石观,又称"娘娘庙",是明代的建筑。把青石观夹在中间的南北两道山梁上有金元时期的两道城墙遗址,还有一座古老的点将台,仿佛在迎风诉说着古战场的沧桑。

[采摘项目]

东沟的第二个大旅游项目是采摘。东沟有一座上千亩的农业园,游客一年四季都可以在那里采摘到各种农产品。水果有大樱桃、苹果、桃子、李子、杏、枣、梨、葡萄、山楂等,蔬菜和其他农作物有无刺黄瓜、小西红柿、鲜玉米、地瓜、花生等。

行走在东沟的山里,抬头可见头顶上挂满小山枣、板栗等野生果实,俯身又可见山坡上、树根下生长着山麻楂、苦麻菜、野芹菜、小蒜等。游客可以尽情地采挖,不一会儿就能收获一大包。那些采来的野菜洗净后,可蘸着农家自制的大酱生吃,可掺进苞米面里蒸成野菜饼子,可扔进农家特有的大锅里烹调出香喷喷的美味,也可带回去送给亲朋好友品尝。

由于山中空气清新,吃的都是山野菜之类的食品,东沟人的寿命普遍较长,很少有患高血压、高血脂、动脉硬化、恶性肿瘤等现代疾病的,东沟也因此被称为"长寿沟"。相信我们在这里住上几天后,也会比一般人长寿。

除了采摘,游客还可在水库边钓鱼,一尺多长、几斤重的大鲤鱼压弯了鱼竿,在半空中活蹦乱跳,那情景足可以让您忘记世间的一切烦恼和忧愁。

[农家"五坊"]

到东沟还有一个地方一定要去,那就是"五坊"。所谓"五坊",是指利用传统工艺加工农产品的五个作坊,它是东沟人追求古朴生活方式的写照。

大连东沟生态文化旅游风景区——东沟五坊景点

(1)磨坊。这里的磨坊可不像红极一时的法国巴黎红磨坊酒吧,而是用小毛驴拉磨、拉碾子生产米面的地方。在这里,您能够看到用最土的办法把玉米、小米、黄米等谷物加工成成品粮的全流程。走进磨坊，老人们会禁不住生出怀旧情绪，孩子们会兴奋地欢呼雀跃，不停地问这问那，如，为什么要给毛驴蒙上眼睛，为什么毛驴会一直不停地转圈，等等。

（2）豆腐坊。这里的豆腐是用最纯正的传统工艺，加上东沟特有的山泉水做出来的。在这里，您能够看到大豆如何被浸泡、磨浆、烧浆、吊浆、点卤、闷浆、压型，最后变成豆腐和豆浆的全过程。尝一块刚刚做好的豆腐，来一碗散发着浓浓豆香的豆浆，会让您回味无穷。

（3）油坊。主要生产花生油、豆油、香油等。古老的工艺流程、热气腾腾的豆饼和花生饼、扑鼻的油香、闪烁着火苗的木炭，仿佛是18世纪欧洲油画中的场景，让人恍如回到了大机器生产还未兴起的遥远时代。

（4）粉坊。在这里，您可以看到优质的地瓜粉如何被加工成粉皮，并且能够品尝到用新鲜粉皮做成的凉菜。

（5）酒坊。一走进酒坊，您便会感觉到浓郁的酒香弥漫着整个屋子。根据季节的不同，这里会以优良的大米和黄米为原料，分别酿出白酒和黄酒。在这里您可以学习酿酒技术，也可小酌一口，品味最醇正的粮食酒是什么味道。

"五坊"里加工出来的产品，除当地居民自用外，还向游客出售。此外，您还可在这里购买到黄米、小米、黄豆、绿豆等最新收获的各种农副产品。

[满族风情民俗街]

大连东沟生态文化旅游风景区——东沟五坊景点

东沟所在的石河街道是大连市著名的满族街道。这里民风古朴，很多人家仍然保持着满族人的生活习俗。在沟里就有一条满族风情民俗街，坐落在美丽的小黑山脚下，一律青砖黑瓦，掩映在青山绿水之间，古色古香。

民俗街里有一个民间手工艺品展室，里面陈列着村民自己创作的传统民俗工艺品，有剪纸、农民画、编织工艺品、布艺、彩绘葫芦等，内容丰富多彩。

在满族风情民俗街里，游客还能欣赏到富有满族特色的文艺表演，主要有满族女子舞龙、腰鼓和太平鼓表演等。

大连东沟生态文化旅游风景区——东沟五坊景区民间手工艺

满族女子舞龙队组建于 2003 年 10 月，是大连市首支女子舞龙队。她们中年龄最大的 60 多岁，最小的也有 40 多岁，但两条飞龙却在她们的手中舞得轻松自如、花样繁多。由于舞技高超，她们多次参加过大连市文艺汇演。

满族太平鼓队成立得更早，由多名老鼓手组成，其表演保留了浓郁的满族文化传统，具有极其宝贵的历史价值。

腰鼓队全是由老年妇女组成的。其表演风格洋溢着这一民间艺术特有的热烈喜庆气氛。

["七谷"规划]

生态旅游使当地古老的民俗得以延续，同时也大大带动了当地的经济发展。全景区年接待游客 53 万人次，直接经济收入 1 亿多元，人均收入 2.6 万元。

为了再添东沟魅力，东沟人又对景区的布局和发展进行了新的规划，具体内容是将整个景区细分为 7 条特色鲜明的山谷：一是代表景区形象的"迎宾谷"；二是以开展钓鱼活动为主的"水上欢乐谷"；三是以养老和森林养生为主题的"颐年恬园谷"；四是突出满族特色的"满族风情谷"；五是以温泉休闲游为主的"温泉养生谷"；六是以文化书院、书法家创作中心、宗教古迹为主的"文化创意谷"；七是以太空农业园、基因农业园、异域农业园、花卉植物园、农业体验园为主要内容的"未来农业谷"。

相信，随着"七谷"的开发和建设，东沟生态旅游风景区的旅游菜单将更加丰富，文化品位将得到进一步提升，到那时，您再来东沟生态旅游风景区旅游，一定会有一种不一样的感受。

【景区亮点】

被誉为"人间仙境"的石河街道东沟旅游风景区有小黑山、佛爷庙、九莲古寺、"满族风情一条街""五坊"、卖场、民俗展厅等特色景观。

除了这些之外，还有辽南地区保存最完好的明代烽火台、东沟水库和邓家沟水库、中国书法家协会大连创作中心等景观，山水相依，环境优美。其中，海拔 469.1 米的小黑山是东沟旅游区重要的景观，山路崎岖陡峭，山顶风光秀美，四五月间野杜鹃盛开，红遍山野。这里山峦起伏，沟壑纵横，谷深壁陡，切割幽深，部分山体坡度近乎垂直，谷内巨石累累，其势峥嵘，山石各具姿态，颇堪玩味。登临山顶时，忽见地面有一块巨大的平滑石板，当地百姓亲切地称它为"大炕"。据说平日里常有人到上面玩耍、歇息。也有人说它像个棋盘，古时常有人在上面下棋。

【景区地址】

大连市金普新区石河街道石河村东沟

【自驾路线】

沈大高速公路、哈大公路直达，距市中心不到 1 小时车程。

[小黑山传说]

关于东沟旅游区小黑山的传说可追溯到唐朝，相传唐朝时薛仁贵征东，挑着两座山，因为太重，前面的挑背断了，就成了小黑山，后面的放下就成了现在的九顶莲花山，山上的透眼山就是当年扁担的眼。

●长山群岛国际旅游度假区

各位朋友，现在我们要去参观、游览美丽的长山群岛，它位于长海县。

长海县位于辽东半岛东南方的黄海北部海面上，是中国东北地区唯一的海岛县、全国唯一的海岛边境县。全县由195个岛屿组成，陆地面积142平方公里，其中有人居住的岛屿18个，人口11.2万。以最东端的海洋岛为中心，西至大连港76海里，东至朝鲜大同江口89海里。晴天时，隐约可见朝鲜半岛。

长海县所辖诸岛，又称长山群岛。别看长山群岛位于茫茫大海之中，地处偏僻，却是大连地区人类文明最早的发祥地之一。考古工作者在广鹿岛吴家村的小珠山发掘出了大量的磨制石器，还有盘磨及上面印有编织纹的小陶壶和筒形罐等，证明早在7 000年前就有人在海岛上繁衍生息，创造了海岛早期文明。

长山群岛地处亚欧大陆与太平洋之间的中纬度地带，由于海洋的自然调节作用，四季分明却又温差不大。受海洋气候影响，这里降水量适中，曾使岛上森林密布、野兽成群；而漫长、宽阔的环岛海域又鱼儿丰厚、贝类繁多，使当地人得享渔猎之利，生活基本自给自足。长海县有个广鹿岛和獐子岛，就是因为当年鹿和獐成群而得名的，如今在这两

长山群岛

个岛上仍能挖掘到鹿和獐的遗骨和化石。"棍打獐子瓢舀鱼，野鸡飞到饭锅里"是这里曾经有过的真实生活写照。

长海岛屿

进入现代社会后，虽然由于人口增多，长海县的森林资源一度大面积减少，鹿和獐等野兽几乎绝迹，但岛上森林覆盖率仍保持在44%以上，所以被定为"国家森林公园"。

[长海县的自然环境]

长海风光

长海岛屿

长山群岛扼守黄海北部海面，是京、津、河北和辽宁的门户，战略地位非常重要，为历代兵家必争之军事要塞。无论是中日甲午战争，还是日俄战争，长山群岛都最先被日军占领，然后以此为跳板攻占辽东半岛，故这里又被称为"祖国东大门的门闩"。岛上驻军很多，如果大家感兴趣的话，我们可以去体验一下军营生活，拍几张手持钢枪、站在浪花飞溅的礁石上保卫祖国海疆的照片。

长山群岛海岸线长达358.9公里，海岸曲折，海湾众多，海水清洁无染，岸边有许多岬角和宽阔的沙滩，形成了许多内陆少有的优良浴场。我们所住的大长山岛北部海岸就有一座1.2万平方米的大浴场。其他众多小浴场更是宛如珠玑，错落有致地镶嵌在海岸线上。

岛上山地占全县陆地面积的90%。山高一般在130米以上。第一高峰为海洋岛的哭娘顶，海拔373米。全县境内山峦起伏，到处可见大峡谷、山洞、石林和悬崖峭壁。近海则布满了各种奇异的礁砣，有的像耸立的宝塔，有的似沉睡的雄狮，有的像成群的海豹在嬉戏，有的如大象吸水，有的则像乌龟渡海，还有"人面石""金蟾石""鹰嘴石""万年船"等，惟妙惟肖，并附有许多美丽动人的传说。

清澈的海水、湛蓝的天空、洁净的沙滩、奇异的礁石、成群的海鸟，加之岛上山峰奇险、林木茂盛、洞府幽深，组成了长山群岛秀美的大自然画卷，可谓人间桃源、海上仙境。

大长山哈仙岛南里圈浴场

江山多娇，环境优美，使得长海县每年都吸引着上百万的游人来这里度假观光。尤其是夏季，来这里避暑的人更是络绎不绝。有旅游专家认为，我国夏季避暑的最佳之处应该是北方的温带岛屿，而长海县恰恰是我国北方唯一一个处于温带的群岛地区，在夏季全国普遍高温的情况下，这里的平均气温始终保持在25℃，且终日晴空万里，可谓消夏避暑的理想之处。

来海岛旅游，自有在别处享受不到的乐趣。在这里，您可以坐在海边礁石上垂钓，可以大吃没有污染、味道特别鲜美的生猛海鲜，可以在清澈见底的海水中畅游，乘坐游艇到海上观光，也可以与同事、朋友在海边举行篝火晚会，或与情人在晚霞中的海边漫步，在清晨登上山冈看海上日出……

[长海县的水产资源]

由于坐落在我国著名的海洋岛渔场之中，整个长山群岛周围各种鱼类、贝类、藻类资源非常丰富，有400多种。因此，长海县又被称为黄海的"海洋生物博物馆"，素有"天然鱼仓"的美誉。同时，这一带海水由于营养盐含量较

海参

高，加之远离大陆，无任何工业污染，特别适合海珍品的自然生长。

长海县是我国重点水产县之一，岛上的居民大都以捕捞和加工海产品为主业。大海是长海人的庭院，是他们世代相传的聚宝盆和"海底银行"。全县拥有国际远洋和近海捕捞船2 400多艘，仅此一项，就可实现年产值10亿多元。这里生产的皱纹盘鲍、刺参、紫海胆、虾夷、扇贝等海珍品，因其品质优良而名扬海内外，并成为国宴上不可缺少的佳肴。当年美国总统尼克松、日本首相田中角荣访华时，国宴上的鲍鱼等海珍品就是由长海县特供的。

长海县是大连地区有名的富裕县，渔民们把捕捞上来的海产品卖给陆地居民或加工出口，换回大把钞票，然后买

海螺

皱纹盘鲍

回自己需要的现代化生活用品，家家生活都比较富裕。凭借着雄厚的经济基础，长海县的综合经济指数连续多年进入全国百强县行列。

[长海县的旅游项目]

为了让游客更多地了解海岛的风土人情，体验渔民的劳动和生活情景，岛上还开展有"渔家风情游""当一天渔民"等旅游项目。您可以去渔民家里与渔民同住、同吃、同劳动，吃大饼子、苞米楂子稀饭就咸鱼，坐在热炕头上听老渔民讲有关海神娘娘的传说和民间故事等。也可以随着朴实憨厚的渔郎出海钓鱼，或随着美丽淳朴的渔家姑娘去赶海——从礁缝里、石板下翻捡玻螺、螃蟹和海参等，然后再在岸上支锅烹调或烧烤，蘸着辣根和各种调料，就着啤酒大餐一顿……那感觉真是棒极了。

因为远离尘嚣，没有工业污染，大气中含负氧离子高，又素有"天然氧吧"之美称，所以长山群岛也是颐养天年的好地方。近年来，越来越多的城里老人在海岛购房落户，过起了"垂钓礁石上，悠然见大海"的世外桃源生活。

由于远离大陆，世代以大海为生存之本，所以在长海县渔民中传承着许多与海相关的风俗，主要表现在对海神的崇拜和祭祀上，如渔民在出海前总要到海神娘娘庙前烧香磕头，求海神娘娘保佑平安。早年渔船上还设有香童，专职给供奉在船上的"海神娘娘"烧香上供，以示虔诚。渔船在汪洋大海中作业，常遇到鲸鱼、大海龟等海洋巨兽，为避免受其伤害，船老大往往亲自站在船头，"洒酒祭海"，向巨兽洒三碗米酒，求巨兽让开航道。

长海垂钓

大黄礁

在长海县众多的民间节庆活动中，最有特色的就是正月十三的渔灯节了。传说这一天是海神娘娘的生日，各岛渔民自发地到海神娘娘庙前烧香许愿，燃放鞭炮。同时，将点亮了的渔灯放入大海，让千万盏渔灯向海的深处漂去，漂向海神娘娘所在的地方，以便渔船遇到危难时，海神娘娘将这些灯高举起来为

广鹿岛铁山仙女湖景区

广鹿岛月亮湾海滨浴场

其引航。

在广鹿岛，渔民除供奉海神娘娘外，还供奉一个叫妈老祖的神仙。农历六月十六是妈老祖的生日。届时，黄渤海沿岸的渔民们纷纷驾船赶赴广鹿岛，到位于老铁山望海岭上的妈祖庙祭拜妈老祖。只见望海岭下千船聚集、人山人海，渔民们一路攀登到岭上，进香烧纸，神情虔诚。自2004年开始，当地政府借势办起了妈祖旅游文化节，以旅游和文化搭台，经贸唱戏，盛况空前。

及各种游乐活动，到2013年已举办了16届，每届都有不少于万人参加。

长海风光

[长海县的交通和通信]

在一般人看来，海岛都比较闭塞，影响海岛人进入现代化社会最大的障碍是交通和通信。然而，由于有较强的经济基础，加之改革开放后渔民渴望打破封闭状态，这些问题目前基本得到解决。除县政府所在地大长山与大连市区有客轮通航外，全县18个有人居住的岛屿都修建了港口码头，分别与大连港、金石滩港、庄河打拉腰港、普兰店市皮口港相对接，30多艘高速客船和滚装船穿梭于海岛与大连、海岛与海岛之间，形成了安全、快捷、舒适

广鹿岛

长海县的人文旅游项目还有国际钓鱼节，每年10月举行，是国内外钓鱼爱好者的盛会。届时还要举行钓鱼比赛

的海上"蓝色高速公路网"。从大连港出发，去最近的广鹿岛，1个半小时即可到达，到大长山岛2个小时即可到达。1998年11月，长海县—大连空中航线开通，单程只需27分钟。长海县还是全国最早实现村村通程控电话的海岛县，被誉为"中国第一电话海岛县"。岛上建有电视塔，能够接收到中央和多家省市的电视节目。如今，岛上的居民虽然足不出岛，但却天下事全知。

[长海县的未来发展]

在不破坏海岛原始生态的基础上，长海县大力兴建旅游设施，努力改善旅游接待条件，使旅游业逐渐成为全县的支柱产业之一。2010年5月，辽宁省政府批准在长海县建立长山群岛省级旅游避暑度假区，将长山群岛建设成为集会议、避暑、垂钓、生态渔业观光和休闲度假等功能于一体的中国首个群岛型国际旅游度假区。

草坨

各位游客，我的讲解到此结束，祝各位吉祥如意！

【景区亮点】

长山群岛是国家级海岛型森林公园、省级风景名胜区、辽宁省首批50佳景、省旅游强县和全国重点渔业县之一。按岛屿地理位置分为四大景区：

一是大、小长山中心区：位于长山群岛中部，主要景点有祈祥园、北海浴场、三元宫、建岛守岛纪念塔、双凤朝阳塔、四道沟浴场、核大坨子省级海珍品保护区、中国钓鱼协会海钓基地等。此外，日俄争夺旅顺口时，日本舰队就停泊在此海面上。

二是广鹿铁山景区：位于长山群岛西部，是距大连市、金石滩最近的景区。主要有马祖庙、沙尖子浴场、朱家屯贝丘遗址等景点。

三是石城列岛风景区（含海王九岛）：位于长山群岛东部，距庄河冰峪沟较近，主要景点有海王顶国际灯塔、北方鸟岛、黑白石、龟石、银窝石林、城山城址、西南浴场等。

四是外长山列岛（海洋风景区、獐子岛）：位于长山群岛东南部，主要景点有渔港风光、鹰嘴石、明珠公园、哭娘顶、青龙山国家级森林公园和太平湾等。

长海渔灯节期间海中的渔灯

【交通指南】

（1）与长海通航的有三个港口：大连港、普兰店市皮口港、庄河市打拉腰港。大连至皮口港车程约2小时，至打拉腰港约3小时。大连北岗桥汽车站每天5：50、6：10、6：35、15：40有直达班车至皮口港。从大连走黄海大道高速公路可直达庄河市打拉腰港。

（2）长海诸岛—大连港：高速客轮"獐子岛"1号，180个客位，每早6时从海洋岛红石港出发，7时从獐子岛沙包港出发，7：40从大长山岛金蟾港出发，9：40到大连港。10：10从大连港原路返回。

（3）长海（大长山）—皮口港：有16艘客轮，其中高速客轮9艘、滚装船2艘，在大长山岛发船。鸳鸯岛港发有金盾号、大长山岛1号、长达号；四块石港和金蟾港发有獐子岛2号，明明1号、2号、3号、5号，长虹号等。长海（大长山）发船时间7：30—14：00，皮口港返船时间8：30—15：00。

[长海传说]

长山群岛是我国北部海疆美丽的岛屿，山岭环翠，碧水相依，是著名的旅游风景胜地。凡是山灵水秀之地，必有一个或数个浸着仙气的传说。长山群岛上流传着一个顺口溜："长山群岛有三宝，海参、鲍鱼、驴当表。"每日清晨，只要听到毛驴一叫，渔民们赶紧起来撒网，保准误不了时间。这源于一个传说。相传当年八仙过海都去了福地仙山，其中的张果老在东海仙地上一睡就是300年，醒来不甘寂寞，倒骑小驴来到人间。有一天，他来到一个小岛上，虽已是深夜，可看到渔民一家婆媳俩夜里燃香计时，怕清晨误了男人们出海打鱼，长年累月十分辛苦。张果老实在不忍，便对他的小毛驴说，每天半夜你辛苦一趟到各个海岛报个时间吧。第二天，小毛驴果然腾空而起，围着长山群岛各个村边跑边叫，整个岛的毛驴也跟着叫起来。渔民醒来一看果然正是出海下网之时。从这之后，每日便以毛驴叫为起身时刻，家家户户的妇女再也不用熬夜了。当年张果老骑毛驴踏出一行蹄印的地方，至今在长海县海洋岛还可以找到，那就是现在的马蹄沟。

长海

营口概况

——休闲新都营口

各位游客：

大家好！欢迎大家来到休闲新都——营口。

营口市位于渤海辽东湾东北岸大辽河入海口，是东北地区最近的出海口城市，是振兴东北老工业基地、沈阳经济区综合配套改革和辽宁沿海经济带开发开放三大国家发展战略唯一同时覆盖的城市，是环渤海与哈大高铁、沈大高速唯一交会点城市。营口是辽宁打造全国温泉旅游第一大省的领跑城市，是面向大东北和环渤海温泉海滨休闲旅游的重要目的地，也是东北地区山、海、河、林、泉、寺旅游资源富集，东北同类城市高端、时尚温泉和度假酒店发展最快的城市。全市下辖"两市（县）四区"，总面积5 402平方公里，海岸线长100公里，人口240万。

[历史文化]

营口历史悠久，文化灿烂。早在26万年前，金牛山远古人类就在这里生存繁衍。1861年，营口代替牛庄成为东北第一个对外开埠的港口城市，开埠后有英、法、瑞、挪、荷、美、俄、日等11个国家在这里设领事馆。如今营口港是东北第二、全国十大枢纽港，2022年实现吞吐量2.2亿吨。因此，营口有着深厚的历史文化底蕴、文明博爱传统、开放包容之风和海纳百川气质。

渤海明珠观景台

[旅游风光]

营口河海交融，山清水秀，拥有山、海、河、林、泉、寺的自然神韵和人文精粹。营口位居大辽河入海口，东承千山余脉山岳连绵的阔荡之气，西纳渤海辽东湾浩瀚博大的胸怀，秀美的群山、茂密的森林及大辽河两岸的瑰丽风光吸引着众多海内外游客纷至沓来，百公里海岸线上的海水、阳光、沙滩令游人流连忘返。

被辽河怀抱的营口部分城区

[温泉度假]

营口是中国北方最佳温泉城和时尚休闲新都，为沈大之间旅游的必游之地。这里的温泉旅游资源以其上佳的品质、悠久的历史和丰富的储量驰名中外，早在明代就有"客来争解带，万劫付一洗"之盛况。营口市立足旅游资源优势，大力发展以海滨、温泉、休闲为主的旅游产业，现建有天沐温泉度假村、金泰珑悦海景酒店、皇家园林酒店、御景山温泉宾馆、忆江南温泉谷、思拉堡温泉小镇、虹溪谷温泉旅游度假区等一批高档次大型温泉休闲项目和按照五星级标准设计的旅游酒店。

温泉度假酒店

[旅游形象]

如今，因有河海温泉、敬母胜地、百年商埠、休闲新都等资源和称誉，营口的旅游目的地形象愈加突出，影响日益扩大。近年来，随着名扬四海的中国营口望儿山母亲节、规模宏大的中国营口国际海滨温泉旅游节和冰雪温泉旅游节的成功举办，更使营口这座中国优秀旅游城市的知名度、美誉度逐年提升。营口作为中国北方最佳温泉城，正在成为辽东半岛上最宜游、宜居的休闲度假旅游名城，随时欢迎您的到来！

● **百年辽河老街**

各位游客：

大家好！欢迎大家参观游览营口百年辽河老街！下面我为大家介绍一下百年老街的概况。

辽河老街位于营口市辽河大街西段，东起平安路，西至得胜路，长约1.3公里，东西走向，占地面积20余万平方米，是营口的发祥地，也曾是营口政治、经济、文化和海运的中心。这里是营口历史人文景观最多的街区，当年人口密集，商号鳞次栉比，至今沿街仍保留31处建筑优美、样式别致的百年庙宇、民居、办公和商业用房。这些优美的近现代建筑，不仅风格富有特色，而且还蕴含着东北近代民族工商业的兴衰荣辱，具有极高的历史、文化研究价值。其中，有省级文物保护单位9处、市级文物保护单位3处。

[商贸与建筑]

1861年开港后，营口凭借海河交汇的地理优势，成为当时东北贸易往来的枢纽，于是，一批具有服务性质的"大屋子"应运而生。这种建筑已不再是单一的商号，而是营口商业资本的一种特殊经营运作，与现在的仓储运输公司类似，主要代理批发转运，兼办租车、租船、货物发送及交易中介、代管来往客商的住宿饮食等业务。老爷阁东、西两条商业大街的两侧此类商号众多，现在还保存有多处当时兴建的"大屋子"。

大屋子存放着运进和待运的货物

营口近代繁荣的商贸活动带来了金融业的兴旺，使营口的炉银业在中国近代史上赫赫有名。据统计，1860—1925年，营口炉银共有73家；到20世纪20年代，仍存6家；1933年，虽然伪满财政部下令禁止炉银发行流通，但仍剩有4家，直到在日本人的强制干预下才最

辽河老街街景

终消亡。经过对现存银号建筑的调查，永惠兴、公益、东记三家银号的旧址建筑依然保持原来的样子。

永惠兴

营口开港前皆以中医为人医病。开港后，外国人来此经商传教，对营口的医药卫生等很少投资。1892年，营口流行霍乱，1899年、1911年流行鼠疫，其他各种传染病也时有发生。1920年，辽沈道尹荣厚派医学博士伍连德调查营口疫情，并在市救济贫民习艺所创"海口检疫医院"，由伍连德任院长，医院旧址位于今营口市第四中学院内。

公益银号

营口近代建筑主要是中西合璧建筑风格，在我国传统建筑结构的基础上，一些临街建筑建成"洋门脸"，式样多为砌出壁柱、开圆券窗、檐头筑起高高的女儿墙等。其中有的在高起的女儿墙栏心上写字作为商业广告，有的则在女儿墙上进行繁杂的装饰，以致被误认为是一层建筑。这种建筑风格被称作"同光体"（同治、光绪年间流行之时尚），也有人称其为"中国的巴洛克"，极具历史、艺术和科学价值。

[老街改造]

为还原辽河老街的历史风貌、展示城市的发展根脉、延续老街的商业发展，2008年营口市启动了辽河老街改造项目，主要从工程建设、招商引资、策划宣传和文物保护四个方面进行改造建设。对老街的改造建设，本着"修旧如旧，新建如旧"的原则，保证新、旧两个时期的建筑在建筑风格上协调统一，突出辽河老街街区绵长的历史触感和深厚的文化底蕴。到2010年末，一期工程对31处近现代优秀建筑的修缮和12处仿古工程的新建已经完成，并正式对游客开放，成为东北古街旅游的一朵奇葩。

辽河老街入口

[老街影响]

辽河老街是我国北方港口文化和民族工商业的缩影，是反映营口历史、凝聚营口文化、突出营口特色、展示营口

发展的集餐饮、休闲、娱乐、旅游、观光、学术研究于一体的历史文化名街,被誉为东北最早、保存最完整的百年商铺博物馆。现已加入中国步行商业街协会,与北京王府井、成都宽窄巷、上海新天地等全国知名商业街成为伙伴会员。同时,有关部门正在申报中国文化历史名街。如今,作为辽宁沿海经济带上的重要节点城市,营口这个中国近代史上东北地区唯一的通商口岸,随着现代经济和社会的不断繁荣和进步,将焕发出更加瑰丽的色彩。

现在,我的讲解到此结束了,下面请大家自由参观!

【景区亮点】

营口因港而兴,因港而成为东北地区第一个对外开放的城市。辽河老街则是营口市的发祥地,该街因为有背靠港口的地理优势,使营口的口岸贸易首先在此兴起。据资料记载,早在清朝雍正年间,辽河老街就是客商云集、店铺林立的繁华街市。到1861年营口正式开港,作为东北第一个对外开放的通商口岸,这里更是国内富商咸集,西方各国商人亦纷至沓来,老街成为近代东北最繁华的商贸中心和金融中心。

改造后的老街突出了"河海风情,百年老街"的地域特色,引进具有特色的中式餐饮、西式酒吧、咖啡馆、茶馆等餐饮娱乐项目,以及展示营口文化特点的各种展馆、博物馆等,成了融餐饮娱乐、旅游观光、精品购物、文化交流为一体的休闲中心,再现营口老街的盛世繁华。目前,辽河老街两侧保存有百余年的近代建筑31处,这些建筑不仅形式、用途多样,更有中西合璧之美,反映出中西文化的逐步融合,老街因此有"近代建筑博物馆"的美誉。

【景区地址】

营口市西市区繁荣里,辽河大街西段

【交通指南】

乘坐1路、28路公交至"渡口"站,下车向南步行即到。

【周边景点】

距西炮台遗址约2.6公里,距营口楞严禅寺约3.3公里,距辽河公园约2.9公里,距营口镜湖公园约3.3公里,距营口博物馆约4.4公里。

【美食伴游】

铁板鱿鱼经济实惠,特色冰激凌香甜可口,烤生蚝、烤猪脚、东北脆皮玉米等应有尽有。

●西炮台遗址

各位朋友:

大家好!欢迎来到营口西炮台遗址参观游览。下面我先向大家介绍一下西炮台遗址概况。

西炮台遗址位于渤海东岸、营口市区的西端辽河入海口处,是清末重要的海防军事遗址,迄今有140多年的历史,著名民族英雄左宝贵曾督修。西炮台遗址是东北地区规模最大、保存完整的生土材料建筑遗存,也是我国沿海古炮台中原始风貌保存较好的一座。1963

年，被公布为第一批省级文物保护单位；2006年，被公布为全国第六批重点文物保护单位。西炮台遗址是辽宁省爱国主义教育示范基地和辽宁省国防教育示范基地、国家AAA级旅游景区，享有"不到西炮台，没到营口来"的美誉。

西炮台遗址——辽宁省爱国主义教育示范基地、辽宁省国防教育示范基地

西炮台遗址夯土深处记录和承载着清末战略防御思想的转变、清朝巩固海疆的举措、洋务派学习西方近代军事和引进仿造外国"坚船利炮"的实践、中国传统夯土技术的军事应用以及近代中国"求强求变"的努力。悠悠岁月里，西炮台遗址是中国近代历史的记录；沧海桑田中，西炮台遗址是中华民族精神的凝固。

营口西炮台遗址夯土深处记忆历史与文化

[营口开埠]

1858年，第二次鸦片战争失败后，清政府被迫签订中英《天津条约》，增开牛庄等地为通商口岸。牛庄是距离营口东北45公里辽河入海口以东的一处商业集镇。1861年，英国驻牛庄首任领事密迪乐在考察了营口和牛庄之后，看到营口港深河阔，更适合开港，于是强行要求清政府以营口代替牛庄开港成为通商口岸。

代替牛庄开港后，本有商业基础的营口逐步繁荣起来。到19世纪末20世纪初，营口在经济近代化方面已经走在全国前列，成为东北的经济、金融和贸易中心。在此背景下，为加强海防和通商口岸的守卫，奉锦山海关兵备道上书北洋大臣李鸿章，奏请光绪皇帝，在辽河入海口处修筑炮台。

[西炮台修建]

西炮台自1882年动工，到1888年竣工，前后动用兵员6 000余人。西炮台建筑风格独特，全炮台呈扇面形，有主炮台3座、营门3个，围墙外有绕台一周约1 000米的护台河，同时建有水塘两处，兵房、官厅、弹药库房等200余间。西炮台最显著的特点就是炮台和围墙没有采用砖石结构，而是以黄土、黑土、白灰经糯米灌浆层层夯筑而成。

主炮台远眺

火炮

今天依然可以看到西炮台遗址四周围墙、三座主炮台、炮台台基、挡墙和马道都是采用传统的版筑工艺夯筑而成，坚固如岩石。

今天的人们对于发生在中国近代史上的"洋务运动"的理解更多地来自历史教科书。如果您亲临营口西炮台，那"洋务运动"就不仅仅是一个历史名词，而是实实在在的存在，可以实实在在地触摸。因为，营口西炮台，无论是设计理念、建筑工艺，还是驻军编制和武器配备，无不体现洋务运动时期"师夷长技以制夷""中学为体，西学为用"的指导思想。当年，营口西炮台上曾配置有口径为210毫米、150毫米、100毫米的"克虏伯火炮"和旧式铸铁炮。经历沧海桑田，穿越烽烟岁月，尽管人们对西炮台火炮的记忆只能停留在遗存下来的零部件上，但在近代保家卫国的战争中那些火炮滚烫胸膛里发出的怒吼，依然穿越时空，回荡在今人的耳畔。

[西炮台战事]

西炮台修筑后，先后经历了中日甲午战争、日俄战争、抗日战争和解放战争。1894年10月下旬，甲午战争的战火烧到辽东半岛。1895年3月6日，日军进攻西炮台，镇守炮台的海防马步练军官兵奋起抵抗。为阻挡日军进入炮台，管带乔干臣下令炸毁通往炮台的桥梁。当日军进入地雷区时，清军引爆地雷13处，使日军一举攻占炮台的计划破灭。3月7日凌晨2时，日军派工兵和步兵偷袭西炮台，管带乔干臣率领官兵坚守到3月7日上午10时，被迫突围，炮台被日军侵占。这次战役是日军入侵营口外围以来遭到的一次最顽强的抵抗。

中日甲午战争后，乔干臣率领马步练军重回营口，驻防在扬武门的练军营。1900年春，义和团运动爆发并很快波及营口。洋人为防御义和团在营口修筑工事，并组建全副武装的外侨队、海关队。1900年8月，俄军步兵500人、骑兵100人，携带重炮4尊，进攻驻守营口的清军，清军死守阵地，义和团100多团民前来助阵。俄军联合日军的兵舰、鱼雷舰20多艘，从水陆三面围攻清军营地。清军将士和义和团团民与俄军展开巷战，海防马步练军官兵112人、义和团13人阵亡，在营口近代史上写下英勇悲壮的一页。

[西炮台景点]

如今，战争的硝烟早已散尽，为我们留下的是凭吊和观光的遗址。遗址内主要景点有大炮台、南北小炮台、江南制造总局生产的210毫米的铸铁炮、解放战争时期遗留的铁碉堡、护台河、引濠、营门、850米三合土夯制的围墙、流芳亭（赞助碑）、浮雕简介碑、历史陈列馆、复建的兵营、出土的文物铁炮、复制克房伯火炮、军械库遗址、角楼（暗炮眼）、练兵场雕塑小品、现代高射炮、榴弹炮、坦克、飞机等大小景观20余处。

历史是创造的，历史更是传承的——西炮台历史陈列馆一角

1987年，珠江电影制片厂以西炮台遗址为外景地拍摄了电影《大清炮队》，更使西炮台闻名全国。作为中国近代历史百年沧桑的见证，西炮台遗址时刻提醒后人"勿忘国耻，奋发图强"。由于地处辽河入海口，西炮台夕阳西下时的长河落日、大海潮起潮落的壮观以及红海滩和芦苇荡的美丽景色令人流连忘返。

【景区亮点】

营口西炮台位于营口市西市区渤海大街西端，地处大辽河入海口，距离营口市中心6公里，是我国近代重要的海防工程之一。

西炮台原名营口炮台，因位于市区最西端，故称西炮台。现为全国重点文物保护单位、辽宁省红色旅游基地，并且是国家AAA级旅游区。营口西炮台始建于清光绪八年（1882），是清代在东北修筑的重要海防工程。西炮台虽经100多年的风雨侵蚀，但整体面貌基本保存。近年陆续进行了整修围墙、清理大小炮台、加宽护台河、建防潮闸等工程，并在原兵营旧址复原了仿清兵营和大营门，复制铁炮18尊。1987年，珠江电影制片厂曾以营口西炮台为外景地拍摄电影《大清炮队》，由著名演员刘晓庆等领衔主演。

【景区地址】

辽宁省营口市西市区渤海大街西炮台遗址保护范围内

【交通指南】

从营口市区乘坐3、501路公交车至高新园区下车，向西步行500米即到。

【周边景点】

距营口楞严禅寺约4.8公里，距营口老街（辽河老街）约2.6公里，距辽河公园约5公里，距营口镜湖公园约4公里。

●望儿山风景区

各位游客：

大家好！欢迎大家来到望儿山风景区！下面我首先向大家介绍一下景区的概况。

望儿山位于营口市经济技术开发区熊岳镇望儿山村，是辽南名山，距离熊岳古城2公里。望儿山山峰陡立，平地拔起，高82米，海拔高100.9米。山顶有一藏式青砖塔，名曰望儿塔，建于明

望儿山风景名胜区游览线路图

末清初,远看如一位老妇伫立山头,日夜眺望大海,盼望远行的儿子归来,望儿山因此而得名,并成为以母爱为主题的天下独有之山。

望儿山风景区位于营口市鲅鱼圈,于1992年7月开发,1993年5月对外开放。景区内现有慈母盼儿归像、拜母亭、步母石、哺乳轩、望儿塔、母恩池、念母寺、仙人桥、母子桥、母爱世界、慈母馆、风范园、母亲湖等20多处人文景

望儿塔

慈母盼儿归像

中　线——哈大高铁线

母亲湖

点。慈母馆是中国唯一的母亲纪念馆。

望儿山风景区于1996年被辽宁省建设厅批准为省级风景名胜区。风景名胜区以望儿山为中心，以熊岳镇为主体，以青龙山、金沙滩为两翼，融山、海、林、泉、城等自然景观和寺庙、古塔、古洞等人文景观为一体，规划面积68.52平方公里。1997年9月，望儿山风景区被评为"辽宁五十佳景"之一。1997年10月，被评定为营口市一级旅游区。2001年10月，被评为首批国家AAA级旅游区。2004年，被评为辽宁省优秀旅游区。2009年12月，晋升为国家AAAA级旅游区。2010年4月，被辽宁省旅游协会和《游客》杂志评为游客喜爱的"辽宁五十佳景"。

依托望儿山这一慈母盼儿归的动人传说，为弘扬"爱母亲，爱家乡，爱祖国"的精神和中华民族敬母爱家的传统美德，营口市政府于1995年创办中国营口望儿山母亲节。每年5月"母亲节"这天，望儿山风景区都要开展各种敬母爱母活动。不少人还在慈母馆内为自己的母亲立碑明志，以表达对母亲的崇敬。

望儿山母亲节

下面，请大家自行参观!

【景区亮点】

望儿山修建的慈母馆是我国唯一的母亲纪念馆，原国务委员陈慕华同志亲自为慈母馆题字。每年中外游客拜母者络绎不绝。贤达之士多以文孝母，为母立传铭刻其中永久纪念。"母爱世界"更为壮观，它是望儿山景区体现母爱这一主题的标志。庞大的雕塑群神采各异，栩栩如生，集中体现了人类母爱的博大。母亲节倡导人们爱我母亲、爱我家乡、爱我祖国。营口市于1996年把望儿山定为市级爱国主义教育基地。

关于望儿山还有这样一个动人的传说。相传很久以前，熊岳城郊是一片海滩，海边有一户贫苦人家，只有母子二人相依为命。这年,朝廷举行大考,儿子乘海船赴京赶考。母亲昼耕夜织,等待儿子归来,但是一直没有儿子的音讯。母亲着急了,就天天到海边眺望,一次又一次对着大海呼唤:"孩子呀,回来吧!娘想你,想你呀……"10年,20年,30年……年迈的母亲倒下了,化成了一尊石像,原来,他的儿子早在赴京赶考的途中不幸翻船落海身亡了。上天被伟大的母爱感动了,在母亲伫立盼儿的地方,兀地矗立起一座高山。大地被伟大的母爱感动了,让母亲洒下的泪珠化作了一股股地下温泉,滋润出无数红艳艳的苹果。乡亲们被伟大的母爱感动了,把那拔地而起的高独秀峰叫作"望儿山"。

【景点地址】

辽宁省营口市熊岳镇

【交通指南】

自驾:营口市出发—惠宾路—渤海大街—市府路—博文路—G305—沈海高速公路—山海大道—终点。

【美食伴游】

虾仔又叫虾蛋,是虾子的卵加工而成。凡产虾的地区都能加工虾仔。以辽宁的营口、盘山,江苏的东台、大平、射阳、高邮、洪泽等地区生产较多。每年夏秋季节为虾仔加工时期。虾仔及其制品均可做调味品,味道鲜美。

【周边景点】

距山海广场约6.2公里,距白沙湾黄金海岸约12公里,距月亮湖公园约6.3公里,距仙人岛海滨约2.4公里。

● 虹溪谷温泉旅游度假区

各位游客:

大家好!欢迎大家来虹溪谷温泉旅游度假区参观游览。首先,我向大家介绍一下度假区的概况。

虹溪谷温泉旅游度假区位于营口盖州市双台镇,由营口远大集团投巨资建设,度假区规划占地面积12平方公里,一期建设2平方公里,首期投入21亿元人民币。度假区以优质温泉资源为核心,以多项互补性度假产品为配套,现有多个建成运营和在建项目,其中包括温泉中心、温泉假日酒店、国际会议中心、高尔夫俱乐部、山地滑雪场、思拉堡小镇、普罗旺斯小镇、波尔多小镇以及养老基地、马术俱乐部、法式古典酒庄、现代科技农业园等,集旅游度假、温泉养生、时尚运动、生态宜居于一身,是东北地区配套最为完善的大型旅游目的地和一站式深度旅游度假综合体。

[虹溪谷温泉]

虹溪谷温泉热田面积约2平方公里,开发面积20公顷,温泉水温高达90℃,日开采量达5 000吨,其储量、

虹溪谷温泉

面积、水温居东北地区之首。经国家温泉矿水质检测中心和日本中央温泉研究所检测,虹溪谷温泉水质纯正,富含偏硅酸、钙、镁、铁、锂、钍、氡等多种有益人体美容、养生和保健的微量元素。

虹溪谷温泉属于稀有、独特的山体温泉,为真山真水。整个温泉建筑群依山而建,仿佛108颗璀璨的珍珠,镶嵌在美丽的金钟山上。这里有花草树木、亭台楼阁、溪水潺潺、鸟语花香,优美的环境与温泉融为一体。温泉可同时容纳4 000人共浴,日接待量上万人,有室外泡池98个,展现日式、欧式、东南亚、地中海等国外温泉风情,同时融入中国传统文化的精华元素,如八卦泉、五行泉、皇宫浴等,尤其是溶洞温泉,更是东北地区首创,匠心独具。室内建有25米标准游泳池,室外有超大型游泳池和沙滩、大型SPA水疗池、儿童戏水池、汗蒸、矿浴,保健养生,一应俱全。完善的配套和多功能设施,带给每位莅临虹溪谷温泉的游客天人合一、身心愉悦的尊贵体验。

[温泉假日酒店]

虹溪谷温泉假日酒店充满东南亚风情,与温泉建筑群遥相呼应,依山傍水,群峰环绕,风光秀丽,曲径通幽,集餐饮、会议、展览、宴会于一体,为每位嘉宾提供超值五星级度假体验。酒店拥有标准房、豪华房、行政房、香槐日式木屋别墅、VIP院落式别墅、马尔代夫风情水上别墅等各种客房近500间,可以同时接待近千人入住。酒店共有大小会议室6个,可容纳20~500人不等。中餐厅拥有风格各异的包房16间,主要菜品有本地农家菜、海鲜、川菜、粤菜。同时,酒店还提供KTV、在线影院、棋牌、健身等服务。

[高尔夫俱乐部]

虹溪谷高尔夫俱乐部是整个度假区的玲珑点缀,由美国著名设计师Mr.Mark Hanson挥笔设计的国际竞赛

高尔夫俱乐部

温泉假日酒店全景图

级球场，是东北地区唯一 18+1 洞美式竞赛级球场，占地 80 公顷，球道总长 7 311 码。设计师紧紧抓住当地的自然特征，巧妙地将起伏平缓的丘陵球场勾勒出来，使每个球洞都与众不同。天然的植被与独特的沙坑和水障碍的完美结合、果岭线与球速多变的美式果岭，给每位球手带来了无尽的惊喜体验和全新挑战。

[滑雪场]

虹溪谷滑雪场总面积 16 000 平方米，拥有高、中、初级滑道及儿童雪圈场、单板乐园等。雪场还设有雪地足球、雪地飞碟、雪地摩托、马拉雪橇、越野滑雪道等多种游戏，并聘请国内一流的专家教练为游客提供滑雪指导。这里的趣味性与挑战性让你滑得开心、玩得痛快。冰雪、温泉的产品组合，可以满足游客多元化的需求。安全、舒适、时尚，将成为虹溪谷滑雪旅游的最大收获。

滑雪场

[思拉堡温泉小镇]

思拉堡温泉小镇有法式城墙古堡、

思拉堡温泉小镇

宏伟壮观的凯旋门、英伦风情的思拉堡桥，更有怀旧、浪漫的蒸汽小火车。虹溪谷度假区全力打造的这座温泉小镇，包含了充满异国情调的各式建筑、商业街和商业地产等项目。走进小镇，就将开启您的浪漫欧洲之旅。

好了，我的讲解到此结束了。下面，请大家自行参观游览。

【景区亮点】

思拉堡温泉位于辽宁营口盖州市双台镇思拉堡村，这是新开发利用的一处地热资源，其面积、储量、水温居全省之首。思拉堡温泉小镇是营口的一处新的集温泉、滑雪、马术、高尔夫、红酒庄等旅游项目于一体的综合旅游项目，而思拉堡温泉是游客对温泉的习惯和通俗叫法，其实小镇内的温泉名称为"虹溪谷温泉"，全称"虹溪谷温泉假日酒店"。思拉堡温泉就成了"虹溪谷温泉"的别名和代称。思拉堡温泉内设有现代化游泳馆、168 个室内外各式温泉泡池，泡池根据游客人数动态开放，目前开放的有 30 个左右。包含日式、欧式、东南亚、地中海等世界温泉风情。设有室内器材水疗、室外森林SPA、南亚风情戏水乐园、山谷养生泡池等温泉区域及石板温泉、水晶浴、溶洞药浴等特色浴种。

【景点地址】

辽宁省营口盖州市双台镇思拉堡村

【交通指南】

火车路线：

（1）哈大高铁：鲅鱼圈站下，乘坐出租车至度假区。

（2）普通列车：熊岳火车站下，乘坐出租车至度假区。

自驾车路线：

（1）从大连方向自驾车前往，大约需要1.5小时。沈大高速→熊岳出口处下道→山海大道后右转，沿山海大道东行→辽南大街后，左转沿辽南大街向北行驶→鲅孔线后右转向东行驶大约6公里就可看到思拉堡古堡大桥。

（2）从沈阳方向自驾车前往，大约需要2小时。沈大高速→鲅鱼圈出口下道→长江路→鲅孔线后向东行驶大约7.5公里就可看到思拉堡古堡大桥。

（3）辽阳、本溪、鞍山、盘锦、营口方向，鲅鱼圈出口转盘左转至青龙山大街，3公里后左转至长江路，直行至思拉堡温泉小镇。

【周边景点】

距山海广场约13.9公里，距白沙湾黄金海岸约23.4公里，距月亮湖公园约11.5公里，距兴辰温泉度假村约1.7公里。

鞍山概况

——中国钢都鞍山

各位游客：大家好！欢迎来到中国钢都——鞍山。

鞍山市位于辽宁省中南部，地处环渤海经济区腹地，因市区南部有一座形似马鞍的山峰而得名。鞍山是沈大黄金经济带的重要支点和辽宁中部城市群与辽东半岛开放区的重要连接带，北距沈阳89公里，南距大连270公里。长大铁路、沈大高速公路纵贯南北，京沈高速公路、秦沈高速铁路客运专线途经鞍山。鞍山为中国境内重要的钢铁基地，有"钢都"之称。鞍山为辽宁省第三大城市，现辖海城市、台安县、岫岩满族自治县和铁东、铁西、立山、千山四个城区，总面积9 252平方公里，总人口351.8万。

[资源矿产]

鞍山属暖温带大陆性季风气候，四季分明，降水充沛。东部山区森林植被丰富，森林覆盖率50%，盛产苹果、

鞍山风光图

鞍山铁矿山

梨、板栗、柞蚕，此外，还有鞍山著名特产南果梨。西部平原耕地面积25.3万公顷，主产玉米、水稻、大豆、花生。

鞍山境内已探明的矿产资源有51种。铁矿探明储量100亿吨，占全国的1/4。菱镁矿探明储量23亿吨，占全国的62%，占世界储量的1/4。滑石矿探明储量为6 000万吨，占全国的40%。岫玉探明储量约206万吨，占世界储量的60%，被确定为中国"国石"第一候选石。2006年12月，岫岩县被中国矿业联合会命名为"中国玉都"。

[历史文化]

鞍山市虽然建置较晚，但历史却较为久远。考古发现的海城小孤山古人类遗址证明，这里在距今约2万年前就有人类开始生息繁衍。海城的析木、牌楼、大屯等地有新石器时代的石棚、石器，千山区发现战国晚期的青铜戈、铜镞等。这些都进一步证明，这里很早就进入了人类文明的行列。战国、秦汉之后，鞍山或属于郡辖，或属于国辖，其建置依代相续。新中国成立后，鞍山市或属于行政区，或属中央，或属省辖，其行政建置也几经变化。近百年来，鞍山人才辈出，爱国将领张学良以及革命老前辈吕正操将军均诞生在这里，雷锋入伍前曾在鞍钢工作。此外，鞍山还涌现出刘兰芳、单田芳等著名评书表演艺术家。

[旅游品牌]

鞍山是中国优秀旅游城市，拥有"世界第一玉佛""亚洲著名温泉""国家名胜千山""中华宝玉之都"和"祖国钢铁之都"五大旅游品牌。千山，素有"辽东第一山"之美誉，是国务院命名的第一批风景旅游区、国家AAAAA级旅游景区。玉佛苑是国家AAAA级旅游景点，有一尊重达260吨、用"玉石王"雕琢而成的玉佛，荣获吉尼斯世界之最殊荣，堪称当今"国宝"。汤岗子温泉是全国四大康复中心之一，在亚洲享有盛名。以"钢铁是怎样炼成的"为主题的鞍钢工业旅游，是全国首批工业旅游示范点。

[产业集群]

经过70多年的建设、发展，鞍山奠定了比较雄厚的工业基础，工业发展快速。以重点发展主导产业推动工业优化升级，形成钢铁深加工、菱镁新材料、装备制造、化工新材料、光电五大产业集群。鞍钢不断加快技术改造，推进兼并重组，成功进入世界500强，正在向精品钢基地迈进，鞍钢30万吨取向硅钢、鞍钢60万吨精品线材、鞍钢60万吨煤焦油、中船重工100万吨船用钢加工、宝得150万吨热轧H型钢、紫竹80万吨船用钢构、中国软包装集团

25万吨双向拉伸聚丙烯薄膜等一大批重大项目开工建设。

鞍山产业集群

[现代服务业]

鞍山现代服务业快速发展，加快推进站前中央商务区、达道湾现代服务区、达道湾钢材大市场、达道湾汽车贸易产业带、海城西柳商贸城等服务业聚集区建设，红星美凯龙、大商新玛特等85个项目竣工营业。

[中外交流]

鞍山已同日本尼崎市、英国谢菲尔德市、俄罗斯利佩茨克市、美国伯明翰市、土耳其布尔萨市、韩国安山市结成国际友好城市，同北京市东、西城区及江西省九江市、福建省厦门市、新疆昌吉回族自治州、山西省长治市、陕西省宝鸡市、四川省自贡市、海南省海口市、广东省广州市、浙江省杭州市结成国内友好城市。

[发展愿景]

为振兴老工业基地，鞍山确定了工业强市方略，以"建设具有国际一流水平的重要精品钢材基地和培育壮大现代装备制造、轻纺工业，矿产品深加工三大产业"为结构调整方向，确立了"国有经济以鞍钢为主体，地方以非公有制经济为主体"的发展思路。未来，鞍山将围绕"加速经济隆起，构建和谐鞍山"的主题，全面提升城市综合竞争力，用新思路、新体制、新机制和新方式全面振兴老工业基地，实现钢都新的辉煌。

● 鞍山钢铁之旅

各位游客：

大家好，非常高兴能够陪同大家一起游览鞍钢。下面我将为大家介绍一下本次行程的安排。

首先，我们要前往炼铁厂，了解十号高炉的炼铁生产工艺。之后我将带领大家参观第二炼钢厂，在那里，您能看到转炉炼钢的火热生产场景。最后，我们将去热轧带钢厂，参观1780热轧带钢生产线。在途中，我们不仅可以车游白楼广场，还可以观赏到孟泰塑像、百年机车头展等沿途景观。

鞍钢作为全国特大型钢铁联合生产企业，始建于1916年。经过近百年的发展，鞍钢现已组建了3个控股子公司、25个全资子公司和32家直属单位，并拥有7座大型铁矿山、6个选矿厂、1个炼铁厂、1个炼钢厂和13个轧钢厂，拥有全民职工14万人，其中主要从事钢铁一线生产的工人3.5万人。截至2010年12月29日，集团公司铁、钢产量双双突破3 000万吨大关，实现营业收入1 480亿元，进入世界500强企业。

[十号高炉]

刚才向大家简单介绍了鞍钢的历史和现状,那么钢铁到底是怎么炼成的呢?我们说,钢铁的冶炼分为六大步骤,分别是采矿、选矿、烧结、炼铁、炼钢和轧钢。其中,炼铁起着桥梁和纽带的作用,是钢铁冶炼中至关重要的一个步骤。下面就请大家随我一起,参观炼铁厂的十号高炉。

十号高炉始建于1958年,新中国成立后,我们一共对它进行了4次大规模的技术改造,在1992年的时候,还进行了异地改造。现十号高炉共应用了20余项国内外先进技术。高炉生产总共会产生三种物质:铁水、铁渣和高炉瓦斯。铁水,是炼钢和铸造生铁的重要原材料;铁渣,可以生产出水泥和耐火材料;高炉瓦斯回收到步进式加热炉里继续使用。

[第二炼钢厂]

好了,各位朋友,在我们一路饱览了高炉出铁那美不胜收的景色之后,请随我一起游览第二炼钢厂。

第二炼钢厂始建于1939年,原为昭和制钢所第二炼钢厂。新中国成立后,我们也对其进行了多次的技术改造。尤其是20世纪80年代中期,我们将10座普通平炉改造成7座氧气顶吹式平炉之后,大大提高了产量。1998年,我们提出了平炉改转炉的改造计划,经过319天的不懈努力,分别于3月18日、4月18日和7月16日将3座容积为100吨的转炉改造完毕并投入生产,标志着鞍钢64年平炉冶炼史的结束。转炉生产一共分为4大步骤:第一,铁水的预处理;第二,去除铁水中的硫和磷;第三,加入适量的硅合金和锰合金;第四,将预处理好的铁水送入转炉冶炼。转炉有优越于平炉的三大好处:第一,节约冶炼成本,每吨钢节约冶炼成本100元左右;第二,缩短冶炼时间,转炉每炼一炉钢只需32分钟,而平炉则需要6~8小时;第三,改善作业环境,减轻了工人的劳动强度。大家现在看到的这个庞然大物就是老式平炉,它于1998年10月正式退役。时任国家主席的江泽民同志来鞍钢视察时,看到老式平炉,感慨地说了一句话:"把它保留下来好了,一来可以作为历史的见证;二来可以教育后人。"于是,我们便将它保留了下来。

[热轧带钢厂]

最后,我将带领大家参观热轧带钢厂的1780热轧带钢生产线。由于厂房内温度高、噪声大,所以我的讲解部分在车上进行。1780生产线是我们鞍钢历年来投资最大、技术含量最高、工程量最大的一条生产线。该生产线是本着"少投入,快产出,高起点,高效益"的原则建设的。1998年投产后,为鞍钢的发展作出了重大贡献。它的生产顺序分为以下几个步骤:首先,从板坯库提取板坯,送入步进式加热炉内加热;然后,进入调宽机组进行调宽;之后经过两组粗轧机的轧制,进入切头飞剪,切去粗略的头部和尾部;再进入7组精轧机内进行精轧;最后,在地下卷曲机内卷板生产。整个过程只需要5~7分钟便可完成。1780生产线被我们称为"鞍钢的希望工程和翻身工程"。

[鞍钢集团博物馆]

尊敬的各位游客，大家好！

欢迎来到鞍钢集团博物馆，一座承载共和国钢铁工业记忆、展现鞍钢辉煌历程的红色地标！我是今天的讲解员小李，接下来由我带领大家穿越时空，感受"中国钢铁工业的摇篮"如何用钢花铁水铸就大国脊梁。

序厅：钢铁之魂，国之重器

步入博物馆正门，您首先看到的是一面巨型浮雕墙，上面镌刻着鞍钢七十余年的奋斗史诗。正中央"为工业而战，为祖国炼钢"的标语，正是鞍钢人代代传承的初心。头顶的星空穹顶设计象征鞍钢如璀璨星辰，永远闪耀在中国工业的天空。

第一展厅：历史长河·钢铁摇篮

这里陈列着1933年昭和制钢所时期的珍贵档案，揭露了旧中国钢铁工业的屈辱历史。而转折点在1948年——鞍山钢铁公司成立，新中国第一炉钢水在这里喷涌而出！请大家细看这组复原场景：孟泰老英雄带着工友在废墟中搜集零件，用"孟泰仓库"精神撑起了鞍钢的复产奇迹。旁边的"功勋高炉"模型，正是毛泽东主席曾登临的"共和国第一高炉"9号高炉的微缩版。

第二展厅：旗帜飘扬·鞍钢宪法

1960年，毛泽东主席亲笔批示的"鞍钢宪法"原件（复制品）就展现在这里。"两参一改三结合"的管理理念，不仅影响了中国工业发展，更成为世界管理学的经典案例。互动屏上播放的老胶片，记录了王崇伦等劳模用"万能工具胎"提高工效6倍的传奇故事。

第三展厅：科技之光·智造未来

穿过这条"钢铁长廊"，您能触摸到鞍钢生产的航母甲板钢、高铁钢轨等"大国重器"的实物样本。全息投影正在演示全球领先的"钢铁工业互联网平台"，展现现代鞍钢如何用5G+AI炼钢。孩子们可以在VR体验区当一回"钢铁侠"，亲手操作虚拟炼钢流程！

尾厅：钢韵流芳·精神永铸

请驻足于这面"英模墙"——从雷锋同志在鞍钢的青春岁月，到当代"时代楷模"李超的创新工作室，一代代鞍钢人用汗水诠释着"创新、求实、拼争、奉献"的鞍钢精神。在博物馆的出口处有纪念钢印台，您可亲手盖下一枚"鞍钢印记"，把钢铁精神带回家。

游客朋友们，当您走出博物馆，远处依然传来现代鞍钢生产基地的轰鸣。这座博物馆不仅是历史的容器，更是未来的灯塔。愿今天的参观让您读懂鞍钢的每一块钢铁里，都熔铸着一个民族从站起来、富起来到强起来的密码！

【景区亮点】

鞍钢工业之旅始于1999年10月，在开始的两年时间内，通过旅行社接待的鞍钢工业游游客便达到了20 000多人次，其中境外游客占20%左右，由鞍钢国旅独家经营。鞍钢工业游从1999年的游客主动参观，到鞍钢创办旅行社有组织地开展工业之旅,再到目前的半日游、一日游定式线路,走过一段不平凡的工业之旅。根据鞍钢老工业基地的现实情况,鞍钢工业之旅的项目既有吸引力,又有与钢铁炼成过程衔接性的项目,并且巧妙地避开了鞍钢关键技术的秘密。

【景区地址】

中国辽宁鞍山市铁西区环钢路1号

【交通指南】

公交:

从鞍山火车站步行510米,在"虹桥北"站乘坐12支/12路至联营公司站下车,步行550米至环钢路1号。

自驾:

从鞍山火车站到建国大道,行驶160米,右转,进入建国大道;行驶650米,右转,进入民生西路;行驶1.7公里,右转,进入兴盛路;行驶880米,直行,进入八家子街;行驶250米,右转,进入环钢路;行驶140米,至环钢路1号。全程2.8公里,行驶14分钟。

【周边景点】

距鞍山博物馆约418.6米,距鞍山约1.7公里,距二一九公园约1.2公里,距鞍山古城址约2.1公里。

●千山风景名胜区

游客朋友们:

你们好!

欢迎大家来千山观光旅游,在这里祝您旅途愉快!

千山,古称积翠山,又名千顶山、

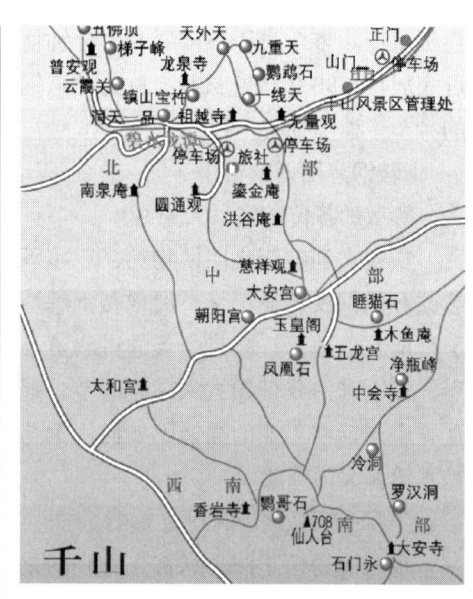

千山风景区地图

千华山、千朵莲花山,位于辽宁省中部,东经123.4°,北纬40°,耸立于辽东半岛北端,距鞍山市中心17公里,总面积145平方公里。千山系长白山的余脉,东临鸭绿江,西襟辽河,南临渤海,北接长白,具有得天独厚的地理位置和自然条件。古韵灵秀的千山自古以来就有"东北明珠,关东第一名山,天成弥勒道场,东北道教圣地"之美誉。

朋友们,文明是最美的风景,旅途漫漫,文明相伴。你们不远千里甚至万里来到这里,要感受一次人生快乐,旅游每时每刻,文明随时随地;要亲眼看一看千山的美,文明游天下,欢乐你我他。千山一花一木皆是景,可说是天地奇山,能够登临它,亲眼看看它,确实是人生的一大乐事。一言一行要文明,游遍天下名山、大川,留下脚印一串,中国古人在很久以前就留下了出游讲礼仪、入乡要随俗、多看美景不留美名的古训，才造就了今天千山的大美。深山壑谷之间垃圾不乱扔，举止要文明，平安是福，文明是金。赏心悦目间看到了在漫长地质演变过程中，大自然的无穷力量塑造了千山那绝美的风采和种种奇特的景观，令人倾倒，令人心醉。

千山具有青城之幽、峨眉之秀，其石不逊九华，其松不亚黄山，被誉为东北"诸山之冠""关东名胜之首"，自古以来就有无峰不奇、无石不峭、无庙不古、无处不幽之美誉。明代进士张鏊曾赞美千山"孤亭不忍别，更上翠微间。南海八千路，辽东第一山"。千山1982年被列入首批"国家重点风景名胜区"，2017年被评为"国家AAAAA级旅游景区"，2006年被评为"全国文明风景旅游区"。风景区分为旅游观光区、田园度假区和温泉旅游度假区三大部分，其中，旅游观光区由仙人台国家森林公园、大佛景区、天上天景区、五佛顶景区四个游览区构成，有景点400余处。

千山的地貌特征是丘陵低山地貌，峰头赤露在土层外面，呈现出多瓣状、峰峦众多，自古就有"千山不足千"的说法。据《千山志》记载："千山……峰峦众多，平均每平方公里拥有大小山峰22座，重点游览区内则平均每平方公里拥有大小山峰44座，素有峰海……之说。"若按此数计之，山峰之数亦近千矣，千山得名之据由此可见一斑。千山的美，首先就美在它的奇峰。竞秀，峰峰称奇，各有特色，各具神韵。

"峰涛松海势葱茏，灵秀神州百岳钟。"千山，自然风光钟灵毓秀，旖旎多姿。奇峰、怪石、苍松和梨花是千山四大自然景观。

[千山正门]

屹立在我们面前的千山正门，建于1975年，高15米，宽30米，是一座四柱三间歇山顶式牌楼型山门。山门正中悬挂的匾额，上书"千山"两个遒劲大字，是当代著名书法家、全国政协原副主席、中国佛教协会原会长赵朴初老先生的亲笔题字。正中这副楹联上的"南海八千路，辽东第一山"，是由原中国书法家协会主席启功先生亲笔所题，它出自明代大诗人张鏊的《游祖越寺》一

千山正门

诗:"孤亭不忍别,更上翠微间。南海八千路,辽东第一山。"

千山正门两侧的楹联"云护钟灵气,松留太古音",是由原中共鞍山市委宣传部副部长王廷风所题,其意是说千山的古建筑群汇聚了天地间的灵异秀美之气,处于一片片的祥云缭绕之中。千山地域辽阔,松音就好像大海的波涛声响彻云霄,从太古时期一直在回响。走进正门,我们再回头看一下,还有两副楹联,中间为"千峰插云汉,万壑起松风",由著名书法家刘炳森先生所题,含义是说千山峰峦众多,群峰拔地,直冲霄汉,幽壑深谷之中,到处充满了松涛声。两侧为"千峰留胜迹,万代款游人",由原辽宁书法家协会主席沈延毅所题,其意是说千山历史悠久,曾引起历代帝王将相、文人墨客前来游览观赏,他们留下许多的诗词、游记,摩崖石刻成为名胜古迹,不论过去、现在还是将来,千山都以她秀丽多姿的景色款待八方来客。

[千华宝杵]

在千山正门广场我们看到的"千华宝杵"建于1997年,由沈阳鲁迅美术学院贺中令教授创意。"千华"是取其千年华夏之意,示其文化久远,且有千年锦绣之说。"杵"是佛教的一种兵器,具有降妖伏魔、驱邪安邦之意。故有降魔杵之说,"千华宝杵"具有镇山之意。底部直径为2米,两根相加为4米,象征一年四季。高12米,象征一年12个月。圆柱是360度,象征一年的365天。底座是八卦形,代表8种自然现象——天、地、水、火、山、泽、雷、风,融古代立法阴阳文理为一体。宝杵底座侧面刻有历代文人墨客、帝王将相来此挥毫泼墨留下的动人诗篇。"宝杵"雕刻为传统的华表龙之雕刻手法,分左、右两侧。左侧宝杵象征道教,是以仙人台为主体的五龙宫为代表的雕刻;右侧宝杵象征佛教,是以天成弥勒大佛为主体的龙泉寺为代表的雕刻。上刻有奇松、翠柏,犹如祥云朵朵;山脉、寺庙,犹如盘柱飞腾。美景佳境点缀其上,将千山的自然景观及人文景观高度浓缩其上,远远望去,好似两名武士守卫在千山正门。每当夜幕降临,彩灯照耀之下,奇松翠柏,生意盎然,四周云雾缥缈,成为千山一道亮丽的风景线。

千华宝杵

[财神庙]

游客朋友们:

现在我们游览的是财神庙,财神庙坐落于千山北部景区,西临无量观,是千山风景区为发掘、弘扬宗教历史文化,满足广大善男信女的需求,于1997年所修建的一座融中国历史文化、民俗文化、宗教文化和神话传说为一体的庙宇建筑。采用明清歇山式建筑风格，由三重主殿及四座配殿组成建筑群落。

财神庙

"忠义财神"。第一重主殿供奉武财神关圣帝君即关羽，就是人们所熟知的关公。"男耕女织"。大家都很熟悉牛郎织女的传说，这是一个流传千古的美丽爱情故事，是我国四大民间爱情故事传说之一。"天公作合"。月老在中国民间也是一个家喻户晓的人物，他主管着世间男女婚姻，在冥冥之中以红绳系男女之足，以定姻缘。据说月老手执一书，书中记有天下男女姻缘；随身一袋，内装红线以系夫妇之足，此即为俗语"千里姻缘一线牵"的出处。现今，月老已经成了媒人的代称。"财神殿"。沿石阶而上，我们来到第二重主殿，殿内供奉的是文财神比干，施财济世；左配殿内供奉的是武财神赵公明。

[三星楼]

三星楼内供奉着福、禄、寿三星。福、禄、寿三星起源于远古的星辰自然崇拜。古人按照自己的意愿，赋予他们非凡的神性和独特的人格魅力。三星是许多民间绘画的题材，常见福星手拿一个福字，禄星捧着金元宝，寿星托着寿桃、拄着拐杖。另外还有一种象征画法，画上蝙蝠、梅花鹿、寿桃，用它们的谐音来表达福、禄、寿的含义。

[鎏金庵]

游客朋友们：

现在我们游览的是鎏金庵。鎏金庵位于千山北部刘家谷内，创建于清光绪六年（1880），共三幢九间，面积192平方米。鎏金庵原名为刘家庵，后改称为鎏嘉庵，又因此庙瓦檐用金包裹，故名鎏金庵。

鎏金庵四面奇峰环抱，古木参天，春暖花开时节，殿前梨花雪白一片，显得格外洁白素雅。向东入山谷沟口，百步之后，豁然开朗，这里蓄草过膝，树木繁茂，树上百鸟争鸣，美景宜人。因这里过往游人不多，显得分外幽静，如入仙境。因此，一直以来，鎏金庵因其树古、花繁、景幽、峰奇而备受游人喜爱。

[无量观]

游客朋友们：

现在我们游览全国道教21座著名宫观之一的无量观。无量观位于祖越寺东北奇峰古松间，地处群山环抱之中，奇峰峭石、苍松翠柏簇拥四周，空明天朗时，岚光缭绕；阴雨缠绵之期，紫雾笼罩，四时风景如画。无量观共分7个建筑群，30余幢建筑，建筑总面积达3 700余平方米，占地面积95万平方米。

从山下至山巅，人文景观星罗棋布，有明清开发的摩崖，有古人开凿的古洞，还有众多的庙碑和塔林。特别是与自然景色融为一体的殿宇，或耸立于山巅，或相倚于崖下，或半悬于山涧之上、嵌于峭壁中。有人曾这样形容："来到无量观，景点连成片。松塔石洞天，处处惹人恋。若想仔细看，须得一天半。"清咸丰时期道人郭永慧品题了24景，即玉皇阁、观音阁、伴云庵、三十三天、振衣冈、万年松、八步紧、罗汉洞、狮子峰、卧象峰、卧虎峰、猪首峰、蛤蟆峰、海螺峰（人头峰）、芙蓉峰、聚仙台、无根石、玲珑塔、松抱石（抱石松）、太极石、石龛松、正直松、密松坡、松柏侣。其后，又陆续开发了28景，主要有可怜松、小蓬莱、夹扁石、天上天、万岁峰、上天桥、拜斗台、鹦鹉洞、一线天、木鱼石、一字天、鹦鹉石、石级山门、十方堂、老子传道、落针亭、三官殿、老君殿、遁颐庵等。这52景使无量观闻名遐迩，又因其为千山第一胜境而成为游人聚集之地。

[灵岩寺]

灵岩寺

游客朋友们：

现在我们游览的是灵岩寺。灵岩寺位于千山北部景区、祖越寺东南、观音峰北坡之上。是千山的早期建筑之一，总面积3 300平方米，建筑面积660平方米。始建于唐代，辽金时期金世宗完颜雍之母李太后曾在此出家修行，后经战乱及水火灾害庙宇坍塌。公元2001年由释辉圆高僧按照史书记载重建庙宇，所以今天我们才能看到这样一座气势恢宏、结构精巧的寺庙。2007年9月1日，灵岩寺举行了隆重的开光法会仪式。灵岩寺殿宇与自然景色浑然一体，共有7幢建筑，带有明代建筑风格，显得庄重雄浑。灵岩寺为千山又增添一处佛家圣境。四周山峰环绕，灵岩寺仿佛是佛祖掌上的明珠；上面峰青碧翠，林涛激涌；下面柱红瓦绿，殿宇辉煌；东为亭阁古密松，西为古松托起的悬崖；前有亭塔相峙，后山有小亭、宝塔。寺旁山泉汨汨而下，清新凉爽，幽静雅致，构成一幅动人的山水画卷，使人流连忘返。

[祖越寺]

游客朋友们：

现在我们游览的是祖越寺。祖越寺位于千山北沟峰峦叠翠的北山坳谷中，是千山五大禅林之一，前身为灵岩寺，始建于唐代。相传在建寺之时，恰逢佛祖经过此处并长住于此，为寺僧出谋划策，直至寺成方飘然而去，为了纪念佛祖，故起名为祖越寺。进入宋代，具有相当的建筑规模。从遗址看，有17个建筑群落，即振衣冈一带有三处，玉皇阁上下有三处，万佛阁有二处，四松亭前后有二处，三台上有四处，东台有一处，南山坡有二处，有60余幢庙房。到元代，趋于衰颓，不少庙宇坍塌。明代嘉靖年间，山洪暴发，将大部分庙宇冲毁，只残留有玉皇阁、万佛阁。明隆庆六年（1572），寺僧续登主持重建大殿。明万历二十六年（1598），寺僧普安又续建。清康熙十五年（1676），寺僧性云又主持重建，到清朝末年，殿宇有10余幢，形成了规模群。清朝康熙六年（1667）道教传入千山后，万佛阁、玉皇顶、观音洞10余幢建筑被划归为道教所有，祖越寺范围缩小，屈居五大禅林建筑规模之末，但近年来曾在旧址中发现较大彩雕石栏板望柱莲花佛座和残缺的石碑头等遗物，也很有收藏和研究价值。祖越寺现有7幢建筑，面积394.9平方米，虽经多次修葺，但仍带有明代建筑风格，显得庄重雄浑，古风淳厚，殿宇与自然景色浑然一体，且构思巧妙。殿宇北面是雄伟的祖越寺弥勒峰，两侧伸出小山脉骨，像两只手臂将祖越寺揽入胸前，构成一幅弥勒佛古刹的巧妙构图。东为亭阁、古塔、密松，西为古松托起的悬崖，前是亭塔相峙、古木参天、曲水潺潺的壑谷。明嘉靖大理寺少卿徐文华在《游祖越寺》一诗中写道："堂隍回合水潺湲，路转陂坨百折还。上界钟声霄汉杳，前山塔影夕阳间。松涛涨壑千岩响，花雨浮空满地斑。坐久虚堂疑误入，恍然身世出人寰。"明嘉靖给事中刘琦作诗道："路入千山小径斜，林丘窈窕转周遮。岩松宿雾长浮翠，石涧流泉荡落花。共来不倦登临兴，阒寂真堪谢世华。"清康熙皇帝曾题诗《祖越寺》："青山横古寺，羽旆陟层巅。地僻茅堂小，桥危石径穿。夏条含嫩叶，春卉发余妍。寂寞空林午，时闻钟声传。"

[龙泉寺]

游客朋友们：

现在我们游览的是历史悠久的龙泉寺。"鸟引花迎到寺门，翠屏环拥绀宫尊。一千峰里烟霞胜，十六景中图画存。绝壁时悬云外屋，怪松皆走石间根。来游总向西堂宿，琼岛虚舟惬梦魂。"这是前人赞美龙泉寺的一首诗。龙泉寺是千山"五大禅林"中最大的一座佛寺，坐落在千山北部龙泉谷内，奇峰环绕，古树参天，曲径通幽，步步登高，至悬崖峭壁处，豁然开朗，形成扇状。登高俯视宛如佛手，龙泉寺殿宇正坐落于佛手掌心，与龙泉谷浑然一体，泉水若隐若现，凉亭掩映于松林之间，构成了一幅自然的山水画卷。它素以风景秀丽、殿宇壮观而居禅林之首，是千山最著名的风景游览区。这里自古以来游客云集，文人墨客多有吟咏，其中一首曰："奇峰环绕隐古刹，古松枯藤绕岚霞。龙泉潺流溪水响，百鸟啼谷崖散花。"游人在饱览了龙泉寺的美景之后，在这里小憩，举杯品香茗，凭栏论古今，别有一番情趣。看过《古刹钟声》这部电影的人们，大概不会忘记影片中那森严的古刹、秀丽的山色和悠扬的钟声吧？这部影片的很多外景就是在龙泉寺拍摄的。

龙泉寺的确切创建年代已无从考察，相传始建于唐代。据现有碑刻记载，后堂是在明嘉靖三十七年（1558）建造的，东庵是于明万历二十一年（1593）建造的。嘉靖以前的建筑有金刚殿、禅堂等。明万历九年（1581）曾重建山门。现存的建筑多经清代重修，有大雄宝殿、法王殿、韦驮殿、毗卢殿、龙王庙、藏经阁及禅房等，都完好地保持着明清时期单檐歇山式的建筑风格。正脊雕龙在云中舞动，斜脊走兽在雾中奔跑，画栋雕梁，古色古香。建筑面积为881.3平方米。龙泉寺是千山众多庙宇中保存较好的一处建筑群，它依山傍谷，布局严谨，浑然一体，恰到好处，且工艺细腻精巧，充分体现了古代劳动人民的高超技艺。

[大佛景区]

游客朋友们：

现在我们游览的是千山著名的大佛景区。1993年发现的天成弥勒大佛对北方乃至中国佛教界都有重大影响。大佛景区不仅有著名的天成弥勒大佛，还有与秀美的自然景色相交融的仿古建筑群，有大佛寺、弥勒千佛宝殿、龙华法堂、释迦如来舍利塔等，斗拱飞檐，雕梁画栋，绀彩镏金，红墙碧瓦，使得大佛景区增添了庄严、凝重、祥和的氛围。

大佛景区的三洞式山门修建于2002年，正门上方匾额遒劲的"大佛寺"三个大字，是由香港西方寺住持释永惺法师亲笔题写的。走进山门，迎面看到的是修建于1997年的四柱三开间式牌楼建筑——龙华门。大家可以看到门的上方端坐着交脚弥勒佛，弥勒佛庄严法相，头戴三叶冠，系宝缯，身着袒胸衣，肩披披帛，下垂至座，项下饰物，左手施与愿印，右手持莲苞状物，双腿相交，坐于覆莲座上，故称交脚弥勒。两侧分别是他的胁侍法苑林菩萨和大妙相菩萨。

[天上天景区]

游客朋友们：

现在我们游览的是以峰奇、石奇、松奇而著称的天上天景区，海拔450~550米，是千山唯一一个高岭游览区。景区内山峰奇峭，怪石嶙峋，悬崖绝壁，苍松翠柏，错落其中。天上天景区以自然景观为主，著名道观无量观和五大禅林之一的祖越寺就位于此景区。著名的景点有九重天、合心石、佛手峰、鹦鹉石、望天蛙、握拳石、鹿角松等100多处。历史上唐太宗李世民，清康熙、嘉庆曾游览过此景区，留下正观堂、蛰龙亭等遗址。

天上天景区的山门小巧别致，门上的楹联是"怪石天穿可媲岱岳，奇松云锁不逊黄山"，背面横额为"天上人间"，由辽大中文系教授、著名书法家王前题写。顺着石阶前行，只见峭壁上刻着"石屏峰"三个大字，下面分别刻有王尔烈、乾隆、康熙的三首诗。王尔烈的《游祖越寺》曰："峰上奇峰松上松，仙踪应向此间逢。穿林风劲来香象，护洞云深卧蛰龙。玉匮流传皇帝事，青城仿佛丈人封。昔人自有看山眼，五岳何难一腹容。"乾隆的《寄题千山》曰："千山胜景久芧哉，三度徒教寄咏怀。本异唐宗曾驻跸，空传丁令有遗台。底须石径花岩到，原匪探奇问景来。却笑前遭泐崖处，侵寻应已漶莓苔。"康熙的《入千山》曰："晓入千山路，烟光织翠萝。崎嵌缘石蹬，宛转历岩阿。树杪朱旗出，藤荫玉勒过。物华看亦好，景色爱清和。"

景区内修建了索道，游人乘此索道可直达著名景点天上天，领略天上天景区秀美的风光。

[五佛顶]

游客朋友们：

现在我们游览的是五佛顶景区。五佛顶位于千山主峰北麓、西海北山之巅，海拔554.1米，为千山风景区第二高峰。在1990年前，想要上五佛顶，必须经过两个小时的艰苦登山，1990年，千山风景区管委会修建了长781米的空中索道，现在只要经过7~8分钟的运行就可以直接把人送到景区4/5的位置，这样游客不必太劳累就可以登上五佛顶。下了索道以后，曲径上行就到了五佛顶的普安观，它是千山海拔最高的一座道观。

普安观位于千山主峰北麓五佛顶南侧的悬崖峭壁下，距峰顶仅百余米，整体建筑坐落在一块东西长20米、南北宽16米的平台上，观东、北、西三面均以石壁为屏，有"山高不过仙人台，庙高不过五佛顶"之说。

看过普安观，我们沿着比较陡的台阶向上走就来到了这长20米、宽15米，有300平方米的平台。五佛顶开发于明代万历年间，由于山顶光秃的山峰，其上多沙少土，无草无木，如和尚光秃的头，故名佛头山。

[人间仙境——桃花溪谷]

有着"释道同源，皇家圣山"之美誉的千山风景区核心景区五佛顶下，有一处占地5平方公里的桃花仙境谷地——千山桃花溪谷景区。

桃花溪谷南依松荫蔽日的苍翠古道，北傍矗立千年峰顶的五佛，西偎远去鼓角争鸣的历史遗址唐代古城，东临溪水潺潺的龙泉河水系。

桃花溪谷地势开阔，水草丰美。占地2万平方米的西海湖，湖光涟漪，碧波荡漾，水禽嬉戏，一泓碧水中有群峰的倒影，蓝天碧水，使人心旷神怡。伫立岸边，微风拂面，古老的西海湖依稀向人们讲述着千年前马背民族弯弓射雕、指湖为海的英雄史诗。

[龙泉飞瀑]

在桃花溪谷通向五佛顶的普安路200余米处、西侧悬崖峭壁之上，四周群山环抱，苍松掩映，奇花异草，百鸟争鸣，一处高60米的龙泉飞瀑从山顶飞流直下，跌宕的瀑布荡激着险峻的峭石，撞击出万千水珠，水珠在阳光照耀下闪闪发光，似有人居高临下筛落满崖的浪花，隆隆地喧嚣而下，在群山万壑中回响，成为千山最美的水系景观。

瀑布在地质学上叫跌水，是水在流经断层、凹陷等地区时垂直地从高空跌落。瀑布之美即是瞬间的寂静转化为壮丽至极的喷薄而下，是大自然奇迹的创造，也是文人笔下永恒的诗篇。唐代大诗人李白面对壮丽的瀑布曾咏道："飞流直下三千尺，疑是银河落九天。""丰山瘦水都解风情，晴光雨色皆是言语"，对于山水每个人都有着不可与君说的独特感受，亦是有着宿命使然般的眷恋之感。其实山水风景一直有着这样的魅力，让你轻易卸下都市中的烦恼，将情怀寄予山水，寻一片清净之地，走进千山，走进自然，把自己融入这片青山绿水之中。

俗话说"仁者爱山，智者乐水"，水是独善其身的哲学。所谓传奇就是能够在绚烂至极之后再重新归于平淡，但从不曾被人忘记。这就是千山的龙泉飞瀑带给我们的启迪。

[唐代古城]

游客朋友们：

现在我们游览的是唐代古城。唐代古城开发于1991年，是以唐代古城为中心的山地游览小区，面积约1平方公里。位于海拔500米以上的山巅，四面都是峭壁。唐代古城的特点是历史古迹同自然景观交织在一起，相互衬托，构成一幅幅斑斓多彩的画面。城中有峰，峰中有城，城峰浑然一体，奇妙无比。有古石城、鸳鸯井、中军帐、跃马东征、古道关、古兵营、蛟龙松、穿龙洞、河马石、绵羊石、卫士瞭望、八仙过海、吞石镇犬、石吞松、苍鹰俯峭、懋功运筹、万年龟、半坡亭及轶事馆近20处景观，在这里，可以看到千山1000多年的历史文化。

[积翠门]

大家现在看到的气势雄伟的山门是积翠门，积翠门是传统的唐代建筑风格，青瓦青砖，重檐飞翘，气势恢宏。山门广场的占地面积为3 000平方米，建筑面积为980平方米，高18米。诗人曾经这样赞誉道："崖壁屏风雨，恢弘气宇新。飞檐担玉树，斗拱挑精神。牵引香岩路，收藏翠谷津。往来天下客，都是有缘人。"大家看，在积翠门上方整块花岗岩匾额上刻有著名书法家温同春题写的"积翠门"三个大字。门楼正反两面分别题有"千华胜境""锦绣""仙峰岚岫"，体现了不同的书法家对国家森林公园的赞美。

各位嘉宾，千山文化丰富多彩，由于时间关系不能跟大家详细讲解，今天千山的讲解到此结束。在这临别之际，让我再一次感谢您的光临。希望您有机会再来，祝大家旅行愉快、吉祥如意！

【景区亮点】

千山位于辽宁省鞍山市东南17公里处，是长白山的支脉，山峰其数近千，故名"千山"，素有"东北明珠"之称。千山以奇峰、岩松、古庙、梨花组成四大景观。按地形划分为北部、中部、南部、西部4个景区，其中包括20个小景区和228处风景点，分布在几条沟谷内。比较著名的景点有最适宜观看日出的仙人台和奇特的千山弥勒大佛。千山景色秀丽，四季各异，是集寺庙、园林于一身的风景旅游胜地。仙人台是千山最高峰，这里名胜古迹甚多，历史悠久。五大禅林中会寺、大安寺、香岩寺、祖越寺、龙泉寺均建在这个景区内。千山弥勒大佛是一尊由整座山峰形成的天然弥勒坐佛。大佛坐东面西，左手五指分开，自然地放在膝盖上，右手握拳压在右腿上，胸前还隐约挂有佛珠，身上有天然山洞形成的佛脐，据考证约是1亿年前形成的。这一世界奇观可与乐山大佛相媲美，与香港铜佛齐名，为中国三大巨佛之一。

【景区地址】

辽宁省鞍山市东南17公里处

【交通指南】

火车：

鞍山与北京之间有夕发朝至的空调列车往返；如果旅客所在的城市没有直达鞍山站的列车，可乘其他列车至"鞍山西站"下车，再换乘公交。

公交：

从鞍山火车站出来，乘坐通往"千山站"的8路公交车；从鞍山西火车站出来之后，在"鞍山西站"公交站乘坐605路公交车到"太平村站"下车，再换乘8路公交到"千山站"下车。

● 玉佛寺风景名胜区

各位游客：

大家好！欢迎大家来到著名的玉佛寺景区旅游观光！

玉佛寺是首批国家AAAA级旅游景区，占地面积约10万平方米，三面环山，一面临水，以玉佛阁为主体，由山门、天王殿、钟楼、鼓楼、方丈楼、玉带桥、三洞式山门、长廊、配殿等组成，融宫殿、庙宇、园林建筑风格于一体，古朴典雅，气势恢宏。

玉，生成于18亿年前，人类使用玉的历史可以追溯到2万—3万年前。千百年来，人们视"石之美者"——玉为神器，倍加推崇，玉也渐渐成为人们身份和地位的象征。佛教创立于2 500年前，佛文化是一种引人向善、催人向上的宗教文化，饱含人生的哲理和深邃的智慧。玉佛寺融玉文化和佛文化于一身，博大精深，举世无双。置身玉佛寺，您将融入深厚的玉文化和宏大的佛文化之中，在晨钟暮鼓、佛号经声中，荡涤尘心，感悟真谛。我们所秉承的"永远追求最好"的工作理念，将为您此行留下美好的回忆。

[天王殿]

现在，展现在我们面前的是天王殿。天王殿是进入山门后的第一重殿，重檐歇山式顶，高18米，宽25米，进深17米。殿中供奉弥勒佛、韦驮菩萨和四大天王，全部以整体岫玉雕刻而成。我们先来看这尊高1.6米、重约10吨的弥勒佛像。弥勒佛是中国人最熟悉的一位"笑佛"，常扶膝而坐，袒胸露腹，喜眉乐目，笑口常开。弥勒佛名"阿逸多"，是佛祖释迦牟尼的弟子，南天竺人，后来由人间生，在兜率天宫内院中教化菩萨。据佛经上说，释迦牟尼佛的教法流传1万年后世界道德逐步提高，不再需要佛教，佛教便自行消亡了。佛教传入中国后的五代时期，在浙江奉化有位名"契此"的和尚，常携布袋教化群众，深得群众信仰，他临终时说了一首

玉佛寺

偈语:"弥勒真弥勒,分身千百亿;时时识世人,世人总不识。"人们据此认为布袋和尚是弥勒佛的化身,便在寺院的天王殿正中为其塑像,顶礼膜拜。弥勒佛寓神奇于平淡,示美好于丑拙,显庄严于诙谐,现慈悲于揶揄,代表了中华民族宽容、和善、智慧、幽默、快乐的精神。弥勒佛身后是高2.6米、重约10吨的"韦驮菩萨"。韦驮名琨,译为明智、明心。他生知聪慧,早离欲尘,清净梵行,修童真业,受释迦牟尼的嘱托,弘扬、护持三洲佛法,所以被尊为佛教的护法神。

天王殿

现在,请大家来看天王殿内供奉的全岫玉四大天王,每尊高4.7米、重20余吨。开采这四块高规格、高质量的岫玉是相当困难的,然而,天助佛愿,在岫岩的一个露天矿,竟然奇迹般地出现了绝无仅有的四块大型玉石。目前,玉佛寺正准备将四尊天王造像申报吉尼斯世界纪录。届时,世界最大的玉质四大天王造像将与已经荣膺吉尼斯世界纪录的世界最大玉佛一起,成为新的世界之最。

请大家随我看,左边第一尊是"东方持国天王",住须弥山黄金埵,能护持国土。持国天王身着白色,穿甲胄,持琵琶,表明他是用音乐来感化和劝导众生弃恶从善的。传说,持国天王具有"听毒"的本领,也就是说当声音传到他的耳朵里时,发声的声源就会受到伤害。持国天王为了不听任何声音以免伤害众生,经常弹奏抱在手中的琵琶。

左边第二尊是"南方增长天王",住须弥山琉璃埵,能增长人们的善根。增长天王身着青色,穿甲胄,持宝剑,表明他是用武力来惩恶扬善的。传说,增长天王是南方,即阎王所居之处的守护神,具有"触毒"的本领。为了避免接触他的人受到伤害,增长天王手持宝剑,以保证走上善道的众生不再堕入阎王之手。

右边第一尊是"西方广目天王",住须弥山白银埵,能用净天眼观看、守护娑婆世界。广目天王身着红色甲胄,手持龙杖,表明他惩恶扬善的办法不是靠杀,而是将作恶者关押起来,强迫其改邪归正。传说,广目天王具有"看毒"的本领,为防止眼睛看到毒后引发伤害,广目天王最早化身大鹏,是众龙的镇主,直到今天,众龙还伴绕天王,右臂上缠有5条大蟒。

右边第二尊是"北方多闻天王",住须弥山水晶埵,以有福德而名闻四方。多闻天王身着绿色甲胄,右手持宝伞,左手握神鼠。传说,多闻天王具有"口雾之毒"的本领,所以,这位天王总是紧闭嘴巴。他是那些护持佛法的巨富夜叉的统领,也就是我们俗话所说的财神,能够满足人们心智和物质方面的要求。

四大天王手中所持的器械,称为

"法宝",用以镇妖驱邪、制服对手,以保国泰民安、风调雨顺。风,指宝剑的锋,以保护众生;调,指琵琶,用音乐来教化、娱悦民众;雨,指宝伞,以制服群魔;顺,指龙,以维护安定、护卫和平,其作用和意义合起来为"风调雨顺",表明佛门祈求"风调雨顺,国泰民安"的慈悲心愿。拜四大天王,能让人善根增长、家庭和睦、福德倍增。

[钟鼓楼]

我们现在的位置是玉佛寺的山门广场。广场正前方两侧矗立着钟、鼓二楼,居左的为钟楼,高15米,由方形观光台和八密重檐式上层结构组成。1999年,为迎接新世纪的到来,玉佛寺设计铸造了重5吨的青铜大钟,称"世纪钟"。上面铸有佛教著名经典《般若波罗蜜多心经》和9条飞龙、9只蝙蝠、21朵莲花、63颗宝珠,寓意钟声一响,如意吉祥、荣华富贵、与日增长。

钟鼓楼

新千年即2000年元旦,玉佛寺首次举行了盛大的鸣撞世纪钟活动。从此,每年新年或春节,人们聚集在玉佛寺山门广场,或亲自鸣钟祈福,或聆听吉祥钟声,寄托自己美好的愿望。有缘撞钟的宾客都会因此而增添自己的福慧。鼓楼建制与钟楼保持一致,内置外径2.8米的大鼓,为东北之最,佛经云:"鼓,又曰法鼓。扣鼓,为诫众进善者。"

[三洞式山门]

三洞式山门

现在,展现在我们面前的是玉佛寺的三洞式山门,山门由城墙和楼阁组成。中间的门是"空门",是修行的人走的门;左面的是"无作门",是许愿时走的门;右面的是"无相门",是还愿时走的门。请大家抬头看,在山门城墙的四面有240组双面浮雕汉白玉雕花栏板,在栏板柱头上雕有形态各异、栩栩如生的汉白玉石狮共392个。请再看门前的一对汉白玉石狮,高3.3米,雄踞在1米高的须弥座上,姿态威武,昂首立于山门前,日夜守护着玉佛苑。据说,狮子在佛国相当受尊崇,佛教惊世骇俗的传经教诲被喻为"狮子吼",佛的宝座称"狮子座",菩萨所坐之床为"狮子床",文殊菩萨的坐骑选用了青狮。人们把佛看作狮的化身,称之为"人中狮子"。玉佛寺是佛教圣地,也就与狮子有了解不开的情缘。

[御路]

请大家随我往前走,现在我们看到的是御路。御路是古代宫廷中特有的路,每逢皇帝上殿时,都要坐在轿子里,由众人抬着通过这条专用的通道,故称御路。玉佛苑内共有3条御路,另有两条在玉佛阁前后。每条御路有3条龙,3条御路共9条龙,有"9龙捧圣"的含义。御路四周刻有祥云和蝙蝠,寓意"福从四方来"。

大家注意到御路上的硬币了吗?为了表达自己美好的祝福可在此做一个小小的游戏。做法很简单,站在御路正前方背对御路,取出一枚硬币握在手心,手高过头顶抛向后方,如果这枚硬币落在龙头上预示着您将步步高升,落在龙嘴里预示着您将心想事成,落在龙爪里预示着您将抓财进宝,落在龙尾上预示着您将一帆风顺,落在御路以外则预示着您福禄无边。

[经幢]

经幢

现在,展现在大家眼前的是6根高大的汉白玉经幢。经幢在佛教中有驱邪降魔的作用。这6根汉白玉经幢连同玉佛阁的12根蟠龙玉柱均采用北京房山汉白玉雕刻而成,通高7.2米,直径1米。巨型玉材难遇难求,当年,这些整齐划一的石材共开采出仅有的18根,好像专为建寺护佛之用,因此非常珍贵,我们称之为"神料"。

[玉佛阁]

现在,展现在我们面前的就是玉佛寺的主体建筑玉佛阁,也叫大雄宝殿。"玉佛阁""大雄宝殿"两块金匾是由原中国佛教协会会长赵朴初老先生亲笔题写的。在佛教中,"大雄"是称赞释迦牟尼功德无量的意思。玉佛阁高33米,有佛教33天之意;宽66米,进深58米。我们抬头看,在"大雄宝殿"金匾下面刻有观音大悲咒的六字真言"唵、嘛、呢、叭、咪、吽",据说常念观音的六字真言可以"逢凶化吉,遇难呈祥"。在玉佛阁的四周有12根汉白玉蟠龙柱,两根对称为一组,上面雕有升龙和降龙,呈二龙戏珠状。正面中间的两根蟠龙柱上雕有三条龙,取意为"望子成龙"。望子成龙是我们做家长的一大心愿,您不妨上前抱抱这根玉柱,将会给您全家人带来好运,更有助于您的儿女学业有成,您的事业也会如日中天。

在默念过六字真言后,我们即将看到融玉文化、佛文化于一体的人间至

玉佛阁

宝——世界最大玉佛。这尊玉佛由重达260.76吨的巨型玉石王雕刻而成。1960年7月22日，玉石王被发现于辽宁省岫岩满族自治县哈达碑镇的花玉岗山。1992年后，鞍山市人民政府决定将玉石王搬运到鞍山开发利用。

玉佛

在释迦牟尼的左前胸出现一只山羊头像。这是2002年10月的一天，鞍山市一位姓张的佛教信徒偶然发现的。因为发现山羊头像时正是羊年即将来临之际，山羊头像的应时显现，再次为世界最大玉佛平添了一道迷人的风景。

请看佛祖右肩膀这块白色的花纹，可以看出来是一个汉字，左边是三点水，右边是一个"去"字，合起来组成了一个"法"字。我们由此自然联想起了"佛法无边"。以上这些奇观都是自然形成的，仅有两处是人工添加的：一是在佛祖眉宇间那个白色的小点，我们称其为"白毫"；二是佛祖的眼白，是用雕琢时保存下来的白色玉屑粘贴上去的。释迦牟尼佛祖结跏趺坐，高5.2米。他身后的7彩玉石就像是民间传说的7色祥云一样，把佛祖衬托得庄严、肃穆。

玉石王背面雕刻的是渡海观音。渡海观音和我们所熟悉的送子观音、滴水观音一样，是观音菩萨众多形态之一。当初雕刻时观世音的脸部恰好雕刻在了一块浅绿色的碧玉上，玉色光亮、柔和、温润，蕴含着女性特有的神采，正是"玉面观音"的形象。观音与佛祖玉面色彩一浅一深，真是自然天成。所以有人感叹说：佛祖与观音菩萨本来就在玉石王里面，只等我们把它请出来就是。我们把释迦牟尼佛和观音菩萨的面部自然呈现的完美颜色称为玉佛雕刻中的一个奇迹——"佛面天成。"

大家看，观音脚下踩着的动物是龙头鱼尾的鳌。相传鳌是龙的九子之一，因其在海中兴风作浪，扰乱百姓生活，被观音制服后踩在脚下，成为观音渡海的工具。鳌虽是人为雕刻，但颜色搭配得很巧妙，整条鳌都是绿色的，只有那条须是金黄色的。在此，我们在感叹大自然造化神奇的同时，还应惊叹于工匠雕刻技艺的精湛——只有经验丰富的工匠才会利用这样的"俏色"进行恰如其分的加工，达到令人赏心悦目的艺术效果。

玉佛

不知大家注意到了没有？观音菩萨手中拿着的净水瓶也是由三种颜色构成的：瓶口是黄色，瓶颈是浅绿色，瓶底的大部分是深绿色。这几种颜色的搭配就像瓶中装有圣水，仿佛观音菩萨随时要为我们泼洒甘露。在观音身上有几道清晰的白色纹络，这在玉石中类似于我们通常说的"瑕"。俗话说：美玉无瑕。玉中有瑕是有些遗憾，可在观音身上的这几道瑕非但不是遗憾，反而把观音衬托得极富动感，好像从天上飘然而下，来到玉佛寺。

很多游客在观赏过玉石王之后，都觉得玉石上不仅雕刻了佛和观音，还在无形中形成了百佛图和众僧相。现在我们就去玉石的最后一面欣赏这尊天然形成的弥勒佛。弥勒佛高1.58米，宽0.68米，厚0.47米，总重量0.669吨。该弥勒佛身前有9只红色蝙蝠自由飞翔，寓意"大福临至"。请大家仔细看，在弥勒佛的手背上另有两只红色蝙蝠呈现"江山"二字，弥勒为"未来佛"，"江山"二字也预示着我国的大好河山将在佛祖的保佑下繁荣昌盛、国泰民安。

然而，玉石王的雕刻过程不仅是艰辛、细致的劳作过程，更是种种神奇现象发生的过程。玉石王以其所独有的7种神妙的本体颜色，展现着雕刻艺人们的高超技艺，满足了人们的心理愿望，使玉石巨佛更具传奇色彩，让人们一次又一次地感受到佛教的无尽奥妙与神奇，也不禁让我们猜测这是巧合、是奇遇，还是佛的灵光与旨意？对此，人们莫衷一是，众说纷纭。世界最大玉佛秉玉之灵气，承佛之光辉，博大雄伟，举世无双，为世人所深深向往和崇拜。

在玉佛阁顶部是九龙护珠的大型藻井，全部以金箔装饰，玉佛寺共用黄金120两。玉佛四周悬挂4盏七彩莲花宝灯，比喻释迦牟尼佛现身说法。灯高8米，直径1.8米，由三层莲花组成。在每一盏灯的最上层都有"佛光普照，国泰民安"等镏金大字。此灯上装有上万颗天然水晶珠，总价值60余万元。在玉佛阁释迦牟尼佛、观音菩萨前各有两座功德灯，每座直径1.2米，高4米，共40层，有1 785尊佛祖或观音。每尊对应一盏灯，能自动旋转、诵经。功德灯，又称光明灯、长明灯、长命灯，此灯昼夜长明，续佛光明。光明灯源于古代的光明塔，长期以来为佛寺普遍使用。在大殿上方悬挂着幡、幢等佛教用品，将整座玉佛阁装点得古朴典雅。在玉佛阁内部四壁上绘有释迦牟尼出生、出家、修行、成佛、讲法、涅槃的大型壁画。

各位嘉宾，玉佛寺的讲解到此结束了。在这临别之际，让我再一次感谢您的光临。同时还请您把玉佛的祝福带给您的家人和朋友。希望您有机会再来，祝大家旅行愉快、吉祥如意！

【景区亮点】

玉佛寺是鞍山市区东部玉佛山风景名胜区的核心景区，正门位于千山中路上，也可以穿过二一九公园后到达山门。玉佛寺建成于1996年,是一处著名的佛教文化景点,它的名气来源于这里供奉着的世界最大的玉佛,是祈福求愿的圣地。

玉佛寺由山门、天王殿、钟楼、鼓楼、方丈楼、玉带桥、罗汉圣地、长廊、玉佛阁等建筑组成。进入山门后的第一重殿是天王殿,采用重檐歇山式结构,外观大气、肃穆,殿中供奉弥勒佛、韦驮菩萨和四大天王,全部是以整体岫玉雕刻而成。

继续往里走可看到两侧的钟楼和鼓楼。钟楼内有一口1999年底铸的"世纪钟",钟上镌有佛教著名经典《般若波罗蜜多心经》。钟声一响,可祈愿如意吉祥。鼓楼内置一面外径2.8米的大鼓,是东北三省鼓中之最,称"东北鼓王"。鼓架是用红木精雕而成,由四条贴金云龙构成"云龙捧月"之势。

第二重殿是舍利堂,由门楼、观光台、垂花门和舍利堂四部分组成。门楼的门洞口采用汉白玉浮雕,雕有54条龙和24只狮子。

走过舍利堂,就看到了宏伟的玉佛阁,此阁也叫大雄宝殿,高33米,拥有58米的进深,规模之大在全国同类型建筑中名列前茅。玉佛阁共有3层:一楼为礼佛区,是游人瞻仰和礼拜世界最大的玉佛的地方;二楼为观佛台,可从各个不同角度观赏玉佛;三楼外为观光长廊,可凭栏远眺鞍山市区景色。

玉佛阁殿内摆放着世界最大的玉佛,正面是释迦牟尼坐像,背面是渡海观音像。这尊玉佛重260.76吨,是由120多位能工巧匠在1960年于辽宁岫岩满族自治县发现的一块巨型岫玉上雕琢而成的。玉佛七色一体,光泽瑰丽,堪称绝世珍品。

钟楼的南面是佛光寺,在长达千米的洞府中,供奉着按人体比例塑成的五百罗汉。罗汉造像姿态各异、生动形象,再现了佛教宏深广大的罗汉文化。

【景区地址】

辽宁省鞍山市铁东区绿化街58号

【交通指南】

乘坐公交8、34路至玉佛寺站下;或乘坐公交2、28、216、323路至二一九公园站下,步行穿过公园约10分钟可达。

【周边景点】

距千山风景名胜区约12.9公里,距二一九公园约0.9公里,距千山龙泉寺约12.8公里,距烈士山公园约2.2公里,距鞍山市博物馆约0.5公里。

●辽南名镇——海城西柳

各位游客:

大家好!欢迎您来到中国裤装名镇、北派服饰之都和现代商贸名城——西柳。

西柳隶属于享有"世界镁都、轻纺之乡和文化古城"美誉的全国百强县——海城,位于辽东半岛北端,地处辽宁中部城市群和沿海经济带的核心腹地,境内有沈大、京丹、盘海营高速公路,中长、沟海铁路及哈大、盘海营高速铁路纵横交错,沈阳桃仙、大连周水

西柳

子机场及丹东、营口、鲅鱼圈、锦州、大连等港口近在咫尺,得天独厚的区位及交通优势使这里理所当然地成为辽南的商埠重镇和通商东北亚的重要门户。

海城的历史古老而久远。小孤山洞穴遗址的发掘证明,旧石器时代,就有古人类在这里繁衍生息;从析木石棚墓葬发现,在7 000年前的新石器时代,这里的人类的生活和生产方式已有了较大发展;自燕秦置县起,海城就有"辽左重镇"之誉,历来为兵家、商家必争之地。公元644年,唐太宗李世民远征高句丽,在攻打安市城战役中,作战骁勇的唐代名将薛仁贵一战成名,从此开始了他辉煌的戎马一生。令其一战成名的安市城也就是今天的海城。在这里,至今还流传着唐王征东借海为地的古老传说,更有白虎神将薛仁贵三江越虎城的千古佳话。

[服装与景点]

海城在全国百强县中名列前20位,是辽宁南部的经济、文化中心。在海城改革发展的峥嵘岁月里,西柳的发展变化始终走在前列。它从制售中国民营第一条商品裤起步,最早培育了全国最大规模的服装专业市场,把一个名不见经传的偏野小村庄变成了万商云集、百业竞逐、富甲一方、名扬世界的商埠重镇。西柳自古无集市,农民世代耕守田庐。20世纪70年代,一个名叫丁其山的西柳农民,在穷困无路之际发现了做卖裤子的商机。此后,在西柳的街头巷尾和废坑边儿,形成了农民自发的流动市场,西柳的历史、西柳人的命运从此开始改变。西柳市场历时30余年,现已发展成为占地1平方公里、建筑面积130万平方米、摊位总量2.3万个、总投资20亿元人民币的全国一流规模的专业批发市场,主要经营服装、布匹、针织、鞋帽、小商品、辅料、家纺、电子电器等20余类2万多种商品。市场主要辐射东北三省、内蒙古及华北、西北、中原等省区,并通过订单和边贸打入国际市场。西柳服装闻名全国、旅游景点密集、餐饮娱乐业发达,具备发展商贸购物旅游的优越条件,能够接待各地大型旅游团队。有西柳服装市场、西柳中国商贸城、万方园、怡园、弥陀寺、老栓动物园、于省吾故居等景点可供游、购,有集餐饮、客房、洗浴为一体的四星级酒店——柳月香城大酒店及福满楼酒店、洪增酒店、丰田酒店、九天海鲜城、红夜火肥牛城等上百家大、中、小型餐饮住宿娱乐场所可供玩、住,是东北地区商贸购物游的最佳选择地。

[西柳中国商贸城]

现在大家看到的这座气势恢宏、时

西都中国商贸城

尚豪华的现代化建筑就是西柳中国商贸城。商贸城由河北、浙江商会和绍兴台商协会联合投资开发，是2009年海城市招商引资的重点工程和振兴西柳大市场的龙头项目。商贸城位于西柳服装市场南侧，北靠西柳服装批发市场，南面为西柳镇跨线立交桥——天淼桥。商贸城占地面积8万平方米，建筑面积28万平方米，由A、B、C三座5层商场和一座26层商住写字楼组成，总投资人民币12亿元。其中，商贸城一期由A、B两座5层商城组成，内设商铺4 000余个，主要经营中、高档品牌男装、女装、裤装、童装4个品类。这座国内单体规模巨大的市场真正地把西柳大市场引向了商品品牌化、营销展贸化、市场商城化、商城集群化的全新发展阶段。商城内开放式连廊、通透的共享空间、便捷的井字通道、灵动的商铺组合以及先进的空调、消防、监控、电梯、网络终端、电子显示系统，全新打造了集展销展贸、商住餐饮、仓储停车、信息发布等功能于一体的现代经营环境和一站式采购平台。西柳中国商贸城与一街之隔的批发市场相得益彰、相辅相成、相互依托。在这里，各位游客可以尽选质优价廉的称心商品。

[辽宁西柳·义乌中国小商品城]

辽宁西柳·义乌中国小商品城位于海城经济开发区核心区内、沈大高速东侧海城河南岸。规划占地面积286.9万平方米，建筑面积323.8万平方米，总投资110亿元人民币。共分四期建设，其中一期占地面积67万平方米、建筑面积82万平方米的专业市场、品牌街区和酒店公寓等工程主体已建成，正在进行内外部装修，经营品种囊括4 000余类50余万种日用小商品。辽宁西柳·义乌中国小商品城项目首开南北两大专业市场官方合作之先河，既是辽宁省、鞍山市"调整产业结构，转变发展方式，加速沈海高速沿线服务业集中区建设"的重点项目，又是浙江义乌实施"内外贸结合，向高端走，向域外走，向网上走"发展战略的重大举措。该项目已于2016年9月28日举行盛大开业运营仪式。

辽宁西柳·义乌中国小商品城

[**万方园**]

通过西柳中国商贸城前广场南行不到100米，就到了西柳万方园。万方园南临居民聚集区，北靠全国闻名的服装市场，八里河穿园而过，为园内人工湖提供天然供水。万方园东西长1 500米，南北宽200米，总占地面积30万平方米，其中绿地面积12万平方米、水面面积2万平方米。园内设有各类人文景观20余处，栽植各类树木3 000余株，种植花卉5万余株，铺设彩色方砖10万平方米。万方园始建于1996年，2000年9月17日正式开园。几年来，西柳镇政府共投资1 000余万元，动用土石方600余万立方米，关停、改造上游污染企业，添设人文景观，安装音响、路灯、草坪灯、霓虹灯，并成立公园管理处，负责园内的修缮、管理与维护。万方园内的主要景观有日月湖、溢香圃、青莲浦、带桥、浪桥、渔趣矶、蟾溪、昊泉、日亭、月亭、思贤雕塑、音乐健身广场等。身处园内，只见两亭相对、双桥呼应、碧波潋滟、游船点点、奇花异草婀紫嫣红，还有亭榭假山、青松翠柏、荷塘渔趣，呈现出"虽由人作，宛自天开"的园林意境。近年来，镇政府又投资150余万元改建了两个广场，新添灯饰及音响200余套，增设了湖周围栏、标志路引、坐凳及厕所等设施。随着万方园设施功能的不断完善，每天游客增至3 000~5 000人，这里成为人们观光、娱乐、健身和休憩的理想场所。

[**老栓动物园**]

现在，我们大家来到的地方是西柳老栓动物园。这座动物园是国内比较少有的民营动物园之一，由西柳土生土长的民营企业家赵正栓个人投资兴建。赵正栓自幼喜欢动物，在投资经营企业小有成就后就开始投资购买和饲养鸟兽等各种动物。随着拥有动物种类和数量的不断增多，在他自家的庭院中逐渐形成了一座颇具规模的家庭动物园，吸引人们纷纷前来参观、欣赏。此后，他将家庭动物园进一步扩建成一座正规的动物园。西柳镇政府还专门在服装大市场附近为他划拨了一块面积达7 500平方米的荒地，无偿供他建园使用。1998年9月，老栓动物园正式动工兴建。1999

万方园

老栓动物园

年10月24日，经过一年多紧张的筹备和建设，占地面积1 800平方米、投资197万元的动物园一期工程全部竣工并正式开业。目前，动物园区内拥有东北虎、非洲狮、扬子鳄、孔雀、丹顶鹤、鸵鸟、棕熊、狼、梅花鹿、猴子等各类动物共40多种，数量达150多头（只）。这些动物均系赵正栓个人投资购买。园区内环境幽雅、卫生整洁，每天吸引西柳镇、海城市游客及到西柳旅游购物的大量游客前来观光、游览。

[弥陀寺]

在西柳镇区内西部，有一座香火旺盛的寺庙——弥陀寺。现在我们所在的位置就是西柳弥陀寺的山门前广场。弥陀寺始建于清乾隆十三年（1748），乾隆二十九年（1764）因水患被毁，乾隆三十一年（1766）修缮竣工。经过200多年的悠悠岁月、风吹雨打和其他自然灾害，庙宇破烂不堪。1997年8月，西柳镇再次重建弥陀寺，历时3年，新寺占地面积10 000平方米，建筑面积3 000平方米；2006年12月，投资450万元对寺院进行全面维修改造；2016年初，投资660万元新建大文殊殿，建筑面积1 000平方米，占地面积800平方米，已于9月11日举行了盛大的"大文殊殿祈福封顶仪式"法会。寺院采用清式仿明建筑风格，具有鲜明的古典韵味。正门采用硬山式，两侧各有垂花门。正殿7间采用歇山式屋檐、五彩斗拱，玲珑剔透，檐脊翘立飞腾。整座寺院巍峨壮观、金碧辉煌、青砖青瓦，风格别致，精湛的工艺令人赏心悦目，赞不绝口，与拔地而起的现代楼群交相辉映，成为西柳一道亮丽的风景线。弥陀寺香火不断，每年来此进香的人达1.2万人次。

[于省吾故居]

经过西柳镇区，我们驱车向北1.5公里来到中央堡村，西柳文化名人于省吾的故居就坐落在这个小村子。于省吾生于1896年，卒于1984年，字思泊，号双剑誃主人、泽螺居士、夙兴叟，汉族，原籍辽宁省海城市西柳中央堡，为中国著名古文字学家。于先生1919年毕业于沈阳国立高等师范学校。曾历任

弥陀寺

于省吾

奉天萃升书院院监,辅仁大学讲师、教授,北京大学教授,燕京大学名誉教授,故宫博物院专门委员,东北人民大学(今吉林大学)历史系教授,中国古文字研究会理事,中国考古学会名誉理事,中国语言学会顾问,中国训诂学会顾问,国务院古籍整理出版规划小组顾问等。

于省吾先生在语言文字领域的研究主要集中在古文字,尤其是甲骨文、金文的考释和古代典籍的考证两方面。他对古文字的考释,一向以考文释义精审、周密而著称。他坚信古文字是客观的存在,它们的形、音、义是可识、可读、可寻的,只要方法得当,经过深入钻研及实事求是的科学分析,多数古文字还是可以被正确认识的。在这种信念的指引下,通过对古文字的考释、研究,他撰写了《双剑誃殷契骈枝》《双剑誃殷契骈枝续编》《双剑誃殷契骈枝三编》《双剑誃吉金文选》《双剑誃吉金图录》《双剑誃古器物图录》《商周金文录遗》等著作。于省吾故居是其早年为兴学育人、报效家乡而投资兴建的小学堂。故居前的皂荚树就是先生当年所栽种,已有上百年的树龄。

各位朋友,西柳是一个物华天宝、人杰地灵的现代化小城镇。虽然这里没有名山大川,但这里的人们热情好客。希望大家能够记住这座辽南小镇,欢迎大家再次来西柳观光购物,谢谢!

【景区亮点】

西柳服装市场位于辽宁省海城市西柳镇内,地处辽宁南部、辽东半岛北端,居沈阳、大连、鞍山、营口等城市群中心,距海城市区10公里,拥有得天独厚的区位优势,沈大高速公路、中长铁路、海沟铁路在西柳纵横交错,桃仙机场及大连、营口等港口近在咫尺,150多条客货运输线路通达全国,日往返客货班车450多台,年均货物吞吐量80万吨。程控电话多达1.2万门,各类高、中、低档饭店、旅店600余家,可同时接待2万人就餐和住宿。自20世纪80年代起步以来,历时40余年的发展壮大,现已发展成特色纺织服装产业集群。集群包括西柳服装市场、西柳中国商贸城、国际物流园和电商产业园等10个单体市场和配套产业园区,经销布匹、服装、针织、小百货、鞋帽、家用电器等多种商品,并以质地优良、价格低廉、款式新颖、品种繁多而畅销国内外,汇集了全国多家企业的轻工精品和本地20多个镇、4万多家私营企业生产加工的针织品、各式服装革制品、小百货等系列产品。

【交通指南】

境内铁路、公路网络交错。哈大铁路客运专线、盘海营客运专线交汇在新海城站,中国第一条高速公路——沈大高速公路(现改名为沈海高速公路)、盘海营高速公路、丹海高速公路、哈大公路202国道、长大铁路纵贯南北,沟海、海岫铁路和大盘公路横跨东西。

【美食伴游】

①海城馅饼:温水和面,选猪、牛

肉为鸳鸯馅。取香料十余种煮制，取汁煨馅培其味。蔬菜馅，随季节变化，选豆芽、韭菜、黄瓜、青椒、南瓜、芹菜、白菜等配制，使饼馅荤素相配，浓淡相宜。高档品还以鱼翅、海参、大虾、干贝、鸡肉调馅，其味道更是鲜美无比。馅饼成品形圆色黄，皮面脆韧，馅心嫩爽，鲜香四溢。②小白皮酥：在清道光二年（1822）传入海城，延续至今。这种糕点外皮为水面油酥，内有馅心，属于季节性生产品种。其特点：皮酥馅香，入口酥软，层次分明，色泽洁白，花样繁多。小白皮酥用料考究，制作精细。皮料为面粉，馅料用熟面、白糖、豆油、花生仁、核桃仁、桂花、青红丝、芝麻拌匀而成。③传统工艺——小码头干豆腐。从20世纪初始，"小码头干豆腐"就以祖传秘方、手工制作、口味独特遐迩闻名。多年以来，小码头村独特的水质条件，使得这里生产豆腐的厂家众多，加之传统工艺，出产的干豆腐质地优良、口感纯正，因而得名"小码头干豆腐"。相传清末年间，该村王氏农民靠手工推磨和祖传秘方制作干豆腐，其纯正、独特的口味深受乡邻青睐，后被选为"清廷贡品"专供皇家御用。为保证百年老品牌的正宗口味，小码头干豆腐一直沿袭"手工制作"的传统工艺，现日产量不足150公斤，消费者多需提前预订，才能享到"贡品"口福。小码头干豆腐以"超薄、柔软、有韧性、口感好、即食和炒炖皆宜"等特点而蜚声省内外，其传统工艺已申报辽宁省非物质文化遗产。

【关于住宿】

附近有多家旅馆，平均价格50元/晚。

[海城名称的由来]

提起海城，大家一定会有所疑问，这里既不靠海，也没有海，怎么会叫海城？原来，据《满洲地名考》等相关资料记载，此地很早以前曾是一片汪洋大海，后因地质结构变迁，地壳上升，渐成陆地，故设治之时取名为海城；另一说法是，"海城"县名源于"海州"。公元926年，辽灭渤海国，改渤海之地为东丹国。928年，辽太宗诏徙东丹国民于梁水（今太子河），南海府之民随之西迁。人移，地名也随之而移，这就是临溟、海州的由来。清顺治十年（1653）改"海州"为"海城"。

●汤岗子温泉旅游度假区

各位朋友：

大家好！欢迎来到鞍山汤岗子温泉旅游度假区。下面，我先向大家介绍一下汤岗子温泉旅游度假区的概况。

汤岗子温泉旅游度假区

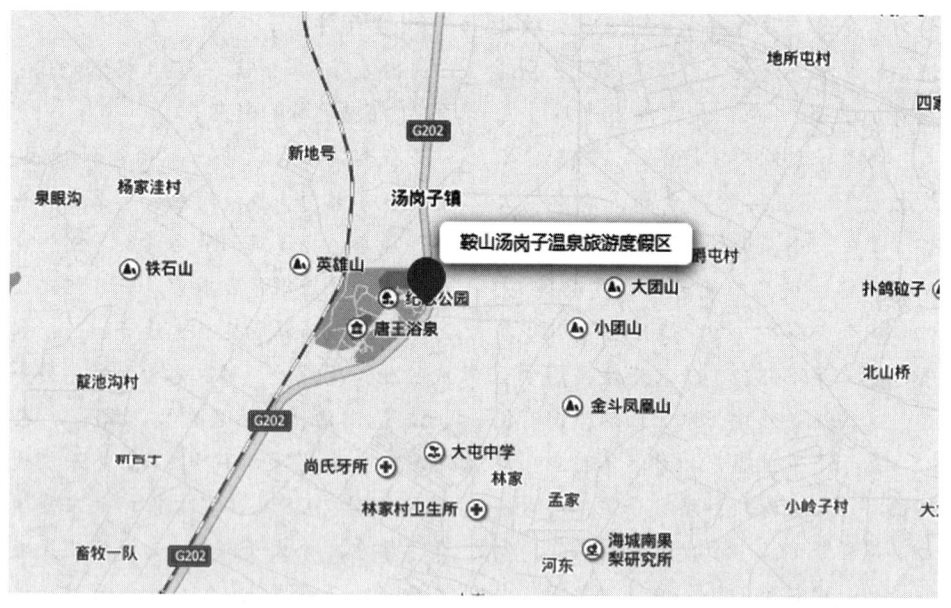

汤岗子温泉旅游度假区地图

坐落于辽宁鞍山市南郊14公里的汤岗子温泉始建于1950年，占地面积46万平方米，拥有康复疗养床位1 800张。这里是全国著名的疗养胜地、国家AAAA级旅游景区，也是辽宁省康复治疗中心所在地。

这里因有世界一流的天然热矿泥和国内优质温泉水而驰名中外，又因有中国末代皇帝溥仪和皇后婉容居住和洗浴过的"龙宫温泉"以及当年东北军阀所建的"龙泉别墅"等历史人文景观而扬名四海。

汤岗子温泉的历史源远流长，古今众多名人雅士慕名而来。公元644年唐太宗东征时曾到温泉用泉水为官兵浴伤，金太宗完颜晟也曾赴此温汤，清朝乾隆皇帝祭祖途中曾三次驻跸汤池，清朝末代皇帝溥仪先后两次来到汤岗子并入住对翠阁。新中国成立后，邓小平、朱德、刘少奇、贺龙、李瑞环等党和国家领导人曾先后来院疗养、休息。

据史料记载，唐贞观十八年（644）唐太宗李世民巡游辽东途经此地，征途遥远，将士们疲惫不堪，李世民的坐骑马失前蹄，不想竟踏出一泓清澈的泉水，将士们在此安歇休整，洗涤征

唐王浴泉

尘，神奇的泉水将官兵们的疲劳一扫而光，军队士气大振。为纪念该历史传说立"唐王浴泉"像，骑在马背上的就是唐王李世民，供来者观赏。

龙泉别墅，即汤岗子温泉办公大楼。该别墅建于20世纪20年代初期，别墅建于一处较大的泉眼之西，是当时的东北军政首脑张作霖为其姨太所建。张作霖对汤岗子温泉心仪已久，在此地为其家人修建了这座别墅，供休息、度假之用。

龙泉别墅

龙宫温泉是末代皇帝溥仪和皇后婉容的行宫，也是大陆仅存的皇家地下浴宫。地下浴宫内右侧为龙池，池壁上镶嵌名为"扬帆远航"的壁画；左侧为凤池，刻有"鸳鸯戏水"的壁画。

龙泉别墅

汤岗子温泉属偏碱性，pH值为8.9，是含有弱放射性氡气、偏硅酸、硫酸、重碳酸、钠型高热泉，出口温度长年稳定在72℃，含有钙、镁、锶、铝、钡等20余种对人体有益的微量元素，对人体有抗炎、止痛、改善血液循环、恢复肌肉及关节功能和调节免疫等治疗作用。

汤岗子温泉资源丰富。据有关专家科学考证，该处泉水是自地下2 000余米深处通过地质结构裂隙涌出地表的热矿泉。有多处自然泉眼，泉水的动贮量在2 000吨/日以上。经过半个多世纪的动态观测，其水质、水化学成分及温度、涌水量长年保持稳定状态，不受季节影响。

汤岗子温泉

汤岗子天然热矿泥是亚洲唯一的温度达到45℃的湿润泥土，经国家地质部门考证，热矿泥是在几亿年前的火山爆发后火山灰堆积经过温泉滋养理化作用而形成的，内含铁、锰、碘、钒等20余种化学元素。最难得的是，它既有颗粒均匀的优点，又有黏土柔软细腻的长处，对人体具有抗炎、止痛、改善血液循环、恢复肌肉及关节功能和调节免疫等效果，对治疗风湿、类风湿、关节痛、神经衰弱、软组织损伤及解除疲劳有奇特的效果和作用，如今已被广泛地应用在康复理疗和皮肤美容护理领域。

汤岗子天然热矿泥

汤岗子疗养院依托温泉与热矿泥两大资源，自建院以来由原来的单纯疗养功能，向疗养、疾病治疗、康复理疗以及休闲养生等新一代温泉文化的方向发展，初步形成了临床医学、预防医学、康复医学、保健医学四大体系，其中康复医学、保健医学已成为疗养医院的核心和特色。目前，汤岗子疗养院拥有水、泥、蜡、电、声、光、磁等100余种物理疗法和传统的中医疗法，设有康复、骨伤、风湿、老年病、软伤、糖尿病、皮肤7大临床科系及物理医学、运动医学、针灸、按摩4大治疗科室，在治疗三瘫一截特别是小儿脑瘫、风湿、类风湿、腰椎间盘突出、颈椎病、皮肤病、糖尿病、骨伤病等多种慢性病方面有着丰富的临床经验和神奇的治疗效果。

贵宾楼、迎宾楼、嘉宾楼为温泉院内的宾馆疗养区，内设客房、大小会议室、多功能理疗室、餐厅，主要接待国内外疗养人员和游客。

游客服务中心功能齐全，内设欧式酒吧、茶室、乒乓球、台球、沙狐球，提供美容等服务。

汤岗子健康体检中心是经辽宁省卫生厅正式批准成立的专业体检机构，拥有最前沿的全数字化健康体检、健康管理软件系统和先进的体检设备，为体检者提供全程、优质的温馨服务，为您的健康保驾护航！汤岗子健康体检中心为客人制定个性化体检套餐，帮助客人选择适合的体检项目，提前预约安排，并在检前填写专业的健康调查问卷。

汤岗子医院自1995年以来，一直致力于参与国际康复疗养市场的竞争，先后与美国、加拿大、德国、奥地利、瑞典、冰岛、沙特、俄罗斯、日本、韩国等十余个国家建立了密切的中医康复理疗技术的交流与合作关系，吸引、接待了数以千计的来自上述国家的中医技术交流、观摩、实习的医生。由于医院积极参与国际康复疗养行业的竞争，历经20余年在国际康复疗养行业树立了品牌，目前已奠定了汤岗子温泉"健康之旅"这一疗养旅游的品牌。经过充分的市场调研和论证，最终将疗养旅游市场定位在了俄罗斯市场，20余年来，累计接待俄罗斯疗养旅游客人达60 000余人次、50万个床位，实现业务收入的快速增长，并带动了地方经济收入的增长，在国际温泉康复疗养行业竖起了一面汤岗子"中医康复疗养"的旗帜。目前，汤岗子医院已跻身世界知名的康复疗养行业的行列，并占有了一定的客源市场份额。俄罗斯远东地区很多旅行社都开通了来中国汤岗子的健康之旅项目，有很多客人已来院12次以上。来疗养院的俄罗斯患者常常竖起大拇指，真诚地说："哈拉少！哈拉少（好极了）！"

汤岗子温泉位于汤岗子新城建设核心区域，这里距沈阳桃仙机场70公里、距鞍山腾鳌机场15公里，沈海高速、哈大高铁、中长铁路、城际轻轨穿城而过。汤岗子温泉将充分利用国际、国内两个市场和温泉、矿泥两种资源，抓住机遇，科学发展，壮大温泉事业，谋划未来，以更精准的技术、更清雅的环境、更温馨的服务迎接来自国内外的康复疗养团队、体检团队和商务团队。欢迎您走进汤岗子温泉、了解汤岗子温泉、亲近汤岗子温泉。

【交通指南】

公交：

从鞍山火车站出来，往左手边走（5分钟左右），有通往汤岗子地区的13路公交车，在温泉站下车即可。

自驾：

（1）沿沈阳绕城高速公路，朝辽阳/营口/大连/G15方向，进入匝道。

（2）沿匝道行驶约1.2公里，直行进入沈海高速公路。

（3）沿沈海高速公路行驶约75.3公里，靠右朝鞍山方向，进入匝道。

（4）沿匝道行驶约1.2公里，直行进入千山西路。

（5）沿千山西路向东南行驶约4.3公里，右转进入建设大道。

（6）沿建设大道行驶约3.1公里，直行进入解放西路。

（7）沿解放西路行驶约2公里，右转进入兴盛南路。

（8）沿兴盛南路行驶约3.6公里，左转进入鞍羊线。

（9）沿鞍羊线向东行驶约1公里，右转进入建国大道。

（10）沿建国大道行驶约3.6公里，直行进入G202。

（11）沿G202行驶约1.6公里，直行进入中所屯桥。

（12）沿中所屯桥向西南行驶90米，直行进入G202。

（13）沿G202行驶约2.7公里，到达目的地。

【景区地址】

辽宁省鞍山市千山区汤岗子镇温泉街1号

辽阳概况
——历史文化名城

各位游客，大家好，欢迎来到历史文化名城——辽阳。

辽阳位于辽宁中部城市群的中心，地处沈大黄金经济带、东北三省经济走廊、环渤海经济圈，南靠"钢都"鞍山市，北依省会沈阳市，东临"煤铁之

城"本溪市，西与辽河油田接壤，总面积4 743平方公里，总人口183.5万。辽阳既是一座有着2 400多年历史的文化古城，又是一座新兴的石化工业城市和中国优秀旅游城市。

近年来，辽阳大力开发了冰雪温泉、裘皮购物、历史文化、生态休闲等旅游产品，形成了种类繁多、四季皆宜的旅游产品体系。特别是以"滑冰雪，泡温泉，购皮草，逛庙会，品农家，过大年"为主题的冬季旅游产品，内涵丰富，特色突出，是辽宁冬季旅游的典型代表。

[冰雪温泉]

辽阳冰雪温泉旅游产品特色突出。省级温泉旅游度假区——弓长岭区汤泉谷温泉，氡含量高达1 820埃曼，居全国之首，世界罕见，弓长岭区也因此被国家命名为"中国温泉城"，享有"天下第一氡泉"的美誉。目前，辽阳已形成了以高档温泉酒店为品牌、中档温泉酒店为支撑、系列个性化餐饮洗浴为特色的旅游住宿接待体系，形成了温泉旅游发展的聚集效应。具有亚洲一流水平的弓长岭温泉滑雪场是辽宁省内规模最大、标准最高、设施最完善的温泉滑雪场。高山滑雪的动感刺激与室内外温泉沐浴消乏交相辉映，使弓长岭温泉滑雪场具备了冰雪健身和温泉养生的复合功能，在业内独树一帜。

[裘皮购物]

辽阳裘皮购物旅游产品物美价廉。国家AAA级购物旅游区、辽宁省特色旅游乡镇——佟二堡皮装大市场，经营高、中、低档裘皮、皮装、皮具近千种，拥有国内外众多的裘皮皮装知名品牌，日客流量超过3万人次，年销售额达200亿元，已成为东北亚地区最具竞争力的皮装裘皮生产、研发、销售中心和冬季旅游购物首选地。

[历史文化]

辽阳历史文化旅游产品悠远凝重。辽阳古称"襄平"，是东北地区最早出现和有据可考的城市。在战国至明末2 000多年的历史进程中，汉、鲜卑、高句丽、渤海、契丹、女真、蒙古等民族曾先后在这里设置郡治、陪都、行省和都城等，使辽阳成为东北地区的政治、经济和文化中心。辽阳是辽宁省首批历史文化名城，拥有各级文物古迹45项。建于辽代的千年舍利佛塔——辽阳白塔是全国六大高塔之一，为东北之最；复建后的广佑寺景区为国家AAAA级旅游景区、辽宁省十佳景区，其41.7米高的大雄宝殿、21.48米高的樟木坐佛塑像和青石牌坊堪称世界之最，成为东北地区人文景观的新亮点；全国重点文物保护单位东京城城址和东京陵被列入辽宁省"清前史迹游"热线；王尔烈纪念馆中陈设的"王尔烈寿屏"，荟萃清乾隆和嘉庆年间刘墉、纪晓岚等名流的墨宝丹青，堪称稀世珍宝。

[生态休闲]

辽阳生态休闲旅游产品奇异秀美。龙石风景旅游区林木苍翠，空气清新，是辽宁省内少有的"生态氧吧"和"城市绿岛"；国家AAA级旅游景区龙峰山风景区钟灵毓秀，浑然天成，备受省内外游客的青睐；省级风景名胜区汤河湖风景区和蓇葖湖风景区山水交融，景观秀美，远近驰名；省级森林公园核伙沟风景区谷幽树茂，四季如画，素有"十里画廊"的美誉。

辽阳龙石风景区

核伙沟森林公园

[红色旅游]

辽阳红色旅游产品主题鲜明。辽宁省红色旅游精品景区——李兆麟将军纪念馆是省、市爱国主义教育基地、国防教育基地和中共党史教育基地，再现了抗日英雄李兆麟光辉的一生。弓长岭区的雷锋纪念馆被评为市级青少年爱国主义教育基地、省级"雷锋号纪念馆"，是集中展示雷锋精神的重要窗口。

[服务设施]

辽阳旅游服务功能日趋完善。全市共有国家级旅游景区（点）13个、星级饭店9家、旅行社33家，培育了1个全国工业旅游示范点、1个省级温泉旅游度假区、5个省级特色旅游乡镇、49个省级旅游专业村、6家省星级农家乐、41家市级名优旅游企业和澎达二人转剧院、西部酒城演艺广场等娱乐场所。辽阳旅游商品琳琅满目。佟二堡的皮装产品深受游客的喜爱，三耳兔针织品、老世泰糕点、"雅朝"系列食品、"奔月"鲜牛奶、铧子系列白酒、"君喜"熟食品等地方特色商品闻名省内外。辽阳市旅游交通方便、快捷，长大铁路、沈大高速公路贯穿南北，本辽高速公路、辽溪铁路横跨东西，距沈阳桃仙国际机场60公里，距大连港332公里，为游客来辽阳旅游提供了极大便利。

● **汤河国际温泉旅游度假区**

各位朋友：

大家好！欢迎来到汤河国际温泉旅游度假区。

度假区位于辽阳市弓长岭区汤河镇，区位优势突出，交通方便、快捷，东北距本溪市34公里，西南距鞍山市35公里，西北距辽阳市30公里，北距沈阳市70公里。

汤河国际温泉旅游度假区占地面积20平方公里，是集冰雪温泉、理疗康健、乡村旅游等功能于一身的辽宁省首个省级温泉旅游度假区。汤泉谷矿泉资源丰富，冷、热两种矿泉并涌而出，堪称奇观。经国家有关部门测试，这里的矿泉是一种符合我国和世界卫生组织饮用水水质标准的优质天然矿泉水。其所

在地弓长岭区被中国矿业联合会命名为"中国矿泉水之乡",被国土资源部命名为"中国温泉之城"。

[热泉]

热泉是全国唯一的含氡温泉,享有"高温氡水甲天下,名誉中国第一泉"的美誉,氡元素含量高达1 820埃曼,水温最高达72℃,泉水无色透明,呈弱碱性,具有良好的防治疾病、医疗保健功能,可治疗高血压、风湿病等30多种疾病,被国内专家誉为可与世界著名的法国埃维昂依云温泉媲美,"世界第二,亚洲第一"的温泉。"八宝琉璃井"史称"唐王井",为唐贞观十九年(645)秋唐王李世民东征时所筑。井内泉水温度常年保持在60℃~72℃,被命名为"中国优质矿泉水源"。

[冷泉]

冷泉属于较为稀少的一种矿泉,含锶量适中,并含有锂、钼、硒、氢等微量元素,各项指标均符合世界卫生组织规定的饮用水标准,是一种优质矿泉。目前已开发出"金枫叶""真牛""如一"等名牌矿泉饮料产品,畅销国内外。

[汤河温泉假日酒店]

汤河温泉假日酒店是一座以时尚、健康、休闲、高雅为概念,按五星级标准兴建的综合性温泉度假酒店。酒店总占地1 700余亩,有客房129间,并设有中餐厅、宴会厅、西餐厅、多功能厅、娱乐中心、各类会议室、室内外温泉洗浴、游泳馆、世界顶级SPA、网球场、高尔夫练习场等餐饮娱乐设备设施。其设计风格注重与大自然的和谐互补,强调尊贵品位和与山野情趣的结合。豪华客房和套间,处处体现高雅的审美情趣。浑然天成的空间设计、灵性如泉的室内装潢令人耳目一新。湖景房可俯瞰水世界美景,翠景房可饱览高尔夫绿茵,均具极佳视野。宽敞、舒适的客房宁静幽雅,伴着窗外空灵悠远的风景,从细微处为游客精心打造休闲度假的完美体验。

[王宫温泉水城]

王宫温泉水城为国家AAA级休闲娱乐区,占地2万余平方米,是一处集温泉洗浴、餐饮、娱乐为一体的天然绿色休闲度假区。水城为园林式布局,采用中、日、欧风格相结合的建筑艺术,内部设有日本盐水浴、死海浴、啤酒浴、花瓣精油浴、中药浴、玛瑙浴等20余种洗浴项目,可同时容纳1 000人洗浴。其中的帝王养生宫,金砖铺地,玉石砌墙,尽显王者奢华风范。在这里,既可体验生态健康的温泉洗浴文化,更能在宁静、惬意的氛围中让心灵和身体得到充分的舒展。

[弓长岭温泉滑雪场]

弓长岭温泉滑雪场位于弓长岭区红花峪村,占地面积1平方公里,是集旅游观光、健身娱乐、休闲度假、专业比赛于一体的大型休闲场所,现为国家AAA级景区。滑雪场拥有大小雪道7条、3万平方米单板公园和2 000余平方米的室内外温泉洗浴项目,并架有10条拖牵和一条1 200米长的空中索道,被中国滑雪协会认定为全国最安全的滑雪道之一。滑雪场冬季开设高山雪圈、

弓长岭温泉滑雪场

高山雪橇、雪地摩托、马爬犁、冰车、滑冰、冰滑梯、冰滑垫、雪地足球、雪地拔河、雪地拓展等项目，夏季开设高尔夫球、高空索道观光、骑马射猎、绿色采摘、野炊露营等项目。优越的天然场地和先进、完备的设施可同时满足5 000名游客的滑雪需要，在这里成功举办了多次全国滑雪比赛。

[大汤河绿色走廊]

大汤河绿色走廊横穿汤泉谷园区，由西向南依汤河水库而建，是集绿色、生态、休闲、健身于一体的生态旅游景区。大汤河左岸修建有长10公里、宽9米的滨河大道和由21万株乔灌木、18万平方米草坪构成的绿化带，右岸由长7.4公里、宽8米的安滑线和占地331亩的绿化带组成。清晨，晨练者对河沐风，起舞弄剑；傍晚，上班族闲庭信步，舒展筋骨。夕阳西下，站在堤岸上临风举目，霞光与波光嬉戏，落日在河中流金，绿树映鲜花争艳，稻香随晚风飘荡。在这里，沿途的生态园、风格别致的仿生建筑小品、汤河的雄浑、水乡的灵秀、田园的旖旎尽收眼底。

【景区亮点】

辽宁汤河国际温泉旅游度假区畔依汤河，以区域独特的温泉资源为基础，形成了融独特的北国温泉滑雪为一体的开放式生态度假区。包含汤河湿地公园、雷锋公园、雷锋纪念馆、弓长岭温泉滑雪场、汤河水库观景台、汤河鲜鱼一条街、百亩荷花塘、汤河滨河湿地走廊、辽宁碧湖温泉度假村等多业态、全方位的休闲旅游度假景点，是辽宁省内最具特色的旅游度假区之一。

【美食伴游】

以汤河水库鲜鱼为主题的汤河鲜鱼美食街是以经营汤河鲜鱼为主的食街，各类鲜鱼皆取自辽宁省唯一未被污染的水库——汤河水库，主要品种有：鲢鱼、鲫鱼、老头鱼、鲤鱼、草鱼、岛子鱼、麻口、公鱼、嘎牙鱼、虫虫鱼、黑鱼等30多种，年可销售鲜鱼近15万公斤。经过精心加工，可制成汤河全鱼宴。汤河鲜鱼肉质鲜嫩，味道清鲜，是弓长岭区的特色餐饮品牌，在省内外远近闻名。2002年，汤河"滋补鱼头"被省旅游系统评为"辽宁省十大风味食品"。

【关于住宿】

汤河温泉假日酒店、王宫温泉水城以及弓长岭滑雪场等景区内部均设有客房可供游客下榻休息，环境舒适，价格合理，是游客泡过温泉后不错的选择。

【景区地址】

辽宁省辽阳市弓长岭区汤河镇

【交通指南】

辽阳客运站乘辽阳—汤河专线客车；沈大（京沈）高速公路—本辽高速公路—弓长岭出口走10公里即到。

●广佑寺景区

各位游客，大家好！我们今天要参观游览的是广佑寺景区。

广佑寺景区为国家AAAA级景区、辽宁省十佳景区，位于辽阳市中华大街一段60号，距辽阳站前广场、辽阳火车站10米。

广佑寺有着悠久的历史。据史料记载，广佑寺始建于东汉，是佛教传入中国后最早出现的寺院之一。1161年，金世宗完颜雍在这里称帝，广佑寺因备受朝廷恩典而成为名副其实的皇家寺院。此后，经金、元、明历代增修扩建，至明穆宗隆庆年间极盛时拥有殿宇近200间，占地面积达9万平方米，名列东北佛教寺院之首。历史上多位帝王将相、文人墨客都曾到此拜谒，并留下众多诗篇。1900年，沙俄为镇压义和团攻占辽阳，使广佑寺惨遭焚毁。2002年，广佑寺得以复建。复建后的广佑寺景区由广佑寺庙区、白塔公园、青年湖公园、中华广场和护城河水上观光带五部分组成，占地面积26.7万平方米。

广佑寺占地面积6万平方米，建筑面积3万平方米，沿寺院中轴线由南向北依次建有山门、天王殿、大雄宝殿、万佛阁等，东西两侧建有钟楼、鼓楼、

广佑寺

碑廊、东配殿、西配殿等。寺院以西建有别院圆通禅院。整个建筑布局严整，气势恢宏，延承辽代古刹之遗风，融合明清建筑之精华，堪称我国传统建筑之典范，俨如昔时东京宫阙再现尘寰。每年春节或中秋节举行的大型民俗文化庙会使广佑寺成为辽宁节假日旅游的一大看点。

［白塔］

白塔，始建于辽代，塔高70.4米，是东北地区最高的古塔。白塔为八角十三层密檐式实心舍利砖塔，传说地宫中埋藏有佛祖的黑色头发舍利，现为全国重点文物保护单位。塔身佛龛内坐佛像配有缠枝牡丹、宝相花及双龙、双飞天等图案，神态各异，栩栩如生，是契丹族融合汉文化与佛教文化的经典之

辽阳白塔

作。白塔凝结着古代劳动人民的汗水和智慧,带着北方民族的强悍傲气,跨过千年历史的烟尘高高耸立在古城大地上,成为辽阳城市的标志。

[青石牌坊]

青石牌坊高16.9米,长34米,重800吨,由95块青石组成,形体高大,雄伟壮观,雕刻精细,是我国石牌坊中的艺术杰作,为世界之最。

[大雄宝殿]

大雄宝殿建筑面积11 400余平方米,殿高三层,通高41.7米,面阔11间(73.8米),进深7间(49.8米),为典型的辽代彩绘建筑,就体量而言,是目前世界殿宇之最。

[樟木镏金大佛]

樟木镏金大佛总高21.48米,为目前世界殿内佛身最高、体积最大的木质释迦牟尼坐像。佛身高17米,仅面部就达28平方米,垂耳长达3米,张开的手掌可站8人。佛像通体贴金,采用传统的"朱金(漆金)木雕"工艺,选用优质香樟、野生苎麻、原始生漆、陈年瓦粉等天然材料和24K足金,工艺精湛,造型完美,是我国乃至世界文化长廊中的瑰宝。

巨佛擎天、宝殿危耸,历经千百年兴衰荣辱的广佑寺,如今僧众云集、香火旺盛,正以强大的智慧张力、深邃的文化内涵和磅礴的建筑气势成为著名的旅游景区和佛教圣地,并竭诚欢迎中外游客的莅临观光!

【景区亮点】

五个世界之最:

一、世界上最大的青石牌坊,高16.9米,长34米,由95块巨石雕刻而成;

二、世界上最大的青铜香炉,长12米,高1.2米,宽2.9米;

三、世界上最大的大雄宝殿,建筑面积11 400多平方米;

四、世界上最大的殿内木质贴金坐佛;

五、世界上最大的宫灯,高4米,重1吨。

【景点地址】

辽宁省辽阳市中华大街一段60号

【交通指南】

市区乘坐1、2、3、4、5、6、7、8、14、15、17、19等路公交车均可抵达。

自驾指南:1.从辽阳站向西南方向出发,行驶100米,直行进入中华大街。2.沿中华大街行驶460米,过右侧的中华会堂(辽阳)约170米后,直行进入

樟木镏金大佛

环岛。3. 沿环岛行驶160米，在第4个出口到达终点（在道路右侧）。

【美食伴游】

寺院有斋堂可提供素食斋饭。景区附近也有很多农家山庄、饭馆，可品尝一些当地特色美食，如溜达鸡炖蘑菇、三星羊汤等。

【关于住宿】

广佑寺景区附近有很多经济快捷酒店，性价比高。另有辽阳宾馆，为四星级酒店，环境舒适，价格合理，是商务旅行、家庭旅行下榻的不错选择。

●龙石风景旅游区

各位游客，大家好！欢迎大家来到龙石风景旅游区，在各位自行参观之前，请允许我向大家介绍一下龙石风景旅游区的概况。

龙石风景旅游区位于辽阳市宏伟区，是按国家AAAA级景区标准兴建的旅游景区，由龙鼎山景区和石洞沟景区两部分组成，占地面积20.3平方公里。景区内森林覆盖率达90%，林木苍翠，环境幽雅，空气清新，是辽宁省内少有的"生态氧吧"和"城市绿岛"。这里远离都市的喧嚣，在寂静秀美的森林和花丛中登山、健身、吸氧、洗肺，既能充分享受人与自然的和谐相处，又能在不知不觉中收到强身健体、治病怡神的功效。

龙鼎山景区占地面积约7.5平方公里，内有龙潭、祥龙、龙鼎广场、万和钟楼、万盛龙鼎、和谐长廊、仿古长城等景观。

［龙潭］

龙潭水域面积3万余平方米。西侧有一泉，相传唐太宗李世民驻跸龙鼎山时，亲率士卒修筑烽火台，插枪成泉，故曰"龙泉"。潭内有九曲桥、三潭印月、九龙献瑞等景观。九曲桥玉桥彩亭，精致玲珑，山水相映，浑然天成。三潭印月位于九曲桥东侧，每当夜幕降临，潭月交映，婆娑迷离，如幻似梦。九龙献瑞位于龙潭西侧，嵌九条玉龙，龙口涌泉，喷泻潭中，七彩斑斓，映日为虹。

［祥龙］

祥龙为紫铜锻造工艺，高5.8米，长12.8米，造型生动，线条流畅。龙首高昂迎旭日，龙爪遒劲洒甘霖，振鬣摆尾播吉祥。龙墩为圆形，巨大彩虹基座托起祥龙。

［龙鼎广场］

龙鼎广场占地面积4 100平方米，

辽阳龙石风景旅游区

主要景观依次为万盛龙鼎、龙腾大道、盘龙柱、龙腾广场、腾龙塑像、盘龙球。广场有如一个超大太极八卦图，东南西北由青龙、朱雀、白虎、玄武"四圣兽"把守，象征着守护平安。广场下层矗立8尊仿制的历代名鼎，广场上层正中央是铸钢仿青铜万盛龙鼎，高9.99米，宽8.88米，重150吨。九尊宝鼎寓意"九鼎之尊"，暗含辽阳为龙兴之地。

辽阳龙石风景旅游区龙鼎广场

[万和钟楼]

万和钟楼位于龙鼎山顶，高24米，建筑面积1 600余平方米，三层明清式仿古建筑，为龙石风景区的制高点。登楼远望，"北方第一化纤城"——"辽化"（辽阳化纤总公司）的美景一览无余。万和钟由纯青铜铸造，重30吨，高5米，钟底直径3.3米。肩部饰荷花瓣24枚，代表二十四节气；上半部饰八条龙，代表神州八方；下半部配有《龙鼎山记》铭文，文字周围镶万字图案，代表万物和谐之意。敲响大钟，钟声萦绕，令人心潮澎湃。

[和谐长廊]

和谐长廊由两个正方形游廊相交叉而成，形似葫芦，故又称"葫芦廊"。葫芦谐音"护禄""福禄"，并因其造型的优美、圆润，给人以喜气祥和的美感。

[仿古长城]

仿古长城总长420米，外形仿明代长城，由青砖所筑。登城楼远眺，感宝鼎气魄，闻钟声悠远，一幕幕历史画卷浮现眼前，民族自豪感油然而生。

[龙石拓展基地]

龙石拓展基地依托环境优美的龙石风景旅游区，可开展陆地、水上等场地训练项目和野外定向、穿越等山地训练项目，是东北地区投资规模较大、安全设施完备、活动项目较为齐全的专业拓展基地。

[石洞沟景区]

石洞沟景区占地面积12.8平方公里，栽有松、槐、杨、柞等树木，现为省级森林公园。这里群山起伏，森林茂密，有大小山峰近百座。内有石洞探幽、芳庭倚翠、松风振谷、石村观稼等自然景观，可进行登山、农家采摘、植物观赏等活动。

【景区亮点】

龙石风景旅游区的规划建设充分依托丰富的森林资源和独特的地理山石风貌，将关东辽阳厚重的历史文化古韵与现代天地人和谐发展的科学理念有机结合，融自然生态与人文景观于一炉，经基础设施的全面配套、重点景观的精心打造，目前已经成为旅游观光、运动康体、休闲娱乐多种功能兼备的国家AAAA级风景旅游区。

【景区地址】

辽阳市宏伟区

【交通指南】

乘7、17、19路公交车在"医院北站"下车；乘27路公交车在"宝山路站"下车；乘31路公交车在"龙鼎山站"下车。

【美食伴游】

葱花缸炉，呈螺旋状，馅料突出、均匀。馅棕黄色，外皮侧面为乳白色，底面红褐色，无焦糊。层次清晰，馅绵松。有椒盐和葱香味，无异味。

朝鲜族烤牛肉，将新鲜牛肉去筋膜、脂油，切成肉片，加醋、酱油、蒜末、白糖、胡椒粉、味精、香油拌匀，另备酱油、辣椒末、白糖、白醋、香菜末、大蒜等调味品分装于小碗。炭火炉放在桌子中央，上放铁箅子，用筷子夹肉片放在箅子上烧烤，蘸调料后食之，外焦里嫩，酥香咸辣。

山葡萄，辽阳市特产。色泽紫色、圆球形、粒大、皮厚、汁少、优质、皮肉难分离，有"晶明珠"之美称。

【关于住宿】

龙石风景区附近有很多商务宾馆、主题酒店、招待所等，环境舒适，价格合理，住宿方便。

●龙峰山风景区

各位游客，大家好！欢迎来到龙峰山风景区参观、游览，下面我向大家介

龙峰山风景区

绍一下景区的概况。

龙峰山风景区位于辽阳县下达河乡下涧村，距辽阳市区约35公里，现为国家AAA级景区。这里山奇水秀，环境优美，千年古刹掩映在山林深处，红墙碧瓦与苍松翠柏相映成趣。景区前有远山近丘，后有连绵高山，左右低岭环护，中有富饶盆地，且有河流穿过，只见来水，不见去水，被视为四神与四灵之地，是一处绝佳的风水宝地。

景区内有距今约1 400年的龙峰寺和怒佛除魔、金蟾迎旭、犀龟望月、圣封金刚、佛祖峰、一线天等多处自然景观。灵山秀水之中，龙峰山脚下的卧佛山宛如一位姿态婀娜的仙子正在熟睡，更酷似佛祖睡卧仙山。

作为旅游观光、休闲度假、宗教朝拜的理想之地，龙峰山景区每年吸引游人香客20多万人次，备受游人的青睐和赞誉。

[龙峰寺]

龙峰寺始建于唐贞观十三年（639），曾两次受过皇封，虽历经沧桑屡有兴废，但跨越五朝仍声名远扬。据说，唐太宗李世民征辽东时曾在此屯兵

挥师，并留下了许多美妙的传说。乾隆四十四年（1779），乾隆皇帝东巡到此，见龙峰寺清幽足为修真之所，景物秀毓堪作养性之区，遂封其为"保清寺"，封白云洞为"灵神洞"，封陀螺峰为"大、二金刚"峰。

[托天宝塔]

龙峰山最为珍贵的瑰宝为释迦牟尼佛舍利子托天宝塔。塔高21米，为八角汉白玉三层中空宝塔，八面雕琢十尊佛像，融汉、藏、印风格为一体，集古典建筑和现代建筑精华于一身，耸云端，展伟姿，祈愿国泰民安。塔中供奉着乾隆皇帝第八代后裔、北京正慈精舍主人爱新觉罗·裕丛世代珍藏的5颗佛祖骨舍利。已故中国佛教协会会长赵朴初亲笔为其题词"释迦牟尼佛舍利子托天宝塔"。佛祖舍利是佛教瑰宝，是佛教信徒顶礼膜拜的圣物。2001年8月舍利塔开光之时，约有僧人、信徒4万余人前来跪拜，盛况空前。

托天宝塔是20世纪东北地区仅有的一座舍利塔，为龙峰寺增添了新的宗教文化内涵。进入塔内我们便来到了佛的王国。那是造型优美的佛祖圆寂时的塑像，周围墙上的壁画栩栩如生。菩提树下，释迦牟尼创造了佛教，彰显出佛祖悟道成佛的艰辛。唐开元盛世后，佛教植根于中国沃土，在中华大地上发扬光大，成为万千群众的追求和信仰。这些无不展示着佛教的博大精深。让我们怀着一颗虔诚之心登上这一级级的台阶，靠近佛的王国，去感受佛教文化的深刻内涵吧！

下面，请大家自行游览、参观，请注意安全！

【景区亮点】

龙峰寺所处的金刚山共有23处自然景观和5处人文景观，其中较为著名的有龙头峰、大金刚峰、二金刚峰、金蟾迎旭、犀龟望月、卧狮峰、人头峰、白云洞、一线天、迎客松、九龙河、龙潭垂柳、老君塘、老君柜石等，统称为金刚山28景。大自然的鬼斧神工造就了很多奇异的自然景观。金刚山山峦跌宕起伏，奇特险峻；九龙河碧水依山环绕，蜿蜒曲折。新近又开发了山下水上游乐项目，并新修了道路和停车场。

【美食伴游】

香水梨干是辽阳一种历史悠久的名产。这种梨干的外形扁平，好像一片树叶（像杨树叶）；质地细嫩，茶红的颜色，非常鲜艳，吃起来甜酸，清香可口。

塔糖，不仅具备特殊的风味，而且它的外形也很美，有如梅花形并多孔。吃起来酥脆，清香可口，色泽洁白细致，经暑不变。

老世泰糕点，以甘酥、月饼、京八件等著称，是中华老字号店，有110多年的历史。

老杨头烧鸡，采用4个月出栏的小笨鸡，用独特的材料熏制，不使用防腐剂，不使用化学添加剂，味道鲜美，肉嫩香滑，是不可多得的美味佳肴，被辽阳市政府命名为辽阳市名牌。

【关于住宿】

龙峰山景区附近以一些普通旅店、

农家乐、客栈等中小型住宿场所居多，设施条件虽不比高档酒店奢华，但环境干净卫生，价格公道合理，且带有当地山村风情特色，可为游客提供不一样的住宿体验。

【景区地址】

辽阳县下达河乡下涧村

【交通指南】

在辽阳客运站乘辽阳—丹东、辽阳—甜水、辽阳—麻屯专线客车。

铁岭概况
——辽北名城铁岭

各位游客：

大家好！欢迎大家来到辽北名城——铁岭。

铁岭位于辽宁省北部，南与沈阳毗邻，北与吉林四平相连，东与抚顺清原、吉林辽源接壤，西与法库、康平及内蒙古自治区科尔沁左翼后旗和通辽为邻。现辖银州、清河两区，开原、调兵山两市，铁岭、昌图、西丰三县和两个省级开发区，区域面积1.3万平方公里，总人口305万。铁岭交通便捷，沈哈高速公路、102国道、京哈铁路、哈大高速铁路纵贯南北。区位优势明显，是沈阳经济区8个成员市之一。老城区依山傍水，新城区湖天一色，是一座独具魅力的山水名城。

[历史文化古城]

铁岭是一座具有悠久历史和文化的古城。若从早期人类活动算起，至今有3 000多年的历史。随着岁月的流逝，铁岭曾多次更建制，易称谓。银州为辽代所设，银州之前曾名富州，辽灭渤海，改富州为银州，今银州区之称谓还保留着这一历史痕迹。铁岭一名，源于朱元璋在全国各地设的"卫所"制度。其中一个"卫"设在离本境东南五百里，故铁岭城名"铁岭卫"。由于朝鲜政权的极力反对，便将铁岭卫移到了奉天东南45里的奉保县。明洪武二十六年（1393），再将铁岭卫"迁于古银州之地"。由于铁岭卫的移入，所以本地得名"铁岭"。明万历四十七年（1619），清太祖努尔哈赤攻克铁岭城后废"卫"。清康熙三年（1664）六月置铁岭县。清廷虽废卫设县，但"铁岭"一名一直叫到今天。

铁岭古城

[能源基地]

铁岭是一个盛产能源的地方。铁法能源公司是辽宁省最大的动力煤生产基地，煤炭储量16.23亿吨，年产原煤2 100万吨以上。铁岭拥有铁岭电厂、清河电厂和调兵山煤矸石电厂三大发电厂。风力发电、秸秆发电、生物质能、煤炭化工等一批新型能源项目也相继落户铁岭，并形成产业规模。目前全市发电总装机容量达到 500 万千瓦，被誉为"新兴能源之城"。

能源基地

[绿色农产品基地]

铁岭是一个盛产绿色农产品的地方。它既是首批"国家绿色农业示范区"，又是辽宁优质农产品生产加工基地。正常年份，全市生产粮食 350 万吨、蔬菜 400 万吨，肉、蛋、奶 200 万吨，被誉为辽宁中部城市群的"米袋子""菜篮子""奶站"和"肉库"。榛子、鹿茸、人参、山野菜等土特产品亦驰名中外。

蔬菜

玉米

[小品艺术之乡]

铁岭是一个盛产欢乐的地方。以赵本山、潘长江、小沈阳等为代表的一批优秀艺术家及其创作的具有辽北特色的文艺作品深受全国人民的喜爱，被誉为"小品艺术之乡"。

[体育冠军之乡]

铁岭是一个盛产体育冠军的地方。从铁岭相继走出了阎红、陈跃玲、吕刚、刘宏宇、孙福明、李卓六位世界体育冠军，被誉为"体育冠军之乡"。

[名人辈出之地]

铁岭是一个名人辈出的地方。这里是曹雪芹的关外祖籍，是《红楼梦》后四十回作者高鹗和现代著名红学家端木蕻良的故乡，被誉为"红学文化之乡"。红学泰斗周汝昌曾说："没有铁岭就没有《红楼梦》。"此外，如明代辽东总兵李成梁、李如松父子，勇冠三军的僧格林沁，颐和园设计者兼宫廷画师庆宽，中华电影第一人任庆泰，报告文学先驱张德彝，浪迹天涯的诗人郑文焯，著名女杰诗人顾太清，苏俄红军中国"红鹰团"团长任辅臣，血染雨花台的年龄最小的石璞等都为铁岭历史添上了浓墨重彩的一笔。周恩来少年时也曾在这里生活、读书过，称铁岭为他的"第二故乡"。

银冈书院周恩来雕塑

[辽北风情旅游城市]

铁岭是一座有较高文化品位并独具辽北风情魅力的旅游城市。自然景观得天独厚，人文景观丰富。闻名遐迩的龙首山纵贯市区。境内多山川、河流和水库，有国家A级景区14处。境内古迹众多，如燕长城、明边墙、清柳条边，团山、白沙滩等新石器时代文化遗址，襄平故城、公孙废城等秦汉古城址和明清故城遗存，唐代寺庙、宋金古塔，曹雪芹祖茔地，李成梁祖坟，清代满族正白旗居地，高句丽山城，银冈书院，以及马蓬沟古码头等。

城子山山城

[蓬勃希望之城]

铁岭是一座朝气蓬勃、充满希望的城市。近年来，荣获了国家园林城市、"创建全国文明城市"工作先进市、中国特色魅力城市200强、中国优秀旅游城市、全国科技进步先进市等一系列称号。莲花湖湿地恢复工程荣获中国人居环境范例奖和2010年迪拜国际改善居住环境优秀范例奖。铁岭新城作为低碳、生态、环保的典范在上海世博会主题馆地球馆展出，地球馆永久落户铁岭。

目前，铁岭正在优化发展以102国道为主干、以18个重点产业园区为基础的沈铁工业走廊，打造辽北经济隆起带，加快推进沈铁同城化。将加快做大铁岭新城、做优银州老城，全力打造"中国北方生态水城"，建设"水在城中，城在园中，楼在绿中，人在景中，山水辉映，和谐共生，适宜人居，利于创业"的宜居铁岭、宜商铁岭、宜游铁岭，打造独具特色的生态之城、宜居之地、时尚之都、快乐之邑。铁岭，正在展现着沈阳经济区先进装备制造基地、新型能源基地、优质农产品生产加工基地、商贸物流基地、金融后台服务基地、职业教育基地和旅游休闲度假基地的英姿。

铁岭，从容不迫地迎八方宾客；铁岭，拥抱世界与天下同乐。

●调兵山蒸汽机车博览园

各位游客：

大家好！欢迎光临调兵山蒸汽机车旅游景区，现在我们参观的景点是景区的蒸汽机车博览园。博览园是融讲述蒸汽机车历史、宣传蒸汽机车文化、传播蒸汽机车知识为一体的旅游文化交流场馆。博览园共分为一个主展厅和八个展区，借助文字、图片、实物、模型等，详尽地展示了蒸汽机车从发明至退出历史舞台近200年的发展历程。

各位游客，前面的这个机标车模型就是1881年运行于中国第一条标准轨铁路唐胥铁路上的"中国火箭号"机车的仿真模型。车身上标有英文"ROCKET of CHINA"，因水柜两侧各镶嵌一条金属龙形图案，故又称"龙"号机车。这台机车退役后曾存放于北京府右街交通陈列馆。1937年日本侵略者占领北京后，陈列馆被迁址到和平门内的一条胡同里，机车此后便不知去向了。

这里展示了蒸汽机车从发明、发展到被新的牵引动力机车所取代的历史进程。1761年，第一条铁路在英国巴兹铺设，铁路的发明早于蒸汽机车近半个世纪。1814年，英国工程师斯蒂芬森设计制造了世界上第一台5吨重的"皮靴"号蒸汽机车。1829年，斯蒂芬森之子罗伯特发明的"火箭"号机车创下行驶47公里的最新纪录。蒸汽机车虽经100多年的发展，但运用热效率只有6%左右，加上保养维修量大、污染严重、日运行里程短等原因，后逐渐被电力机车和内燃机车取代。1960年、1968年、1972年、1975年和1977年，美国、英国、法国、日本以及德国和苏联相继停止使用蒸汽机车。蒸汽机车在轰鸣了近200年后，完成了其历史使命。

蒸汽机车发明人斯蒂芬森出身于一个煤矿工人家庭。由于家庭贫穷，他在8岁时即去别人放牛，过了6年的放牧生活。1812年，斯蒂芬森在当年的工业展览会上看到了蒸汽机的机车模型，激起了他研制蒸汽机的最初愿望。由于斯蒂芬森已具备蒸汽机车和一般机械的基础知识，加之不懈的奋斗，经过两年多的研究试验，终于在1814年制造出第一台具有实用价值的蒸汽机车。1822年，斯蒂芬森建立了机车车辆厂，3年后建造了铁路，正式通车。从此，铁路首先在英国，随后在欧美大陆乃至全世界延伸，成为工业的大动脉。

下面，我们来看看蒸汽机车形成和发展时期美国及其他一些国家制造的蒸汽机车。这个时期机车动轮由二对、三对发展至四对、五对、六对，大型机车还在动轮后面装有较小的从轮。借助于从轮，机车可装载一个较宽大、较重的火箱。到了探求新设计时期，蒸汽机车的性能得到进一步改善。

这幅年画是中国最早的关于蒸汽机车的年画。当时一些开明的有识之士想用这种方式将蒸汽机车进献给慈禧太

"中国火箭号"蒸汽机车模型

后,希望她能接受这一新事物。到了1863年,火车已经成为英国、美国和其他欧美国家主要的交通工具,但中国人尚不知火车是什么样子。这一年,上海的英美侨商建议清朝政府在上海与苏州之间修筑一条铁路。第二年,斯蒂芬森还天真地为中国拟了一个《中国铁路计划》,想在中国建造四大干线,形成一个铁路网络。然而,当时闭关自守的清政府并没有接受,使得中国在其他国家工业化进程大步前行的时候被远远地甩在了后面。

蒸汽机车年画

这里展示了蒸汽机车在中国从无到有、从弱到强的发展历程。

1865年,英国商人杜兰德把蒸汽机车这项发明带到中国,让中国人第一次见识到了蒸汽机车。机车在0.5公里的铁路上面高速往复运动,冒着浓浓的烟,发出呜呜的鸣笛声,被当时的人们称作"妖物"。1876—1949年,旧中国的蒸汽机车全部依赖进口,拥有上百种型号、几千台机车,被誉为"万国蒸汽机车博物馆"。

京张铁路是第一条由中国人自己设计并建设完成的铁路,克服了资金不足、机器短缺、技术力量薄弱等困难,堪称一条质量好、完工快的铁路。负责修建京张铁路的是中国首位铁路工程师詹天佑。他被称为"中国铁路之父"和"中国近代工程之父"。

这里展出了蒸汽机车诞生200年间各个时期国内外生产的具有标志性意义的蒸汽机车。这些是中国生产的机车。这些车型大多都在我们的国土上运营过,只有"自立型"蒸汽机车是专为越南设计的,共生产67台,没在我国行驶过。我国生产最多的是"上游型"蒸汽机车,一共有1 772台,最后出厂的几台机车现在都存放在我们的景区内。

"上游型"蒸汽机车SY-0063

这是我们博览园的主角——景区现存我国"上游型"蒸汽机车中最早生产的一台SY-0063。它是由唐山机车车辆厂生产的,因展馆内空间有限,我们只选取了它的机车部分,其煤水车部分在博览园外面陈列展出。

这是机车驾驶室。机车的左侧是司机操纵部分,右侧是瞭望信号部分,中间是司炉对机车加煤的部分。这是"水鹤"。由于它的外形酷似丹顶鹤,所以称之为"水鹤"。其主要用途是为机车补水。

自2004年以来，调兵山蒸汽机车博物馆景区作为影视剧中拍摄蒸汽机车的主要外景地，拍摄过《闯关东》系列、《百团大战》《一个人的奥林匹克》《东方》《建国大业》《1942》《铁流1949》《一路惊心》《一代宗师》等100多部影视剧作品。我们可以为剧组提供蒸汽机车、车厢、线路等，还有群众演员参与到其中。这是我们的大青车站，被装饰一新后，就变成了影片上的"北平车站"，岗楼和站牌还是当时拍摄留下的场景。

有选自我们举办的各届旅游摄影展上的获奖作品，也有蒸汽机车摄影爱好者提供的摄影作品。

KD6-487和YJ269号机车

蒸汽机车动轮

一台蒸汽机车是由3 000多个零部件组成的，这个展区通过蒸汽机车上的零部件实物和文字说明来展示它在蒸汽机车运行上所起到的作用。手动轨道平板车采用缝纫机原理，把上下往复的直线运动变成轮子的旋转运动。这是我们景区内仅存的一台，大家看，它的手把还保持着原来的样子。

展区中的视频介绍了工业革命时期的交通机车，也介绍了关于蒸汽机车的奇闻趣事，如世界上10型号马力最大的蒸汽机车、印制在邮票和香烟盒上的机车等。蒸汽机车摄影展区的摄影作品

该陈列馆占地面积3 000余平方米，最多可陈列25台机车。当初在设计建造的时候，考虑到景区的蒸汽机车均为可运行的"活车"，故将陈列馆修建在主线路的末端并邻近检修所，以便于维修和试运。陈列馆共陈列4种型号21台机车，其中"上游"18台，"建设"1台，"跃进"1台，"KD6-487"1台。"KD6-487"是1943年由美国利马公司生产的美国鸟形蒸汽机车，为"二战"后联合国援助我国经济建设的50台蒸汽机车之一，曾在郑州、柳州、韶关、平庄等地服役，为我国的经济建设作出过重大贡献。"KD6-487"于1996年在平庄停用。2004年，景区为引进这台有着重大历史价值和文化价值的蒸汽机车，经过2个多月的大修，使这台60多岁的老机车又焕发了青春与活力。目前世界上能运行的该种型号的机车，仅此一辆。

这是JS 5029号蒸汽机车。JS为"建设"的汉语拼音首字母，5029是它的生产序号，通常序号越大，生产时间越晚。它是1957年由大连机车厂生产的一种干

线货运型机车。相对于"上游型"机车,"建设型"的功率更大,牵引动力更强,行驶速度也更快。有趣的是,在设计这种型号机车时主要考虑的是正向牵引,并没有设计向后瞭望的窗口。因此,在逆向牵引时乘务员需将头探出车窗瞭望。

大家看,这是YJ 269号蒸汽机车。YJ为"跃进"的汉语拼音首字母,是景区引进的第二台蒸汽机车。机车于2005年4月从河北宣化钢厂引进,分解为四部分,用汽车运输过来,10月修复运行。这类车型全国共生产了202台,现主要用于旅游。

各位朋友,我们今天的调兵山蒸汽机车博览园游览到此就结束了,我也该和大家说再见了。欢迎大家有时间再来铁岭,再来铁煤蒸汽机车博览园参观、游览。祝愿大家健康、快乐、如意!

蒸汽机车

【景区亮点】

景区拥有当今世界上仅存不多并且能正常运行的多种型号的蒸汽机车21台,出厂时间从1943年到1999年不等,运行于横跨三县两市(铁岭县、法库县、康平县、铁岭市、沈阳市)的220公里的旅游铁道线路上。占地面积3 000余平方米的蒸汽机车陈列馆馆藏着这些珍贵的机车,随时整装待发。占地面积1 500平方米的蒸汽机车博览园浓缩了蒸汽机车的发展史,藏有很多蒸汽机车的珍贵图片、零部件实物及机车模型,并且利用光、电、声等现代科技手段展示蒸汽机车的工作原理、运行状态,惟妙惟肖,有很高的观赏价值和科普学习价值。另外,机车摄影作品和在景区拍摄的影视作品剧照也定会让人眼前一亮。豪华型老式旅游客车可组建旅游专列,一边品尝美酒,一边聆听音乐,一边欣赏自然风光。自制的小型蒸汽火车可以与其亲密接触,在窄轨铁路上驾驶体验。蒸汽机车整备车间及大修理车间可以详细了解蒸汽机车的日常"生活供给""疾病治疗"和内部构造。

【景区地址】

辽宁省铁岭调兵山市晓明镇

【交通指南】

调兵山市南与沈阳市毗邻,距沈阳桃仙国际机场100公里;东与铁岭市相连,距沈大高速公路仅35公里。景区内有省道106线(沈环公路)、省道105线(新梨公路)横穿,公交汽运可直通沈阳、铁岭、大连、北票、阜新、抚顺等地,交通十分便利。

飞机:

沈阳桃仙机场下,坐机场大巴到达沈阳火车站,再坐沈阳至调兵山客车下车后坐调兵山至铁岭客车途经景区大门。

铁路:

在沈阳火车站坐至铁岭客车,下车

后再转坐调兵山至铁岭公交途经景区大门。

公交：

沈阳市客运站距景区100公里，坐大巴直达调兵山市，转坐调兵山至铁岭公交途经景区大门。

铁岭市客运站距景区30公里，坐铁岭至调兵山中巴途经景区大门。

自驾：

（1）沈阳方向可以沿G102开往铁岭方向，开行69.2公里到铁岭后走S106开往调兵山方向，行驶23.2公里即可到达。

（2）长春方向可以走G1高速，开行236.2公里到达铁岭后下高速后走S106开往调兵山方向，行驶23.2公里即可到达。

（3）锦州以南可以选在锦州走G102，开行181.2公里在法库下高速后开往调兵山铁岭方向，走S106开行25.3公里即可到达。

●莲花湖国家湿地公园

各位游客朋友，大家好！真诚地欢迎您参观、游览莲花湖湿地景区，希望通过我的讲解，让您了解这个热情有活力的莲花、湿地景区。

首先，我介绍一下莲花湖湿地景区的概况。莲花湖湿地景区为国家AAAA级景区，位于铁岭新老城区之间，可以说是春有百花秋有月，夏有凉风冬有雪，四季分明，各有不同。由于历史上盲目进行农田开垦，以及未处理的城市污水大量排放，导致莲花湖湿地面积大幅度削减、水质明显下降、生物多样性遭到破坏、湿地功能逐渐丧失，这引起了铁岭市及相关部门的重视。2006年以来，铁岭市委、市政府站在保护与合理利用资源、实现可持续发展的高度，从鸟类栖息地环境需求出发，全力恢复湿地的湿度规模和生态功能，突出湿地的自然生态特征和地域景观特色，历时10年时间先后实施了三期恢复工程，其中一期、二期工程占地面积670.7公顷，三期工程占地面积370.2公顷，总占地面积1 040.9公顷。

如今的莲花湖，三面环水，西面紧邻辽河，北面连接柴河，南面汇入凡河，是三大河流的汇合点。整个湿地景区由怡荷园、鸳鸯璧合、鸥鸟翔集、锦鳞戏水、苇海寻幽、十里听荷、柳堤花岛、湿地探秘、曲苑风荷、清风莲影、鱼跃龙门、凤冠回眸、懿路泛舟、辽河风韵、郁金香园等十几个景点及三期的树岛、花岛、航道、稻田酒店+冰裂纹湿地组成。

莲花湖碧幽绝尘、滩涂芦苇、湿地水禽、鹭鸟飞翔，是一处充满着自然、古朴、野趣、原生态的人间仙境。园内现有荇草、香蒲等植物237种，野生动物资源丰富，仅鸟类就达123种之多，其中国家Ⅰ级保护鸟类4种，国家Ⅱ级保护鸟类9种。公园一年四季皆成佳景：春天芦苇竞出，满甸碧翠；夏天蒲绿荷红，岸柳如烟；秋天稻谷飘香，芦花飞雪；冬天银装素裹，皑皑白雪。特别要提及的是，这里夏季负氧离子的含量每立方厘米近一万个，达到森林和海洋的水平。现在莲花湖湿地景区已仙境般地展现在我们面前，大家请随同我一起参观、游览。

[怡荷园]

下面参观、游览的是莲花湖湿地荷花精品区——怡荷园。这里举办过国家级专业盛会——全国荷花品种展。主要以精品盆栽荷花和浮岛荷花为主。2016年展出精品荷花619种，创下了最多荷花品种展出的吉尼斯世界纪录。

接着，请乘坐电瓶车继续游览，我向大家介绍一下莲花湖湿地。湿地主要由自然湿地和人工湿地组成。人工湿地包括潜流湿地、表流湿地和景观区三部分，总占地面积67.68公顷，主要功能是净化水质。银州区内的污水经处理厂处理成中水后，流经潜流湿地和表流湿地，最后进入莲花湖。潜流湿地分3个独立的单元，每单元分为12个细小的单元，各单元用隔墙分开。墙体为毛石砌筑，基础及边墙以膨润土防水毯做防渗处理，各小单元内填充碎石、石灰石、沸石填料。潜流湿地和表流湿地种植芦苇、菖蒲、香蒲、水葱等15种水生植物。当水流经过潜流及表流湿地种植的植物时，植物根系能够吸收水中的污染物，填料、土壤及植物根系中的微生物经生物化学反应也可以进一步去除污染物。化学需氧量（COD）由每升60毫克降到10毫克左右，使净化后的水质达到国家地面水环境的三、四类质量标准。

莲花湖

[十里听荷]

下面，请大家下车参观十里听荷核心景区。景区系参考杭州西湖苏堤建造而成，有堆筑湖心岛3座、半岛1座、亲水台7个、景观亭5座、木桥300延长米、拱桥2座。堤坝两侧莲花连绵不断，娇艳欲滴，香气四溢，遇上雨季或是晨昏薄雾的天气，莲花在烟雾中若隐

怡荷园

十里听荷核心景区

中 线——哈大高铁线

若现,恍如仙境。漫步、骑行或坐在观光车上,闻着花草的清香味道,观赏着接天莲叶、映日荷花,聆听着风吹芦苇、蛙声鸟鸣,随处都可以感受到湿地风情、水城风韵。沈阳市书法家协会名誉主席李仲元这样描写道:"芙蓉红粉蓼花香,雁叫蛙鸣蒲柳长。白露蒹葭明月夜,伊人宛在水中央。"每年秋季,在这个景点还会举办规模盛大的湿地菊花节,菊花有上百个品种,造型优美,结合铁岭特有的剪纸艺术,打造出色彩缤纷的菊花盛况。

[曲苑风荷]

曲苑风荷为江南园林意境,是北方第一荷花名园。这里是荷花栽植工艺与小品的集中展示区,是2014年第28届全国荷花展的主展园,共有26个省份、100多家单位参展。园中建廊、亭、路、池、绿茵景观,打造辽宁园、武汉园、苏州园等景观精品,摆放荷花、睡莲3万盆。入口书卷式屏风镌刻荷花与8只仙鹤,下边浮雕为盛世荷开图,百荷竞妍,争奇斗艳,寓意和平盛世、八方客来。

曲苑风荷景区

[清风莲影]

接下来,我们参观清风莲影景点。整个清风莲影是由一楼七台四亭六桥一牌楼组成的湿地景区主要观景群。这里亭台曲桥相连、粉荷碧水相接、湖光山色相映、白鹤彩云相随,是赏荷观鸟的理想之地。每当清风吹过,荷叶声碎,莲香四溢。这里也是景区内品种最集中的睡莲展区,睡莲娇艳,色彩斑斓,俯首可见红鱼绿草,遥望湖中景致,人工与自然的浑然天成,让人尽享和谐之美。

清风莲影湿地景区

[凤冠回眸]

大家向我的右前方看,映入眼帘的是人工堆筑的凤冠山。凤冠山是利用从凡河新河道、天水河和如意湖挖出的土方堆筑而成的人工山体,共动用土石方1000万立方米,因山形轮廓设计为凤凰羽冠形,而取名凤冠山。主峰正对新城规划中轴线,山形平面分布、自然延绵起伏的7座山峰,主峰海拔95米,加上上面安装的泰山石,山体总高度达

凤冠山

108米。凤冠山与银州区的龙首山遥相呼应，寓意新老城区龙凤呈祥、事业兴旺、和谐发展。从山体最高点往南看，是新城区最主要的城市景观轴线，栽植油松、华山松、云杉、京桃等大树6万多棵。蜿蜒流淌的天水河沿凤冠山东侧流过，河水的辉映令凤冠山显得格外高大。

[辽河风韵]

现在，我们要参观、游览的是辽河博物馆。它设计的寓意是湖畔一只美丽的天鹅，体现了保护环境的重要性。它是一座以人和自然和谐为主线，以河流为主题，融收藏、研究、展示、教育宣传为一体的自然博物馆，是全面介绍辽河流域历史文明、污染防治、城市与湿地的重要平台。请大家自行参观、游览。

各位游客朋友，莲花湖湿地景区的参观、游览行程即将结束，相信它定会给我们留下美好的回忆。公园的原始生态美不仅提升了城市的品位，更为铁岭人民打造了一座新的精神家园。莲花湖国家湿地公园是铁岭最宝贵的财富和最响亮的名片。欢迎大家再到莲花湖湿地景区来，到铁岭新城来，欢乐将会永远伴随着您。

辽河博物馆

【景区亮点】

莲花湖之胜，独得于水。水是莲花湖的灵魂，湿地内70%的面积被水面覆盖。整个湿地景观以芦苇、香蒲、荷花、水禽等丰富的生物景观为依托，以东北浓郁的人文景观和民俗风情为特色，可供开展生态保护、旅游观光、健身娱乐、科学普及、科研监测等活动，是汇集湿地文化、荷花文化、东北文化于一体，融合城市湿地、农耕湿地、文化湿地于一身的复合型湿地和多功能景区。

莲花湖之景，在于观鸟。鸟是湿地的精灵，"铁岭八景"中有一景叫作"鸳湖泛月"。每年春天，数十种鸟类在这里栖息繁衍，数十亩蒲苇绵延于荡漾的碧波之中。

莲花湖之美，尽在于花。每年春夏之际，莲花盛开，娇艳欲滴。

目前，莲花湖湿地景区已成为东北地区最具影响力的湿地生态旅游胜地及生态环境教育和自然保护教育基地。

【景区地址】

辽宁省铁岭市凡河新区黑龙江路与泰山路交会处（南门）、钟山北路莲花中学对过（东门）

【交通指南】

公交：

铁岭西站下高铁，乘坐109路公交车，至"秦淮人家站"下车，步行至莲花湖湿地景区南门；继续乘坐109路公交车，至湿地东门站下车，步行至莲花湖湿地景区东门。

自驾：

国道102线—东北物流城—澜沧江

路—长白山路—黑龙江路—莲花湖国家城市湿地公园。

【美食伴游】

牛肉火烧，铁岭著名地方特色小吃，选细嫩牛肉、大葱、鲜姜、香油和馅，用稍有颗粒的沙子面做皮。烤箱制作，外表是酥皮，色泽金黄，形状有圆和长圆。出锅的火烧外焦里嫩，香酥可口，闻则香味扑鼻，食之肥而不腻，是我们北方的风味小吃。属清真食品，配上飘香的羊汤，美味至极。

熏肉大饼，熏肉选用鲜猪肉，用温碱水涮净，在清水中浸6~10小时，然后切成方块放入老汤中煮熟，再加红糖熏制。用肉汤、食盐和调料加入面粉中和成酥软的面团，醒面时间稍长，擀片抹油，重叠复擀几次，烙制成饼。其特点是熏肉肥而不腻，瘦而不柴，熏香浓，色泽红；大饼色黄清香，里软外酥层次多。

活鱼锅，集色、香、味、形、养于一体，其风味独特，原料丰富，营养平衡，汤鲜肉嫩，酱香适口，口味无穷。锅内可同时涮各种鱼类、肉类、蔬菜。食用中可丰可俭，可荤可素，合理调配，平衡膳食，不分季节，老幼皆宜。常食活鱼锅能增进食欲，祛风散寒，有益健康。

【关于住宿】

景区附近设有很多客栈、宾馆，方便游客下榻休息。

●清河旅游度假区

尊敬的各位游客，大家好！欢迎您来到辽北明珠——清河。相识是缘，我

清河

们在这里相聚，也就拉开了今天愉快旅程的序幕。下面，我就简单地给大家介绍一下清河的自然情况。

清河地处铁岭市东北部，距铁岭市40公里，拥有人口10万人。清河资源丰富，环境宜人，经过多年的开发建设，形成了以清河水库为依托，集古今文化，以及观光、游览、休闲、度假、餐饮、娱乐、购物于一身的景区，成为辽北地区璀璨的奇葩。清河的美四季分明：春季，槐花吐蕊；夏季，苍翠欲滴；秋季，枫红满山；冬季，银装素裹。应季而来，必然赏心悦目，颐养情操。

清河的文人墨客也以饱满的热情讴歌自己的家乡，其中有这样的一首诗，涵盖了清河的美丽，诗云：

一水一电一小城，
山清水秀文化浓。
清河之美在库区，
游目骋怀迷你行。

诗中的"一水"，指的是清河水。清河水库是辽宁省第三大水库，水质清澈，为国家二级饮用水源地。近年来，清河水的内涵又丰富起来。据专业勘测机构探测，清河拥有辽北地区最优

质、储量最大的温泉地热资源，出水温度在80℃以上，水中含有大量的锶、锂、砷、铁等微量元素，极具温泉开发价值。

"一电"，指的是清河发电厂。清河发电厂是中国第一座超百万千瓦的火力发电厂，在国内久负盛名。此外，最初开发建设的电厂旱洞已成为工业旅游的一道风景。

"小城"，指的是清河城区。清河城区面积4.62平方公里，小城依山傍水，布局合理，环境幽雅。城区内有荷花园、九曲廊桥、清心亭、大清河主题公园等景点，让您尽赏小城人文景观之美；世纪广场、体育广场、尚阳湖广场更显小城的休闲惬意。

清河水库

[清河资源]

如果说"山清水秀"是清河美丽的代名词，那么"物产丰富"则是清河贴切的形容词，接下来我就给大家详细介绍一下清河丰富的资源。

清河山珍水奇，不胜枚举。清河水库盛产多种鱼类，有鲤鱼、鲇鱼、银鱼、鲫鱼、罗非鱼、鲢鱼等，是辽北地区较大的鱼类养殖基地。野生动植物资源也非常丰富，仅野生的蘑菇就有20多种，如榛蘑、灰蘑、趟子蘑、羊肚蘑等；野生的山野菜更是远近闻名，如刺嫩芽、蕨菜、毛广菜、大叶芹、刺五加、柳蒿、猴腿、猫爪子等，都是备受游客青睐的餐桌美食和旅游纪念佳品。

清河的生态物产远近闻名，野生榛子、文选葡萄、草莓采摘、林蛙养殖享誉辽北。每至秋季，榛林苍茫、葡园泛紫、蛙鸣满山，使清河成为旅游观光的一处佳境。清河人民精耕细作之后出产的免淘大米，堪称一绝。来清河旅游，会让您尽饱口福。

清河暮色

["青龙吐水"景观]

下面，请大家跟我一起欣赏美丽的清河旅游度假区！第一站就是远近闻名的"青龙吐水"景观。有诗赞美说："云来吼声劲，水涌浪如云。"水闸开启之际，浪头如万马奔腾，摄人心魄。在阳光的折射下，还会有美丽的彩虹呈现，如诗如画，恍如仙境，若不身临其境，难以感受那种身心的震撼。

前面就是著名的清河水库堤坝。它横亘于两山之间，全长1 622米，远远望去，如巨蟒横卧，封锁山谷，故名

"长蟒锁谷"。立于蟒背之上,远眺水面,烟波浩渺,气象万千,不禁令人发思古之幽情,遐想不尽。

万顷水面,徜徉其中,接受天风海雨的净化,洗尽纤尘,惬意人生,这就是"水上漂"乘船观光项目。顺流而行,顾盼两岸,长30米、宽10米的东北第一大卧佛,有着凄美爱情传说的龟山、蛇山以及龙泉山庄、钓鱼岛、石家堡等景观尽收眼底。

[尚阳堡水下旧址]

清河虽地域较小,却有着悠久而浓郁的文化传承。我们船行的这片万顷水面之下便是尚阳堡水下旧址,它有着悠久的历史。

尚阳堡,又称靖安堡,为明代辽东战略要地。关城凭天险而设,易守难攻,是明代防御北方少数民族袭扰的前沿阵地。明末,这里战争频繁,在明代与后金激烈争夺的过程中产生了许多可歌可泣的英雄故事。

清朝建立后,尚阳堡成为流放地。被发配到这里的流人有反抗清政府的农民起义军头领、以诗文讥讽朝政的秀才举人、科场舞弊的重犯,也有因直言相谏被贬或遭人谋害的朝野大臣。这些流放人员为尚阳堡带来了进步的思想文化。著名的有山水画家张恂、一代才子于天士,尤其是《古今图书集成》的总撰陈梦雷,他著述颇多,其中《周易浅述》被载入《四库全书》之中。

悠久的历史,崭新的传承。新时期的清河,民间文化蓬勃向上,民谚说"宁舍一顿饭,不舍二人转",《马前泼水》《回杯记》《包公断后》《包公赔情》《西厢·听琴》《双比武》《冯奎卖妻》《水漫蓝桥》等"二人转"曲目会一幕幕地展现在您的眼前。此外,《刘老根2》的拍摄地——龙泉山庄也是我们的绝好去处。

龙泉山庄

以清河水库为依托的各个景观不但娱悦身心,增加我们的历史文化知识,而且有利于身体各项机能的调节。清河是辽北保存完好的原生态景区之一,素有"北方天然氧吧"之称。这里空气中负氧离子浓度最高值可达到每立方厘米1.8万个,能够增强人体免疫力,具有良好的治疗和康复功效。

尚阳堡旧址

[清河美食]

了解完清河旅游度假区的美丽风光和浓郁文化之后，我们接下来说说旅游区内的吃和住。清河旅游区鱼类繁多、山菜齐全，且有地道的清河兔淘大米。对于如此多的山珍水奇，如何将其变成一道道可口的美味佳肴则要看厨师的手艺了。经过多年的积淀，清河厨师已经有了自己的拿手好菜，即全鱼宴，包括特制菜品酥炸鱼心、兰花鱼唇、丹凤龙眼、红梅鱼肚、牡丹鱼皮、珍珠鱼头、两吃活鱼等。在这里还可以吃到原味的韩国料理、图们江烧烤、正宗辽菜，更能品味到充满浓郁民族特色的"满族八大碗"。

[清河住宿]

清河虽不是名都大阜，但仍旧会带给您温暖如家的感受。这里拥有三星级以上标准的酒店四家，包括云松大酒店、丽景饭店、财政干部培训中心、北方证券培训中心；还有以蒙古包为特色的度假村、以田园木屋为特色的碧水山庄以及龙泉山庄、凤舞山庄等中档次的居所，这些均会为您带来宾至如归的感受。

天赐阜盛助业兴，人逞才能创辉

清河住宿

清河住宿

煌。各位游客，清河的繁盛发展与你们息息相关。在今天的游览中，大家已经领略了清河旅游度假区的青山秀水之美、人文之美。欢迎您下次再来清河旅游度假区度假和观光，谢谢！

【景区亮点】

清河旅游度假区以清河水库为依托，依山傍水，风光旖旎，山、水、城相映生辉。清河水库水质清澈，水面开阔，湖岸蜿蜒曲折，自然流畅，江岛垂钓，碧水荡舟，给人湖光山色之感。水库四周，群山环抱，动、植物资源丰富，拥有大片保护良好的天然林。清河旅游度假区以其独特的地貌形成了长蟒锁谷、青龙吐水、仙桥引渡、回道群亭、碧波轻舟、平湖垂钓、浪拍龟蛇、夕阳渔归等景观，并与周边的风景区形成了旅游网络，构成森林风光游、乡村田园游、工业观光游、城市观光游、农业生态游、民俗风情游等。

【景区地址】

辽宁省铁岭市清河区环湖路附近

龙首山风景名胜区

【交通指南】

火车站有直达景区的专车或先乘车去开原再转至清河。

● 龙首山风景名胜区

各位朋友：

大家好！欢迎您来到龙首山风景名胜区。

铁岭是一座古老的城市，而龙首山是铁岭古老文明的象征。龙首山景区为省级风景名胜区，是国家AAA级景区，也是辽北的游览胜地。

龙首山位于铁岭市区中部，南北长3 000米，东西宽1 000米，最高处海拔156.36米。山势自北向南绵亘起伏，像一条雄健的长龙，由龙首、龙腰、龙尾诸峰相连而成，因山的北部主峰似龙昂首，故名龙首山。龙首山东临碧波荡漾、清澈透底的柴河水，南望松涛鹿鸣的帽山景区，西部和北部连接繁华的市区。山中植物生长繁茂，有300多种，主要林木有松、枫、槐、杏、丁香等。登上龙首山可俯瞰银州新貌、欣赏优美的自然景观、游览众多的文物古迹、品味古老的神话传说。

[龙园]

各位游客，我们已经到了龙首山的第一个景点——龙园。这是龙门，为龙首山风景名胜区的正门，是一座牌坊式山门。门楼为长方形，四角飞檐，分上中下3层，高14米，宽7米，造型别致，色彩斑斓，工艺精湛，建筑材料多采用汉白玉和琉璃瓦。龙门两侧有一对汉白玉狮子，左侧竖立一块巨石，上刻"龙首山"3个大字。正门上方是书法家赵朴初题写的"龙首千秋"4个大字，门后的"意境同幽"为著名书法家冯月庵的手笔。整个山门雄伟壮观，向畅游龙首山的人们敞开宽阔的胸怀。

龙园

龙园建于1986年，呈三角形，占地面积1公顷，是一座古典式建筑。园内有4个角亭，中间有曲廊相连，亭子下面有一座喷水池。园内的雕像是柴义和郝氏父女，富有神话色彩。半山坡上有花岗岩雕刻的二龙吐水，每到夏季，上有二龙向下吐水，下有龙池向上喷水，整个龙园水雾弥漫，色彩绚丽，构成一幅十分壮观的景象。

[山门]

我们现在所处的位置是龙山风景区的正门，它是一座牌坊式中山门，高14米，宽7米，正面有赵朴初题写的4个大字"龙首千秋"，背面有冯月庵题写的"意境同幽"。

[慈清寺]

位于龙首山北部山顶的是慈清寺，始建于唐代，唐曰秀峰寺，明曰水潮寺，清曰慈清寺，距今已有1 200年的历史。慈清寺以其雄浑沉稳、大气磅礴而驰名辽北，现为省级重点文物保护单位，也是辽宁四大名胜之一。

慈清寺两层套院，台阶相连，古朴典雅，环境清幽。前殿为醉翁楼，系2层楼阁，曾是文人墨客饮酒赋诗的地方。后院为四合院，由前殿、正殿和东西配殿组成。前殿由原慈清寺山门改建而成，分上下两层。慈清寺住持晏空和尚曾去日本取回大藏经一部，藏于此楼，故名"藏经阁"。

正殿内供有如来、观音、托塔天王、韦驮和十八罗汉等29尊塑像。西侧一间正房是三清观，里面供奉元始天尊、灵宝天尊和太上老君塑像。东配殿为文殊殿，西配殿为普贤殿，其两廊壁上都镶有近代地方名人的题壁，如《补修浮屠记》《慈清寺藏经楼记》等。院内有一株500多年的古松，苍劲挺拔。后院东侧的半墙亭，留下了周恩来少年时代登临的佳话。在西侧的展望亭，银州城郭青山绿水尽收眼底。在此坐听晨钟暮鼓，使人心神俱宁，飘然有成仙之感。

[秀峰塔]

秀峰塔始建于明弘治二年（1489），距今已有500多年的历史，因建在秀峰寺附近而得名。塔高16.4米，为密檐式八角九级实心佛塔。塔身8面各有浮雕佛一尊，青砖雕刻着"风调雨顺，国泰民安"8个大字。每级塔檐八角各有一个兽头和一个风铃，全塔上下共有72个兽头和72个风铃，微风袭来，叮咚声阵阵，清响入云，优美动听。秀峰塔实为龙首山风景区的点睛之笔，人们在此既可以鉴赏古代能工巧匠的高超技艺，又可领略500年的风雨沧桑。

[魁星楼]

魁星楼始建于清乾隆二十九年

（1764），因供奉魁星神像而得名。魁星在古代天文学中被称为北斗第一星，儒生、文人把魁星称为主宰文章兴衰之神。原址在铁岭城的东南角上，后因塌毁于1922年移至龙首山改建，1981年重修。魁星楼为四角形砖木结构，分上下两层，楼体造型别致，楼内雕梁画栋。楼四面悬挂四块大匾，分别为晚清三位书法家题字：东面是丘琰所题"光照龙山"，南面和西面是周晕所题"文焕离明"和"笔参造化"，北面是刘玉林所题"星辉斗极"，都是1870年所书。是游人的祈福圣地。

[高鹗、高其佩诗碑亭]

高鹗、高其佩诗碑亭是为纪念高鹗和高其佩而于1985年修建的。高鹗和高其佩在中国历史上曾名噪一时。高鹗在清乾隆、嘉庆年间任江南道监察御史、内阁中书、刑科给事中，是《红楼梦》后四十回的作者，使《红楼梦》成为首尾完整的文学巨著，并撰有《红楼梦序》《红楼梦引言》等名著。高其佩是中国绘画史上著名的指头画创始人，曾任刑部右侍郎。他一生创作了大量指头画，作品闻名于清康熙和雍正年间，驰名于海内外。高鹗诗碑选用了他读完《红楼梦》后写的一首诗："老去风情减昔年，万花丛中日高眠。昨宵偶抱嫦娥月，悟得光明自在禅。"从中可以隐约地想到贾宝玉的归宿。高其佩诗碑选用了他自己亲笔题写的指头画诗："天设津梁自有意，山开怀抱岂无心。等闲未许人轻到，不独知音在一琴。"从中可以欣赏到高其佩独特的书法艺术。

[八景广场]

八景广场占地4 260平方米，广场的建设充分体现了以人为本的理念。几十棵大树被保护在广场中，配套设施非常齐全，为广大市民休闲、游玩提供了方便。

八景广场

[星桥]

星桥是连接龙首龙尾的唯一桥梁，1985年重修，为钢筋混凝土结构，桥长42.5米，宽5米，高18米，可载重15吨。桥身两侧设有铁栅栏和汞灯，桥体粗犷大方，美丽壮观。在星桥北端的是八景亭，为二层八角飞檐凉亭，四周绘有八种名花、八大仙人兵器、《封神演义》中的八卦图和历史上铁岭的著名的八景，即龙首寻秋、柴河晚渡、白塔横云、鸳湖泛月、红崖积雪、蓬渡风帆、帽峰云树、山廓朝烟。

[四望阁]

四望阁位于龙首山最高峰，海拔156.36米，由一座三层凉亭和一座阁楼组成，东观柴河水涟涟，北看龙山横亘绵，西览鄞州展新貌，南望帽峰独峙天。

[驻跸塔]

驻跸塔俗称城南小塔，位于龙尾陡峭的山峰上，始建年代不详，为明辽东总兵李成梁万历年间出资修缮。后因清康熙十年（1671）康熙东巡途经铁岭于此驻跸而得名。此塔为八角密檐式九级空心佛塔，由于年代久远，塔身砖瓦时有脱落。2000年5月修复时，在塔顶南侧背靠塔刹处发现一砖砌碑龛，碑龛中放2块铜板和2块石碑。铜板上印刻《重修灵应寺塔记》，对塔的维修情况做了详细记载。第一块铜板正面是正文，背面刻的是修塔的主持者辽东总兵李成梁，其弟李成材，其子李如松、李如梅、李如柏等30人；第二块铜板正面刻的是李成梁夫人宿氏等24人，背面刻有住院僧等9人。故驻跸塔原为灵应寺塔。

驻跸塔

各位朋友，龙首山旅游景点观光到此结束了，谢谢大家对我的支持！

【景区亮点】

龙首山东临柴河，西望辽河，起伏蜿蜒十余里，势如长龙。登临龙首，左窥城区，高楼林立，一派现代气息；右眺柴河，两岸风光使人心旷神怡。山中峰峦叠嶂、树木苍翠、野鸟唤人、山花媚客，每至秋来，红叶满山，霜林变紫，其景堪称辽北独步，历来为文人墨客津津乐道。敬爱的周恩来总理在铁岭读书时经常登临其上，并说这是他一生中登的第一座山。龙首山现荣列《中国名胜辞典》，是铁岭这座历史文化名城一颗璀璨的明珠。

【景区地址】

铁岭市银州区龙首山

【交通指南】

火车站附近乘坐1路公交车到龙山宾馆站下车，步行390米即可到达景区。

【美食伴游】

山蘑炖笨鸡，有名的东北菜，以野生松蘑、榛蘑、榆黄蘑与笨鸡合炖。这道菜野味浓厚，肉香菇滑，口味独特。

李记坛肉，坛肉色泽金黄，味道醇香。肉肥而不腻，入口即化；肉瘦而不柴，酥烂味厚。

大甸子羊汤，主要原料是羊肉、羊血、羊下水，配料是辣椒、香菜、盐、味精等。将羊肉、羊下水、羊血切片放入羊骨汤中，加入香菜、辣椒等作料煮沸即可。吃起来鲜香爽口，营养丰富，老少皆宜。

【周边住宿】

铁岭住宿一般30元/床，有10元/床的普通小旅店，也有120~200元/天的标准房间的宾馆。星级酒店粤海酒店、天兴酒店等，对于去铁岭龙山景区的游客来说也是不错的选择。

西 线

——京哈高铁线

朝阳概况
——三燕古都朝阳

朝阳，史称柳城、龙城、营州。"朝阳"一名始于清代，出自《诗经·大雅》"凤凰鸣矣，于彼高岗。梧桐生矣，于彼朝阳"，取其凤鸣朝阳之意。

朝阳位于辽宁省西部，地处辽冀蒙三省（区）交界地带，东眺辽宁中部城市群，西望京津唐，南临渤海湾，北接内蒙古，是东北地区西线入关的节点城市，是内蒙古东部乃至蒙古国的出海通道，是全省高速公路里程第二大城市。朝阳机场已经开通至北京、大连、烟台的定期航班，距锦州港、葫芦岛港也仅为百公里左右。城区面积50平方公里，人口60万。朝阳市下辖北票、凌源两市，朝阳、建平、喀喇沁左翼蒙古自治县（以下简称"喀左县"）3县，双塔、龙城两区，总面积2万平方公里，人口340万。朝阳也是继省城沈阳之后全省第二个拥有环城公路的城市。

众所周知，朝阳地处低山丘陵区，而正是这些山让朝阳拥有了富集的物产资源。目前已探明的有益矿藏多达53种，其中膨润土储量亚洲第三，锰储量居东北之首，钼产量居东北第二，黄金开采居国内八大主产区之列，铁矿石储量达10亿吨。以这些优势资源为依托，以一大批重点骨干企业及重点园区为代表，朝阳已形成了特色鲜明、竞争力较强、产业链条完善的冶金、装备制造、农产品加工和文化旅游四大主导产业和商贸流通、新能源两大成长型产业。

朝阳历史悠久，10万年前，鸽子洞人拉开了朝阳历史的序幕。它是"北京人"进入东北的一个重要文化节点。5 000年前，牛河梁出现了中华文明的曙光。夏朝时，拥有灿烂的夏家店下层文化。商时为商王朝的侯国孤竹国，周朝时为燕国的边陲，"不食周粟"和"老马识途"的历史故事就发生在朝阳。战国七雄的燕国在今朝阳设置右北平郡、辽西郡。中国最早的长城——燕长城也穿过朝阳。秦代实行郡县制，仍设右北平郡、辽西郡。汉代为柳城，飞将军李广就曾为右北平太守，"弃母全城、忠孝全义"的赵苞曾任东汉末年的辽西太守。隋唐时，设置营州府，统领辽、燕二州。东晋十六国时为三燕都城，时称龙城。北魏置营州。

说到朝阳的历史文化，可谓底蕴丰厚，源远流长。在这里，我送给各位四张名片，您要知道，朝阳的这四张名片，每一张都是响当当的。

[第一张名片：神圣牛河梁——文明摇篮]

发现于20世纪70年代末80年代中期的喀左东山嘴和建平与凌源交界处的牛河梁遗址，是新石器时代的代表。东山嘴遗址是一处以石砌建筑群为主体的红山文化遗址，位于喀左县兴隆庄乡东山嘴北约二公里的山梁正中一块长方台地上，用石块建成，中间是一处完整的圆形台址，也是祭坛，这是迄今发现的人类最早的一处原始宗教遗址。在祭坛周围出土了陶塑人像和两件小型裸体孕妇塑像，这是我国首次发现的女性裸体塑像。而随后发现的牛河梁红山文化遗址，证明5 000多年前在朝阳就存在一个具有国家雏形的原始文明社会，它是"基于公社又凌驾公社之上的政治实体，证明人类已迈入了文明社会的门槛"。牛河梁红山文化把中华民族的文明史提前了1 000多年。

朝阳北塔

牛河梁遗址博物馆

在女神庙出土的一尊泥塑头像是红山先民祭拜的女始祖，原中国考古学会理事长苏秉琦先生说："'女神'是5 000多年前的红山人模拟真人塑造的神像（或女祖像），而不是后人想象创造的'神'。她是红山人的女祖，也就是中华民族的共祖。因为到目前为止，这是我国发现的最早模拟真人，结构合理、五官比例准确、表情生动逼真的女神像，象征着生育、象征着大地，作为一个群体和民族的生命力、延续力的体现而受到原始先民的广泛崇拜。红山女神的发现被考古界誉为'海内孤本'。"在积石冢内出土了大量造型精美、做工精细的玉器，包括玉猪龙、玉琮、龟、鸟、勾云形佩等，这些玉器凝结了红山先民的智慧。有专家认为，牛河梁红山文化玉器件的发现为人类社会漫长的发展历程找回了一个缺失的年代，即玉器时代。此外，与黄河流域的仰韶文化一样，大凌河流域的红山文化也有大量的彩陶，图案以龙鳞纹为主。这些彩陶是实用品，也是艺术品，代表着我国文明黎明时期的艺术高峰。

红山文化遗址在1981年被发现，1983年开始发掘，1988年被国务院公布为全国重点文物保护单位，1995年被列入中国世界文化遗产预备名单，2003年第十六号地点发掘被评为年度全国十大考古发现，2004年被国家文物局列入重点大遗址保护名单，2006年被列入重设的《中国世界文化遗产预备名录》。该遗址还被列入由多家媒体评选的《中国二十世纪百项考古发现》。牛河梁遗址公园主体工程历经3年的建设，已于2012年竣工，"申遗"取得重大突破性进展。

[第二张名片：神秘佛舍利——佛都圣地]

朝阳是东北地区佛教圣地和佛教文化传播中心，之所以这么说，是因为这里曾建有东北地区最早的佛教寺院——龙翔佛寺；释迦牟尼真身舍利惊现于朝阳北塔天宫，实证朝阳是"东北亚佛教圣地"之说，也充分说明朝阳在中国佛教发展史上的重要地位；释昙无竭是我国最早去西天取经的僧人之一，堪称关外西天取经第一人，比唐玄奘还早207年，为我国古代佛教文化的发展和中外文化交流作出了重要贡献；朝阳是东北佛教文化的率先传入地和中转站，在佛教文化由中国传入朝鲜半岛、日本列岛的过程中发挥了重要作用。

全国重点文物保护单位——朝阳北塔五世同体，始建于北魏，初名为"思燕佛图"，塔基为前燕龙城宫殿遗址，内为隋朝梵幢寺塔，唐代维修，称开元寺塔，辽代扩建包贴，称延昌寺塔，形成塔上塔、塔中塔五世一体的风格。1988年，从北塔天宫发现释迦牟尼真身舍利两粒及大批佛教文物，多为稀世珍宝，其中，七宝舍利塔世界罕见，是世界级宝物；鎏金银舍利塔、金银经塔、波斯琉璃瓶为国宝级文物。继北塔天宫发现释迦牟尼佛真身舍利仅仅过了16年，即2004年10月，在南塔旁又发现石宫，内藏"释迦佛一尊，锭光佛舍利一十八粒"。这是目前仅见的有明确文字记载的锭光佛舍利，在全世界尚属首例，极其珍贵。过去佛与现代佛两佛舍利同现朝阳，充分印证了朝阳佛教文化的厚重，因此朝阳备受中外佛教界的瞩目。朝阳现存佛塔22座，佛教寺院上百处。

[第三张名片：神奇鸟化石——化石宝库]

朝阳被中外古生物专家称誉为"世界古生物化石宝库"。在朝阳近2万平方公里的区域内，有一半被列入国家化石自然保护区范围。朝阳古生物化石种类齐全、数量繁多、分布广泛，极具科研价值。更因"中华龙鸟"和"辽宁古果"化石的发现，朝阳也被誉为"地球上第一只鸟飞起和第一朵花绽放的地方"。坐落在上河首的鸟化石国家地质公园，展示出了举世无双的魅力和风韵。

鸟化石国家地质公园

在朝阳地区相继发现了圣贤孔子鸟、中华龙鸟、尾羽鸟、原始祖鸟、长城鸟、长趾辽宁鸟、娇小辽西鸟等稀缺化石。这些发现是20世纪最重要的科学发现之一。

辽宁朝阳鸟化石国家地质公园的木化石林，有1 100多棵木化石傲然耸立在2万平方米的花草树木丛中，气势磅礴，景色壮美，享有"世界第一木化石林"之美誉。

[第四张名片：神韵龙城——三燕古都]

鲜卑是我国北方历史上的少数民族之一，在我国北方广大地域活跃了200多年。"三燕"，是指东晋十六国时期，由慕容鲜卑氏建立的"前燕""后燕"和"北燕"，时间跨度为342—436年，是有近百年历史的燕国的黄金时代，其疆域曾有12州、157个郡、1 579个县，近千万人口，大致包括了今天的河北、河南、山东、山西等省，内蒙古的东部，东北地区大部。"三燕"古都龙城成为我国北方军事重镇、商贸中心和文化名城，其意义深远，影响到朝鲜半岛、日本列岛，成为东北亚政治、经济、文化中心，曾经盛极一时，辉煌百年。1 600多年后，在朝阳北大街改造过程中，十六国时的"三燕古都"遗址惊现城中，这是2004年全国十大考古发现之一，被誉为"东方庞贝城"。

朝阳作为历史文化名城，它不仅仅有着令世人仰目的牛河梁红山文化、化石文化、佛教文化和独特的三燕文化，同时，大凌河、小凌河、老哈河、牤牛河也培育并滋养了这方特色鲜明的地域文化。目前全市共有世界级非物质文化遗产保护项目1个、国家级非物质文化遗产保护项目6个、省级非物质文化遗产保护项目13个，诸如凌源的皮影、建平的剪纸、喀左东蒙民间故事、朝阳民间大秧歌、北票的民间文学、喀左的陈醋酿制等，来到朝阳，您会感受到朝阳民俗文化的独特魅力。多年来，"楹联之市""古筝名城""戏剧强市"的美誉是美丽朝阳的又一张亮丽的名片。

朝阳旅游虽然起步较晚，但发展很快，且潜力巨大，前景广阔。目前全市有A级以上景区17家，其中，AAAA级景区2家；星级宾馆21家，其中四星级宾馆2家，正在争创五星级宾馆的有2家；有旅行社27家。重点旅游景区有佛教圣山凤凰山、"辽西绿岛"大黑山、绝胜净土清风岭、鸟化石国家地质公园、朝阳北塔、燕山湖、白石水库、龙凤山、天秀山、赵尚志纪念馆、慕容古街、庙子沟滑雪场、鑫峰生态示范园、骆驼山子农业生态园区等。

朝阳已经成为中国优秀旅游城市、全国双拥模范城市、中国金融生态城市和省级文明城市、卫生城市、园林城市。

如今朝阳人秉承"厚德重信，务实创新，坚毅自强，和谐奋进"的精神，着眼于把朝阳建成辽冀蒙三边地区最具活力的工业强市、商贸名城、文化新都和旅游胜地，努力使朝阳成为东北地区重要的交通枢纽城市，辽冀蒙交会区域最具活力的中心城市，我国重要的冶金、新型能源和绿色优质农产品基地，北方著名生态城市和文化旅游胜地，着力打造"生态朝阳""文化朝阳""信用朝阳""幸福朝阳"。

● **鸟化石国家地质公园**

游客朋友们好！欢迎游览朝阳鸟化石国家地质公园。

辽宁朝阳鸟化石国家地质公园是2004年经国土资源部批准建设的，2006

三燕古都

鸟化石国家地质公园

年7月破土动工，2007年9月29日对外开放。目前已经成为朝阳改革开放和对外宣传的一张烫金名片。

优越的地理位置。朝阳市地处中国雄鸡版图咽喉部，辽、冀、蒙三省区交汇处。东接沈阳、鞍山等辽宁中部城市群，西接京、津、唐等环渤海城市，北依内蒙古腹地，南临渤海，为辽西沿海城市。

便利的交通条件。朝阳机场可以起降中型客机，并开辟有直达北京等城市的航线；境内有6条铁路通过；朝锦、锦赤、京四、凌绥高速公路纵横交错，构成了四通八达的立体交通网。

独特的旅游资源。朝阳是方神奇的土地，"地球上第一只鸟飞起和第一朵花绽放的地方"是朝阳在全球注册的商标；辽宁朝阳鸟化石国家地质公园就是依托朝阳出土的时代最久、数量最多、种类最全、层位最丰、科研价值最高、未知领域最广六个"世界之最"，系统、完整的"热河生物群"珍奇的古生物化石资源，在距市中心仅7.5公里的上河首化石产地建设的集科研、科普、休闲、娱乐于一身的地质遗址性主题公园。公园占地面积70公顷，苍松叠翠，绿草如茵，景色宜人。不仅有陈列世界上独一无二化石标本的古生物博物馆、原生态的化石发掘现场、气势磅礴的木化石林，还有令人流连忘返的森林迷宫、三叠戏水、鱼类乐园、珍奇石艺展交中心和乡土气息浓郁的三燕民俗村等。已成为人们充分感受被层层淹没的岁月和亿万年前纷繁的世界、触摸那些曾经鲜活的生命、体验自然、增长知识、追思遐想、休闲娱乐的最佳场所。

按照公园总体规划，正在建设白垩纪欢乐谷、地质长廊、4D环幕影院，并依托公园，建设朝阳化石文化产业园区。

[神奇的化石王国]

朝阳被中外古生物专家称誉为"中生代的庞贝城""世界古生物化石宝库""古生物专家朝圣的麦加"。

朝阳的古生物化石资源种类齐全、数量繁多、分布广泛，极具科研价值。从种类和数量上看，目前在朝阳境内鸟类、鱼类、两栖类、爬行类、哺乳类、叶肢介类、介形虫类、昆虫类、植物类等化石均有发现。已发现的中生代化石总计45类、343个属、628个种，分为11个门、36个纲、65个目、171个科。其中，发现鸟类化石14属19种，数量超过3 000枚；发现龙类化石18属19种；发现植物化石157属340种。这些世界独一无二、种属繁多的化石发掘成果，构成了一个系统的、完整的"热河生物群"。朝阳地区发现的化石种类和数量之多，保存之系统、完整，科研价值之高，堪称世界之最。还有一些新的化石种属正处在研究中。朝阳的古生物化石主要形成于生物演化过程中最关键的时期,即1.2亿—1.5亿年前中生代的晚侏罗世到早白垩世。朝阳的古生物化石在研究解决鸟类的起源、被子植物的起源、现代哺乳动物的起源、昆虫与开花植物的协同演化等方面,都提供了最直接的化石证据。从地理分布上看,主要分布在北票四合屯和凌源大王杖子,龙城区上河首、联合、大平房,喀左花果山,其他县区也都有化石产出。

朝阳丰富的古生物化石资源已经引起国际、国内高层领导和科研机构的密切关注。国际一些化石研究科学家指出,辽西化石,特别是朝阳地区的化石是解决鸟类起源、被子植物起源、现代哺乳动物起源、昆虫与开花植物共同演化问题,窥视大自然奥秘的"一扇天窗";美国著名古鸟类专家奥斯特隆(John Ostrom)还说:"这些沉积和这些化石,不仅是中国的财富,也是世界的财富。"美国前总统克林顿在《国家地理》杂志创刊110周年庆祝大会上还亲自手持印有尾羽鸟复原图的最新一期《国家地理》杂志,称赞"中华龙鸟、原始祖鸟和尾羽鸟是最重要的科学发现之一";以美国耶鲁大学教授、著名古鸟类专家奥斯特隆(John Ostrom)为首的欧美专家考察队在结束对北票四合屯古生物代石保护区的考察后,一致认为"中国辽西四合屯是回答鸟类起源与演化问题的最完美的地点,这一地点的国际意义是空前的";中国政府的许多领导,如国务院原副总理邹家华、科技部原部长徐冠华等也纷纷莅临朝阳考察、指导化石考古工作。据统计,自1996年以来,已有美、英、德、法、日等50个国家的620名古生物学者前来朝阳参观、考察,国内的专家也已达2 700人次,朝阳已成为全球古鸟类研究学者心驰神往的圣地。

随着科研工作的不断深入,朝阳古生物化石取得重大科研成果。国内外著名古鸟类专家在朝阳地区相继发现了圣贤孔子鸟、中华龙鸟、尾羽鸟、原始祖鸟、长城鸟、长趾辽宁鸟、娇小辽西鸟等稀缺化石。这些发现是20世纪最重要的科学发现之一。其中,圣贤孔子鸟的发现两次(1995年、1998年)被美国Discovery(发现)频道评为"年度全球一百项重大科技新闻之一"。1998年,北票市发现世界上最早的花——辽宁古果;1998年11月,美国《科学》杂志以封面发表了《追索最早的花——中国东北侏罗纪被子植物:辽宁古果》的论文,引起国际学术界的空前关注和热烈反响。这项研究成

古生物化石博物馆

果还被评为"1998年中国十大科技新闻"之一，在第三届国际古植物学大会上得到国际古植物学界的充分肯定和高度评价。2006年1月，朝阳发现的最古老的被子植物——中华古果、最早的不会飞起的鸟——原始祖鸟、最早的新角龙类恐龙——辽宁角龙、保存最完整的长羽毛的恐龙——千禧中国龙鸟4块化石标本，在北京中华世纪坛举行的第四届吉尼斯世界纪录（中国）颁奖典礼上通过吉尼斯认证，跻身吉尼斯世界纪录。

这一块块栩栩如生的精美化石标本全部收藏在辽宁朝阳鸟化石国家地质公园的古生物博物馆里，供人们欣赏、探求。看到这些化石就如同读到了一部永远读不完的"万卷书"，使人流连忘返。

[壮美的木化石林]

朝阳不仅有丰富的动植物化石，也是全国乃至世界树种最多、时代最早、观赏性最强的木化石产地之一。美国著名的亚利桑那州木化石林国家公园被誉为一生必去的人间仙境，而朝阳木化石与亚利桑那州的木化石同处一个时代，涵盖了二叠纪、三叠纪、侏罗纪、白垩纪近3亿年的时空。

由于火山喷发瞬间淹没了森林，火山灰中含有大量的二氧化硅，在高温、高压和地下水的作用下，二氧化硅成分渗入植物组织而使木质硅化，从而形成了木化石。木化石主要组成的岩矿成分是二氧化硅，所以人们又把木化石叫硅化木。

木化石林

木化石已经成为园林景观和装饰的新宠元素。在北京大学、中国林业科学院、国家自然博物馆、天津自然博物馆，在全国很多地方甚至各大城市，几乎都可以见到朝阳的木化石。中南海紫光阁东侧的5棵木化石、深圳仙湖植物园的700多棵木化石、本溪地质博物馆的606棵木化石，全部产自辽宁朝阳。而最让人感到震撼的当数辽宁朝阳鸟化石国家地质公园的木化石林，全部产自朝阳本土的1 100多棵木化石傲然耸立在2万平方米的花草树木丛中，气势磅礴，景色壮美，享有"世界第一木化石林"之美誉。这些木化石是经过科学鉴定的属种，直面斑驳的树影，仿佛回到亿万年前的森林，再现火山喷发的瞬间被定格的生命景象。

朝阳木化石其形千姿百态，其质晶莹剔透，其色绚丽夺目，其韵亦真亦幻，不仅营造壮美的园林景观，还可雕刻成精致的旅游工艺品，博物馆里一件件木化石雕刻品演绎着"古木有魂身不朽，灵古无语话沧桑"的万古豪情。

[丰富的节会活动]

自然遗存是人类开启自然文明的钥

匙。辽宁朝阳鸟化石国家地质公园以壮美的景观、丰富的馆藏和优质的服务，为研究、探索者提供最好的科研平台，为求知、求识者敞开博大胸怀，为一切热爱自然、珍视生命的人们送上开启自然文明的钥匙，通达科学知识之门。这里成为科学家成长的摇篮，以青年为主体的一批科学家从这里走向世界。据不完全统计，国内外学者有关中国热河生物群的研究，已发表的著述有600余篇（部），其中在《自然》《科学》等顶级期刊上发表的就有50多篇。中国朝阳首届国际化石节暨朝阳古生物国际学术研讨会、世界第六届古鸟类大会、世界第五届国际古昆虫大会、世界第三届国际翼龙大会、海峡两岸"小达尔文"夏令营等有关化石科研的节会活动接连不断，异彩纷呈。

尤其是2009年，朝阳市委、市政府举办的中国朝阳首届国际化石节，通过化石名片，向世界展示朝阳独具特色的发展优势和巨大的发展潜力以及朝阳特有的文化魅力。化石节期间，召开了朝阳古生物国际学术研讨会，16个国家的30位国外专家和70位国内化石界知名学者参加，盛况空前。此外，配合化石节，还举办了由中央电视台承办，以"相聚朝阳"为主题的大型文艺专场晚会，为朝阳化石节献上一道精美的文化大餐。还举办了朝阳旅游产品推介会、"乐在朝阳"龙舟邀请赛和焰火晚会，营造化石节喜庆氛围。

在立足本地搞好丰富多彩的节会活动的同时，我们还积极与欧美、日、韩等国家和地区开展化石外展交流活动，努力把朝阳这一震惊世界的古生物化石宝库推向世界。2010年，借助上海世博会这一国际舞台，举办了产于朝阳热河生物群的10块国宝级的古生物化石展，受到游客的青睐，参观者络绎不绝。在上海世博会闭幕当天，国务院总理温家宝专程到辽宁馆参观了古生物化石展，党和国家领导人李长春、李克强也分别参观了古生物化石精品展。如此众多的珍奇化石齐聚上海世博会，开世博之先河，将永载史册。

[良好的社会效益]

辽宁朝阳鸟化石国家地质公园属于文化产业，但它与朝阳红山文化旅游区、北塔佛教旅游区等一系列旅游、文化产业相结合，每年吸引着大批旅游者，成为对地方经济具有相当推动作用的产业。同时，辽宁朝阳鸟化石国家地质公园在普及科学、促进教育以及提高人民群众的文明程度方面也起着特殊的作用。辽宁朝阳鸟化石国家地质公园是"国土资源科普基地""国家AAAA级旅游景区""辽宁省科学技术普及基地""先进集体""朝阳市科普教育基地""首届朝阳十大生态休闲景点"。

【景区亮点】

1. 陈列着迄今世界上最早的鸟类和开花植物的化石标本。

2. 观赏当地出土的恐龙类、爬行类、昆虫类等多种化石标本。

3. 行走在化石发掘现场，观察中生代化石的剖面。

4. 这里是地球上第一只鸟飞起、第

一朵花绽放的地方。

【美食伴游】

凌源百合、喀左饹馇、喀左碗砣、喀左羊杂汤、凌源麻团、凌源拨面、凌源对夹、凌源饹馇、切糕、朝阳大枣、纸皮核桃、大凌河鸭蛋、朝阳小米、泉盛河酒、朝阳杏仁油等。

凌源百合

凌源麻团

凌源对夹

【购物推荐】

凌源百合、喀左饹馇、喀左碗砣、喀左羊杂汤、凌源麻团、凌源拨面、凌源对夹、凌源饹馇、切糕、朝阳大枣、纸皮核桃、大凌河鸭蛋、朝阳小米、泉盛河酒、朝阳杏仁油等。

【景区地址】

朝阳市龙城区龙鸟大街100号

【交通指南】

朝阳市内可乘坐公交11路环线、12路内环、12路外环、15路至地质公园站下；朝阳火车站前可乘坐12路外环至公园。

【周边景点】

佛教圣山凤凰山、"辽西绿岛"大黑山、绝胜净土清风岭、朝阳北塔、燕山湖、白石水库、龙凤山、天秀山、赵尚志纪念馆、慕容古街、庙子沟滑雪场、鑫峰生态示范园、骆驼山子农业生态园区等。

●朝阳凤凰山风景名胜区

游客朋友们好！欢迎游览朝阳凤凰山风景名胜区。

凤凰山地处朝阳市区东侧，距市区4公里。凤凰山在东晋时叫龙山，隋代时又叫和龙山，清代时由乾隆皇帝赐名凤凰山。朝阳市之所以叫朝阳，其实与凤凰山有直接关系。乾隆皇帝按《诗经》中的"凤凰鸣矣，于彼高岗。梧桐生矣，于彼朝阳"的诗句，把龙山改名为凤凰山，又以这诗句中的"凤鸣朝阳"之意，把龙城改名叫了朝阳。

西线——京哈高铁线

凤凰山山门

凤凰山由3座山组成，南部龙山，其最高峰碧华山海拔486.6米；北部麒麟山，最高山峰是黑山头，海拔496米；处在中间的是凤凰山，也是整个景区的核心区域，最高峰海拔668米，这三山统称凤凰山，整个山体占地面积约55平方公里，现为国家森林公园，也是国家AAAA级旅游景区。凤凰山的脚下，就是孕育了中华5 500年文明史的大凌河。这条长约800里的大凌河，不但滋养了凤凰山，而且还托起了中华文明的曙光，大凌河畔的牛河梁，也成了中华文明的摇篮。

正所谓"山不在高，有仙则名"，依托着朝阳丰厚的历史文化底蕴，看似平淡无奇的凤凰山，其实别有洞天。这座以佛教文化为特色的景区，不仅有着悠久的佛教文化历史，而且至今还遗存有东晋、北魏、大辽和清代的大量佛教建筑。水有水根，山有山魂。如果说丰厚的佛教文化历史是凤凰山的基础，众多的塔寺洞龛构成了凤凰山现有的规模，那么新近落成、安奉着两佛舍利的佛宝塔则是凤凰山的灵魂。释迦牟尼佛、锭光佛舍利共驻一山，使得凤凰山成为举世无双的佛教圣山。

[菩提路]

刚才大家经过的带有3座牌楼的进山路是菩提路。菩提树是印度的一种名树，相传佛祖释迦牟尼在菩提树下，经过七七四十九天，悟道成佛。所以，菩提树又是智慧、觉悟的象征。如此一来，菩提路也就是智慧路、觉悟路。菩提路全长1 000米，宽24米，路两侧绿化带采取针阔混交、乔灌立体、观叶赏花、模纹造景的构思规划设计，树种分别为油松、千头椿、碧桃、桧柏、四季锦带、福禄考等，这正是：一花一世界，一叶一如来。3座高耸的仿古清式牌楼高度均为16米，跨度26米，分别代表着空、无相、无愿3种法门，简单地说，也代表着修身悟道的3种境界。所谓空，就是达到无我、无他之境地；所谓无相，也就是无想，脱离一切烦恼忧思；所谓无愿，也叫无作或无欲，指的是无因缘之造作，心无造作之念。领悟了这三昧，便就是心身解脱、大彻大悟之人。今日诸位走过这三座门，相信你们也都是拥有大智大慧的非凡之人了。

[摩崖佛龛]

走过了智慧之路，步入了凤凰山山门，那我们现在就正式进入了天下第一佛教圣山——凤凰山。站在这里，大家顺着我手指的方向往上看，您可以看到这处不算太高的断崖上，排列着参差不齐、疏密大小不一的一个个小石洞。这就是始凿于三燕、成于北魏的72摩崖佛龛，也是凤凰山现存年代最为久远的一处佛教古迹。尽管年代相近，规模不

摩崖佛龛

大，但它与山西大同的云冈石窟、河南洛阳的龙门石窟相比，用处就大不一样了。云冈石窟、龙门石窟凿刻着众多的大小佛像，而凤凰山摩崖佛龛的独特之处在于，它最初不是用来放置佛像，而是用来存放凤凰山龙翔佛寺大德高僧骨灰的。这说明当时凤凰山佛教极其兴盛，僧侣众多，佛教名山的历史盛况由此可见一斑。

[佛商会馆、自然博物苑]

作为凤凰山山门景观群的一部分，佛商会馆由1号馆和2号馆组成，1号馆为三层仿清建筑，2号馆为4层建筑，乌面青瓦，暗红色的油饰，青石铺就台基。整个会馆是按照五星级宾馆标准建设的，除办公、科研场地外，可为游客提供康体、餐饮、保健、洗浴等服务。自然博物苑也是仿古式建筑，里面展出许多珍稀动植物标本。在以佛教文化为主体的凤凰山，建起这样一个展馆，充分体现了佛家倡导的世间生灵平等、慈悲为怀、爱惜众生万物的理念。

[祈福园]

东晋慕容皝所创的前燕王朝，之所以选择在朝阳建都，就是看中这里是风水宝地，而凤凰山则被认定为"福德之源"。现在，大家所看到的就是祈福园。祈福园是由凤凰山原山门改建而成，和山门相互辉映，气势十分壮观。园内正中置放一高大雄伟、十分壮观的青铜宝鼎。鼎高6.9米，直径5.4米，重8吨。宝鼎是青铜器时代的重要器物，大多出土在中原地区。然而，我要告诉大家的是，朝阳是中国北方唯一出土青铜器的地区。目前，在辽宁省博物馆中展出的大量殷商时期的青铜器，有3/4来自朝阳。因此，有文物专家曾说：如果没有朝阳出土的青铜器，可以说就没有辽宁省的青铜器时代。也许大家会问：为什么只有朝阳才能出土大量青铜器？这是因为，朝阳的喀左、建平、凌源等地曾经是殷商王朝的分封小国孤竹国属地，著名的"不食周粟"的典故就发生在朝阳。大家现在看到的这个鼎，名叫"聚福宝鼎"，它是依照1973年在朝阳喀左出土的商代青铜方鼎仿造的。鼎为国之重器，古人说"盛世铸鼎""鼎志昌盛"，在民间也有"鼎立福至"之说。因此，宝鼎有"积钱财，聚人气，填基业，避鬼邪，增福寿，兆祥瑞"之

祈福园

意,是人们表达美好愿望、祈求幸福安康的吉祥圣物。正所谓"来到祈福园,幸福到永远",为了您的幸福吉祥,大家不妨在这里看一看,拜一拜,寻个好彩头。

[天然大佛、华佗拜弥勒、双乳峰]

凤凰山虽然是一座佛教圣山,但也不乏奇趣天成、惟妙惟肖的自然景观。现在,大家看到的这一组可以说是凤凰山最集中、最有代表性的自然景观。

双乳峰

天然大佛

首先,让我们来辨看一下天然大佛。请顺着我的指向看对面的山脊。从右到左看,依次是头、颈、胸、腹、腿,这五部分构成了一个完整地呈现仰姿的人的形象。大家回过来再端详一下头部,宽宽的额头,方圆的侧脸,下垂的耳朵,依稀可辨的耳窝,头顶上看似发髻的造型,这简直就是一尊佛的天然造像。从头到脚,佛像整体线条流畅,构图雄浑简洁,法体天成。天然大佛是于1993年由曾经在朝阳战斗过的河北省一位离休老领导重访故地时发现。1999年,由时任辽宁省佛教协会会长照元法师主持了大佛开光大典。佛教历史名山发现如此逼真的天然大佛,更加印证了凤凰山不愧是一座佛教名山、圣山和灵山。

下面,再让我们欣赏一下另一景观——华佗拜弥勒,当地人也叫它"石人山"。华佗拜弥勒位于天然大佛头部的下方,由两块人形立石组成。端坐于崖顶的石像如一位身披袈裟的弥勒菩萨,下方的那块立石如身背药篓、低首躬身的华佗。相传曹操东征乌桓进驻柳城后,头疾发作,为给曹操治病,随行的名医华佗只身一人进山采药,正赶上天降大雨迷了路,巧遇一位老人在崖下避雨,华佗便躬身施礼向老人问路。曹操病愈后,率张辽等人登上龙山,见问路处有两块人形石头立于崖上坡下,曹操心有所悟,知道是得到了弥勒菩萨的暗助,遂向上叩首三拜。东征乌桓大胜后,曹操心花怒放,诗兴大发,于是写下了气势宏大的千古名篇《观沧海》。

双乳峰位于天然大佛脚部,这两座圆形隆起的山峰如同两只巨乳,造型形象生动,耐人回味。

[倒坐观音]

倒坐观音洞,最早为辽代所建,位

于我们现在看到的这处悬崖中部,四面林木茂密。说它是洞,实际上是一个小石棚,高约2.3米,深1.7米,洞内供奉着一尊石刻观音像,因山洞处在山的阴面,故叫倒坐观音。至于观音为何倒坐,有一副对联说得非常明白:"试问观音为何倒坐?只缘众生不肯回头。"由此便可体会到大慈大悲、救苦救难的观音菩萨的良苦用心了。倒坐观音洞的下方,建有一六角攒尖亭,取名为"慧缘亭"。佛家十分讲究"慧",慧为佛教"三学"(戒、定、慧)之一,又是六度(布施、持戒、忍辱、精进、禅定、般若)之一,这里的"慧"或"般若",就是破惑证真的智能、理智,也是指人的修养。"缘"更加为佛家所看重,所谓的"佛缘""佛根""佛性",就是指与佛的缘分。按照佛的说法,人人都有佛性,只要不断培植自己的智慧,努力向上,就能达到比较理想的境界。这也是"慧缘"二字的取因。另据一些大德高僧和所谓大仙的说法,倒坐观音洞和慧缘亭也是众佛、菩萨每年一度光顾凤凰山的聚集之处。每年的农历七月三十是凤凰山的大型传统庙会日,而在七月二十九的晚上,各路佛、菩萨及仙家就齐聚在这里,等待着庙会日的来临。正因为有这个说法,所以到这里烧香礼拜的人很多,特别是庙会的前后,这里聚集有成千上万的人。这正是:洞小法力大,地偏菩萨灵。若得佛保佑,请您凤山行。

[海昌墓塔]

从东晋首建龙翔佛寺以后,凤凰山历朝历代出现了许多知名的大德高僧,这座墓塔的主人是清初凤凰山华严寺的住持海昌法师,故称海昌墓塔。墓塔由塔座、塔身、刹顶3部分组成,高2.7米。用素面小青砖砌筑,白灰勾缝。中有束腰,上大下小。正面嵌有一石板,为券门,浅浮雕莲花、火焰、宝珠,并刻有藏文咒语。塔刹为砂岩雕刻,从下至上有方座、仰莲、相轮、宝珠等。原塔身素面通体涂有白灰,现已脱落。

海昌墓塔

[降香十八盘]

素有"降香十八盘,九曲十八弯"之称的降香十八盘,是自辽代以后香客信众上凤凰山卧佛古洞烧香拜佛的主要路径,也是徒步上华严寺和云接寺的一条便捷之路,全长约2公里,多为石板铺就。正如我刚才所讲,十八盘逶迤曲折,如蟠龙卧岭,又似银蛇飞舞,如果您登临其上,不仅可以饱览凤凰山的美丽风光,还可体验登山的乐趣。清代诗人许植椿登过十八盘后,曾写诗赞叹:

"层层石磴更崎岖，松绿花红入画图。不识何人留古迹，两峰高处两浮屠。"这里的浮屠就是塔的意思，登上十八盘，可以看到凤凰山中寺的摩云塔和原上寺的凌霄塔。

[延寿寺]

延寿寺，俗称下寺，原名报恩寺，始建于清康熙五十年（1711）。原华严寺僧人海昌接引其同门师弟海明来山，因无居住清修之所，便将这一平坦地段划归海明。同年，海明便募化修建了一座寺院，为报答师兄海昌的知遇之情，便将寺院命名为报恩寺。到清乾隆重新修缮时，更名为延寿寺。延寿寺是凤凰山规模最大的一组古建筑群，占地面积约1万平方米。整个寺院由六重正殿、三重东西配殿组成，中轴线上从前至后依次是天王殿、地藏殿、大雄宝殿、药王殿和关帝殿、观音殿及藏经楼。延寿寺与其他寺院唯一不同的就是它的钟楼和鼓楼不是在院内，而是建在寺院两侧对称的山腰上，这也是所谓的因地制宜吧。

天王殿为延寿寺的第一重殿，因大殿正中供奉弥勒佛又称"弥勒殿"。我们先来看天王殿东西两侧供奉着的"四大天王"。按佛家的说法，四大天王有显正去邪之意，他们视察众生的善恶，并且担负着保护佛、法、僧三宝的重任。

现在我们来到的是"地藏殿"。地藏殿是第二重殿，面阔三间，进深三间，建筑面积107平方米。地藏殿的正中供奉的是地藏菩萨，佛像高2.2米，用汉白玉雕刻而成。在民间信仰中，地藏菩萨以"我不入地狱，谁入地狱"的精神，甘愿进入地狱，全力去救度沦落在恶道里的众生。因此，地藏菩萨才有了"大愿菩萨"的美誉。

大雄宝殿是延寿寺的主体建筑，"大雄"是对佛祖释迦牟尼的尊称，意思是大智大勇，能征服一切邪魔。大殿内正中央供奉着的就是释迦牟尼佛。释迦牟尼是佛教的创始人，"释迦"是部族的名称，"牟尼"是明珠的意思，比喻为圣人，释迦牟尼是佛教徒对佛祖的尊称，意思为释迦族的圣人。

关帝殿和药王殿是延寿寺的第四重殿。我们先来看看关帝殿。大家知道关羽是三国时期的蜀国大将，在民间有许许多多关羽超升为神的传说。而关羽是第一位，也是唯一一位被佛、道、儒三家共同尊崇的神。佛教把他当成护法，道家、儒家则把他当成"忠义英武"的象征，尊称为"关圣帝君"，一般的百姓则把他当成"武财神"供奉。我们再来看看药王殿。

药王殿供奉的是孙思邈。孙思邈，隋开皇元年（581）生于我国京兆华原

延寿寺

（今陕西铜川市耀州区），死于唐永淳元年（682），整整活了101岁。他少时刻苦学医，以博览经史子集、历代医书和兼通佛典闻名于世。他认真总结前人的经验，广泛收集并应用民间秘方、药方和针灸技艺，不仅医德高尚，而且乐善好施，潜心编撰了《千金要方》和《千金翼方》等著名医学名著，为我国的古代医学作出了巨大贡献。传说中他曾治好唐太宗妻子的怪病，被唐太宗封为药王。老百姓感念其医德，道、佛两教都很尊崇他，故封他为医圣、药王菩萨，并建寺祭祀。一般佛教寺院中的药王殿还常常悬挂着这么一副对联：药医不死病，佛度有缘人。

藏经楼是延寿寺的第六重殿，修复于1998年5月20日至9月20日，为仿清歇山式建筑。总高为11米，建筑面积332平方米。由香港菩提学会会长释永惺法师题写的藏经楼匾额制作精美，笔法老到，厚重、朴拙之中透出几分轻灵和禅意。一楼是玉佛殿，供奉一尊长达5.2米的玉佛，是由缅甸玉和缅甸工艺精雕而成，佛的右手置于头下，呈侧卧姿，为释迦牟尼涅槃相。该玉佛系五台山僧人觉然师父于1998年8月2日所请，同年9月20日由辽宁省佛教协会副会长照圆法师主持了开光大典。

[佛宝塔]

说到朝阳的两佛舍利，那可不仅是我们朝阳人的骄傲，也是轰动整个佛教界的奇迹。释迦牟尼佛的真身舍利，1988年发现于朝阳北塔天宫，同时出土的还有上千件佛教文物，其中国宝级文物有3件。舍利供奉在精制的金盖五彩玛瑙罐里，而玛瑙罐又装在一座方形的金塔里，金塔外面是一个刻有释迦牟尼佛涅槃像的木胎银棺，外罩佛家的七宝塔。

佛宝塔

佛宝塔由须弥座、仰莲座、塔身和单层塔檐构成。须弥座和栏板上雕刻有佛教故事。塔身的四面浮雕有五方佛中的四方佛佛像。东面是阿閦佛，表大圆镜智；南面宝生佛，表平等性智；西面阿弥陀佛，表妙观察智；北面不空成就佛，表成所作智；中间就是大日如来佛，表法界体性智。

塔身上面铺作有斗拱。塔檐的顶面，铺黄色琉璃瓦。外观金黄色，充分体现出佛教建筑的庄严华贵。

各位游客，现在我们来到了佛宝塔的中宫。

在中宫的中心位置，是一个高大的弥须座。须弥座上，就供奉着释迦牟尼佛祖的真身舍利。

现在大家看到的这粒舍利，就是释迦牟尼佛祖真身血肉舍利。根据史料记载，隋代高僧慧远的高徒宝安法师奉皇帝之命在营州起梵幢寺，将舍利供奉在塔上，也就是今天的朝阳北塔。当天半夜，安放舍利的塔上便放出白光，形状像云雾一样，持续了好长时间，共连续3个夜晚放出白光。有关这一奇异的"感应"现象，在《续高僧传》和唐代人编著的《法苑珠林》中都有记载。隋文帝共前后三次在全国114个州建立灵塔，安葬舍利。但是到目前为止，在全国范围之内，虽然已经发现多枚佛舍利，而在朝阳北塔天宫出土的释迦牟尼佛舍利是唯一一粒有确切记载的隋文帝颁赐的佛舍利。

参观完供奉释迦牟尼佛祖舍利的中宫，现在我们来到了佛宝塔的地宫。在地宫中部的须弥座上，供奉的是锭光佛舍利。石宫的面积不大，为1米见方，在石宫东侧立放着《佛舍利铭记》碑。石宫中部是一件以青砂岩雕刻成的石函，石函外表有"迦陵频迦纹"内容的彩绘。石函内正中摆放有一件高台座浮雕四神纹的镏金银棺和近10件供养器物。银棺内装有玻璃舍利瓶，瓶中有18粒晶莹剔透的佛舍利。

在《佛舍利铭记》碑文中，有"大契丹国霸州居第东南，上兴塔庙，下置石宫，藏释迦佛舍利一尊，锭光佛舍利一十八粒"的记载。到目前为止，在全国范围内，已经发现很多处佛舍利，但是，由隋文帝敕葬的释迦牟尼佛祖血肉舍利，这是全国唯一的。又发现有明确记载的锭光佛舍利，这在全国也是唯一的。在同一城市中，发现释迦牟尼佛舍利和锭光佛舍利，更是全国唯一的，在全世界也是唯一的。因此，朝阳享有"世界佛教圣地"之称，当之无愧。凤凰山是天下佛教第一圣山，同样当之无愧。

[天庆寺]

天庆寺，俗称小西寺，位于延寿寺西南山坡峭壁之上，原是一组玲珑精巧的辽代寺院，始建于辽寿昌五年（1099），清康熙十七年（1678），僧人性悟、性喜经过募化又延续修建数十年，之后性喜之徒海登又对其进行了维修。1993年按清式建筑恢复原貌。

天庆寺

天庆寺主要建筑有观音殿、东西配房、山门、围墙和唱和诗碑。主体建筑为观音殿，面积40平方米，硬山式。殿内供奉汉白玉观音立像。殿前立有唱和诗碑，上刻辽寿昌五年（1099）天庆寺住持智述的《题玉石观音像》和当时兴中府文人雅士、官吏及各寺高僧等25人共26首唱和诗。诗中主要记述了智述发现玉石、雕刻的过程和观音形貌。可惜原碑已遭破坏，现在所见是1997年复立的。

天庆寺背依山崖，前临深壑，寺后崖畔上生长着数株古柏，倾斜覆荫于寺宇之上；寺前围墙外侧，长有 5 株千年古柏，又称佛指柏，胸径约 40 厘米，高 10 米有余，冠幅达 70 平方米，苍劲挺拔，古枝老干，如虬龙错盘。在古柏林荫的映衬下，天庆寺显得格外幽静、典雅，成为山中最可人的去处。正所谓：宝寺灵光，危崖柏木青云翠；清德福地，至善观音白玉洁。

[云接寺]

云接寺

云接寺，俗称中寺，位于凤凰山主峰东坡一条平坦的山脊地段，海拔 550 米，周围地势险峻奇特，景色壮观，常有云雾缭绕，岚气蒸腾，故名云接寺。

云接寺有殿堂 8 座，占地面积 1 500 平方米，建筑面积 742 平方米，始建于清雍正十三年（1735），因摩天塔基常被人盗挖，僧人海昌、海明便于塔下募建寺院，令其徒孙照吉居于此处护塔。原构建有照壁、娘娘庙、关帝殿、碾棚、大悲殿、菩萨殿、僧舍、东配房等建筑，并有铁鼎一尊、旗杆两根。

云接寺精巧玲珑，布局紧凑，上擎白云，下踏香烟，雨雾之中，尤为仙境，是凤凰山保存较为完整的一座寺院。

[摩云塔]

摩云塔，建于辽代，为方形实心 13 级密檐式砖塔，高 37 米。四面塔座，中央均设假门，两侧砖砌浮雕化生童子、伎乐人、莲花、净瓶等图案，四角柱上雕金刚力士像，其上为双层仰莲座，中间一周刻有密宗法器金刚杵、法轮。塔身四面各于中央浮雕坐佛一尊，盘腿端坐于莲花宝座之上，座下为马、孔雀、金翅鸟和象四种生灵。此塔与朝阳市区的北塔均为佛教密宗金刚界之舍利宝塔，塔身上的佛像统称为五方五智如来佛。坐佛两侧有菩萨、飞天侍奉，并刻有八大灵塔及塔铭。塔铭实为释迦牟尼一生主要事迹的概括。各层塔檐束腰处镶嵌青铜宝镜 104 块，檐角出梁悬挂有 52 个风铎。

摩云塔

摩云塔具有较高的艺术价值，其造型挺拔隽秀，雕刻高超精美，气势雄伟壮观，实为辽代佛塔艺术的精品杰作。2006 年，云接寺和摩云塔被列为全国重点文物保护单位。同年，对摩云塔进行了保护性维修。

[华严寺]

华严寺，俗称上寺，位于凤凰山主

峰顶端，始建于辽代天禄年间，清代顺治年间重修。据《辽史》记载："辽世宗耶律阮，在天禄年间（947—950）曾狩猎于和龙山，获得一香麇，并建华严寺于山上。"又据《元一统志》记载："辽天授皇帝常猎和龙山，建华严寺。"这些记载说明了华严寺修建的年代及背景。从史料上看，龙翔佛寺与华严寺是凤凰山仅有的两座由皇帝敕建的寺院，可惜都已不复存在，遍地瓦砾昭示着昔日的辉煌，又无言地述说着曾经的悲哀。可喜的是，我们现在正在筹划恢复龙翔佛寺，资金筹集、设计、选址等工作已经完成，只待破土动工了。建成后，大家就可以看到这座东北第一佛寺的庄严风采。

[卧佛古洞]

卧佛古洞

卧佛古洞，又名朝阳洞，位于华严寺下方，是凤凰山主要佛教遗址之一，也是自古以来佛事活动比较频繁的所在。朝阳洞为一天然洞穴，背依峭壁，前临深壑。《塔子沟纪略》中有详细记载："朝阳洞口向西南，面宽两丈，进深一丈二尺，中有石佛卧石床上，身长九尺五寸，高二尺五寸，腰围三尺五寸。

相传顺治八年（1651）春三月，有人在山中行围，见一白鹿前奔，追至山顶树林中，仅见石洞而鹿无踪，视洞中惟卧佛在。因与众共商修整庙宇，于顺治八年兴工，九年告竣，妆金饰彩，佛像一新。招募僧人李大嘴在洞中住持。洞本无名，因其向阳，遂名朝阳洞。"此后数十年间，朝阳洞香火不断，日趋兴旺，洞口处修建了韦驮阁，洞边也悬挂八口古钟。现置于凌霄塔旁的古钟铭文有如下记载："辽东锦州府城西古柳州大凌河南凤凰山朝阳洞，古佛宝刹虽不似古昔之庄严，亦可续源流之因果。善信会首张弘江发心叩化十方，善男信女同发虔诚，铸金钟壹口，重四百斤余。康熙十一年（1672）五月吉日造。"此钟为凤凰山现存最早的清代遗物，也是凤凰山及朝阳洞之名见于记载的最早实例。

[大宝塔]

大宝塔，位于凤凰山主峰北面的山坡上，是凤凰山三座辽塔之一。塔为方形空心，13级砖筑，残高约17米。塔座中部束腰，雕刻莲花、火焰、伎乐人等图案。每面原有24组，现存14组，每组都不一样。塔座南部砌成了券门，塔身底部为仰莲须弥座，顶部是砖雕斗拱、飞檐、瓦垄，四角立有角柱。塔身每面雕有坐佛一尊，下有莲台，束腰处四面分别雕有五马、五象、五鹰、五鹏，佛像两侧有小塔。各层塔檐均为涩砖筑。刹顶为莲花座上直立尖圆柱形刹杆。此塔规模不大，但小巧精美，塔身细高，显得十分峻峭。更有特色的是，塔座周围雕有梵文，这是辽代塔建筑中所少见的。

大宝塔下有一天然清泉，水势甚旺，终年不竭。晴和天气，塔影倒映于水面，泉映宝塔，堪称佳景。

各位朋友，凤凰山是东北佛教历史名山，两佛舍利的入驻，又使它成为举世无双的天下第一佛教圣山。今天，我们只是游览了凤凰山的主要景点，因时间关系，其他部分景点还没有来得及光顾，没关系，有缘总会见面。在这里，您同时拜见了两佛舍利，这份殊胜因缘不是随便什么人都能有的，相信您会再次登临凤凰山这块佛宝圣地。

谢谢大家，欢迎再次光临！

【景区亮点】

朝阳凤凰山不仅是辽西的历史名山，也是燕、辽时享有盛誉的佛教圣地，被誉为"东北佛教名山"。

【美食伴游】

凌源百合、喀左饹饸、喀左碗砣、喀左羊杂汤、凌源麻团、凌源拨面、凌源对夹、凌源饹饸、切糕、朝阳大枣、纸皮核桃、大凌河鸭蛋、朝阳小米、泉盛河酒、朝阳杏仁油等。

【购物推荐】

凌源百合、喀左饹饸、喀左碗砣、喀左羊杂汤、凌源麻团、凌源拨面、凌源对夹、凌源饹饸、切糕、朝阳大枣、纸皮核桃、大凌河鸭蛋、朝阳小米、泉盛河酒、朝阳杏仁油等。

【景区地址】

朝阳市双塔区朝阳市凤凰山风景名胜区

【交通指南】

朝阳市区到凤凰山约为5公里行程，出租车费为10~15元。公交车10路从市区直达凤凰山，票价1元。

【周边景点】

"辽西绿岛"大黑山、绝胜净土清风岭、鸟化石国家地质公园、朝阳北塔、燕山湖、白石水库、龙凤山、天秀山、赵尚志纪念馆、慕容古街、庙子沟滑雪场、鑫峰生态示范园、骆驼山子农业生态园区等。

●清风岭风景区

游客朋友们好！欢迎游览清风岭风景区。

《中国地》一景

2011年7月23日，一部38集电视连续剧——《中国地》开始在央视一套黄金时间热播，随后各省卫视也纷纷在黄金时段高调热播。一时间，《中国地》成了国人热议的话题，而《中国地》所反映的故事发生地和外景拍摄地——清风岭，也成为媒体关注、游客向往的热点景区。下面我向各位简要地介绍一下清风岭。

清风岭，现为省级自然保护区，国家AAA级风景区。保护区总面积9 000多公顷，其中游览区面积2 580公顷。景区内峰奇岭秀，洞幽石奇，岩横翠柏，涧底流泉，有"绝胜净土"之美誉。景区核心部分由清风岭影视基地和西冰沟、东冰沟、榆林沟、庙后沟这四条各具特色、幽深险峻的山沟组成。

[清风岭影视基地]

这里就是《中国地》拍摄的主场景地——清风岭影视基地。影视基地占地2公顷多，建筑面积3 500平方米，属20世纪三四十年代典型辽西乡村建筑风格。由《中国地》剧中人物赵老嘎大院、村公所、民居、二爷家、七巧房间、秀春和想儿家、著名化石专家王思凯先生住所、二脑袋房间及武器库、皮库、练功房、戏台子等组成。

清风岭影视基地

说到《中国地》，首先要向大家介绍一下这个故事的原型。清风岭，当地人称为"石明信沟"。世代居住在石明信沟的王老凿，本名王文福，从小就胆大过人，多次入深山斗恶狼，探洞穴战巨蟒。他中等身材，腰板儿挺直，尖下颏，小圆脸，额头刻满了皱纹，穿着一身当地土布衣裤，走起路来健步如飞。"九·一八"事变后，日本鬼子入侵朝阳。王老凿揭竿而起，竖起抗日保家大旗，固守家园，开展游击战。一天，日本兵和当地伪警在多次收编、劝降无果的情况下，调集600多兵力包围石明信沟，要彻底铲除王老凿的抗日武装。王老凿得知消息，便把妇女、儿童送出石明信沟，住进亲朋好友家中，村中男子都携枪登上四楞子山。四楞子山海拔800多米，山势险峻，荆棘丛生，古树参天，东南北三面是悬崖峭壁，只有西面一条羊肠小道儿能通山顶。他们据此险要顽强地坚守了几天几夜，击退了敌人的多次进攻，击毙日伪军数十人，王老凿的三弟在激战中阵亡。正当他们弹尽粮绝时，一场瓢泼大雨从天而降。王老凿利用熟悉地形的优势，趁天黑安全撤出敌人的多层包围圈。敌人无奈，也只好抬着大批死伤人员，离开了石明信沟，从此，石明信沟永远属于坚守它的人们，这几十平方公里的土地就成了名副其实的"中国地"。在几十年以后，作家赵冬苓女士受日本邀请，到日本进行学术交流，一次偶然的机会在日本国家档案室里，在"二战"密档的一栏里，发现了一本写着"中国地"的档案，于是忍不住翻开了这本充满神秘色彩的档案"中国地"。赵冬苓迅速浏览了整本档案，发现记录的是"二战"期间,日本关东军在东北沦陷区竟有一块长达14年之久的净土未侵占,而这被称为"中国地"的就是朝阳清风岭。看完之后赵冬苓心潮澎湃,清风岭一词深深地印在了她的脑海中。回国之后她就马上来到朝阳进行寻访、调查,经过几个月,终于写就了"二战"期间在朝阳清风岭抗日英雄赵老嘎率领朝阳人民抗击日寇壮烈故事的电视剧本。

[榆林沟]

榆林沟

榆林沟景区自然风光秀丽,山势陡峭,溪水潺潺,景色宜人。投资200万元铺设的景区青石板台阶从山脚直通山顶,整齐划一,也是景区内一道亮丽的风景线。榆林沟景点较多,主要包括以下几个:

"进京赶考"。眼前这块山石犹如一位头戴纶巾,意气风发的进京赶考书生,身上背着装书本的箱子,似在低头吟诗感慨。

清风泉。泉水从深谷流出,在此聚集,终年不干,清凉甘冽。相传当年清风子道长每每到此取水饮用。

赵老嘎和王先生御敌地。这里就是电视剧《中国地》中赵老嘎和王先生在清风岭里投掷石块御敌的拍摄外景地。是在第几集里出现的,大家可以回去找一下。

清风溪。现在我们看到的就是汇聚成清风泉的水流——清风溪。由于地质问题,清风岭水流大多深入地下,地表水流极少,但是清风溪却终年不干且溪水清澈见底,一直缓缓流淌,最终汇集成大家刚刚看到的清风泉。

清风岭"猿人"。大家随我一直绕到这块石头的另一面,好了,现在大家从这个角度看,是不是发现这块石头与我们印象中的猿人头像一模一样。对了,这块石头就叫清风岭"猿人"。

双狮峰。抬头望去,犹如两头狮子并肩而立,俯视自己的领地。

"布达拉宫"。大家可能不知道,不仅拉萨有布达拉宫,我们朝阳也有一座"布达拉宫",大家顺着我手指的方向,细细地品味就会发现那座山和拉萨的布达拉宫极为相似。所以说我们清风岭有一座自然的"布达拉宫"。

"狮身人面像"。我们这里不仅有"布达拉宫",还有"狮身人面像",大家看,它像不像狮子的身体,前面却像人类的面部,与埃及的狮身人面像有异曲同工之妙。

哲人侧面像。此石酷似伟大的哲学家马克思在侧脸思考问题。

藏经洞。相传在此洞中发现清风子道长留下的经书,于是将此洞命名为藏经洞。

"孙猴子出山"。此峰山顶一撮丛草，山下一块巨石好像一只石猴被压在山下，几乎跳出，让人想起《西游记》中的孙悟空从五指山下出来的情景。

"中华龙出世"。右面高处的石洞，据说就是中华龙出世的地方，非常神奇。朝阳是出土中华龙鸟的地方，即第一只鸟飞起的地方，"中华龙出世"代表朝阳的化石文化。

"永恒的爱"。远远望去，像一对恩爱的老夫妻，互相依靠，好像搀扶而立。让人感慨人间爱情的伟大，期盼永恒的爱恋。

"生命之源"。前面那座山峰就是"生命之源"，游客可以自己感悟"生命之源"的深刻含义，大家可以猜一猜，但不要说出来。

"龙城古堡"。据说由于这里风景优美，聚集的人越来越多，大家就建了一座古堡，搬到堡里居住了，得名"龙城古堡"。

"鼎盛中华"。大家过来看，这个的寓意非常好，仔细看就会发现这块石头犹如一座古鼎，它寓意着鼎盛繁荣，看到了它，相信各位的事业也会越来越鼎盛。

化石壁。整面石壁错落有序，就像粗大的树干，在朝阳有很多的树化石，因此被称作化石壁。

"望天吼"。在我们中国，有很多望天吼形象，现在大家看到的是我们清风岭自然形成的"望天吼"，犹如一头雄狮，仰天长啸，震撼山林。

"虎啸清风"。与之前看到的"望天吼"意境相似，此石像一头猛虎在清风岭大声咆哮。

"唐僧取经"。我们现在看到的景点叫作"唐僧取经"，这个景点栩栩如生，仿佛《西游记》里的唐僧取经路过。想必大家已经发现了，前面我们还看到了"孙猴子出山"，也许当年唐僧其实是在我们清风岭救出孙悟空一起去取经的。

"佛祖传道"。大家看，这个景点就像佛祖在给众生传道一样。我们清风岭不仅有"唐僧师徒"，还有"佛祖传道"，是人杰地灵的好地方。

"神龟探海"。在山峰高处有一巨石，形态如龟，呈翘首远望态。每当多云时节，云自谷出，涌动翻滚与峰齐，石龟如浮海上，时隐时现，犹如神龟探海，异常生动。

"圣贤孔子鸟"。孔子鸟是在我国发现的白垩纪早期的鸟类化石，大家现在看到的鸟状石头就与化石公园孔子鸟极为相似。

"藏兵洞"。此洞十分隐秘，洞前林木茂密，洞口仅有一个人大小，从洞口进入，顺石阶而下，才得知洞内很宽阔，从洞口仅射入一点点光线，这就是当年王老凿同日本侵略者进行游击战的一个藏身点，可容纳300多人，是王老凿抗日时存放弹药、粮食的主要据点。

清风顶。现在大家终于登上了清风岭的顶端，海拔800多米的清风顶。站在这里我们仍然可以看到很多路过的景点，如"永恒的爱""生命之源""五石人山""议会大厦"等。站在这里,我们有一览众山小的感觉,体会站在巅峰的感觉,在吹着清凉山风的同时,对自己多一分感悟。

[西冰沟]

西冰沟

西冰沟林木茂密,山高谷深,森林覆盖率达70.6%以上,内有野生植物649种,有野生动物297种,其中有国家一级保护动物金雕和大鸨2种,国家二级保护动物31种。在此可观赏到"真假猴王""清风子采药""金鸡报晓""清风岭降狮怪""一线天"等景观。现在我们边走边看。

十八盘。从峰顶到山脚下的石阶路,犹如九折十八弯的天梯通道,故名为十八盘。

"雄狮啸林"。远处山林间一块巨石,犹如一只威武的雄狮,在丛林间对天狂啸,形态逼真。

"清风子降狮怪"。大家回头看一看,丛林中矗立着一个身材伟岸的道长,目视前方,身后一只石狮似在乞求饶恕。传说当年清风岭一只狮怪作乱,清风子道长为保护这方土地的平安,将狮怪降服,矗立至今。天然造型如雕如塑,叫人不由得惊叹大自然的鬼斧神工。

雄狮啸林

坛子洞。此乃天然形成的一个大洞,可容纳100多人。盛夏这里清凉无比,人们可在这里休息、下棋、打扑克等,十分惬意。

一线天。沿小路攀登而上百余米,便有一线阳光从西山缝中直射过来,给密林深处带来了一线蓝天,不由得让人心旷神怡,这就是"一线天"。

劈山柏。仰望岩石上那些千年树龄的翠柏,其根系直插入岩石的缝隙中,据专家测算其中这棵柏树树龄达2 000年以上。

冰谷幽兰。此处溪水飞流而下,冬季结成冰瀑,一直到春季五月,冰瀑仍在。此时悬冰附近开满兰花,白冰与兰花互相辉映,秀美奇绝。

"清风子传道"。远处两块巨石一块好似一只雄狮在静静聆听,另一块好似一位道长在对着雄狮传道解惑。传说当年清风子道长在清风岭降服狮怪后,为了使其弃恶从善,遂将自己的道行传予它,此景因此而得名。

"靠山佛"。远处一块巨石犹如安乐、祥和的弥陀佛临山而坐,形态逼真，栩栩如生。

"燕都古塔"。远处一块巨石犹如一座玲珑宝塔，造型别致，高耸入云。因朝阳为三燕古都，遂命名为燕都古塔，代表南塔和北塔。

"天王托塔"。远处一座山峰犹如神话故事中的托塔天王巍然矗立，山峰右侧一根天然形成的石柱宛如托塔天王手中的舍利宝塔，远观此景如托塔天王手擎宝塔，威武傲立于云间。

佛手峰。此峰犹如如来佛祖的手掌，峰顶呈片形，并排四个小峰头，中间高两边低，像竖起四指；右侧有一粗的峰头，与四个小峰头并立，像拇指。

"真假猴王"。远看两块巨石，犹如两只石猴，遥相呼应，如《西游记》中真假美猴王大战的场景。

"海豹与神龟"。远处两块巨石，一块犹如海豹，另一块犹如神龟，栩栩如生，形态逼真。

"天狗食月"。远处峰顶上一块巨石，犹如一条仰天长啸的猎犬，夜色降临与明月辉映，犹如天狗食月。

"金鸡报晓"。远观这块巨石，犹如一只金鸡仰望天空，引吭高歌，形态逼真，栩栩如生，寓意着世间的光明与美好。

鸟瞰影城。站在此处往下看，下面就是电视剧《中国地》拍摄的影视基地的全貌。这片占地2公顷多、建筑面积3 500平方米、具有20世纪三四十年代典型辽西乡村建筑风格的村庄，是朝阳县政府投资480万元、历时一年时间建成的。

炮楼。这座炮楼是电视剧《中国地》中日寇为封锁清风岭民众外出活动修建的。剧中的伪军"梁三"就驻守这座炮楼，后来被清风岭民众击毙。

从西冰沟下来，前面青山环抱、苍松翠柏掩映下的就是具有300多年历史的护国寺，在大自然的衬托下，显得格外庄严、肃穆。护国寺前是一尊石塑滴水观音像，护国寺内主要供奉关羽、周仓、关平像。传说300年前关老爷多次给当地人托梦，帮助人们排忧解难，当地人为了感谢他，修建了这座寺庙，也把它称作关帝庙。传说当年王老凿与日寇激战时，在敌众我寡、被重重包围的情况下，情急之下冲护国寺方向磕了三个头，祈求关老爷保佑，结果不到半小时天空突降大雨，王老凿借机突出包围圈，到达安全地带。护国寺从此香火更加旺盛。

[东冰沟]

东冰沟沟深草密，脚下布满巨石，或卧于谷底，或横于沟畔，更有几块叠压在一起的，也有孤石倒立于山路边的，其形各异，其状迥然，然而却是一样地给人以惊喜。

现在我们进入东冰沟，首先映入眼帘的是擎天峰，此峰特色是健骨竦桀，卓立地表，险峭雄奇，气势博大，在清风岭群峰中，最为雄伟壮丽。在蓝天白云的映衬下，犹如一把利剑直插云际。

将军石。大家看入谷处有一块屏风般的石壁自然裂蚀成三个并肩而立的古代武士形状，身着铠甲，头部形状不一，神采各异，形神兼备，惟妙惟肖，犹如人工雕琢而成。这就是将军石，又称"桃园三结义"。

东冰沟

伟人石。入沟谷不远的左侧一山巅上，高耸着一人形巨石，行之越近，形象越清晰，乃至到了它的侧面，一眼便可看出这是一尊酷似毛泽东站立像的奇石。其头部轮廓和平阔的肩部尤显神韵。这便是伟人像，当地人称之为"伟人石"。

关公磨刀石和关公试刀石。前面的两块巨石，一块面平如镜，另一块被劈为三块，这就是关公磨刀石与关公试刀石。传说，关公驾着五彩祥云巡视天界，飘行到清风岭，忽然想起五月十三是他磨刀之日，而面前恰有一块巨石，面平如镜，遂勒令天宫降下圣水，在巨石上霍霍地磨起青龙偃月刀。石头上有一条刀痕就是当初磨刀留下的。关公磨好刀后，想试一下刀锋，抬眼一望，前面不远处又有一块巨石，于是他举起青龙偃月刀只轻轻一下，就把这块石头一劈为二，后来人们便称其为"关公试刀石"了。

"鲁迅读书"。站在沟里，举目望向峰顶，可以看见一石犹如真人一般坐在桌前埋头苦读，观其头部，与鲁迅先生相似，称之为"鲁迅读书"。

举目向沟之尽头瞭望，在两山重叠的峰之凹处，有一石宛如人的头部微上仰，呈凝思状，并隐约可见其唇上的短须。再揣之，又与鲁迅先生相像。故称之为"鲁迅沉思"。

走进东冰沟景区里，远观峰顶，有一巨石，该石远观形似金蟾，头部微仰，犹如凝望苍穹上的明月，为世间祈福，形态逼真，栩栩如生，寓意深远。

靶场遗址。20世纪60年代中期，在三线建设期间，国家在这里建设了一座兵工厂"280厂"，专门生产用来打飞机的高射炮，其在抗美援越的斗争中发挥了重要作用。而这里，就是当初兵工厂实验子弹的靶场。直到现在，我们依然可以清晰地看见岩石上的弹孔。

马仙神泉。据说喝了这里的泉水能治百病。这注清泉一年四季汩汩流淌，泉水甘甜，经化验泉水是优质矿泉水，其中含有多种有益人体健康的矿物质，有保健作用，山下百姓由于长久饮用长寿者居多。

马仙庙。庙宇幽静，古色古香，密林掩映。传说，从前六月二十四护国寺庙会唱戏，天气炎热，骄阳似火，马仙变成一片白云遮住太阳，人们为了感谢马仙，集资修建了马仙庙，至今香火颇盛。

财神广场。财神广场供奉的是三国时期蜀国大将关羽，因其一生忠、义、信、仁、智、勇，为佛道儒所崇信，被称为"关圣帝""武财神"。坐像高5.13米，雕像既威严又慈祥，祝福来此旅游的每个人幸福吉祥、财源不断、富贵荣华、一生平安。

狮子泉。因狮怪在山中修炼时常饮此泉水，遂后人管此泉叫狮子泉。

"狮子足迹"。传说狮怪在成仙之时，天降祥云，狮子用力一跃，踏着祥云而去，地上却留下了狮子的足迹。

通天洞。通天洞南北对开于悬崖峭壁之上，扶摇而通天，气象变化万千，似明镜、似天门镶嵌于天幕之上，终年吞白云、吐紫雾，渲染着神秘莫测的气氛而更显出尘脱俗。置身其间，宛如入身天宫帝阙一般，大有"我欲乘云仙飞去，直入九霄揽乾坤"之感。

通天洞

各位游客，今天的清风岭之游到此就结束了，希望我的讲解能够让大家有所收获，不妥之处请大家留下宝贵意见，期待大家下次的光临。

【景区亮点】

1.山峰连绵重叠，争奇竞秀，岩石造型妙趣天成。

2.古木参天，百步一洞，千步一瀑。

3.山泉掩映于树木之中，飞瀑斜挂在山壁之上。

4.奇峰、怪石、清泉、飞瀑、山洞、巨树构成了一幅幅天然的水墨画卷。

【美食伴游】

凌源百合、喀左饹馇、喀左碗砣、喀左羊杂汤、凌源麻团、凌源拨面、凌源对夹、凌源饹馇、切糕、朝阳大枣、纸皮核桃、大凌河鸭蛋、朝阳小米、泉盛河酒、朝阳杏仁油等。

【购物推荐】

凌源百合、喀左饹馇、喀左碗砣、喀左羊杂汤、凌源麻团、凌源拨面、凌源对夹、凌源饹馇、切糕、朝阳大枣、纸皮核桃、大凌河鸭蛋、朝阳小米、泉盛河酒、朝阳杏仁油等。

【景区地址】

辽宁省朝阳市朝阳县长在营子乡

【交通指南】

公交：

朝阳市客运中心—腰而营子—八大河子—南双庙—槐树洞（右侧道路）—长在（看路牌）—清风岭。

自驾交通：

走高速到朝阳南口下，然后右转上朝青线公路，到南双庙乡三官村后，走右边的路上三六线公路，快到长在乡时有指示牌提示右转即可到清风岭风景区。

【周边景点】

佛教圣山凤凰山、"辽西绿岛"大黑山、鸟化石国家地质公园、朝阳北塔、燕山湖、白石水库、龙凤山、天秀山、赵尚志纪念馆、慕容古街、庙子沟滑雪场、鑫峰生态示范园、骆驼山子农业生态园区等。

阜新概况
——祈福圣地阜新

阜新于1940年建市，取"物阜民丰，焕然一新"之意。地处辽宁省西北部，东接省会沈阳市，南临渤海辽东湾，与大连港南北相望，西与北京相距600公里，是辽西、蒙东地区的交通枢纽和连接华北、东北的第二条重要通道。全市总面积10 355平方公里，总人口193万，是24个民族和谐共荣的大家庭。阜新是"敖包之乡"，其中蒙古族人口22万，占总人口的11%。

阜新拥有8 000年的悠久历史，是人类文明第一缕炊烟升起的地方。查海遗址出土的玉玦等玉器是迄今世界考古史上发现的最早的玉器，被誉为"世界第一玉"；出土的龙纹陶片和长19.7米的大型石堆龙是迄今我国发现年代最早、形体最大的龙形象，被誉为"中国第一龙"，著名考古学家苏秉琦先生因此将阜新誉为"玉龙故乡，文明发端"。这里还被誉为藏传佛教东方中心，境内的瑞应寺现有国务院册封的七世活佛，海棠山上至今还保留着267尊藏传佛教摩崖造像。

阜新资源丰富。农村人均占有耕地面积居全省第一位，森林覆盖率已达到30%以上。阜新蕴藏着煤、金、铁、石灰石、玛瑙、硅砂、萤石、沸石、膨润土、玄武岩、地热、风力等40多种资源，其中萤石、沸石、硅砂储量居全省第一位。阜新是全国玛瑙制品的集散地，玛瑙产量与销量占全国的一半，被誉为"中国玛瑙之都"。全国工业旅游示范点、"省十大旅游纪念品市场"的十家子玛瑙城位于辽宁省阜新蒙古族自治县十家子镇，是融玛瑙产品开发、加工、观光和休闲购物、餐饮娱乐等功能为一体的工业特色旅游品牌。

阜新是工业遗产旅游地标城市。海州露天矿国家矿山公园既是全国首批、辽宁省唯一的国家矿山公园，又是全国首家工业遗产旅游示范区。阜新拥有断峡裂谷、沙湖林海等奇特景观。

●海棠山风景区

海棠山风景区

游客朋友们好！欢迎游览佛教艺术圣地海棠山。

来到海棠山，朋友们一定会问，海棠山是因山上长有海棠而得名吗？当然不是。海棠是蒙古族名字"亥台兀勒"中的"亥台"的音译，而"兀勒"则是"瞭望哨山"的意思。

海棠山风景名胜区地处东北三大名山之一的医巫闾山，位于阜新蒙古族自治县大板镇大板村，距阜新市区22公里，距省会沈阳市160公里，总面积

15平方公里，海拔715.5米，是国家AAAA级旅游景区、国家森林公园、国家级自然保护区和省级重点文物保护单位、辽宁省十佳森林公园。

海棠山由摩崖造像景区、松涛风韵景区、云落碧水景区、霞起青山景区和峰峦叠嶂景区五个部分组成，是人文景观与自然景观有机结合、融为一体的典范，是闻名遐迩的藏传佛教艺术名山。

进入景区，最先映入眼帘的是粗犷雄浑的"佛"字造型的山门。左边的单人旁代表人，右边弓箭的弓加两竖代表人生之路曲折漫长，人只有通过曲折漫长的修炼才可成佛，同时寓意佛光普照大地，和平永驻人间。山门上方有末代皇帝溥仪之弟、当代书法家溥杰题写的"海棠山普安寺"6个金灿灿的大字，遒劲的笔力、独特的风格，更衬托出海棠山的神秘色彩。普安寺，俗称大喇嘛洞，是阜新地区仅次于瑞应寺的第二大寺庙，始建于1683年，至新中国成立前夕，近270年，有6代5位活佛相传。由于清王朝倡导黄教，蒙古王公积极支持，所以普安寺不断扩建，历时百余年，终于形成了具有完整体系的藏传佛教寺庙建筑群。寺院建筑依山势布局，寺内雕铸塑画及众多佛像千姿百态，栩栩如生。香火鼎盛时期，喇嘛多达1 600多名。普安寺的主体建筑是大雄宝殿，大殿正中门上挂着道光皇帝御笔钦赐的"普安寺"匾额，两侧有壁画四大天王像。重新复建的大雄宝殿建筑面积达968平方米，建筑风貌非常宏伟壮观，整个大雄宝殿用黄金6公斤、宝石1 200块，是目前东北地区修复建设的最大一座藏传佛教庙宇。殿内的这座高9.9米的大白伞盖佛母像是全国最大的室内雕塑佛造像之一。这些集中展示了普安寺民族宗教文化的动人风采。这座佛寺对祖国的宗教文化和民族文化的发展作出了一定的贡献。

海棠山以峰峦、峭壁和古松等自然景观最具特色，各种奇峰怪石十分独特。现在我们就来欣赏一下这些岩石。

蛤蟆石

这是蛤蟆石。传说，在很久以前，这里经常遭受虫灾。有一年天大旱，虫灾严重，农田已近绝收。大家正在心急如焚之际，一位白发仙人来此，他手指青山口念咒语，霎时间漫山遍野成了"蛤蟆世界"，只见成群结队的蛤蟆奔向田间，个个张开大嘴，将田间的害虫吃进腹中。虫灾解决了，青苗保住了。接着白发仙人又吐出一口气，化作漫天乌云，顷刻间降下两个时辰的大雨，随之旱情也解除了。仙人临行前，将山坡上一块巨石点化为蛤蟆面向田野，用以镇伏害虫，使这里永葆风调雨顺、五谷丰登。

龙盘石

大家看这个龙盘石。传说海棠山地区远古时期是一片汪洋大海，地壳几经变迁抬升，使海水退走。龙王的一个儿子留恋这里的美丽风光不愿随父迁走，便化小身形藏在一块巨岩缝里。玉皇大帝知道这件事以后，便将龙子点化为这块藏头缩尾的龙盘石。

我们现在看到的这尊巨大的摩崖造像是释迦牟尼像。它高4米，坐在巨大的莲花宝座上，其姿态安详，雕工精美，堪称一绝。

摩崖造像

"山不在高，有仙则名。"海棠山的"仙"就是堪称"天下奇观"的采用藏传佛教密宗之法雕刻的摩崖造像群。海棠山摩崖造像雕刻于清代康熙二十二年（1683），章嘉活佛率其弟子来此传佛，在峻峭的奇岩怪石上雕刻佛像。现保存完好的共有267尊，最大的高5米，最小的仅有30厘米。历经300多年风雨侵蚀，佛像至今仍色彩清晰，被专家学者称为"中华民族艺术的瑰宝"。

摩崖造像群

海棠山的"奇"则体现在海棠山千姿百态、栩栩如生的摩崖造像，清静幽雅、宝刹庄严的以普安寺为代表的人文景观与奇石异草、古松紫柏、幽谷深壑为特色的自然景观，天人合一，相辅相成。这里植被丰富，四季分明，按季换景，景景称奇：春暖季节，红白杜鹃争相斗艳，山杏绽蕊，香气袭人。满山粉红色的杏花铺锦叠绣。蜂旋蝶转，如诗如画。盛夏之时，高树鸣蝉，草木滴翠。晓起登临，置身云海，飘飘然如入仙境。待旭日东升，霞映葱茏，天高地广，又是一番五彩斑斓的景象。迷人的秋季，这里丹枫送爽，层林尽染，飘飘飞舞的红叶与藤萝枝蔓悬挂着累累花果，铺天盖地，五彩缤纷，打造出这北国"霜叶红于二月花"的美妙诗境。这里的冬景，别有韵意。满天的飞絮中，放眼山川，青松白雪，大地披上银装。在心旷神怡之中，会有一种纯洁、高雅的精神元素，轻轻地去叩开思想和灵魂之门。

由于时间所限，今天我们就游览到这里。希望这里的每一尊佛像雕塑都能带给您一个美好的祝愿，每一处风光都永驻于您的记忆中。

【景区亮点】

1. 为阜新海棠山风景名胜区被誉之为"佛教艺术名山"。

2. 海棠山大的奇观是鬼斧神工般的267尊摩崖造像，是中国佛教的艺术瑰宝，这些摩崖造像刀法精湛、工艺高超、栩栩如生。

3. 海棠山的迷人之处还有很多：灵验的佛祖庙、神奇的观音洞、迷人的怪坡路、玄妙的白狐守灵、奇异的青蛇拜日、二世活佛的真身舍利、延年益寿的圣水井泉，种种奇观异象等待您来探寻。

4. 东方藏传佛教中心，素有"小布达拉宫"之称。

【美食伴游】

蒙古馅饼、干炸鹿肉、喇嘛糕、全羊汤、手把羊肉、熏兔、喇嘛肉、关山鹿宴等。

【购物推荐】

玛瑙、红袍杏、阜新花生、山楂、山野菜、山核桃、各种小商品等。

【景区地址】

辽宁省阜蒙县大板镇大板村

【交通指南】

公共交通：

可乘坐火车或汽车到阜新站下车，之后乘的士或小客车前往海棠山。阜新市民可直接在辽工大南校区乘坐出租车，一辆车可以坐4个人，人均15元到达海棠山风景区。火车站乘坐8路公交车，到阜蒙县客运站下车，然后坐的士到大阪镇或者直达海棠山风景区门口，人均10元。回来到海棠山门口的售票亭，有专车送您回阜蒙县。或者直接步行2公里到大板镇，然后打车回市里。

自驾路线：

沈阳方向的游客可以沿阜彰高速进入阜铁高速至阜新出口，从省城沈阳到阜新仅一个半小时即可到达。锦州方向的游客可以走锦阜高速，盘锦方向的游客可以走沟奈公路。正在修建的阜盘高速在距海棠山景区山门不足1公里处开辟了出口，所有这些都为您的到来提供了便捷的通道。

【周边景点】

大清沟风景区、十家子玛瑙城、宝力根寺等。

● 大清沟风景区

游客朋友们好！欢迎游览大清沟风景区。

大清沟风景区地处彰武县西北大冷蒙古族镇，距阜新市区110公里，距省会沈阳市170公里，101、304国道从这里穿过，是集山、水、沙、林于一体的自然风光旅游景区。大清沟水库始建于1958年，1973年进行了扩建，水库坝长320米、宽33米、高23.3米。水库以粉沙筑坝，堪称"世界之最"。大清沟水库南依松辽平原，东、西、北三面

辽宁大清沟风景区导游全景图
Panorama forcicerone of Da Qing Gou beauty spot of Liao Ning province

大清沟风景区导游图

被号称"八百里瀚海"的科尔沁沙地包围，南北长 5.4 公里，东西宽 0.4 公里，占地 6.29 平方公里，总库容量 1 025 万立方米，是典型的沙漠断裂峡谷地带，具有独特的地域特征，是沙海中一颗璀璨的明珠。曾被辽宁省旅游局评为"辽宁省五十佳景"之一，现为国家 AAA 级旅游景区。

沙海明珠

大清沟一直流传着八大怪现象，就是"马架房，土板墙，粉沙筑坝坝不倒，原始森林冬天有青草，大旱不干，大涝不淹，乌鸦不筑巢，青蛙不会叫"，为景区蒙上了一层神秘的面纱。

大清沟水清、沟深、藻类繁多，为鱼类的生息、繁殖提供了良好的条件。由于这里的鱼摄取自然食物生长而成，故肉质细腻，无异味，有着天然绿色食品的美誉。清沟鱼宴可谓色、香、味、形样样俱全。清沟鱼宴主要有三个特点：一是鱼鲜味美、口味纯正。食用的鱼均采用现吃现捞现做的方式。二是烹调技术高超。不同的鱼采用不同的做法，用鱼的不同部位，可做出不同口味的佳肴。三是烹调方法、花样繁多，有红烧、干炸、糖醋、清炖、清蒸、酸辣、滑熘等20多种。清沟全鱼宴是阜新八大美食之一。当夜幕降临时，人们围坐在篝火旁，尽情地说，尽情地唱，尽情地跳，畅饮杯中美酒，欣赏蒙古族舞蹈，体验古人所说的"人生得意须尽欢，莫使金樽空对月"的意境。

草原赛马场

大清沟的西面是草原赛马场。骑上骏马，驰骋在大漠草原之中，体验一下马背民族的生活乐趣。

大清沟的细沙属于硅沙，既可生产玻璃，又可健身。沙质洁净，沙里含有多种矿物质。每到夏季，人们纷纷来此，在烈日炎炎之下将裸露的腰腿整日埋于沙滩中，一边欣赏湖光山色，一边治疗腰疼腿痛，功效神奇，好不惬意！

由于时间所限，今天我们就游览到这里。谢谢！

【景区亮点】

大清沟"八大怪"：马架房，土板墙，粉沙筑坝坝不倒，原始森林冬天有青草，大旱不干，大涝不淹，乌鸦不筑巢，青蛙不会叫，为大清沟蒙上了一层神秘莫测的面纱。

【美食伴游】

全鱼宴、全羊宴、山野菜、山芹菜、野生蘑菇等。

【购物推荐】

玛瑙、红袍杏、阜新花生、山楂、山野菜、山核桃、各种小商品等。

【景区地址】

辽宁省阜新市彰武县大冷蒙古族镇程沟村

【交通指南】

公交：

从阜新客运站上车，坐到哈尔套车站下，再坐从彰武驶来的客车，下午2时5分发车，到达大清沟。

自驾交通：

见图。

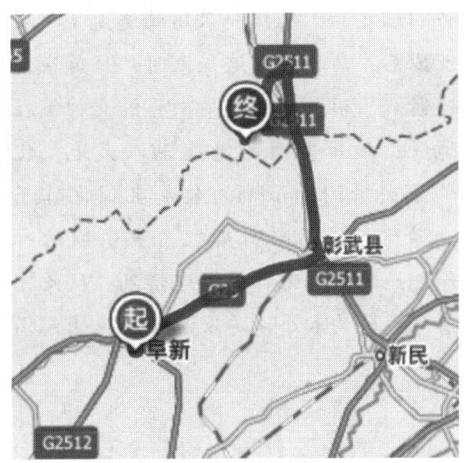

【周边景点】

海棠山风景区、十家子玛瑙城、宝力根寺等。

[大清沟的由来及乌鸦不筑巢的传说]

相传，在远古时代，这里是茫茫无

际的草原，由一位叫菊丽玛的女神主宰着，她是美丽、勤劳和善良的化身。她在这里养畜放牧，耕耘播种，从天池采集来了各种树种栽植在这里，从南国带来了百鸟和鲜花，把这里变成了绿树成荫、鸟语花香的美丽地方。但是，在附近还住着一个女魔，名叫尼古勒，她凶恶贪婪，想占有这片美丽的土地。一日，女魔携带毒剑和沙袋来找菊丽玛，并想杀害她，菊丽玛拔出宝剑奋起还击，经过九九八十一天的厮杀，女魔渐感不支，跪地求饶。菊丽玛便动了恻隐之心，上前搀扶，而此时女魔却趁机打开随身携带的沙袋，霎时间，阴风怒吼，黄沙滚滚，美丽的大草原顿时化作荒凉的沙漠，女魔乘菊丽玛眼睛被迷之际，将毒剑刺向女神，然后就想逃跑，菊丽玛用尽全身力气将宝剑投向女魔，女魔被刺穿心肺之后，化作一只乌鸦逃走了。从此以后，乌鸦再到这里来时，只是在天空盘旋，不敢下来筑巢。再说女神倒在地上，她那美丽的身躯融入大地，化作了大清沟，而她的金龙宝剑化作了小清沟，她的鲜血染红了五角枫的叶子，她的泪水化作了万道清泉，从此才有了大清沟和小清沟及湍流不息的涓涓溪水。

●十家子玛瑙城

游客朋友们好！欢迎游览十家子玛瑙城。

十家子玛瑙城是全国工业旅游示范点、省十大旅游纪念品市场。位于辽宁省阜新蒙古族自治县十家子镇，距阜新市区69公里，距省会沈阳111公里，距锦州162公里，阜锦、阜沈两条高速公路可达，是集玛瑙产品开发、加工及观光、休闲购物、餐饮娱乐等功能于一身的工业特色旅游品牌。

阜新玛瑙储量和产量均占全国一半以上，是"中国玛瑙之都"。2004年挖掘的重达61吨的"玛瑙王"堪称世界之最。阜新玛瑙雕刻工艺有1 000多年的历史，2006年被文化部列入首批国家非物质文化遗产。慈禧太后佩戴过的项链、戒指等饰品及中国国家博物馆收藏的玛瑙雕刻《水帘洞》皆出自阜新。

玛瑙王

十家子镇是阜新玛瑙主产地，十家子玛瑙城是中国目前最大的玛瑙交易市场，是集科研、设计、生产、加工、销售于一身的玛瑙生产基地。全镇有3 218户、8 000余人从事玛瑙加工业，年产值超亿元，有6个村形成了玛瑙生产专业村，带动周边地区2万人就业。玛瑙产品分为7大类、200多个品种、上千种样式，国内99%的旅游地区有十家子玛瑙产品，每年接待游客80余万人。十家子玛瑙城占地面积10 000平方米，是中国最大的玛瑙集散中心，其玛瑙制品被评为辽宁省十大旅游产品。丰厚的文化底蕴、独特的自然资源与高难度的开采、精湛的雕刻工艺交相辉映，给人以强烈的艺术感染力和震撼力，吸引着大量海内外游客前来游览、观光，选购精品馈赠亲朋。游客在进行工业旅游的同时，还可游览八宝海水库、辽代古塔等旅游景点。

【景区亮点】

阜新是"中国玛瑙之都"，玛瑙产量占全国70%以上，重达66吨的"阜新玛瑙王"堪称世界之最。阜新玛瑙雕有1 000多年的历史，是国家首批非物质文化遗产，具有巧、俏、绝的特点，从三国到清末一直是宫廷贡品，周恩来总理指示现为中国国家博物馆收藏的玛瑙雕刻《水帘洞》就产自阜新。两年一届的"中国·阜新玛瑙节"云集30多万名海内外客商、宝玉石大师及游客，鉴赏和购买玛瑙工艺品。十家子玛瑙城位于阜蒙县十家子镇，占地1万平方米，是国家工业旅游示范点、辽宁省十大旅游纪念品市场之一，也是全国玛瑙加工、集散和文化中心。

【美食伴游】

全羊宴、山野菜、山芹菜、野生蘑菇等。

【购物推荐】

各种玛瑙产品。

【景区地址】

阜新市阜新蒙古族自治县民主路3号

【交通指南】

从市长途汽车站坐车到十家子或在县里坐跑线的出租车，一个人20元，1个小时就到。

【周边景点】

海棠山风景区、大清沟风景区、宝力根寺等。

● "小喇嘛洞"——宝力根寺

游客朋友们好！欢迎游览宝力根寺。

"小喇嘛洞"是当地老百姓相对4公里外的"大喇嘛洞"（海棠山普安寺）而起的名字，大名叫宝力根寺，是蒙语，汉译为白泉寺。位于阜新蒙古族自治县大巴镇衙门村，始建于清代嘉庆六年（1801），因寺右的一眼白泉而得名。

宝力根寺平面图

关于白泉的来历，众说不一。一种说法是因"三泉圣井"喷发白雾而得名；另一种说法是山谷中的泉溪流长，远望泉水闪闪发出白光，因而得名；还有一种说法是泉水自半山腰流入岩石池中，以白石为底，泉水别于周围的青山绿树而呈现白色，因而得名。无论哪一种说法，都令终日忙碌在水泥城堡里的人们激动不已，驱使他们义无反顾地踏足这片熟悉而又陌生的蒙古贞大地，去探寻所未知的风景。

[塞北第一泉]

白泉寺

白泉寺地处东经121°、北纬42°，属医巫闾山尾丘陵区，海拔505.5米。东至富荣镇佛爷岭村，北与细河区接壤，西与二板村一河之隔，东西长1.6公里，南北宽1.5公里，总面积2.5平方公里。属大陆气候，年降水量570毫米。是险峻峰峦、悬崖峭壁、千年古槐、凤凰梧桐、圣泉奇洞、古墓遗迹、摩崖造像等自然景观和人文景观有机结合的山岳型风景区，是饱览田园风光、进行考古研究、举办宗教祭祀活动、演唱民歌俚曲、观赏蒙古贞民俗风情的特色旅游目的地。

相传200多年前，海棠山普安寺四世活佛丹毕道尔吉受西藏达赖喇嘛指派，长途跋涉来到海棠山，召集当地能工巧匠在海棠山天然峭壁石崖上镌刻了上千尊摩崖造像，现在保存完好的尚有267尊，刀法精湛，影像传神。

关于普安寺四世活佛，还有一段典故呢。据传，1796年，嘉庆皇帝登基，按惯例举行大典。当时，有参加庆典资格的著名呼图格图活佛在册60名，查点时，东蒙弥勒寺活佛缺席，班禅大师便奏明圣上恩准，让同去的普安寺四世活佛丹毕道尔吉参加，补足60位。通过讲经说法，丹毕道尔吉名列第六位，嘉庆皇帝龙颜大悦，嘉封他为"莫日根堪布呼图格图"称号。

白泉井

活佛日夜操劳，加之水土不服，终因过度劳累而染病，请了附近许多名医进行医治，也不见好转。一天，他离开普安寺向北走，一条清澈见底的溪流立刻吸引了活佛，顺流而上，溪面时宽时窄，怪石遍布。不知不觉，活佛来到了半山腰，只见在茂密的树林中，溪流从巨石下汩汩流出，叮咚作响，其间有一池，泉水汇聚池中，水底游动的小鱼悠然自得，甚是惬意。活佛蹲下身，用手掬起溪水一饮而尽，顿觉甘冽甜润，沁入肺腑；撩起溪水洗脸，凉意沁人的水

宝力根寺古槐王

洒在脸上，精神为之一振。活佛一时兴起，脱掉僧袍，踏入水中，凉爽宜人的泉水彻底洗去积淀多年的辛劳与疲惫，带来焕然一新的感觉。此后，活佛每天都到这里休养，用泉水沏茶饮用、洗澡净身，没过多久，活佛的顽疾竟不治而愈。

此后，活佛便在此修建寺庙，作为避暑休假的行宫。这眼白泉便成为此后普安寺历代活佛饮用、净身之水，被当地老百姓誉为"塞北第一泉"。

[神奇的古槐王]

顺着当年活佛所走的线路，我们沿着溪流步步登高，终于来到向往已久的宝力根寺。首先映入眼帘的是一株古槐王，主干低矮，胸围3.3米，根植于深山中，无侣无伴，虽历经数百年的风霜雨雪，但仍然枝繁叶茂，似乎在向人们诉说着小洞山的沧桑史。

相传300多年前，蒙古贞部在兀良哈部人善巴的率领下归顺后金，东迁到阜新地区，与其他蒙古族部落会合，融为一体，统称为蒙古贞。有一天，善巴率部剿匪，途经此地，休息之时，观看秀丽的山景，倾听叮咚流淌的山泉，甚觉惬意。他仰视山石，忽然发现一块巨石之上变幻出多种佛形，时隐时现。善巴立生虔诚之心，欲焚香礼拜，却因行军打仗，未带香炉、香烛等礼佛用具，便折几根树枝权当香烛，插于地上，堆上一堆土，跪拜祈福。此后，善巴屡战屡胜，1637年因战功显赫，被皇太极封为吐默特左旗札萨克（旗长），善巴便成为蒙古贞的第一位王爷。

也许因为这里的气候宜人，土壤肥沃；也许因为白泉的恩泽与滋养，当年王爷无意栽植的一根槐树枝一直健康茁壮地成长。十几年后，善巴偶然想起在山泉之上所见到的似真似幻的石隐佛，便再一次来到这里，却发现小树枝不仅成活，而且已经长成碗口粗的槐树了。善巴认为此处风水独特，便将墓地安排在此山南不远处。此后，先后有9位札萨克、郡王安葬在这里，他的后人世世代代在此守陵，人们便称此地为衙门村。

如今，这棵老槐树根深叶茂，粗壮挺拔。夏季，它为虔诚的信徒撑起一把绿色的大伞，遮风挡雨；冬季枝条缠绕，充满吉祥和灵气。人们在老槐树下求福、求平安，悬挂挂件，结许愿绳，把美好的愿望和祈祷托付到这株神奇的槐树上。

[青烟缭绕的宝力根寺]

宝力根寺依山傍水，环境幽雅，苍松翠柏层层环抱，奇石异草遍布山坳。整个地貌似簸箕形，东西北三面环山，从南向北由宽到窄、由一马平川到陡峭山峰，加之庙宇依山靠石而建，气势恢宏,香火鼎盛,晨钟暮鼓,回荡山谷。

当年,活佛用白泉水洗好了痼疾,便下令在泉边建筑寺庙作避暑度假行宫。以后陆续增建扩建,鼎盛时建有大雄宝殿、关帝庙、活佛殿、达木津庙、大小龙王庙、土地庙、吉斯仓等8座庙宇,有喇嘛170人。

沐着午后的阳光,循着钟声,沿陡峭的石阶而上,就是巍峨雄伟、金碧辉煌的大雄宝殿,也叫措钦大殿。大殿底层为藏式建筑,上层为单檐歇山式宫殿建筑,是藏汉建筑相结合的双层楼阁。殿内主供7尊大佛,两侧墙壁上有千尊佛及佛龛。

宝力根寺

围绕大雄宝殿的中轴两侧,环绕着众多的楼堂、寮房。最引人注目的是殿前左侧的一口大铁钟,直径约2尺,重达4 000公斤,铸于清光绪十四年(1888)。钟的铁壁上有两行铸字:"鸣钟三响出世也";另一面铸有"勿动"二字。

更令人惊讶的是,大钟旁边竟傲然矗立着一大一小两株母子梧桐树。听寺里的师父讲,当年丹毕道尔吉到海棠山普安寺任活佛时,其母不放心,便亲自送儿子到普安寺,然后选择一处天然洞府诵经祈福。她不仅辅佐活佛强化了普安寺戒律,并且修建了宝力根寺。她怕活佛想念自己,特意在返回西藏前栽下这棵梧桐树。后来,活佛在母亲去世后,又栽下一株梧桐树,以示悟通佛法,怀念母亲。

这正是:"善思如母众,难忍无量苦,忆念苍生情,世世永不离。"母子梧桐树给后人留下许多遐想。

[**辽代契丹古墓**]

我们都知道评书《杨家将》中穆桂英摆天门阵大战萧天佐的故事,而这个萧天佐就是辽代中期著名将领耶律休哥。

说起耶律休哥,还有一段他与辽代萧太后的传奇故事。辽景宗死后,辽圣宗继位。由于圣宗年幼,便由太后萧绰摄政,她就是历史上有名的"萧太后"。为稳定政权,能征善战的耶律休哥得到萧太后的赏识和重用。萧太后欲派耶律休哥到前线打仗,又怕他兵权太大危及小皇帝的权位。为笼络耶律休哥,在他出兵前,太后约他进行了一次巡游。经过查干宝力根山脚时,萧太

辽代契丹古墓

后向耶律休哥表达了爱慕之情，坚定了耶律休哥死心塌地为太后卖命的决心。耶律休哥果然不负太后所望，在战场上十分勇猛，立下赫赫战功，被说书艺人描述成死保萧太后的萧天佐。萧太后也非常感激他，授予他最高头衔"于越"，封为"宋国王"，死后又被尊为"战神"。

耶律休哥生前一直没有忘记他与萧太后之间的这段感情，要求死后葬在查干宝力根山，但由于种种原因没能实现。萧太后心中过意不去，便将他的衣冠葬于此，这就是位于宝力根寺北的"耶律休哥衣冠冢"。

此外，宝力根寺周围还有多座辽代契丹人遗址、古墓，还有唐朝薛仁贵古战场。1949年11月，考古人员在小洞山发掘了辽代晋国夫人墓。墓中出土了一方汉文墓志铭，用绿砂岩刻制，保存较完整。志盖方形，边长93.5厘米，顶面中心46厘米的方形平面上刻楷书阴文"故晋国夫人墓志铭"二行八串，四边磨成斜坡。志盖通厚15厘米，边厚5.5厘米，盖光素无纹饰。志石边方形，边长与盖同，厚13厘米。志石面边缘阴刻直沟一周，边线内刻志文，志文楷书共30行，满行30字，总计835字。此方《辽晋国夫人墓志铭》现存辽宁省博物馆。此外，还发掘出大量陶瓷器、铜铁器和装饰品等，是研究辽史的珍贵文物。

在小洞山一块巨大的岩石旁，有一奇洞，洞口直径约60厘米，洞深莫测，黑不见底。四周遍生荆条、杏树、灌木，郁郁葱葱，密密匝匝，给人以神奇之感。据传，此洞从来无人走到底，只是下去几米深，口窄下阔，凉风飕飕，暗无光亮，无人敢下去探险。距奇洞约3 000米处，有一奇异地段，一丛柳、一巨石上下成两个天地，丛柳蹲于巨石上，小溪从柳丛下流出，石下山芹、蒲草葱绿，石上距柳丛1米远，冰雪尚有尺许厚，丝丝凉意扑面而至。此冰直到5月中旬方能化净，令人体会到"人间四月芳菲尽，山寺桃花始盛开"的意境。

宝力根寺

沿青石铺就的小路继续向上攀缘，岩石突兀，奇形怪状，千姿百态，俨然一个神奇的童话世界。在陡峭的聚佛台上刻有宗喀巴、释迦牟尼、度母、关公、无量寿佛等藏传佛教石刻造像，刀法精湛，栩栩如生，平添了几分神秘的色彩。

洗净尘俗恩怨，感悟佛教真谛，洞悉世事变迁，笑看人间沧桑。这里的一切都是那么的自然古朴，一树一木都像是忠实的信徒。

【景区亮点】

"塞北第一泉"、神奇的古槐王、活佛避暑胜地。

【美食伴游】

全羊宴、山野菜、山芹菜、野生蘑菇等。

【购物推荐】

各种吉祥物、玛瑙产品等。

【景区地址】

辽宁省阜新市阜新蒙古族自治县大巴镇衙门村

【交通指南】

自驾：

阜新—中华路—人民广场—204省道/中华路—人民大街—前进路—南环路—环岛—大巴沟隧道—朝衙线—终点。

【周边景点】

海棠山风景区、大清沟风景区、十家子玛瑙城等。

环 线
——辽宁滨海大道线

葫芦岛概况
——关外第一市葫芦岛

葫芦岛市于1989年建市,原名锦西市,是环渤海经济圈最年轻的城市。东邻锦州,西接山海关,南临辽东湾,与大连、营口、盘锦、锦州、秦皇岛、唐山、天津等城市构成环渤海经济圈,扼关内外之咽喉,是中国东北的西大门,为山海关外第一市,素有"关外第一市"之称。

葫芦岛市的标志

葫芦岛地区地处沿海,海岸线达261公里,居辽宁省第二位。在新一轮城市规划中,葫芦岛市被辽宁省省政府部署建设成为辽宁西部城市群区域性金融中心城市和重要港口城市,迅速推进辽西沿海经济区新的增长点,构建"锦葫都市圈",建设成"港市联动"的新型城市。近几年来,中石油、中冶、中航工业、德国西门子、英国乐购、中国台湾大润发、美国沃尔玛、日本花王、法国圣戈班等17家世界500强企业纷纷落户葫芦岛,为地区经济发展作出重要贡献。投资金额高达500亿元以上的龙湾中央商务区顺利建设。滨海金融中心、龙湾天堂酒店、新奥游艇码头等建设项目为葫芦岛市奠定区域性金融中心城市写下了浓墨重彩的一笔。青山水库工程全面开工建设。葫芦岛市是2013年中华人民共和国第十二届全国运动会协办城市,协办女子足球18岁以下组项目和蹦床项目。

这里是航天英雄杨利伟的家乡,是国家级园林城市和中国优秀旅游城市,是中国国际泳装文化博览会、中国古筝艺术文化节常驻举办城市。

杨利伟雕像

1989年6月,国务院批准锦西市升格为省辖市。1994年9月,国务院批准锦西市更名为葫芦岛市,下辖兴城市、绥中县、建昌县、连山区、龙港区和南票区。全市总面积10 415平方公里,总人口282万。葫芦岛市中心地理方位为北纬40°56′,东经120°38′。

历史的变迁和社会的发展给葫芦岛市留下了大量的文物古迹和风景名胜,有驰名海内外的水上长城——九门口长城及"第二北戴河"——兴城等。

葫芦岛有丰富的地下矿藏资源，储有钼、铅、锌、石油、天然气等30多个品种近1 000处地下矿藏；有山区林果资源，目前果园总面积13万公顷，其中包括有称之为"亚洲第一大果园"的前所果树农场；拥有285.24公里海岸线和滩涂8 933公顷，盛产鱼、虾、贝类等各种海产品，海底油气资源——石油、天然气的储量十分可观。

兴城古城

葫芦岛市除石油、天然气、铀矿外，其探明储量居省内第一位的有钼矿。葫芦岛市是中国最重要的钼矿基地，拥有全国1/3的钼储量，是世界三大钼矿生产基地之一。

● 九门口长城

游客朋友们好！欢迎游览葫芦岛九门口长城。

九门口长城位于辽宁省和河北省交界处的葫芦岛绥中县李家堡乡境内，南距山海关12.5公里，东距绥中县城62.5公里，是明代长城中最重要的关隘之一，因横跨九江河口并筑有九座泄水城门而得名。这里山峦叠翠，流水环带，长城随山势蜿蜒起伏，松柏花木夹杂其间，自然景观与人文景观结合得十分完美，有人也因此形象地将九门口长城比作镶嵌在万里长城这条彩带上的一颗鲜艳夺目的明珠，作为长城为一部分，2002年被联合国教科文组织评为世界文化遗产。

九门口长城

九门口水上长城，古名"一片石"。始建于明洪武十四年（1381），景泰、隆庆、万历年间又进行了重修。修建后的关城坐落在较低的山谷中，水流自西向东，直入渤海，气势磅礴，雄伟壮观。明万历五年（1577），有人根据九门口关的险要雄奇，在西城门额上题下了可与"天下第一关"相媲美的雅号——"京东首关"，从而使九门口长城远近闻名。现在，我们就一起来游览九门口长城。

[功德碑]

九门口长城曾因遭受几百年的风蚀以及人为的破坏，特别是经战火摧残，一度破败不堪。1985年，辽宁省12家新闻单位根据邓小平同志1984年9月

九门口长城景区导游图

的题词"爱我中华，修我长城"，号召全省人民集资修复九门口长城。历经4年，工程于1989年11月底竣工，使得九门口长城重新屹立于九江河口上。现在大家看到的是一座功德碑，上面刻着集资的单位和个人的姓名，以此来表示对他们的感谢。请看，主碑上的三只巨型手臂托着三块城砖，寓意为当时辽宁三千万人民每人奉献一块砖。碑的正面上方刻着"爱我中华，修我长城"8个金光闪闪的邓小平手书的大字，下面是《九门口长城修复记》，边上是九门口简介。整座纪念碑群设计巧妙，新颖别致，像一艘战舰扬帆远航。

[水上长城]

这是九门口长城的第二城桥墩石。它有一部分是出土时的原貌，是20世纪80年代大规模修复时保留下来的，这为按照历史原貌修复九门口城桥提供了科学依据。城桥下面的河床是用1.2万块巨型条石和4 400块燕尾铁铰扣连在一起的，形成了近7 700平方米的板石铺成的过水河套。在条石下面仍平铺石块，其下用白灰黏土夯实，再铺石块。再打入柞木桩，纵横排列成行，桥墩基础下尤为密集。现

功德碑

在，残存的柞木桩最长的约为3米，最粗的直径达25厘米。据专家论证，这里就是史书上记载的"一片石"的准确位置。

九门口长城独具特色，是中国万里长城中唯一的"水上长城"。一般来说，长城绝大多数是依山而筑，逢山而过，遇水而断。而九门口长城正好与此相反，遇水而过，遇山而断。它横跨两山之间，有9座泄水城门。城门上架起了一条横跨九江河口的巨大水上城桥，城桥两端筑有围城，犹如桥头堡一般。9座水门各宽5米，高7米，至垛口高10米。两座围城各有7个券洞，这是长城中少见的结构。枯水季节关门以御敌，洪水期开门以泄水，澎湃的河水像9条狂龙冲泻而下，形成了"城在水上修，水在城中流"的奇观，在整个万里长城建筑中是独一无二、别具风采的。

九门口长城修筑得十分高大、坚固，与北京北面的居庸关、八达岭相似。墙身为砖石结构，宽5米，底宽6米，下丰上削，墙高达6米，外侧有垛口，里面有女儿墙，巍峨壮观。九门口一带长城防御设施完备，敌楼密集，在不到两公里的范围内，有敌楼12座、站台4座、哨所4座、烽火台2座、城堡1座，构成了极为完整、严谨的军事防御工程，可见九门口所处位置十分重要。因此，国家文物局古建筑专家组组长、中国长城学会副会长罗哲文教授说："九门口长城的建筑形式和军事防御设施，在万里长城中实属罕见。"

[长城隧道]

这是围城，当地老百姓称为水牢。它是在明代天启年间加修的防御设施，具备两种功能：一种是当敌兵攻至城下时，围城下面的射击孔和城上垛口可形成上下左右交叉火力，消灭来犯之敌；另一种功能是看守俘虏。

长城隧道是设计师们根据九门口所处的险要地理位置，设计、开掘出一条长城内侧校军场不经九门城关，而秘密直通关外的山中暗道。

长城隧道

这条坐落在长城下面山体中的暗道全长1 027米，共有两个出口、一个入口。洞内有29个大小岩洞，分别为号钟室、卫生间（茅房）、禁闭室、中军

九门口长城

室、水牢、存粮库、伙房、水井房、碾坊、兵器室、练功房、炮室、刑具展室、驻军室、佛室、关公和山神祭拜室等。暗道中可以屯兵约2 000人。暗道内设有排水系统和通风设施，以保证驻扎在洞室中的士兵活动自由。洞内的井水清澈见底，水质甘甜，可供2 000余人饮用。暗道拥有"地下城"之誉，历史上的清军就是靠这条暗道获取胜利的。

[战争逸事]

九门口两边的山峰陡峭，中间的大峡谷像个细长的葫芦，易守难攻。由于这里是入关必经之处，所以历来是兵家必争之地。当地曾有这样几句话形容九门口之险峻："十门少一门，门门断人魂。想要进九门，十人九断魂。"战争逸事使九门口长城更富传奇色彩，并使之闻名于世。

1644年，李自成农民起义军攻占北京后，分兵长途奔袭山海关，并首先攻占了九门口城关，吴三桂引多尔衮清军在关外久攻不下，便抓住一名原明朝守城军士，探到长城暗道的位置，于是派奇兵由暗道外面直扑城内，形成内外夹击之势，终使长途奔袭的农民军败北。

九门口长城

这就是史上有名的"一片石大战"，最后以清军的胜利宣告结束。"东海边头万仞山，长城犹在白云间。烽火不报中和殿，锁钥空传第一关。大漠雪飞埋战鼓，南天雨过洗刀环。汉家丰沛今辽左，铁马金戈岁岁闲。"这是清代诗人杨宾在九门口写下的诗句，描述了明王朝覆亡的历史情景和这座古关所历经的悠悠岁月。

除明末李自成与吴三桂在九门口展开一片石大战外，民国初年，直、奉两系军阀也在此进行过你死我活的拼杀；解放战争期间，解放军为打通关内外走廊直取京津，也曾浴血激战九门口。

如今，仰望这段建于水上的巍峨长城和历经风霜的古关，回顾过去那可歌可泣的历史，怎不激起人们的悠悠思古之情！

我的讲解到此结束，欢迎大家下次再来游览，谢谢！

【景区亮点】

1.万里长城中最独特的一段城墙，是中国万里长城中唯一的一段水上长城，其跨河墙长达100多米。

2."城在山上走，水在城下流"，景色壮观。

【美食伴游】

满汉全席，朝鲜冷面、打糕，杨国福麻辣烫，沈阳灌汤包，老山记海城馅饼，蒸功夫包子等。

【购物推荐】

绥中草编、绥中白梨、石豆腐、野生松蘑、红苹果、猕猴桃等。

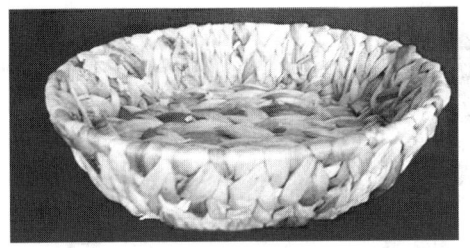

绥中草编

绥中白梨

野生松蘑

【景区地址】

绥中县李家堡乡新台子村境内

【交通指南】

坐火车到绥中,在绥中客运站坐到永安堡的汽车即可到达。

自驾交通:

京沈高速公路在万家出口下道,沿着址九线行驶15公里左右可到。

【周边景点】

兴城古城、菊花岛、兴城温泉、龙回头、东戴河等。

● 兴城古城

游客朋友们好!欢迎游览葫芦岛兴城古城。

兴城古城位于葫芦岛兴城市区,是我国现存最为完整的四座明代古城之一。古城始建于明宣德三年(1428),于宣德五年(1430)建成。当时称宁远卫城,清朝时称宁远州城。明隆庆二年(1568)毁于地震。明天启三年(1623),驻军此地的宁前道兵备副使袁崇焕主持重修。当时除了我们今天看到的这座城池以外,在其周围还构筑了堑、碉堡、防御墙,以及小规模永久性砖石结构的围城和其他军事设施,形成了一个庞大而完整的军事防御体系,古城也逐渐发展为明朝末年关外第一军事

兴城古城

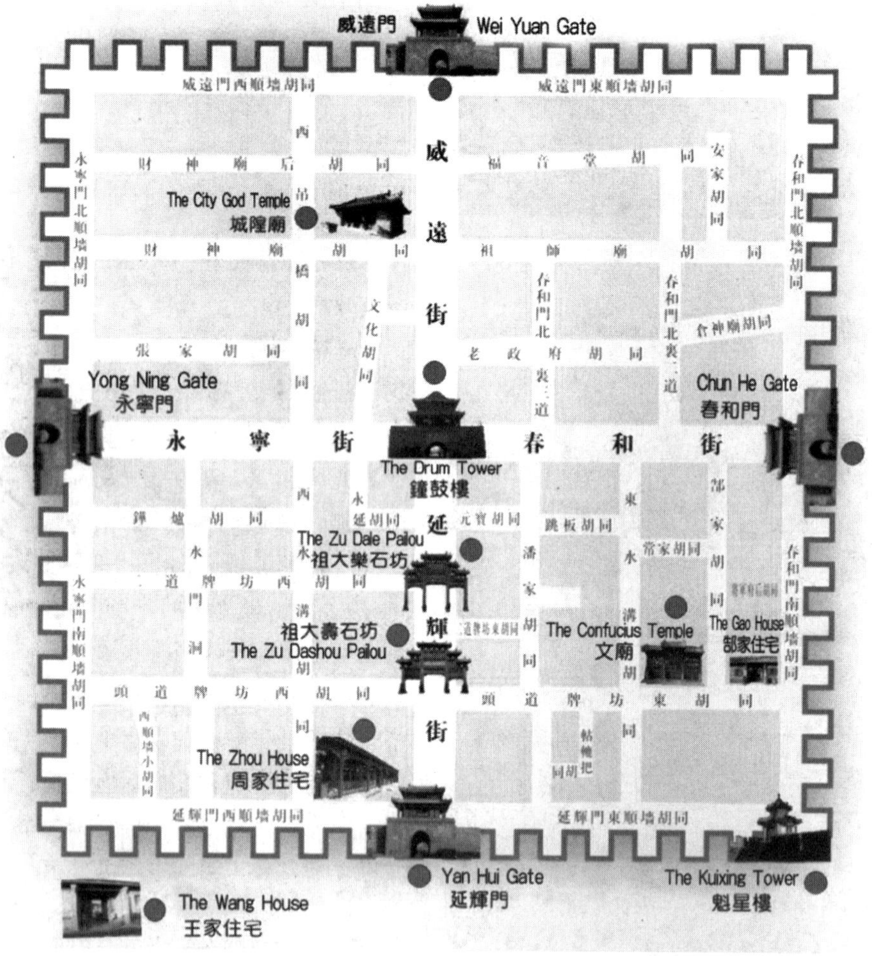

兴城古城平面示意图

重镇。由于年代久远,古城外围的数十座小城堡今已无存,仅留下遗址遗迹供后人凭吊。内城经历代维修,基本保留了原来的风貌和格局,歇山卷棚,飞檐凌空,朱廊画栋,蔚为壮观。

古城作为山海关外明朝的重要卫城,见证了明亡清兴的历史更迭,历经580多年的风雨侵蚀和战争洗礼,如今又焕发了新的生机,先后成为全国重点文物保护单位、国家级风景名胜区、国家AAAA级旅游景区。古韵沧桑的兴城古城、瑞气升腾的温泉、挺拔秀美的首山、碧波荡漾的大海、桃源仙境般的菊花岛交相呼应,相得益彰,兴城古城因此正成长为我国北方新兴的沿海风景旅游胜地。现在就让我们一起来参观、游览吧。

[古城格局]

古城是一座正方形卫城,这种形制在我国是不多见的。城墙周长3 348米,南北长844米,东西宽830米,高8.5

米，底宽 6.65 米，顶宽 4.5 米。城墙外表用大块青砖砌成，里边用巨石砌成。古城城墙四面正中各设一座样式相同的城门，东为春和门，南谓延辉门，西曰永宁门，北称威远门。四座城门雄踞四方，雄伟壮观，给人以固若金汤的安全感。城门上都筑有两层高的门楼，门外有半圆形瓮城，城的四角设有方形炮台，用以架设红衣大炮，现在城墙上摆放的大炮是红衣大炮的复制品。1626 年宁远之战，袁崇焕率领明军用红衣大炮炮击后金军，击中努尔哈赤，使他身受重伤，被迫撤军，努尔哈赤在返回盛京的途中不治而亡。行走在古城中，依然可以感受到 300 多年前战马嘶鸣、硝烟四起的历史氛围。

古城南门

城内十字大街将古城分为四块，位于古城中心的就是钟鼓楼。古城内曾经有多座庙宇，现在保存最好的是东南角的文庙和西北角的城隍庙，此外还有祖师庙。而袁崇焕建的将军府（督师府），已不是最初的式样。

[古城南门]

现在我们所处的位置是兴城古城南门延辉门。延辉门两侧的半圆形围城叫作瓮城。瓮是古代陶制容器，类似罐子，肚大而口小，易进而难出。这里取瓮中捉鳖之意，它的功能是保护城门，后来为了交通方便把瓮城打开了。

古城东南角是一座魁星楼。原魁星楼毁于战火，现在大家看到的是后来复修的。"魁星"是二十八星宿之一，亦称"文曲星"，传说他的笔点到谁的名字，谁就能高中状元。该楼共有两层，八面八角，建筑精良。内有一尊魁星像，青脸红发，一脚向后跷起，一手捧斗，一手执笔，犹如用笔点中应试人的姓名，这便是古书中讲的"魁星点状元"。古城的魁星楼因其地理位置而被誉为"关外第一魁星楼"。

[祖氏牌坊]

我们面前的这条大街称为延辉街，街道两侧是以经营商业为主的旧式建筑，建筑不高，多为一二层。延辉街上矗立着两座古朴、壮观的石牌坊，这两座石雕艺术瑰宝犹如一首凝固的音乐，其优美的旋律回荡在古城内外，给人以一种美的享受。

首先映入我们眼帘的是位延坊，向北距辉南街的祖大寿"忠贞胆智"大约 85 米处，屹立着祖大乐"登坛骏烈"坊。两座石坊形制大体相同，都是方形仿木结构、四柱三间五楼式、单檐庑殿顶。而且都是柱高楼小，更加显得牌坊凌空矗立，古朴苍劲。

这便是祖大寿的"忠贞胆智"坊。石坊建于明崇祯四年（1631），本地人称之为"头道牌楼"，它是祖大寿为标榜自己尽忠保主有功而立的。此坊由灰

祖氏牌坊

白色花岗岩建造，高约9米，宽12.9米，其特点是结构工整，间架紧密，少有空隙，充实庄重。

石坊南面的最底层有一个用白色花岗岩雕成的大象，代表吉祥的意思，这是祖大寿对自己的祈福。石坊正中有一立匾，上刻两个字，即"王音"，这里是借用字，表示皇上首肯的意思。据说，当时祖大寿已经叛明投清，但他欺骗朝廷，蒙蔽皇上，而皇上又迫于他势力强大，无奈只好默许他立此坊。

立匾下有三层额枋。上层南边刻有"忠贞胆智"四字，意为祖大寿忠心耿耿，智勇兼备。中层刻"四世元戎少傅"。元戎是军旅的别称，少傅是古时候的军界官职，乃高级军事首领的泛称，并非实职称谓。这里暗示着祖家为世袭将门，四代为将，即祖镇、祖仁、祖承训、祖大寿四代。下层刻"诰赠"，圣命为诰，意思是说，额文乃皇上所赐。牌坊北面顶部同样刻有"王音"二字，下写三层额枋，上层刻"廓清之烈"，称赞祖大寿保境安民、平定战乱、肃清四方的伟大功绩。上面的书法均为明末大学士、少师孙承宗亲笔题写。中层和下层与南面相同。

石坊的梁柱上还刻有浮雕，以战乱为主题，包括出征图、交战图、受降图等。内容以人物故事为主，并配有各种瑞兽、花木等图案，雕刻内容造型逼真，栩栩如生，手法高超，技艺精湛，是宝贵的艺术珍品。

各位请随我来观看第二座石坊——祖大乐石坊。祖大乐是祖大寿的堂弟，为宁远副总兵。这座石坊俗称"二道牌楼"，建于明崇祯十一年（1638），通高约11.5米，通宽13米。顶部和祖大寿石坊一样，刻有"王音"二字。正间也设三重额枋。上层刻"登坛骏烈"，意思是登上将坛创立功业的英豪；中层刻有"诰赠荣禄大夫援剿总兵官左军都督府左都督祖镇，诰赠荣禄大夫援剿总兵官左军都督府左都督祖仁，诰赠荣禄大夫援剿总兵官左军都督府左都督祖承训，特晋荣禄大夫援剿总兵官左军都督府左都督祖大乐。"中柱有楷书楹联，上联为："桓赳兴歌，国倚干城之重。"大意是雄强威武，慷慨放歌，国家社稷依仗着塞外重镇的稳固。下联为："丝纶锡宠，朝隆铭鼎之褒。"大意是圣主恩德所赐的名誉，有如永载史册的隆重嘉奖与称颂。表明皇帝所给予的名誉高尚至极。

石坊北面上层刻"元勋初锡"四字。"初锡"，意为第一次赏赐，意味着这仅仅是赏赐的开始。中柱上阳刻楷书楹联，上联为："松槚如新，庆善培于四世。"大意是祖氏家族之兴旺，乃得之于四代祖先行善积德的培养。下联为："琳琅有赫，贲永誉于千秋。"大意是赫赫有名并勇猛出众的将才，将受到千秋百代的赞誉，万古流芳。

祖氏石坊虽历经 300 多年的风雨剥蚀，但仍保存完好，这对于研究明清以来劳动人民创造的石刻艺术和明清历史提供了珍贵的实物资料，现为国家级重点文物保护单位。

[钟鼓楼]

古城内十字大街交叉处，即古城中心，建有一座钟鼓楼。该楼始建于 1454 年。楼座上建有两层楼阁，为重檐歇山卷棚顶，四面有围廊。钟鼓楼顾名思义，是旧时城内更夫为官衙及居民撞钟击鼓报时辰的场所，战时则有预警及指挥作用。现已辟为文物陈列馆，陈列兴城出土的各类文物数百件，其中荷兰牛皮大鼓为省内现存最大、最完好的一面军鼓，直径为 2.25 米。钟鼓楼现为全国重点文物保护单位。

[文庙]

文庙位于古城东南隅，始建于 1430 年，占地面积 1.68 万平方米，是东北三省最古老、辽宁省境内最大的一座文庙，也是古城内保存较完整的古建筑群落。青砖灰瓦，朱红门窗，古朴典雅。古松古柏，挺拔苍翠，曲径通幽，环境十分优美。1988 年被列为省级文物保护单位。

文庙南墙之外、东西角门的两侧，各有一块石碑，碑上面刻着同样的字："文武官员军民人等至此下马。"这就是从古至今的下马碑，彰显出这位功盖天地"至圣先师"的威严。这座文庙南北长 200 米，东西宽 84 米，是一组平面长方形的古建筑群。它是一座三进院的建筑群，照壁、棂星门、泮桥、戟门、大成殿、

文庙

崇圣寺等主要建筑安排在建筑的中轴线上，整个建筑群结构严谨、布局合理。

我们现在进入的这座门，叫作"毓粹门"，即东角门。毓粹有孕育精华之意，暗喻孔子及所创立的儒家学说是中国古代文化的精华。对面的门是西角门，叫观德门，观德有观瞻孔子美德、学习孔子学说对人有好处之意。这两座悬山式卷棚顶角门规模一样，都是一间，有朱门两扇。进入角门，便走进了文庙的第一进院。院南照壁与南垣墙连立，院北就是棂星门，古代人认为，棂星是天上的文星，"主得士之庆"。文庙第一座门以此来命名，意味着孔子是天上星宿下凡。此门坐落于石基台上，是四柱三间三楼式、多层斗拱的木构牌楼，灰瓦覆盖，歇山式顶，配有鸱吻，造型精美，彩绘雕花，耐人寻味。祭祀孔子时，只有状元到来才可以打开，所以此门亦称状元门。

过了棂星门就进入了文庙的第二进院。请看，东西两侧建有碑亭和月亮门。碑亭为 3 间，灰瓦卷棚顶，亭内有记载维修孔庙的五方石碑。月亮门为青砖拱砌。门楣南北皆有长方形砖雕，南面是《二龙戏珠》，北面是《双凤牡

丹》，砖质细腻坚实，雕刻工艺精湛。

状元门

东面的三间硬山式建筑，叫更衣亭。每年春秋两季的上丁日祭祀孔子时，祭祀人员在此盥洗、更衣和休息。在西侧与其相对称的建筑叫祭祀库，过去祭孔时，用一些器皿盛装祭品。祭祀后，将其涮干净，放进库中，下次再用。现在已辟为"兴城市名胜古迹展"和"兴城市出土文物展"。

这座泮桥，又称状元桥，坐落于直径为13米的半圆形泮池之上，四周围以石栏杆，是三路三孔砖石结构的拱桥。泮桥上的栏杆使泮桥分为中路、左路和右路，青砖铺桥面，中路为祭孔时

状元桥

状元所经之路。桥北端两侧各有一石雕吐水龙头，院内雨水通过龙口流进泮池。走进泮池，映入您眼帘的便是第二进院中的主体建筑戟门。古代称显贵之家为戟门，戟门名为门，实为殿。文庙设戟门，同样是表明高贵与显赫。

戟门东侧是名宦祠。祠内供有对建设、保卫宁远作出较大贡献的著名官员的牌位，包括袁崇焕、祖大寿、祖大乐、吴三桂等。祠前有一奇观"古柏育桐"，在古老的柏树上寄生着一株梧桐树，长得十分茂盛。梧桐与柏树的生长点距地面25厘米，柏树皮无损。针叶和阔叶两种树既不能嫁接，也不能植种，植物学家都认为这是一个谜，这也是我们兴城文庙一景。戟门西侧是乡贤祠，祠内供有生于宁远，为建设、保卫宁远作出较大贡献的先人牌位，还供奉有宁远的孝子牌位。这里有陈寿、毕恭、线补衮、朱梅、王延臣、吴景濂、王承斌、邰汝谦等。

请随我穿过戟门进入三进院。院内苍松荫翳，古柏参天，园门相望，曲径通幽。这座廊柱朱漆、雕梁画栋、金碧辉煌的建筑便是大成殿，大成殿建在近1米高的大型拜台之上，是文庙的主体建筑，三间硬山式建筑端庄、肃穆。下面枋檩雕以云龙、蝙蝠、花卉等图案，彩绘夺目。两山墙上部砖雕活灵活现，巧夺天工。殿顶正脊上云龙浮动，两鸱吻海口吞脊，垂脊前瑞兽端坐，十分逼真。

殿内北墙中央设正龛，供奉"至

圣先师孔子"之神位，龛左右柱上盘绕着金色雕龙，翻腾欲飞。龛东西供奉颜子、曾子、子思、孟子，两侧供奉12位哲人，供案陈列着尊、爵、豆等青铜器，两侧摆放着编钟、编磬、古琴、古筝等乐器。殿前门额上悬挂着一方巨匾，是康熙亲笔所题"万世师表"，这是从清朝康熙年间保存下来的珍品，亦有很高的艺术价值和历史价值。殿内顶部还悬挂着清朝年间保存下来的珍品，有很高的艺术价值和历史价值。殿内顶部还悬挂着清代8位皇帝的牌匾：雍正题的"生民未有"、乾隆题的"与天地参"、嘉庆题的"圣集大成"、道光题的"圣协时中"、咸丰题的"德齐寿载"、同治题的"圣神天纵"、光绪题的"斯文在兹"、宣统题的"中和位育"。此外还有一块，是中华民国大总统黎元洪题写的"道洽大同"。这些牌匾，大字涂金，边框雕以云龙。

在大成殿正北，建有三间硬山式殿堂，名为崇圣祠。祠内供奉孔子的五世祖、高祖、曾祖、祖父、父亲。在大祭孔子的时候，一并享受祭祀。

大成殿前东西两侧东庑、西庑，我们习惯称两厢。东、西庑各五间，为硬山式结构。两庑中曾供奉先贤、先儒共142位，无塑像，以牌位供奉。现在东庑内设"孔子生平事迹展"，西庑内设"中国科举制度展"。

苍松荫翳，古柏参天；廊柱朱漆，雕梁画栋。行走在这庄严、肃穆的孔庙中，心中不自觉地便生出一些恭敬、礼赞之情，叫人不由得慨叹孔子儒家思想的高深、厚重。

欢迎再次光临兴城古城，谢谢！

【景区亮点】

1. 兴城古城是中国十佳古城，是我国目前保存最完整的四座明代古城之一，也是唯一一座方形卫城。

2. 城墙设有东南西北四门，城中心设有钟鼓楼，城门外筑有半圆形瓮城，城墙四角仍筑有炮台，用来架设红衣大炮。

3. 集城、泉、山、海、岛五大景观于一体，珠联璧合，形成了北方沿海风景旅游区独特的风姿。

【美食伴游】

红崖子花生、多宝鱼、兴城苹果、兴城梭子蟹、海蜇皮、葫芦岛锦丰梨、兴城全羊席、虹螺岘干豆腐、板石沟大枣等。

红崖子花生

多宝鱼

兴城全羊席

【购物推荐】

泳装、泳帽、泳镜、景区吉祥物、葫芦岛虾皮、海鲜、绥中草编、板石沟大枣等。

【景区地址】

辽宁省兴城市老城区中心

【交通指南】

兴城古城永宁门（西门）距兴城火车站只有两三百米，步行即可到达。

自驾交通：

走京沈、京哈高速兴城下走102国道至兴城市中心。

【周边景点】

海滨风景区、觉华岛、兴城温泉、龙回头、兴城文庙、兴城首山、九门口长城等。

● 兴城温泉

游客朋友们好！欢迎到兴城温泉疗养度假区休闲度假。

兴城温泉位于兴城东南，距市中心1.5公里，是休闲、养生、保健的医用温泉。兴城温泉古称"汤泉"，发现于唐朝初年，早在辽金时代就被开发利用。清代宁远州刺史伊汤安曾在温泉修建"致爽亭"，建有"汤泉寺"，设有男、女浴室。1927年，经张作霖当政的中华民国交通部次长代理部务荫槐批准，在兴城温泉修建"张作霖别墅"。据说，别墅建成后，张学良曾携赵四小姐来此小憩，并栽下虎皮松两棵，至今还有一棵尚存。

张作霖别墅

兴城温泉是因地下溶岩的作用而形成的天然矿泉，泉水清澈透明，无色无臭，中心水温40℃~70℃，酸碱度为7.4，泉水比重为1.006，属于高温弱碱性食盐矿泉。泉水中含有钾、钠、钙、铵、镁等多种矿物质，还含有一定数量的放射性元素氡和镭。泉水可以口饮、冲洗和浸浴，对风湿性关节炎、大骨节病、神经衰弱、高血压、皮肤病和慢性妇科病以及外科术后恢复，均有显著的疗效。健康人沐浴温泉，可以爽身提神、解除疲劳。

兴城围绕温泉水资源的开发利用，建有数十座疗养院，床位总数已超过北戴河。在温泉疗养区，各具特色、风格各异的建筑掩映在绿荫之中，成为各地游客趋之若鹜的休闲疗养首选之地，形成北方最大的沿海温泉疗养区。

汤上温泉位于兴城市高家岭满族乡汤上村。据1927年《兴城县志》记载："汤泉寺，在汤上屯，距县城西南85里，被称为西汤，乾隆五年创建。"据说，乾隆皇帝回盛京（沈阳）祭祖时特在此沐浴休息，欣然称此水为"圣水"。自此汤上温泉又被称为"乾隆御汤"。

2010年12月29日，国土资源部公布首批评审通过的中国温泉之乡（城、都）和地热能开发利用示范单位，兴城市获得"中国温泉之城"荣誉称号。

目前，已有5个精品温泉旅游项目在建，包括高家岭拉斯维加斯温泉小镇、海滨温泉水调歌头主题公园、丽汤首山温泉国际养生谷项目、红麦坊温泉度假酒店项目、梦幻海洋城等项目，总投资超过百亿元人民币。

【景区亮点】

1. 泉水中含有钾、钠、钙、铵、硫、镁等多种矿物质，还含有一定数量的放射性元素氡和镭。

2. 泉水可以口饮、冲洗和浸浴，尤能除疾祛病，对风湿性关节炎、胃病、大骨节病、神经衰弱、高血压、皮肤病和慢性妇科病以及外科术后恢复，均有显著的疗效。

3. 健康人沐浴温泉，可以爽身提神、解除疲劳。

【美食伴游】

面茶、红崖子花生、多宝鱼、兴城苹果、兴城梭子蟹、海蜇皮、葫芦岛锦丰梨、兴城全羊席、虹螺岘干豆腐、板石沟大枣等。

【购物推荐】

泳装、泳帽、泳镜、景区吉祥物、葫芦岛虾皮、海鲜、绥中草编、板石沟大枣等。

【景区地址】

兴城市政府东边的兴海大道上

【交通指南】

从兴城火车站打车即可。

自驾交通：

起点火车站—中央路—新华大街—进入G102—广场西路—兴海南街—终点

【周边景点】

海滨风景区、觉华岛、龙回头、兴城文庙、兴城首山、九门口长城、张作霖别墅等。

●觉华岛旅游度假区

游客朋友们好！欢迎游览觉华岛旅游度假区。

觉华岛旅游度假区由本岛及磨盘山岛、张家山岛、杨家山岛3个离岛组成，陆域面积15平方公里。主岛觉华岛面积13.5平方公里，海岸线长27公里，

觉华岛旅游度假区

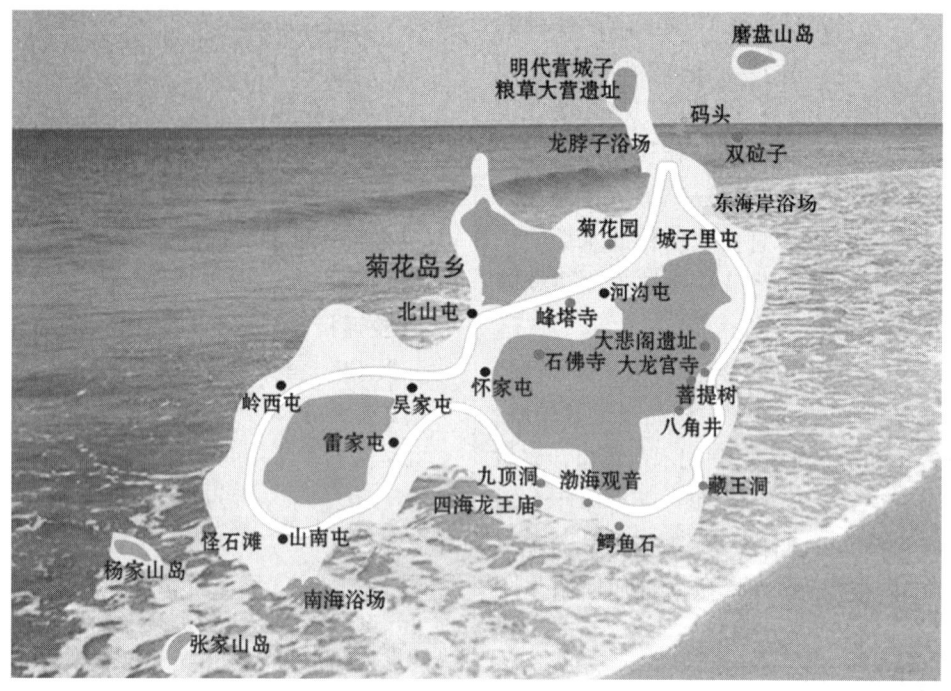

觉华岛旅游度假区导游图

是辽东湾第一大岛屿。

觉华岛岛内为海洋性气候，负氧离子含量极高，是陆地的8~10倍；森林覆盖率达到86%，年平均气温9.9℃，宜游宜居。觉华岛旅游和渔业资源丰富，盛产鱼、虾、蟹、贝、蜇、参，为渤海湾内著名的鱼米之乡，岛上居民大多从事旅游服务和海洋捕捞。觉华岛现为国家级风景名胜区、辽宁省旅游功能聚集区、服务业聚集区。

觉华岛历史悠久，文化底蕴深厚，风光秀丽，景色宜人。辽圣宗统和八年（990），设兴城县（治所桃花岛，即今觉华岛），这是兴城这一名称的最早由来。至今，岛上仍有较为完整的古代遗址留存。如今，岛上主要人文、自然景观有辽代大龙宫寺、明代粮草大营遗址、八角井、唐王洞、浴场、九鼎石、怪石滩、东海岸景观公园、百万菩提园、山顶禅修观光路等。觉华岛上尚存北方罕见的千年菩提古树119棵。

据史料记载，1 000多年以前的辽金时期，觉华岛的名字和佛教圣地、皇室、朝廷紧密相连。这里佛寺林立，僧侣众多，觉华大师、海山大师郎思孝在

大龙宫寺

此弘扬佛法，寺院发展到17座，成为远近闻名的佛教圣地，时有"南有普陀山，北有觉华岛"之誉。

2013年5月9日，我国台湾地区星云大师参访了觉华岛旅游度假区。星云大师为其亲自题刻有"觉华岛"三个字的石碑揭幕，并亲手种下了一棵菩提树。星云大师还做了"寻找幸福快乐的方法"的演讲，并回答听众的提问。

目前，觉华岛是国家AAAA级景区，国家级海洋公园，中国十大美丽海岛，主打生态佛岛，主要景区分别为：东海岸景观公园、古岸画廊景区、九鼎石景区、怪石滩景区、东海浴场、南海浴场、史迹宫博物馆、百万菩提园、采摘园、越龙湾奇石园等。景区正以新的姿态努力建设成为国际旅游目的地，中国北方生态佛岛。

菩提树

觉华岛的讲解到此就结束了，期待您的再次光临。

【景区亮点】

1. 辽东湾第一大岛。

2. 有"海天佛国""南有普陀山，北有觉华岛"的美誉。

【美食伴游】

皮皮虾、花盖蟹、八爪鱼、龙须菜、海鸭蛋等。

【购物推荐】

泳装、泳帽、泳镜、各种纪念石、葫芦岛虾皮、海鲜、绥中草编、板石沟大枣等。

【景区地址】

辽宁省兴城市觉华岛乡

【交通指南】

从兴海公园北侧的游船码头上船，40分钟即到。

兴海公园北门码头开船时间是8：30、10：00、14：00、15：00。

从菊花岛返回的时间是7：00、12：00、14：30、17：00。

【周边景点】

海滨风景区、兴城温泉、龙回头、兴城文庙、兴城首山、九门口长城、张作霖别墅等。

锦州概况

——锦绣之州锦州

锦州市地处辽宁省西南部，北依松岭山脉，南临渤海辽东湾。地处"辽西走廊"东端，是连接华北和东北两大区域的交通枢纽。锦州市地貌结构为"三山一水三分田，二分道路和庄园"。下辖凌海市、北镇市、黑山县、义县和凌河区、古塔区、太和区、经济技术开发区、松山新区、龙栖湾新区10个县（市）区，总面积10 301平方公里，海岸线124公里，人口312.91万。有汉、满、回、蒙古、锡伯、朝鲜等34个民族。

锦州是一座具有2 000多年悠久历史的文化古城。据考古发掘证明，自远古以来，锦州这块土地上就有人类劳动生息，历代相传，人烟不绝，并与中原文化有着密切的联系。公元911—926年，辽太祖耶律阿保机"以汉俘建锦州"，锦州之名始于此时。锦州是一座著名的军事、科技、商贸重镇和中国优秀旅游城市，是辽西区域性中心城市、辽宁沿海经济带国家战略重要节点城市、全国加工贸易梯度转移重点承接地、中国投资环境百佳城市、中国最具投资价值新锐金融生态城市、中国人居环境范例奖城市。锦州市获准创建国家科技成果转化服务（锦州）示范基地，这也是东北地区首家、全国第7家国家科技成果转化服务示范基地。

锦州也是著名军事要地，两次决定全国战争形势的大决战——明清松锦大战和解放战争"辽沈战役"都围绕锦州展开。2013年世界园林博览会在锦州举办。

锦州世博园

锦州区位独特、交通便捷，是连接中国东北和华北的重要交通枢纽，是东北腹地重要的出海通道和环渤海地区重要的港口城市。锦州是东北地区唯一同时具有海港、空港、铁路、公路和管道运输的枢纽城市，拥有得天独厚的交通优势。京哈铁路、秦沈铁路客运专线、大郑铁路、锦承铁路、沟海铁路、京哈公路、京沈高速公路、辽宁滨海公路横贯全境。锦阜高速公路、锦朝高速公路及102线国道使锦州与周边城市形成了"1小时城市群"。成为辽宁省三大区域旅游中心城市之一，与沈阳、大连、天津等城市形成"3小时城市群"。

锦州机场是辽宁省西部地区唯一达到国际民航4C级标准的机场，现已开通锦州至上海、沈阳、青岛、杭州、广州、香港、首尔等多条国际国内航线。通过锦州机场中转联航，可在1日内飞往全国各地。

锦州港是中国沿海最北部纬度最高的一类开放商港，是中国港口20强之一，腹地覆盖中国东北西部、内蒙古东部乃至蒙古国和俄罗斯远东地区，运输航线通达我国南北方各个港口，已同80多个国家和地区建立了通航关系。2012年，港口吞吐量达到7 354.8万吨，集装箱运输86.9万标箱。

锦州通信发达，是中国东北三大通信枢纽之一，移动电话占有率居全省前列。特别是辽宁沿海经济带开发建设上升为国家战略以来，锦州作为"渤海翼"的重要一环，越来越为国内外所关注。

优越的地理位置、发达的海陆空立

体交通体系、现代的通信手段大大增强了锦州的城市影响力和经济、文化的辐射力，使锦州成为国内外的投资热点和旅游热点。

锦州是中国东北重要的老工业基地城市，是中国投资环境百佳城市，工业基础雄厚。20世纪60年代，锦州曾以"大庆式新兴工业地区"著称。中国第一支晶体管、第一块石英玻璃、第一根锦纶丝、第一座电子轰击炉、第一枝人造塑料花等21个"第一"都诞生在这里。经过60多年的发展，在中国城市综合实力50强评比中居第40位。目前，锦州已形成以石化、新型材料、农产品深加工为主体，包括电子、医药、纺织等行业在内的门类齐全的工业体系。光伏、汽车及零部件、精细化工等新兴产业集群快速壮大，钛白粉、单晶硅切片、汽车安全气囊、石英制品、汽车起重机等一系列高科技产品居国内领先地位。锦州还是辽宁省主要产盐区之一。矿产资源有石油、天然气、煤炭、石灰石、膨润土、萤石、花岗岩等。膨润土储量为亚洲第一。未来几年，锦州市将构建包括国家北方炼化、中国光伏产业、石化轻纺工业、特种铁合金产业、氯化法钛白粉生产在内的五大基地和365客服世界锦州产业园。

锦州拥有渤海大学、辽宁工业大学、辽宁医学院等8所高校以及24所中专、22家科研院所和15万名科技人员，教育和科研实力居辽宁省第三位。锦州文化底蕴深厚，是一座历史文化名城，京剧、评剧、杂技、歌舞、木偶剧等艺术门类争芳斗艳，名家新秀层出不穷，享誉国内外，多次出访日俄欧美等国家和地区。世界上最大的古生物化石产地位于锦州，发掘出距今1.5亿年前的各类动植物化石，其中，"杜氏孔子鸟""张和兽""薄氏辽宁枝"化石为世界级珍宝，中华文化名酒"道光廿五"、辽西古生物化石更使锦州载誉全球。

锦州人才辈出，元朝帝国时期杰出的政治家耶律楚材，中国北方民族政权中第一位也是唯一一位有名的女政治家和军事家萧绰萧太后，道教武当宗师张三丰（今锦州市黑山县人），清朝的奠基人和主要缔造者、清太祖努尔哈赤，伟大的爱国者、中华民族的千古功臣张学良，以及著名作家萧军、画家张汀、书法家大康和第十一届全国政协港澳台侨委员会主任、海峡两岸关系协会会长陈云林，歌唱家刘斌、佟铁鑫，中央电视台主持人冀星，著名羽毛球运动员、奥运冠军、中国羽毛球队女队教练张宁，参加神舟十号载人航天任务的中国航天员张晓光等，都植根于这片沃土，从这里走向辉煌。

锦州是中国优秀旅游城市，自然景观得天独厚、人文景观丰富多彩。境内山、海、城、岛荟萃，寺、塔、馆、园

古生物化石

齐备。全市现有各级文物保护单位166处,其中国家级文物保护单位6处,国家级风景名胜区1处,国家级森林保护区1处,全国工农业旅游示范点4处,国家AAAA级景区8处,AAA级景区7处。全市现有旅行社52家、旅游星级酒店21家、旅游院校3所。拥有"潮涨隐,潮落现"的天下一绝的笔架山天桥,历代皇帝登临次数最多、被誉为"中国东北三大名山之首"的医巫闾山,开凿于1 500多年前的万佛堂石窟,以及辽沈战役纪念馆、青岩寺、奉国寺、北普陀山等一批知名的自然、人文景观。锦州还拥有丰富的温泉旅游资源,其中温泉水中氟、硫、锶等微量元素及矿物质含量均达到国内一流水准,具有矿泉加温泉,饮、浴兼顾的功能,已经具有了规模开发、持续开发温泉旅游的潜在能力,为全市开发沟峪旅游和温泉旅游提供了重要支撑。目前,全市已有凌海花园温泉酒店、锦州玉泉宫温泉养生会馆等5家温泉企业对外运营,较好地满足了来锦旅游者的多种需求。

锦州已成为环渤海地区重要的港口城市、辽宁沿海经济带国家发展战略的重要节点城市,未来锦州正朝着建设辽宁沿海第二大城市的目标健步迈进。

目前锦州的主要旅游景点有:世博园、笔架山、北普陀山、辽沈战役纪念馆、广济寺古建筑群、医巫闾山大观音阁风景区和医巫闾山森林公园、青岩寺风景区、奉国寺、万佛堂石窟、北镇庙、崇兴寺双塔等。

●锦州世博园

游客朋友们好!欢迎游览锦州世博园。

[锦州世博园概况]

2013中国锦州世界园林博览会是锦州建设辽宁沿海第二大城市的重要载体之一,是锦州滨海旅游带的第一大风景区。在锦州龙栖湾这座渤海北极岛上,一座精致的世界级园林景观拔地而起,呈现出碧海金沙、花团锦簇的美景。

锦州世界园博会是世界上第一个海上世界园林博览会,是全球规模最大的园林博览区,也是唯一一届由世界园林、园艺两大权威组织批准并支持的盛会,开创了世界园林博览会举办模式的先河。锦州世博园园区总占地面积7平方公里,其中陆地面积3.3平方公里,水域面积3.7平方公里,是全球规模最大的博览园区之一。我国著名电视人杨澜应邀担任了中国锦州世界园林博览会的形象大使。

锦州世界园林博览会的主题是:"城市与海,和谐未来";设计理念是:"蓝

锦州世博园

环　线——辽宁滨海大道线

空间布局图

世博园会徽

色大海滋润绿色家园。"

　　锦州世界园林博览会的空间总体布局是："一心一环，两轴六区。"一心，是海洋之心，是以20个IFLA（国际景观设计师联盟）国际展园为主体，与海洋科学创意馆、渤海湾水景、多条花带共同构成的中央景观。一环，是人车共行的旅游线路，全长6.8公里。两轴，是海洋园林风情游览轴——园区东西向游览主轴线，海洋特色文化展示轴——园区南北向游览副轴线。六区，即六大特色园区，分别是山地园林区"高山流水"、奇迹园林区"锦绣之州"、林地景观区"海风林韵"、海岛园林区"奇幻海洋"、海滨园林区"浪漫之滨"和海上活动区"观海听涛"。

　　锦州世界园林博览会的会徽以"城市与海，和谐未来"为主题，以浪花为基本元素，5朵浪花顺时针排列，寓意世界第一个海上园林博览会生机勃勃、生生不息；会徽内部留白图案代表锦州市花月季，寓意热情的310万锦州人民为世人展现一场丰富多彩的和谐盛会，笑迎八方来客。

世博园吉祥物"欧叶"

　　锦州世界园林博览会的吉祥物叫"欧叶"，是一只栖息在渤海湾畔的红嘴鸥形象。"欧叶"一双大大的眼睛闪烁着智慧的光芒，颈项飘动的领结化作"2013"字样，舞动、展开的翅膀是"州"字的变形，象征热情的锦州人民向全世界人民发出盛情邀请。

　　锦州世博园的地点在龙栖湾，过去叫作娘娘宫。在这里，流传着一个美丽的传说。很久很久以前，小凌河入海口这个地方有一个叫李默的女孩儿，她和父亲李海山看见一位白胡子老头儿横跨小凌河的冰面时，突然冰面断裂，掉到

冰窟窿里，李默和父亲奋不顾身，把老头儿救了上来。当天晚上，李默做了一个梦，梦见老头儿对她说："我是海龙王，我假装掉到冰窟窿里就是看一看这里的人们有没有善心。你是个好人，你们如果以捕鱼为生，我保佑你们生意兴隆。"从此以后，李默父女俩出海捕鱼，果然是天天鱼虾满仓，哪一位渔民跟着李默父女去捕鱼，也都是大丰收。李默父女俩年老去世后，渔民们就在这里修了一座海神娘娘宫，经常烧香上供，果然是捕鱼鱼虾满仓、种地粮食丰收，娘娘宫由此成了渤海湾最出名的风水宝地。

锦州世博园汇聚了世界精品造园艺术的20个IFLA（国际景观设计师联盟）特色展园。它们是国际风景园林师联合会和国际园艺生产者协会在全球百余件园艺作品中评选出来的，是集当代世界风景园林艺术之大成的"精品园林"。

出自荷兰设计师之手的马赛克花园，应用了西班牙传统镶嵌艺术，色彩斑斓，极富趣味。与其相邻的是英国设计师设计的"非洲茅草屋公园"。这是丹麦设计师设计的由24个小型花园组成的"份地花园"，洋溢着惬意的田园生活情调。

车行左侧看到的是"迷宫游苑"，大大小小、高低错落的石林组合成奇妙的游乐空间。这是由葡萄牙设计师设计的"元素主题公园"。设计理念汇集了土、火、气、水四种元素，传达了对西方哲学的精彩演绎。

前方左侧这一处公园被称为"地球下的岛国"，出自新西兰设计师之手。园中多个椭圆形钢构架象征着岛屿，表现出大洋洲岛屿星罗棋布的景观。

左侧像是一个大花坛的景观，是由荷兰设计师设计的"空灵之地"。这是一片开满鲜花的湿地，同时也是一个欢乐的游戏场所。

现在，我们来到了锦州世界园林博览会四大主题展馆之一的国际古生态馆。

由展馆的专业讲解员给大家讲解，带您穿越时空，走进魅力无穷的古生物化石世界。（馆内解说略）

走进张和"国际树化石园"，就仿佛穿越了从现实到远古的时空隧道。这个国际树化石园是由从锦州走出去的文化名人、深圳古生物博物馆馆长张和先生捐赠的。这些化石来自中国、美国、南非、印尼、俄罗斯、蒙古国等多个国家。其中生成时间最长的有1.7亿年，最短的也有几百万年的历史，是目前世界最大的迁地保存展示的树化石园。

前面我们看到的这个色彩艳丽、自然与时尚结合的广场，是"时运广场"，寓意着时来运转的好兆头。

时运广场的主体是一个巨大的花时钟，您可不要以为它只是一个漂亮的装饰，它是一个真正的时钟。其时针与分针

时运广场

采用 GPS 定位，和普通钟表一样，无论是在阳光下还是在风雨里，一直不停地在钟面上自行准确移动。大家可以对一下自己的手表，让对美好时间的记忆永存。

现在我们看到车左侧的是种植有上万株月季的"月季园"。月季是我们锦州的市花，是我国十大名花之一。

这是用共计 81 500 棵彩叶草和孔雀草铺就而成的 630 平方米的中华人民共和国版图。版图上面"钓鱼岛"清晰可见。园林工人还在上面插了鲜艳的五星红旗。

前面就是世博园的海滨浴场，看"沙鸥翔集，锦鳞游泳"，观"鸥拍惊浪，风鼓帆影"。这里是最具海上世博园特色的浪漫海景、千米沙滩和休闲广场。这里沙质细腻、海岸平滑、海水清澈。看那些返璞归真的茅草凉亭、白色的休闲躺椅，似乎已让我们真切地感受到了扑面而来的海风海韵。

现在我们又来到了 20 个 IFLA（国际景观设计师联盟）展园之一的"波罗的海文化景观花园"。它出自立陶宛设计师之手，以橡树林、筑堤、庄园、图腾等神秘的文化符号讲述着古老的波罗的海文化。这里有浓郁的欧洲风情，精致细腻而又充满魅力。

车行右手边是新西兰设计师设计的"瓦卡湿地"。长长的木栈道如毛利人的独木舟"瓦卡"，与花田、步道、水池交汇构成典型的湿地景象。

这处色彩强烈、浪漫的主题花园是荷兰的"镶嵌式花园"。

这里是澳大利亚的"南十字星花园"。通过澳洲艺术品、植物、澳洲版图形象等元素展现环保、生命、未来等积极的主题。

大家向右方看，这处"凯尔特式花园"出自西班牙设计师之手。它以凯尔特传统的寨堡为原型，营造出丰富的空间和不同特色的景观。在凯尔特式花园，您可以用现代建筑解读古欧洲那支神秘种族的生活。

各位游客朋友，我们刚才游览的是世博园的北区部分。世博园总体景观布局分为南、北两区，北区以"一心一轴四带"为景观框架。"一心"，是以玫瑰馆及渤海湾为中心；"一轴"，即踏浪拾贝，是海洋特色鲜明的中轴；"四带"，是指以展示艳丽花卉为主的四条花带，包括浪漫风情带、国际风情带、儿童风情带、辽宁风情带。一会儿我们就将观赏到它们。这四带将滨水公共空间、山地观赏区、展园和展馆周边空间、服务类公共空间、20 个 IFLA（国际景观设计师联盟）展园、14 个城市园、3 个源博苑、7 大特色建筑、12 大专类园区环绕其中，共同营造出丰富多彩的园林展览空间。南区为拓展区，以"三带两湾"为景观框架，由滨水公共空间、山地观赏区、展园公共空间、10 个大师园、17

世博园海滨浴场

个企业园、4个源博苑、1个特色建筑、2个专类园区、三大入口及泛花海共同组成。主要活动空间围绕两片水域的岸线展开,以大面积水系、花海、林带为主,营造自然、野趣的景观空间。

山海园林锦绣,世博大美奇观!锦州世界园林博览会是一届跨越经济、文化、科技等领域的多元化、综合性、世界级园林博览盛会。希望您今天品海风林韵,读高山流水,踏浪漫之滨,享奇幻梦境,尽览锦绣,定格为生命中美好的记忆!

现在我们车行在世博园的海韵大道,前方即将到达四大主题展馆之一的海洋科学创意馆。海洋科学创意馆建筑面积7 550平方米,展示的是世界最新的海洋科技探索成果。从外观上看,整个海洋科学创意馆用一幅巨大的立体海洋画装饰起来,让观众直观地感受海洋氛围。

现在请各位游客朋友下车参观,展馆内专门的导游讲解员会为您作详尽的讲解。

(展馆介绍略)

海上世博园是锦州向世界发出的一张蓝色请柬,所以在园中的各个展区处处用最具海洋特色的符号,表现海洋文化特色,体现中国与世界园林艺术的交流与融合,充分展现海上世博园的文化魅力及地域特色。锦州世博园中海洋文化的提炼,从海风、海浪、潮汐、沙滩、波浪、海洋生物、海港、海洋色彩等多方面入手,将这些形象运用于平面、立面、雕塑形式及景观设计当中,如植物造景及营造花海、林海的壮丽景观等。

这片融建筑美感和服务功能为一体的区域,是"花河簇锦服务区"。它还有一个名字叫"啤酒小镇"。它的风格体现了建筑与海的设计思想。

前方绽放的是"海洋之花展园"。它运用园林景观的元素展现海洋的气魄与魅力,同时拉近人类与海洋的距离。

穿过"花河簇锦服务区"和"海洋之花展园",我们又来到一处IFLA(国际景观设计师联盟)展园。车行左方是出自菲律宾设计师之手的"马布哈欢迎岛"。这个展园以浮岛的形式漂浮在晶莹的蓝色水面上,园中有号角岛、斗笠岛等片区,浮岛、椰树、鲜花、水湾无不充满着浓郁的热带风情。

和它相邻的"生命旅途花园"出自印度设计师之手。整个园区被设计成一个螺旋上升的场馆,沿着盘旋上升的一条小路,您会越来越发现景观的丰富多彩。

这片开阔区域就是位于世博园"中轴线"最西端的"梦想之源"。这里与大海相接,由水面、绿地、广场建筑组成的景观,意在打造一片梦想的园林、生态的园林、自然的园林、节庆的园林和未来的园林。

海是生命的起源、是梦的故乡!"梦想之源"两侧对称的山体犹如海洋中的波浪,异形景亭点缀其间,仿佛海中的礁石。游人穿行其间,如同在海中畅游,回归生命与梦想之源。广场的中轴线拥有音乐喷泉的中心水景,地势也由高变低,直入大海。您可以尽情地沐浴海风,拥抱海洋!

锦州世界园林博览会是园林艺术与花卉艺术的完美结合,如果说刚才看到的多个展园让我们感受到了世界园林之美，那么接下来我们观赏到的"花河簇锦景观带"，无疑是园艺之美的经典！

"花河簇锦景观带"的花卉总面积约为9万平方米，由四条特色花带构成，由外至内向心性地汇聚到中轴线的核心"渤海湾"。四条绚烂花河，东部两条花带以红色和黄色为基调，花材的选择以颜色艳丽的花卉品种为主；西部两条花带以蓝色和粉色为基调，花材的选择以清新淡雅的花卉品种为主。通过花卉色彩的搭配，形成海浪、沙滩、彩虹，勾勒出花海的浪漫与多姿。

车行右手边连续经过的分别是IFLA（国际景观设计师联盟）精品园林设计"奥特亚罗瓦展园"。它出自新西兰设计师之手，演绎着千年以前毛利人古老而美丽的传说。

海洋之花展园

与其相邻的"波斯古典园林展园"出自伊朗设计师之手，充分体现了波斯经典造园的理念及文化。您看，它的外观很吸引人的眼球，中轴线、长型水池和神话雕塑等元素共同传达着波斯文化神秘的气质。

这处园林景观出自哥伦比亚设计师之手，为灵感源于一滴水落入池中的"水滴花园"。

前面右侧，就是体现东西方展园文化交流与碰撞的辽宁各城市展园！

天辽地宁，各展千秋，辽宁省14个城市自行设计、建造了代表自己城市形象的展园。

车行右侧，是第一个城市展园，也是本次世园会的东道主城市、有锦绣之州美誉的锦州的盛世奇葩——锦州园。

与锦州园相邻的是"玛瑙之乡"阜新的阜新园。

现在我们来到了赵本山推荐的"大城市"——铁岭。"铁岭园景观"分东西两个部分，分别讲述铁岭老城故事和新城风采，命名为"天水新城"。

车行左侧，是西班牙设计师设计的"世外桃源"。世外桃源景观借鉴地中海传统花园的形态，让人亲近自然，仿佛置身海边的世外桃源。

现在左手边是墨西哥设计师设计的"花瓣生态公园"。

前方就是沈阳园。它有一个浪漫多情的名字——"玫瑰有约"，用工业与玫瑰的神奇组合完美演绎了新中国成立以来充满力与美的沈阳。大家可以看到，钢构玻璃的玫瑰馆，晶莹剔透，就像盛开的一朵玫瑰。馆内展出的是沈阳市市花玫瑰花。

这是命名为"古城新韵"的"葫芦岛园"。

浪漫海韵踏浪而来，海洋之美扑面入怀——我们来到的是"大连园"。巨大的海螺讲述着海洋的传奇。它的设计理念体现了城市与海、人与自然的历史渊源。

"朝阳园",以晚侏罗纪古生物化石文化为特色,体现了"世界上第一朵花在朝阳开放,第一只鸟在朝阳飞起"的寓意。

车行的左侧,我们看到的是取名"丹霞东升"的"丹东园"。

前方有悠扬的琴声邈邈传来,引我们走近"水韵琴心"的"营口园"。

接下来进入我们视线的是古色古香的"辽阳园"。"辽阳园"以"关东第一才子"王尔烈为主题人物,来展现古城辽阳的"文德"之采。

车行的右侧,是"古砚枫情""本溪园"。本溪园的设计可以凝练为"枫叶中蕴蓄满腔热烈,辽砚内研磨城市变迁"。

这是"盘锦园",命名为"鹤舞赤洲",着力表现稻香蟹肥、鹤舞红海滩的湿地美景。

前方是命名为"钢都玉缘"的"鞍山园"。这里尽情挥洒着玉的华美和钢的粗犷。设计理念以岫玉为主体,以千山风景为衬托。

春风拂面,百花缤纷——现在我们到达的"百花馆"是一个专类展馆,展出花卉百余种,让人有融入花海的感觉。

请大家进馆,随我们专门的展馆讲解员一起去感受百花缤纷。

车行的右侧,是"百草园"。这是连接"水韵之舞"广场和IFLA(国际景观设计师联盟)国际展园的公共区域。景观以"散落的贝壳"为设计元素,生趣盎然。

现在我们看到的是"水韵之舞剧场",这是本届世界园林博览会的标志性景观之一。剧场建筑面积9 565平方米,是世博园大型演艺中心,演出大型音舞诗画"锦绣神州"主题精品晚会。盛世霓裳喜迎八方宾客,水韵剧场演绎锦绣华章。

水韵之舞剧场

蝶恋花谷(此处车行5分钟,所以比较长)。

这里是花的海洋、这里是爱的天堂。现在我们来到了位于园区中部的"蝶恋花谷",花卉总面积约为5万平方米,其中栽植郁金香44 000多平方米。花展分为两期:一期以展示郁金香为主,主要在春季,包括荷兰角、贝隆夫人、舍利、橙色皇帝、美人、范依克、粉色浪漫等100多个品种的花卉。

蝶恋花谷

"兰陵美酒郁金香,玉碗盛来琥珀光。但使主人能醉客,不知何处是他乡。"这是唐代大诗人李白对郁金香的赞美。我想现在朋友们就和当年的李白一样沉醉于郁金香的馥郁芳香，沉醉于海上世博园的花海美景。

这里的二期花展以展示草花为主，主要包括夏秋两季。夏季，栽种草花，包括非洲凤仙、香彩雀、百日草、繁星花、波斯菊等32个品种；秋季，主要栽种羽衣甘蓝、美人蕉、三色堇、孔雀草、鸡冠花、四季海棠、一串红等，共25个品种，突出温馨、淡雅、浪漫的气息，营造如梦如幻的仙境氛围，给游人带来心灵的宁静与惬意。

前方，我们就要到达的是中华魂的体现——国歌纪念园。根据史料考证，国歌《义勇军进行曲》词曲创作的素材主要来源于以锦州为中心的辽西抗日义勇军的英雄事迹。锦州因此成为抗日义勇军和国歌的发祥地。

请看，在450延长米、高2.1米的白色钢制管件上体现的就是《义勇军进行曲》的五线谱。在座的如果有识五线谱的朋友，可以一起按照曲谱把国歌唱完。国歌纪念园中还有17架钢琴模型，摆放在五线谱的两侧，烘托出这首雄浑有力的国歌的音乐气氛。

1931年"九·一八"事变之后的10月下旬，辽宁省警务处处长黄显声将军在张学良的支持和中国共产党的影响下，在锦州东北交通大学（现锦铁高中）创建了辽宁抗日义勇军。

1934年，家住锦州38年的东北抗日义勇军总司令朱庆澜将军出资赞助上海电通公司拍摄电影《风云儿女》，并画龙点睛地给电影的主题歌命名为《义勇军进行曲》。新中国成立后，《义勇军进行曲》成为我国的国歌。

现在我们来到了2013锦州世界园林博览会的标志景观——百花塔。百花塔是供游客观赏整个园区的观光塔，位于园区胜景的百花岛，是整个世博园的中心观光点。它的设计以世界园博会百花盛开的"花"为主题，并结合"城市与海"的"海"的特点，将其定义为朵朵浪花上的百花之塔。您登上百花塔，不仅可将展园所有美景一览无余，还能看到锦州滨海新区的全貌。

百花塔

现在我们来到的是南区唯一的一个综合服务区——"在水一方"服务区。人们可以在这里休憩、娱乐、购物、观赏海景。

前方，我们到达的是环岛桥。它是连接百花岛和世博园南区的交通要道，在桥上西望，可看到百花塔和白鹤湖；东看，可看到玥秀湖和台湾大花园。伫立桥上，放眼美景，令人浮想联翩、心旷神怡。

顺着我手指的方向那一片金黄色，就是"沙雕展园"。它位于百花塔南部，内有沙雕作品20座，既有海神波塞冬、美人鱼、哪吒等古今中外的神话人物，又有辽代萧太后、大清国开国皇帝努尔哈

沙雕

赤等历史人物,更有张玎、大康、萧军、张宁等锦州地区的杰出人物,让人们在艺术的殿堂中体验到穿越历史时空的享受。

现在我们来到的是"文艺复兴庭院",模拟意大利式的露台式庭园形态,让人有一种回归自然、穿越文艺复兴时代的感觉。

大家知道"十二运"的吉祥物吗?它就是"海洋精灵"——斑海豹"宁宁"。它憨态可掬,寓意"辽宁,安宁",也象征着包容性和生命力,饱含着辽宁人民对全运会的期待。

车行左侧,大家看到的是"台湾大花园"。台湾大花园占地面积16 900平方米,建筑面积4 058平方米,展示祖国宝岛台湾的地形地貌、民族文化和园林景观艺术。园中种植着从台湾地区漂洋过海而来的几百种花卉,它们争相绽放,在渤海之滨飘香。下面请大家进馆览花博盛况、闻万花芬芳。

车行前方,神秘的波斯风情迎面扑来,我们到达了"伊斯兰庭院"。伊斯兰庭院设计挖掘了伊斯兰文化特征及造景特色,将沙漠中的乐园、绿洲等通过以泉水为中心的"四分庭园"表现出来。

前方是"杜鹃园"。杜鹃是花中的西施,自古以来就得到人们的喜爱。

前方我们看到的是"海上渔家"。这是一个独特的原生态景点。这个景观有它特殊的意义:为了纪念锦州世博园沧海变桑田的奇迹,特意保留了这片原始的盐池滩地和废弃的养虾池,呈现出世博园建园前的原始面貌。

现在我们来到的是锦州光伏产业的领军企业——"阳光能源展示区",设计理念紧扣世界园博会景观特色,将光伏组件合理地利用在景观小品上,白天是景观,夜间可以亮化,体现了锦州人打造中国光伏之都的坚强信念。

现在我们的左手边是"海洋之星乐园"。海洋之星乐园可同时容纳游客1万人次,建有大型游乐器材24组,会给游人带来惊险与刺激的体验。

车行右侧,我们走近了琥珀世界——"抚顺园"。这是最后一个辽宁城市展园,可以看到抚顺最珍贵的资源——琥珀。琥珀馆内通过声光电的形式,把抚顺的历史文脉展现出来。

大家顺着我手指的方向看,这就是"波斯古典园林"。波斯神话将带您开启人文传奇之地的寻梦之旅,带您回味丝绸之路的历史沧桑。整个花园既富有古典气质,又兼具浪漫唯美。

我们眼前这片水域,是月明湖,因其能将月亮的倒影映入水面而得名。古往今来,月亮最受诗人的钟爱,当夜色来临,月影婆娑,荷塘生香,您可以举杯邀月,寄托无数美好的心愿。

[文化演艺活动]

锦州世界园林博览会期间,还有极

其丰富的文化演艺活动，其中的重点是"锦绣神州"主题精品晚会、"彩车大巡游""特技实景秀"三大精品演艺项目。

2013年5月至10月，每天都在"水韵之舞"剧场演出两场"锦绣神州"精品晚会，每场60分钟。"锦绣神州"精品晚会充分表现"城市与海，和谐未来"的主题，由序幕《神秘的东方》和《大辽西》《大东北》《大中华》及尾声《百花盛世》共5个单元组成，晚会用浪漫诗的表现手法和新颖的梦幻魔术舞美手段，跨越时空地展现中国绚丽多姿的地域民族风情及世界各国的民俗历史文化。

彩车大巡游

实景特技秀"御寇烽火"是以辽西抗日义勇军的历史故事为题材进行创作的，每天在实景特技演艺广场多场次演出，在运用音响音效、特技实景表演让游客享受"穿越式"新颖刺激体验的同时，还可让游客了解锦州是抗日义勇军和国歌的发祥地这一重大史实。

锦州世界园博会的彩车巡游，突出世界风情、海洋文化、园林景观、东北人文四大主题，表现了"人与自然和谐共生"的理念。6台彩车以炫目的视觉表现一个创意无限的民间传说，让游客共享锦州世界园博盛会这欢乐的时刻。

尊敬的各位游客，在近两个小时的车程里，我们一起登百花塔、卧千米沙、赏万花谷、观亿年馆，一起欣赏了汇集世界精品园林艺术的IFLA特色展园，一起巡礼了精彩辽宁城市展园，共同感受了锦州世博园"以人文写意山水，横沧海造福家园"的无限魅力。

相聚锦州，这里有云卷云舒爱的守候；花开大海，这里海常蓝、花常开、人长久。锦州世博园欢迎您！

【景区亮点】

1. 2013年中国锦州世界园林博览会是一次博览会模式的创新。

2. 锦州世界园林博览会向世界展现了一个集当代世界风景园林艺术之大成的"精品园林"。

3. 锦州世界园林博览会是世界园林、园艺两大权威组织在全球范围的首次合作，打造了海上世博园，开了园林博览会举办模式的先河。

【美食伴游】

锦州烧烤、锦州小菜、沟帮子水馅包子、北镇猪蹄、沟帮子熏鸡、北镇鸭梨、极品烧鸽子、锦州干豆腐、锦华烧鸡、北镇面茶、炸芊子等。

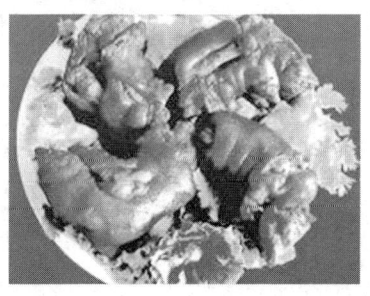

北镇猪蹄

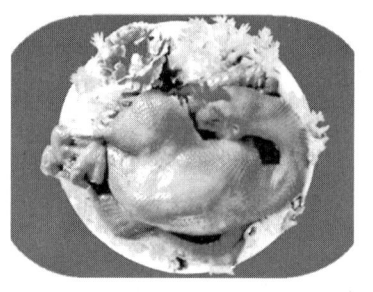

沟帮子熏鸡

【购物推荐】

道光廿五、银白杏、锦州干豆腐、古生物化石仿品、锦州小菜、儿童玩具、景区吉祥物等。

【景区地址】

辽宁锦州市龙栖湾新区

【交通指南】

公交：

世园1号线：火车站—交通银行凌安支行—农行大厦—锦州市交通局—世园

世园2号线：动物园—附属一院—大商新玛特—福德—锦州市建筑设计院—科技路—世园

世园3号线：太和区政府—太和区医院—渤海大学—市府广场—宝地城—世园

世园4号线：石化广场—红星楼—华光—士英桥—市公安局—吉祥—市政府—市政协—世园

世园5号线：辽宁工业大学—医学院—马家—辽沈战役纪念馆—八中—世园

世园6号线：安居小区—渤大东区—锦纺—前五里—体育场—市委—白楼—曼哈顿—世园

世园7号线：锦州南站—世园

自驾交通：

从锦州市出发—市府路—中央南街—环岛—渤海大道—阜锦线—渤海大道—S209—崔屯村—终点。

【周边景点】

笔架山、辽沈战役纪念馆、北普陀山、义县奉国寺、广济寺、青岩寺、万佛堂石窟、医巫闾山等。

●笔架山

游客朋友们好！欢迎游览锦州笔架山。

笔架山坐落在渤海锦州湾中的笔架山风景区，是国家AAAA级旅游景区，是锦州渤海湾滨海旅游带的第二大风景区。神奇的笔架山天桥堪称世界奇观、天下一绝。

笔架山是一座海岛，地貌学上称为陆连岛。笔架山岛南北长1 120米，东西最宽处220米，海拔78.3米，总面积约0.153平方公里。

笔架山

在笔架山风景区，流传着"盘古开天，笔架成山"，以及"仙女造桥"等一系列优美的神话传说，给笔架山和天桥增添了极其神秘的色彩。

环　线——辽宁滨海大道线

海门

笔架山风景区的正门也叫海门，由清华大学设计，南侧是彩虹式拱形龙门，象征着"天桥"；北侧是两把金钥匙造型，寓意着金钥匙打开景区大门，让游客跨上天桥登临神秘的笔架山岛。

"仙女造桥"雕像

这座"仙女造桥"雕像就来源于"仙女造桥"的神话传说，说是天宫中有两位九天仙女，为了方便笔架山岸边的人们上山采药，偷偷地从天宫下凡，在海岸和笔架山之间抛撒下无数的珍珠，造成了今天的天桥。

这条潮汐和海浪冲击而形成的海中天然连岛砂石坝，人称"天桥"。笔架山海上天桥长约1 620米，平均宽9米，平均高出海滩约1.48米，随着大海的潮涨潮落，天桥就像蜿蜒的蛟龙时隐时现。涨潮时，海水带着波浪从两边不断地向天桥夹击，天桥就像一条蜿蜒的蛟龙慢慢地潜入海中，成为一片汪洋。落潮时，海水慢慢地向两边退去，笔架山天桥就像隐身在大海里的蛟龙，渐渐地浮出海面，游人可以蹚着海水，踩着浪花，漫步笔架山岛。

笔架山海滨的潮汐是典型的、规律性的"半日潮"，24小时潮水涨落两次，从而成就了笔架山海上天桥最独特之处。在世界上，自然形成的天桥还有一处，就是韩国的"珍岛天桥"，但韩国的"珍岛天桥"每年仅仅露出海面两次，每次三五个小时。我们锦州的笔架山天桥真正是世界唯一的每天露出两次的陆连岛砂石坝自然奇观。

这座神奇的笔架山天桥到底是怎样形成的呢？这个问题可以说是一个千古之谜。仙女造桥毕竟是一个神话传说，世界上根本就没有仙女，更谈不上仙女造桥了。

千百年来，中外各地的游客一直对笔架山天桥有着种种猜测，究竟是先有笔架山，还是先有天桥？神秘的笔架山天桥到底是如何形成的呢？

笔架山是千百万年前的地质运动造成的，许多锦州人认为，应该是先有笔架山，后有天桥。由于海水和风霜雨雪对笔架山多年来的侵蚀，致使笔架山陡峭的山体岩石逐渐剥落，山体岩石剥落后的碎石在从南向北奔涌的海潮的推动作用下，逐渐向海岸方向移动并形成堆积，再加上海底原有砂石的堆积，二者共同成为天桥的材料——也就是连岛砂

237

石坝砂石的来源。如果没有天桥，笔架山就是一座普通的海中岛屿，而不是陆连岛。笔架山天桥这种连岛砂石坝形成之后，笔架山才成为典型的陆连岛。

大家看，前面的笔架山岛被流辉溢彩的大海轻托着，恰似一座笔架柱海摩天，三峰列峙，在大海之中孤岛独秀，真是令人称奇。

这座真人观由笔架山开山祖师朱洁贞的弟子于1939年建成，是为纪念道号玉清真人的朱洁贞羽化升天所建，真人观内藏着朱洁贞的真身。

于1938年建成的吕祖亭，一层供奉的神像是"八仙过海"传说中的两位神仙，东为汉钟离，西为吕洞宾。二层供奉的是太乙救苦天尊，也叫十方救苦天尊。

吕祖亭南面的平坦之处，曾经是明朝的守军屯粮之所。明思宗朱由检崇祯年间（1628—1644）的明清松锦大战，在松山、锦州地区展开，明军主将蓟辽总督洪承畴将笔架山作为屯粮要地，在落潮时通过天桥向笔架山运送军粮。1641年8月20日，清军主将皇太极密令十二弟、武英郡王阿济格突袭笔架山，趁潮落时登上天桥，夺取了明军囤积在笔架山朝阳寺后的粮草十二堆。明军缺粮，也是在这场战争中惨败的原因之一。

这是真武殿，殿内正中供奉着真武大帝，真武大帝左侧为南极仙翁、钟馗，右侧为药王、赵公明。

乾坤宫内分五室，室内供奉着民间崇拜的五老圣母，象征着"民以食为天"。由东向西排列，分别是金瓜圣母、木果圣母、水食圣母、火菜圣母、土粮圣母。

前面就是盘古开天广场，大家可以看到当年盘古开天的两把巨斧的雕塑，传说笔架山是当年的盘古开天站脚之处。在盘古开天斧雕塑的基座上，雕刻着"盘古开天，笔架成山"的神话故事。说的是在远古时代，盘古在混沌之中开天辟地，巨斧所到之处，清者上升为天空日月星辰，浊者下落为大地山川和海洋。接下来他把渤海锦州湾作为落脚之处，又从斧把上掰下两块小木片扔到海中，不一会儿，海中就出现了一大一小两个海岛，盘古将右脚踩在大岛上，将左脚踩在小岛上，竟将原本高耸的两个海岛从中间踩塌成了山腰，后人便分别称之为大、小笔架山了。

前面的三清阁高6层，总高26.2米，是全国规模最大的全石结构建筑，6层上下没有一钉一木，是我国建筑史上规模最大的全石结构的建筑。三清阁里的汉白玉石人物雕像和浮雕来源于道

三清阁

教、佛教、儒家和中国民间崇拜的众多神灵，甚至古典小说《封神榜》中"阐教""截教"的多路神仙也在这里供奉。

三层供奉的是孔子。四层供奉着清元君。五层供奉着道教的最高神"三清"，面西而坐的是玉清元始天尊，面东而坐的是上清灵宝天尊，面南而坐的是太清道德天尊。除"三清"外，面北而坐的是慈航道人（佛教中的观音）。

三清阁的最高层供奉着中国古代传说中的开天辟地之神——盘古，是中国唯一的海上盘古造像。三清阁这座盘古像，冠顶头饰上有吉祥神鸟，左眼是太阳，右眼是月亮，双耳和两个鼻孔、嘴巴是五条小龙，座下是一条奔腾的巨龙，托盘古于滔滔渤海中的仙岛之上，真是一位威风凛凛、开天辟地的至尊天神。

三清阁南侧的这座佛教建筑群是法雨寺建筑群，其中有天王殿、钟鼓楼、观音殿、大雄宝殿等，里面供奉着佛祖释迦牟尼佛、观世音菩萨、弥勒佛和佛教的护法神四大天王。

【景区亮点】

1. 笔架山风景区位于锦州市经济开发区，景区以笔架山岛和"天桥"为主要景点。

2. 这里山水秀丽，环境优美，物产资源丰富，生活服务设施配套，交通便利。

3. 笔架山天桥：从海岸到笔架山岛有一条长1 620米、高出海滩的砂石路，人曰"天桥"，像一条蛟龙随着潮涨潮落而时隐时现，神奇绝妙，堪称"天下一绝"。

【美食伴游】

锦州烧烤、锦州小菜、沟帮子水馅包子、北镇猪蹄、沟帮子熏鸡、北镇鸭梨、极品烧鸽子、锦州干豆腐、锦华烧鸡、北镇面茶、炸芹子等。

【购物推荐】

道光廿五、银白杏、锦州干豆腐、古生物化石仿品、锦州小菜、儿童玩具、景区吉祥物等。

【景区地址】

辽宁省锦州城南35公里的天桥镇辽东湾中

【交通指南】

公交路线：

在锦州火车站西侧约100米处的专线车站或兴城火车站旁的长途汽车站前乘中巴车前往，早6：00至晚6：00，每12分钟发一辆班车。

自驾路线：

锦州火车站到笔架山景区全程约40公里，车程约40分钟。

【周边景点】

世博园、辽沈战役纪念馆、北普陀山、义县奉国寺、广济寺、青岩寺、万佛堂石窟、医巫闾山等。

● **辽沈战役纪念馆**

游客朋友们好！欢迎参观辽沈战役纪念馆。

辽沈战役纪念馆位于辽宁省锦州市市区北部，距锦州火车站仅10分钟的车程。

辽沈战役纪念馆始建于1959年，

老馆馆址位于锦州市古塔区大广济寺院内（现锦州市博物馆）。1978年8月，叶剑英元帅为辽沈战役纪念馆题写馆名。新馆于1988年落成，由原中国建筑学会理事长、中国城乡建设环境保护部副部长戴念慈主持设计。开馆14年后，2001年再次闭馆进行改造，2004年11月2日对外开放。改造后的辽沈战役纪念馆成为集教育、博览、旅游、休憩于一身的大型历史文化主题公园。园区占地面积18万平方米，整体环境紧扣军事主题，依山就势，通过强化中轴线台阶步道和各个广场的连接，对门、塔、馆等主体建筑赋予主题意义，形成纪念性功能的三个层次。在600米长的中轴线上，由设计独特的提升广场把纪念馆的南、北园连接在一起。整个园区总体地势是北高南低，纪念馆就建在北面的最高点上，从而使观众进入景区时有一种纵深感和寻找烈士遗迹的怀念和敬重。

从南向北园区主要景观共7处：胜利之门、提升广场、胜利广场、辽沈战役革命烈士纪念塔（墓、碑）、纪念广场、辽沈战役纪念馆主题陈列馆、全景画馆。这些景观由低到高经104级台阶，象征着辽沈战役历时52个昼夜，最后取得辉煌胜利。游客朋友们通过台阶层层上升，在全景画馆达到参观高潮。

胜利之门

纪念塔

辽沈战役纪念馆主题陈列馆建筑面积8 600平方米，建筑结构共分3层，设有序厅、战史馆、支前馆、英烈馆、全景画馆五大部分。

[序厅]

序厅正面大型浮雕的主题是《决战决胜》，反映了东北人民解放军勇往直前、胜利进军的磅礴气势和宏大场景。两侧装饰墙上镶嵌的是东北解放战争时

主题陈列馆

环 线——辽宁滨海大道线

序厅

辽沈战役共分3个阶段：

第一阶段——攻克锦州，和平解放长春。1948年9月12日，辽沈战役打响，我军先后攻占昌黎、北戴河、兴城、绥中等地，并于10月1日攻克义县。10月4日至13日进行锦州外围战斗，10月14日，我军集中6个纵队25万人的优势兵力，从北、东、南三个方向向锦州发起了总攻，经过31小时激战，我军以2.4万人伤亡的代价换取歼敌10万、解放锦州的关键性一仗的胜利。为保证攻锦战斗的顺利进行，我军分别在塔山、黑山两地进行了阻援作战，为攻克锦州赢得了宝贵时间。10月15日，锦州解放，东北战局发生急剧变化，长春10万守军受到极大震动，在此种情况下，长春守军60军起义，新7军放下武器投诚，长春兵不血刃和平解放。

期颁发的勋章、奖章和纪念章，记载着革命先辈的卓著功勋和战斗历程。顶部3颗熠熠发光的金星，象征着辽沈战役的辉煌胜利。

［战史馆］

战史馆陈列内容分为两部分：

第一部分——东北战局

战史馆

战史馆

东北战局部分主要介绍了抗战胜利后，国共双方制定战略部署，抢占东北。我党争取和平民主，进行自卫战争。根据形势的变化，为粉碎国民党的进攻，建立巩固的东北根据地，扭转东北战局，先后发起三下江南、四保临江战斗，夏秋冬三季攻势，各部队又开展近半年的新式整军运动和军事大练兵，为东北野战军展开辽沈战役奠定了基础。

第二部分——辽沈战役

第二阶段——举行辽西会战，围歼"西进兵团"。东北野战军攻克锦州后，采取诱敌深入的方针，打更大规模的歼灭战。1948年10月26日，我军将增援锦州的西进兵团10万人合围在辽西120平方公里的地域内，28日全部歼灭。至此，取得了辽沈战役决定性一仗的胜利。

241

第三阶段——攻克沈阳、营口,解放东北全境。沈阳是东北最大的城市,是国民党重点设防地区,"东北剿总总司令"卫立煌率13.4万余人固守。1948年10月31日,参加辽西会战的我军及其他各部包围沈阳,11月1日向沈阳发起进攻,11月2日,沈阳守军被全部歼灭。与此同时,东北国民党军海上逃走的重要通道营口同日解放。东北全境解放。

辽沈战役历时52天,共歼灭国民党军472 300余人,缴获大批物资。辽沈战役的胜利大大缩短了全国解放战争胜利的进程。辽沈战役后,东北野战军百万雄师分三路入关作战,东北广大人民群众也组织支前队伍,随军入关,支援全国的解放战争。

[支前馆]

支前馆

在东北解放战争期间,东北各族人民在中国共产党和解放区政府的领导下,以巨大的人力和物力支援战争,在广阔的东北战场上,军民团结,并肩战斗,充分显示了人民战争的威力。支前馆以大量的图片、实物,展现了东北人民在农业、工业、军工、参军参战、架桥铺路、转运伤员、拥军优属等方面支前的壮丽画卷。

在历时3年的解放战争中,东北各族人民共出动民工313万人,提供担架20多万副,缴纳公粮450多万吨,选送160万优秀子弟参军,有的甚至献出了生命,东北各族人民为东北解放所付出的代价是我们永远不能忘怀的。

[英烈馆]

英烈馆

英烈馆主要展示了1950年在北京参加全国英模大会、第四野战军91位全国战斗英雄以及东北解放战争中牺牲的5万余名烈士中的代表15位烈士的事迹。他们的年龄、性别、职位虽不相同,但却为了一个共同的理想——东北解放,抒写了壮美的人生。老一辈无产阶级革命家的题词对他们给予了高度评价。他们当中有著名战斗英雄程远茂、郭俊卿(女)、郅顺义、董来扶等,以及著名烈士朱瑞、梁士英、杨子荣、李兆麟、蒋仁福、张士毅、麦新等。

东北解放战争中约5万名烈士牺牲在了白山黑水之间,他们是中华民族的优秀儿女,为人民解放事业献身的英烈们永远值得我们怀念!

[全景画馆]

全景画于20世纪80年代中期引进

我国。《攻克锦州》全景画馆是中国第一座全景画馆，于1989年10月落成。《攻克锦州》全景画馆为圆柱形密闭堡垒式建筑，高28米，直径42.24米，总面积1968平方米。画面长122.4米，高16.1米，重量达4吨。看台设在中心位置，直径14米，可容纳150人同时观看。《攻克锦州》全景画馆借鉴中外艺术成果，集当代艺术家智慧集体创作，运用高超的绘画技法、逼真的地面塑性和声光电系统的巧妙连接、配合，真实、形象地再现了1948年10月14日至15日，东北野战军31小时攻克锦州的宏大场景。此作品已成为世界全景画艺术的经典之作。

全景画馆

游客朋友们，辽沈战役纪念馆的主要内容就介绍到这里，感谢您的光临，再见。

【景区亮点】

参观武器、生产工具等展品，欣赏再现辽沈战役战场的全景画。

氛围肃穆的爱国主义教育基地，可与孩子一起缅怀革命先烈。

【美食伴游】

锦州烧烤、锦州小菜、沟帮子水馅包子、北镇猪蹄、沟帮子熏鸡、北镇鸭梨、极品烧鸽子、锦州干豆腐、锦华烧鸡、北镇面茶、炸芹子等。

【购物推荐】

道光廿五、银白杏、锦州干豆腐、古生物化石仿品、锦州小菜、儿童玩具、景区吉祥物等。

【景区地址】

锦州市凌河区北京路五段一号

【交通指南】

公交：

锦州市内乘坐公交5、10、111、121、202、207、214路等至辽沈战役纪念馆站下即可。

步行：

辽沈战役纪念馆距锦州火车站约1公里，从火车站出发步行可到。火车站向东走500米到第一个十字路口（延安路与云飞街），再向北走500米左右即到。

【周边景点】

世博园、笔架山、北普陀山、义县奉国寺、广济寺、青岩寺、万佛堂石窟、医巫闾山等。

● 义县奉国寺风景区

游客朋友们好！欢迎游览锦州义县奉国寺风景区。

义县奉国寺俗称大佛寺，是辽代皇家寺院·佛祖道场，为国内现存辽代三大寺院之一。它坐落在医巫闾山西麓的塞北佛乡、神奇义县古城东街，始建于辽开泰九年，即公元1020年，是辽代自称释迦牟尼转世的辽圣宗皇帝——耶

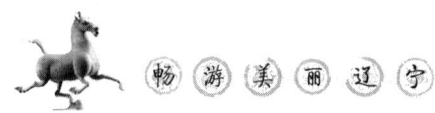

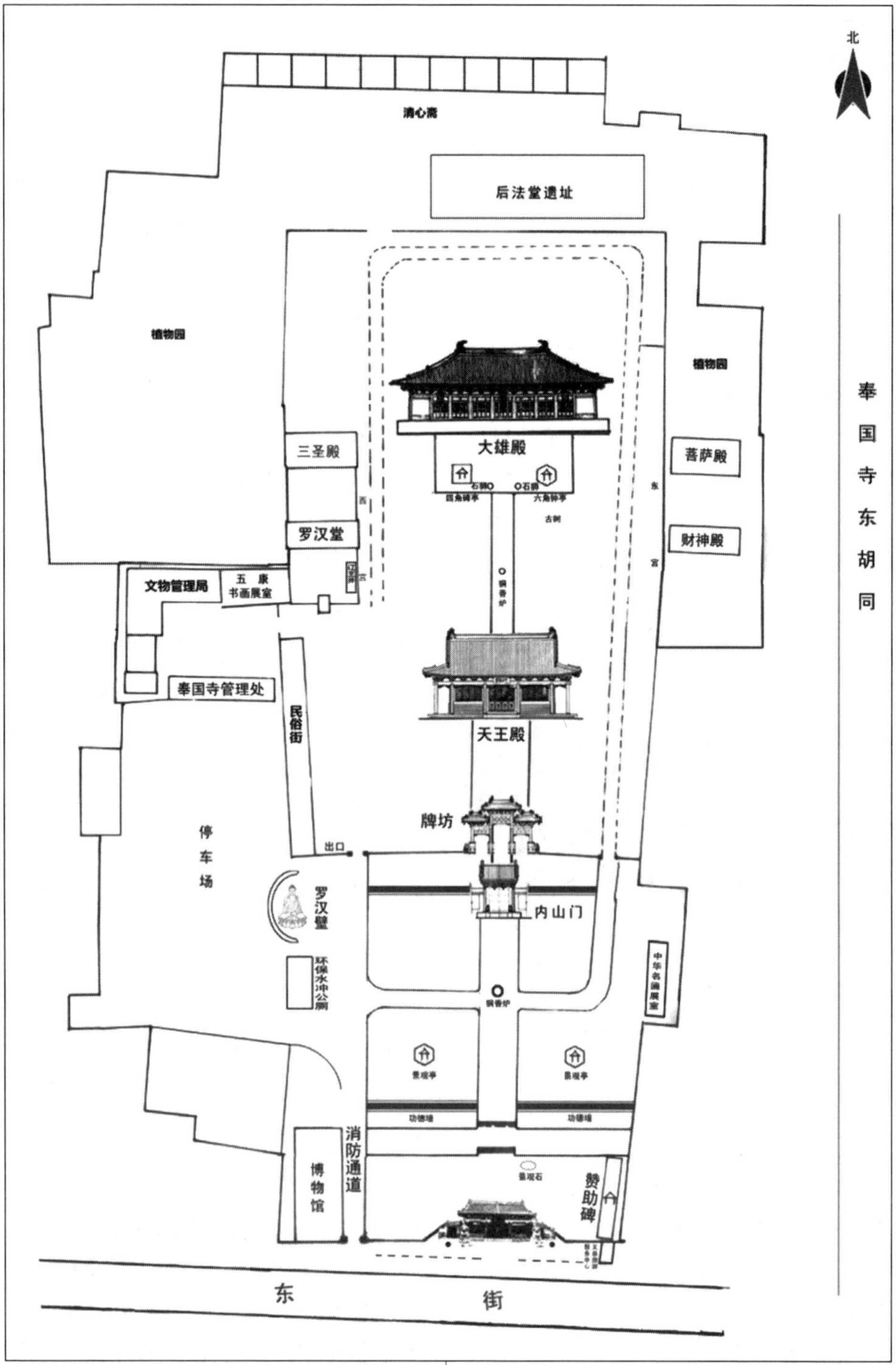
北
清心斋
后法堂遗址
植物园
植物园
三圣殿
大雄殿
菩萨殿
石狮
石狮
四角碑亭
六角钟亭
古树
罗汉堂
财神殿
文物管理局
五 康
书画展室
铜香炉
奉国寺管理处
民俗街
天王殿
奉国寺东胡同
停车场
牌坊
出口
罗汉壁
内山门
环保水冲公厕
中华名画展室
铜香炉
景观亭
景观亭
功德墙
功德墙
消防通道
博物馆
景观石
赞助碑
东
街

奉国寺景区内部平面图

律隆绪在母亲萧太后（萧绰）故里所建的皇家寺院，为全国重点文物保护单位，国家AAAA级旅游景区，已经列入中国世界文化遗产预备名录。

奉国寺在辽代始建之初，名为咸熙寺，金代改称奉国寺。奉国寺曾经是辽代皇族和皇亲国戚降香拜佛、消灾祈福的皇家寺院，整个寺院雄伟壮观，到处彰显着皇家的气派和庄严，渗透着佛祖道场的神威。现在的奉国寺风景区保存完好的有外山门，清代的内山门、牌楼、钟亭、碑亭、天王殿以及辽代的大雄宝殿和殿内遗存的众多文物，是集古建筑、绘画、考古、佛教等历史文化、艺术价值于一身的古代寺院。

史上一项极为光辉的成就，又是中国唯一的七佛并列一堂的大雄宝殿，遗存有世界最古老、最大、最精美的彩塑佛像群"过去七佛"。奉国寺的"过去七佛"造型精美，可以说是中国北方汉传佛教造像中最精美的佛教造像，堪称我国佛教造像和雕塑艺术的无价之宝。

奉国寺的外山门为悬山式建筑，面阔3间。内山门建于清代，山门上方悬挂的大佛寺牌匾是嘉庆十六年（1811）由名人书写的。山门前的这对石狮子是清代的遗存。

大雄宝殿

奉国寺的外山门

过去七佛

奉国寺主建筑大雄宝殿是我国建筑

走过内山门，映入我们眼帘的是木柱瓦盖牌坊。这座牌坊始建于清朝康熙晚期，它是为表彰清太宗皇太极的女儿温庄长公主为清王朝入主中原、统一全国所作出的贡献而修建的。

眼前的这座天王殿建于清代，供奉着弥勒佛，也称未来佛。弥勒佛两侧供奉的是四大天王，是佛教的护法神。弥勒佛像身后的神将韦驮菩萨，也是佛教的护法神，是佛教中护法金刚力士的代表之一。

下面请各位游客随我到东宫禅院来

游览。东宫禅院恢复建设于现代，内设财神殿和菩萨殿。财神殿内供奉着财神七尊，分别为文财神比干、武财神赵公明、武财神关羽、财帛星君、利市仙官、文财神范蠡、招财童子。七财神同坐一殿，在世界上独一无二。

东宫禅院的另一殿菩萨殿，供奉着观音菩萨、文殊菩萨、普贤菩萨、地藏王菩萨。四尊菩萨被佛教界称为四大菩萨。

前面就是奉国寺的主建筑大雄宝殿。大雄宝殿坐北朝南，通高21米，面阔9间，进深5间，隐含着皇家寺院的九五至尊之意。大雄宝殿是中国古代建筑中最大的单层木结构建筑，代表了辽代佛教建筑的最高成就，被誉为"中国第一大雄宝殿"。我国著名建筑学家梁思成等专家称辽代奉国寺为"千年国宝、无上国宝、罕有的宝物。奉国寺盖辽代佛殿最大者也"。主持过奉国寺维修工程的国家文物局古建筑教授级高级工程师杨烈曾评价奉国寺大雄宝殿为"中国古代辽（宋）以前保存至今最为宏大和最为完整的单檐四阿顶木构建筑，建筑规模是中国第一大雄宝殿"。

"过去七佛"是佛祖释迦牟尼与六位过去佛的合称。佛教认为，在释迦牟尼成佛之前已经有六位佛，这六位佛也相当于佛祖释迦牟尼的祖先。

按照成佛时间先后为尊卑排列顺序：①中间的是毗婆尸佛，是成佛最早的佛；②毗婆尸佛左侧的是尸弃佛；③毗婆尸佛右侧的是毗舍浮佛；④东数第二尊是拘留孙佛；⑤西数第二尊是拘那含牟尼佛；⑥东数第一尊是迦叶佛；⑦最西边的是佛祖释迦牟尼，他的辈分最小。"过去七佛"并列一堂，佛祖释迦牟尼偏居末位，为佛教界独一无二。

大雄宝殿供奉的"过去七佛"为原始的辽代泥塑彩绘佛像，距今已有近千年的历史。七佛像高大庄严，柔逸俊秀，神态慈祥，精美绝伦。看到这大雄宝殿内的"过去七佛"，我们可以真切地感受到佛法无边、佛光普照，令人肃然起敬。

另外，每尊佛像前各站立着两尊胁侍菩萨，是佛的优秀弟子。胁侍菩萨高2.5~2.7米，或仰面或俯首或斜立或平视，姿态各异，栩栩如生。最具特点的这一尊菩萨，面容丰腴饱满，修眉长目，最大的特点是在她微笑的同时露出了洁白的牙齿，笑而露齿的菩萨在国内罕见。佛坛东西两端，对塑天王像一尊，刚劲威武，高3.5米，同属辽代杰出的彩塑。佛像前东西两侧的一排石碑，是金、元、明、清各代所建的碑记。

辽代泥塑彩绘佛像

在大雄宝殿三面墙上都绘有壁画，东西两墙上都各画有五佛像，总共10佛。北面墙上有八菩萨像，这些都是元代作品。正面墙上原画十八罗汉，它于1984年修缮时被揭取下来，保存在大殿后面，为明代作品。

我们现在看到的是国内罕见的男像倒坐观音，与七佛背对而坐。男像观音像盛行于明代，清朝以后我们看到的观音大多是女性容貌。因为观音菩萨有33种化身，所以她以任何一种形象出现都在情理之中。

这尊明万历三十一年（1603）所敬请的男像观音是明朝驻扎在北镇的辽东总兵李成梁夫人捐资塑造的，旁边的这块石碑记录的就是这一事件。

大家再看顶端梁架上的42幅辽代彩绘飞天，一个个飞天面相丰颐美悦，色调鲜明绚丽，服饰缤纷多彩，或持花束或捧果盘，飞翔于云端，与端坐的七佛静动相衬，上下呼应，构成一幅幅肃穆的礼佛图景，堪称中国古代建筑彩绘的精品，是国内极为罕见的辽代建筑彩画。我国著名鉴赏家、文物专家杨仁恺在《中国书画》一书中指出："奉国寺大雄殿梁架上彩绘依然保存很好，光彩夺目，其中的飞天造型特佳，犹存唐代风标，甚为稀见。"

自辽朝建寺以来，这座大雄宝殿历经千载，却巍峨如初、雄姿依然。中国古代著名的佛教寺院许多都在历次劫难中破损严重，甚至遭到毁灭，幸存无几。然而，以"过去七佛"为主供佛的奉国寺却神奇地渡过诸般劫难，奇迹般地给后人遗存一份珍贵的历史文化遗产。元代大地震，周边房屋均坍塌，而奉国寺殿宇仍巍然屹立。辽沈战役义县攻坚战，奉国寺大雄宝殿殿顶被一枚炸弹击穿，炮弹落在佛祖释迦牟尼佛双手之中，有惊无险的是炮弹没能爆炸，只是损伤了佛像右手，后来修复。神奇的是另有两枚炸弹落在寺院中也成了哑弹。奉国寺的神奇正应了民间的说法：佛祖显灵，法力无边。

【景区亮点】

奉国寺是中国国内现存辽代三大寺院之一，其标志性古建筑——大雄宝殿是古代遗存最大的佛殿，殿内有世界上最古老、最大的泥塑彩色佛像群。

【美食伴游】

义县烧烤、义县干豆腐、义县烧饼、义县烤全羊等。

【购物推荐】

道光廿五、银白杏、义县干豆腐、古生物化石仿品、锦州小菜等。

【景区地址】

锦州义县东街18号

【交通指南】

从锦州市出发—市府路—中央南街—南京路—广州街—解放路—大锦线—阜锦高速公路—义县出口—S204—S307—东街—终点

【周边景点】

世博园、笔架山、北普陀山、广济寺、青岩寺、万佛堂石窟、医巫闾山等。

● 医巫闾山大观音阁风景区

游客朋友们好！欢迎游览医巫闾山大观音阁风景区。

医巫闾山大观音阁是国家级风景名胜区、医巫闾山的核心游览区，位于医巫闾山东麓北镇境内，距北镇古城西北方向6公里，为"辽宁省五十佳景"和"锦州十佳景"之一。

华夏名山有五岳五镇，医巫闾山为北方幽州镇山。据《古今图书集成·职方典》记载，上古三皇五帝的虞舜时期，将中国划分为十二州，锦州归为幽州地域，虞舜时期还封锦州的医巫闾山为北方幽州镇山。医巫闾山脚下的北镇庙是我国五大镇山中唯一幸存且保存完好的镇山神庙。在北镇庙内，供奉着医巫闾山之神，医巫闾山之神的牌位至今仍陈列在北京的先农坛和地坛。

北镇医巫闾山是古代朝廷和先民的祈福圣地，从北魏开始，隋、唐、辽、金、元、明、清历代多位皇帝曾经亲自或派遣官员祭拜医巫闾山山神，祈求山神护佑国泰民安，在医巫闾山留下了大量的皇家印迹。医巫闾山大观音阁是古代朝廷和先民来医巫闾山祈福的核心地点，是医巫闾山镇山文化最杰出的代表。

医巫闾山最高峰望海峰就坐落在医巫闾山大观音阁风景区，该峰海拔866.6米。医巫闾山以大观音阁石景为基础，峰峦为依托，松柏铺翠，奇峰怪石，幽谷溪流，寺庙点缀，构成了一幅优美的山岳风光画卷。

走进观音阁山门广场，首先看到的是四面镇山铜鼓，上书"国泰民安"四个大字，铜鼓周长为365厘米，顺时针绕着铜鼓走一圈，预示着您365天天天吉祥平安、万事如意。

甬道两侧建立有6尊石雕，是清朝来过闾山巡游的6位皇帝，他们是：清太祖努尔哈赤、清圣祖康熙、清世宗雍正、清高宗乾隆、清仁宗嘉庆、清宣宗道光。6位清朝皇帝到东北巡边祭祖，考察民俗风情，也曾多次到北镇巡游祭祀，到此观山览胜、题诗吟咏、刻石立碑。

这座巍峨壮观的标志门由清华大学设计，建于1989年，造型奇特，寓意深刻。山门上的8幅浮雕，以历史的象征符号展现了远古虞舜时期直到明清绵延四五千年的医巫闾山文明史。

走进山门，大家看到的"医巫闾山"四个大字，是乾隆皇帝的御笔。这尊名为"玉女洗头"的石雕，是满族姑娘形象，传说清乾隆皇帝到闾山巡游时，梦见一位仙女在圣水盆中沐浴，有感而发写下了《圣水盆》一诗。这尊石雕就是根据乾隆皇帝的诗意而作。

山门广场

"玉女洗头"石雕

山神殿庙门内是医巫闾山山神的牌位，两侧是中国五岳五镇十大名山的牌位，五岳是指：东岳泰山、西岳华山、中岳嵩山、南岳衡山、北岳恒山，五镇是指：东镇沂山、西镇吴山、南镇会稽山、北镇医巫闾山、中镇霍山。山神殿里供奉的是北镇医巫闾山的山神，他是古代传说中尧帝的儿子丹朱，丹朱游手好闲，不务正业，他的父亲对他很不满，就封他为山神，从此丹朱便在闾山中栖住，心安理得地负担起主管山中事务的责任。

您继续沿着山路前行，要朝拜的是医巫闾山最大的佛教寺院——圆通殿，殿内供奉着一尊珍贵的紫砂铜观音菩萨，中国原佛教协会会长赵朴初老先生临终前留下遗嘱，将这尊稀世珍宝——紫砂铜观音菩萨捐赠给闾山观音阁。观音菩萨落座圆通宝殿后，东北各地信众捐资赞助，又塑造了观世音三十二应身像，立于观音菩萨像两侧，使得圆通宝殿显得更加肃穆、庄严。

这里供奉的是东方净琉璃世界教主药师佛。若有人身患重病，参拜药师佛，便能够得以延续生命。

八仙殿供奉的是民间传说中的道教八仙，即汉钟离、张果老、吕洞宾、铁拐李、韩湘子、曹国舅、蓝采和、何仙姑。这边的画像是道教所崇奉的三位最高天神，这三位最高天神是指玉清元始天尊、上清灵宝天尊、太清道德天尊。

地藏王殿内供奉的是地藏王菩萨。您及家人有抢劫偷盗、杀生堕胎等业障的，可求拜地藏王菩萨，以求诸事顺利。

这座二层殿宇为东北地区唯一的五路财神殿，供奉着五路财神，即文财神比干、范蠡，武财神关羽、赵公明，另外一尊是土地公。五路财神可保佑世人五路进财、八方进宝、十方迎福。

二层殿宇菩萨殿中供奉的是观世音菩萨、文殊菩萨、普贤菩萨、大势至菩萨。

五路财神殿上方，左边天然巨石上刻的"从善如登"四个大字，是爱新觉罗·庆龄在乾隆年间任广宁知县时所书，意为做好事难如登山，攀登才能达到胜界。

大石棚左侧山坡上雕刻于辽代的五尊古佛，端庄慈祥，神态自然，被称为护山佛，是医巫闾山的守护神。

这处绝佳之地是医巫闾山最负盛名的宗教圣地——大石棚。您看！这里怪石陡峭、飞瀑如流、林荫蔽日，堪称福地洞天，是大自然鬼斧神工创造的洞穴景观。

大石棚

此棚又叫道隐谷，相传辽太子耶律倍曾于1 000多年前在此隐居读书，修身养性，是医巫闾山的中古神光、峰峦锐气造就了他成为契丹贵族中才华横溢、学识渊博的太子及大辽契丹文化的传播者，因此后人将此石棚称为道隐谷。

石棚左侧为老母洞，供奉着歪脖观音老母及十八罗汉。右侧胡仙堂内供奉着胡三太爷、胡三太奶，保佑世人吉祥平安、幸福安康。

这里的石棚飞瀑及下方的圣水盆堪称闾山奇观。清乾隆帝于乾隆十九年（1754）巡游到此，有感于石棚古洞、瀑布飞泉美景，曾挥毫泼墨写下了千古绝句《圣水盆》诗一首并题有"闾山八景"。清乾隆皇帝的七言绝句是"垂崖迸水落丝丝，冬不凝冰事匪奇。应为仙家修养法，将临玉女洗头时"！这首诗至今仍镶有石刻，保存在大石棚东部山崖下。每当秋季风清日朗之时，树影映入盆中，泉水飞迸水面，溅波跃珠，恰如无数金龙狂舞，被誉为"圣水秋月"。

这通清朝皇帝御笔原碑，是清嘉庆皇帝于嘉庆十年（1805）和嘉庆二十一年（1816）两次到医巫闾山巡游题写的《观音阁歌》真迹。

清道光九年（1829）九月十日，道光皇帝第一次来医巫闾山，被佳境陶醉，乘兴写了一副横联"气象万千"，后由广宁地方官员刻凿于大石棚东侧的虎头石壁上，为一景。

这座清静幽雅的庭院为医巫闾山明清文化园，集中展示了明清二代帝王、大臣名人来此巡游、驻守及考察时所题的摩崖碑刻。

这里是观音阁清帝蜡像馆，展出清代所有帝王的蜡像。

大观音阁景区就是根据这座观音阁寺院而得名的，大观音阁寺院建于辽代，明代时改称清安寺，清代时又改称观音阁。

观音阁的主殿是大雄宝殿，其内供奉着五尊佛像，即佛祖释迦牟尼、观世音菩萨、地藏王菩萨、伽蓝菩萨、达摩尊者。

大观音阁寺院

天王殿塑有弥勒佛以及佛教的护法神韦驮菩萨和四大天王像。

观音阁西偏殿为观音老母法身像。东厢房现为娘娘殿，殿中供奉着眼光娘娘、耳宫娘娘、送子娘娘和月老。三位娘娘均为观世音菩萨化身，可以化人间不可化之事，解人间不可解之难。月老主管世间姻缘，祈拜者多有美满姻缘，堪称如愿以偿。

观音阁东坡立一景亭，为望仙亭，站在此处向西北观望，有一巨石吕公岩，远望如一朵绽开的莲花，所以人们又称之为"莲花石"。民间流传仙女每逢日出时必至圣水盆梳洗，因此，吕公岩又称"仙人幻影"。

与望仙亭南北遥相呼应，有一六角

亭，即为旷观亭，该亭为辽代东丹王耶律倍所建的"读书观景亭"。

医巫闾碑廊长93米，是东北地区集中展示古代碑帖最大的碑林。碑林中是两晋、南齐、隋唐、五代和宋朝等7个朝代49位书法家所书的117幅书帖，精刻在209块墨石之上。"医巫闾碑廊"5个大字是由中国已故著名书法家启功大师题写，屈原诗句"朝发轫于太仪兮，夕始临乎于微间"字是篆字，由原中央美术学院院长、著名画家张汀书写。

旷观亭

医巫闾碑廊内坐落着一座千年古刹——文殊院，供奉着以智慧辩才著称的文殊菩萨。

这座辽太子读书堂，1 000多年前是大辽太子耶律倍避难隐居的桃花源，耶律倍曾携爱妃高云云在此狩猎游玩、读书作画，度过了他们最为浪漫的3年时光。他还曾在医巫闾山绝顶的大望海山建望海堂藏书楼，现遗址犹存，是中国东北地区最早的私人藏书楼。

这棵万年松高20余米，树干围长5米，是辽太子耶律倍亲手所栽。此树古松雄姿，千年不衰，因此称为"万年松"。

这是老爷阁，原为辽太子耶律倍的守护房，也是元代开国元勋、中书令耶律楚材幼年读书之所，明代改为老爷阁，原塑有关羽、周仓、关平和赤兔马像。

万年松东侧的石峰，突兀拔起，上有医巫闾山的代表性建筑——望海寺。峰顶修有瞭望台，建于辽代，曾是明长城的一座关隘，明代称白云关，登上可远望渤海，故清乾隆皇帝御封为望海寺。

望海寺

这座辽代萧太后蜡像馆，介绍了大辽萧太后的生平事迹。

乘坐间山索道可前往玉泉寺景区。玉泉寺共有七大景点：鱼池、浮雕关公像、明清碑记、长廊、关公亭、药王庙、清代皇帝御制碑林。

玉泉寺殿后山崖下有二泉，一名鱼泉，一名玉泉，玉泉又称暖泉。鱼池西部峭壁上刻画一条青龙，从天而降。旁边有石刻达摩祖师坐像。

这个景点叫关公勒马望鱼池。关公亭边石壁上浮雕为三国时蜀国大将关羽骑马像。关羽身穿甲胄，勒马提刀，回首注视鱼池。

药王庙内塑有华夏名医扁鹊、张仲景、华佗、孙思邈神像，展现了古代药王们的风采和救死扶伤的精神。

由中国原佛教协会会长赵朴初先生于1983年题写的"高标北镇，秀耸辽西"8个苍劲俊秀的大字雕刻在西边峰顶上，体现着闾山观音阁在国内外的崇高地位。

【景区亮点】

为医巫闾山的核心游览区，华夏名山有五岳五镇，医巫闾山为北方幽州镇山。闾山脚下的北镇庙是我国五大镇山中唯一幸存且保存完好的镇山神庙。

【美食伴游】

锦州烧烤、锦州小菜、沟帮子水馅包子、北镇猪蹄、沟帮子熏鸡、北镇鸭梨、极品烧鸽子、锦州干豆腐、锦华烧鸡、北镇面茶、炸芹子等。

【购物推荐】

布老虎、宝葫芦、镇宅宝斧、平安香囊、闾山纪念品等。

【景区地址】

辽宁省北镇市城西郊

【交通指南】

公交：

可乘坐北镇至大观音阁公交车，锦州至大观音阁专线公交车。

自驾车指南：

京沈高速高升出口下高速—窟窿台—北镇—医巫闾山风景区

【周边景点】

世博园、笔架山、北普陀山、义县奉国寺、广济寺、青岩寺、万佛堂石窟等。

盘锦概况
——湿地之都盘锦

盘锦市是1984年6月经国务院批准设立的省辖市，位于辽宁省西南部、渤海辽东湾北岸、辽河三角洲中心地带，地势平坦，多水无山。区域面积4 065平方公里，下辖盘山县、大洼区、双台子区和兴隆台区、29个乡镇、27个街道、309个村和179个社区，户籍人口139万人。

盘锦是年轻的石油化工城市，是全国第一批小康城市，是北方地区唯一的生态模范市，是全国首批沿海开放城市，是东北地区最具发展潜力的城市。近年来，先后被评为创建全国精神文明城市先进市、全国社会治安综合治理工作先进市，连续三次蝉联全国双拥模范城市。

辽河油田

盘锦是北京至沈阳、北京至大连、沈阳至大连的节点城市，也是国家经济战略辽宁沿海经济带的主轴城市，具备了海陆空全方位的交通网络。京沈、京大高速铁路、高速公路横贯其中，沈阳、大连国际机场向其辐射。盘锦港2010年开港通航。2017年盘锦港开通东北首班"辽蒙欧"中欧班列，成为辽宁中部城市群及蒙东地区最近的出海通道和港口。

盘锦市因油而建、因油而兴，地下蕴藏着丰富的石油和天然气，据统计境内累计探明的石油储量，就已经达到了22.4亿吨，除此之外境内还有丰富的天然气资源，境内的天然气也达到了2133亿立方米，仅靠着这些资源，盘锦市就能获得很好的经济收入。辽河油田坐落于此。经过40多年的建设，形成了以油气开采、石油化工、合成树脂和化肥等为主的工业体系，是全国最大的稠油与高凝油生产加工基地、最大的高等级道路沥青生产基地和最大的防水材料生产基地。

盘锦地势低洼平坦，土地肥沃，水系密布，21条大小河流在此交汇入海，海岸线118公里。盘锦是全国重要的优质稻米主产区，水稻年产量100万吨左右。盘锦是中国规模较大的河蟹养殖基地和著名的文蛤、海蜇生产基地。此外，还有十分丰富和珍贵的井盐、地下温泉等资源。全市盐卤水储量约15亿立方米，可采地热能81.28万亿千卡，热水资源8.5亿立方米。盘锦拥有世界最大的芦苇群带，拥有芦苇面积8万公顷，年产芦苇近50万吨，为世界之最，是辽宁省造纸原料的主要生产基地。

盘锦拥有"湿地之都"的美称。滨海湿地面积占全市总面积的80%，是继尼罗河退化后我们这个星球系统保存最为完好的湿地，位于双台子河口的国家级自然保护区，被联合国列入世界重要湿地名录，同时也是我国最美的六大湿地之一。红海滩景观被誉为"天下奇观"。这里有辽河口斑海豹重要的繁殖基地，这里栖息着"湿地之神"丹顶鹤、濒危物种黑嘴鸥等各类珍稀鸟类200多种，被誉为"鹤乡""黑嘴鸥之乡"。

湿地之都

盘锦是国家经济战略辽宁沿海经济带的主轴城市、全国资源型城市转型试点市和辽宁省城乡一体化综合改革试点市。近年来，盘锦紧紧抓住辽宁沿海经济带上升为国家经济战略的契机，树立转身向海的开放意识，举全市之力开发开放辽滨沿海经济区，高起点发展石油装备、精细化工、海洋工程装备、电子工程、塑料制品、现代服务等重大接续产业。盘锦具有东北老工业基地振兴、

国家经济战略辽宁沿海经济带、全国资源型城市转型试点市、城乡一体化综合改革试点市等政策优势。

盘锦人文资源丰富。古镇田庄台是中日甲午陆战最后一仗的战场，以清军古墓、古战场遗址、古炮台为代表的甲午陆战遗址群已经成为重要的爱国主义教育基地。大洼区东风镇是奉系军阀张作霖和著名爱国将领张学良将军的祖居地。"辽河碑林"以全国唯一不断代的碑林而闻名。作为移民城市的盘锦，集包容性、开放性、现代性于一身，以其厚重的农垦文化、石油文化、渔雁文化、生态文化等地域文化展示在世人面前，散发出浓郁的芳香，作为年轻、美丽城市的知名度和美誉度不断提升。

联合国旅游组织首席观察员埃瑞克对盘锦的评语是：

盘锦，中国湿地之都。

这里，河海相融，水天洁净。百万亩芦苇荡中，鸟类与抽水机为伴，红海滩与丹顶鹤相映，现代文明与原生文明共生。

这是一座因油而兴、以米著名的生态城市，为中国北方最大的河蟹基地。

这是一座景观独特，宜居、宜游、宜商的城市，一座充满活力和希望的年轻城市。

● 红海滩国家风景廊道

游客朋友们好！欢迎您走进世界最大的滨海芦苇湿地，深入世界最大的芦苇荡，欣赏世界最大的红海滩。

红海滩旅游区位于盘锦市的西南端，绵延于双台子河口防洪大堤百余里的沿海滩涂上。它以全球保存得最完好、规模最大的湿地资源为依托，以举世罕见的全世界最大的芦苇荡为背景，构成一处自然环境与人文景观完美结合的纯绿色生态旅游区域。

各位，现在的位置就是盘锦红海滩国家风景廊道景区的中门，也称为三角洲大门，同时也是双台子河口国家级自然保护区。景区内现有7个景点、6个栈桥，还有两个景点正在建设中，分别是：红滩出海、情人岛。

[踏霞漫步]

各位游客，红海滩国家风景廊道整个景区全长18公里，右转至景区的北门是接官厅大门，行程是5公里；左转至景区的南门是二界沟大门，行程13公里，以三角洲大门为界，北面是一望无际的苇田，南面是一望无际的稻田，今天我将带领各位从"踏霞漫步"这个景点开始您今天的旅程。

红海滩

大家看！这就是大自然孕育的一道天下奇观——红海滩。这里素有"五岳归来不看山，九寨归来不看水，盘锦归来不看滩"之称，已被列为国际旅游路线上的一个景点。

首先，大家从名字上可以听出，踏霞踏霞，踏着晚霞在这里漫步，这个景点最大的特点就是蓝天、白云、绿苇、红滩。红色与绿色的唯美搭配，视觉冲击力极强，尤其是夕阳西下时，真是美不胜收，颇有"落霞与孤鹜齐飞，秋水共长天一色"的意境。无数的摄影爱好者来这里选景拍摄。由于泥滩地势较高，这里会长出绿色的芦苇，而咸水又会抑制芦苇的生长，所以芦苇高度不会超过一米，很有特色。红滩则是由一株株叫翅碱蓬的小草构成的，这种草长出来就是红色的，全世界叫翅碱蓬的草有108种，我国有20种。一般来说，其颜色从5月的玫红色，到6月的粉红色、7月的小红色、8月的大红色，最后10月份就是紫红色。盘锦这里是长出来就是红色的。最佳的观看时期是5月至10月。翅碱蓬除有观赏效果外，还有食用及医用价值。翅碱蓬还能消除裸露盐碱荒滩，防止水土流失，保持和重建盐地生态等。因为它的叶片呈翅状，所以叫作翅碱蓬。也有赤的谐音，颜色中的"赤"也是红色的意思。当地老百姓还是习惯叫它红碱蓬，它是唯一一种可以在盐碱土质上存活的草。

海的涤荡与滩的沉积，是红海滩得以存在的前提；碱的渗透与盐的浸润，是红海滩得以红似朝霞的条件。

[小岛闲情]

来到"小岛闲情"，您可以体验水上放风筝的活动，景点还设有鱼街美食，可以品尝盘锦本土的海鲜小吃。小岛上还有一种奇特的鸟，叫黑嘴鸥，是盘锦市的市鸟。黑嘴鸥是沿海滩涂的候鸟，它体长32厘米左右，嘴是黑色的，眼睛外罩一圈白，浑身玉羽银翎，尾部顺其下势垂有三角形黑带，漂亮优雅。有人曾形象地形容它："头戴黑礼帽，身穿燕尾服，一派绅士风度。"

黑嘴鸥具有较强的繁殖能力，它的巢制作得非常简单，一般在长有矮草的海滩上产卵。黑嘴鸥嗜食鱼、虾、贝类及各种昆虫等，还喜食人间的弃物及动物的尸骸和其他种种不洁的东西，是滩涂"清道夫"。民间还有黑嘴鸥能预报天气的传说，如"晚哇阴，早哇晴，半夜哇来不天明"，有从黑嘴鸥的叫声中可判断是否下雨的说法。它们还擅长绕着航船欢舞纷飞，让人们忘却漂泊的寂寞和单调。遇有浓雾弥漫的时候，它们还是一位出色的"导航员"，帮助渔民找到海岸和港口。

小岛闲情

黑嘴鸥是全世界都很关注和保护的濒危物种。世界野生生物基金会（2022年更名为世界自然基金会）香港分会主席梅伟义教授在1987年5月初的国际鹤类学术研讨会上撰文称："黑嘴鸥是

世界上为人所知最少的鸥鸟,也是最稀有的鸟类,其繁殖地迄今未知悉。"又称:"在中国找到的机会不大。"这种说法引起了中国人的注意。1989年5月22日,辽宁鸟类研究中心的梁余和张跃文在盘锦市双台河口自然保护区从事湿地鸟类调查时发现了黑嘴鸥的2个巢、4枚卵,从而揭开了黑嘴鸥繁殖地这一百年未解之谜。这一重要的发现及研究工作得到国际野生生物保护组织和环境保护机构的高度重视。1991年,英国生物学博士马克·巴西又来双台子河口进行了为期3个月的黑嘴鸥考察。随着对黑嘴鸥生物学特性与保护对策研究取得可喜成就,黑嘴鸥的保护工作也越来越得到完善。目前这一濒于灭绝的种群逐年在增多,从1991年的1 200只、1998年的2 700只、1999年的2 700只,增加到2001年的3 400只、2002年的5 400只。照这个趋势发展下去,它的家族会越来越兴旺。

这个景区还有个特别之处就是:涨潮为海,落潮为滩。就是涨起潮来就是一片汪洋大海,落潮后就是现在的红海滩了。

这里的潮水是初一、十五涨大潮,每月初一和十五的潮水会是一个月中最大的。涨潮是根据月亮的阴晴圆缺变化决定的,比如说初一是13:00,那么初二就是13:40涨潮,每天往后推迟40分钟。一天会涨潮两次。因为辽河水中夹杂着大量的泥沙,这里的滩涂,每年都在增长,红海滩也随之在扩大,据有关部门统计,红海滩每年至少以50米的速度往外延伸。

[卧龙湖码头]

各位游客,大家现在所在的位置就是卧龙湖码头,这个景区提供游船服务,游客可以在芦苇塘中感受大自然的气息,聆听各种鸟类的叫声;可以坐在观光船上,穿梭在芦苇荡中,体会目前世界上面积最大的芦苇荡的魅力。

"蒹葭苍苍,白露为霜。所谓伊人,在水一方。"这是《诗经》中古人对秋后芦苇壮丽景色的生动写照。芦苇的一身都是宝。茎秆坚韧,纤维含量很高,是造纸工业中不可多得的原材料,也是人造棉、人造丝的原料。根茎又称芦根,中医学上可以入药,因其性寒、味甘,具有清胃火、除肺热等功能。初春时的嫩芽是上好的绿色食品,秋季大朵苇花花絮还可填枕头,柔软又清香。苇叶则是端午节包粽子不可或缺的材料,芦苇的根系可以保土固堤。过去芦苇还是一种建筑材料,当地的老百姓建房时,都少不了它。现在又被能工巧匠们作为仿生态建筑的材料。近几年来,苇子加工后还出口到日本和韩国。

卧龙湖码头

[丹顶鹤]

这片总面积120万亩的浩瀚苇海不仅是269种候鸟栖息的乐园,更是丹顶鹤的家乡,是丹顶鹤繁殖的最南限。候鸟南北迁徙的路线,由南至北为:江西的鄱阳湖—江苏的盐城—黄河三角洲或上海的崇明岛—辽河三角洲(双台子河口国家级自然保护区)—吉林的向海—齐齐哈尔的扎龙—西伯利亚。丹顶鹤每年迁徙的路线大概是2 000公里,每飞到一个保护区,约会停留一个月的时间补充体力,它的体重大约会骤降2.5公斤,待体重恢复原来的标准时会继续向北飞。辽河三角洲也就是双台子河口国家级自然保护区是丹顶鹤等一些候鸟的一个重要中转站,在这里繁衍、生息的269种候鸟中,就有国家一类濒危保护鸟类6种、国家二类保护鸟类28种。

丹顶鹤

目前,世界上现有鹤类15种,我国就有8种,丹顶鹤是鹤类中体形最大的一种。它因头顶呈红色而得名,古今的书中更把它描述成来往于天地之间的仙鸟,习惯叫它仙鹤。盘锦是大部分丹顶鹤暂时休息的中转站,其中部分留在这里繁衍生息。丹顶鹤在进入交配期前,雄性丹顶鹤首先要抢占地盘,不允许其他同性个体进入自己的领地,这种行为称为占巢。然后丹顶鹤要举行求偶仪式,雄性丹顶鹤会与雌性丹顶鹤一起翩翩起舞,并引吭高歌,以吸引异性的注意和爱慕,此时的鸣声尤为响亮而悠远,往往数里之外都可以听见它的叫声,故《诗经》中有"鹤鸣九皋,声闻于天"的说法。丹顶鹤选择配偶的条件非常挑剔,但是一旦成为配偶,便会终身相守,不离不弃,如果一只丹顶鹤死亡,另一只便会围绕着死去的丹顶鹤在空中盘旋悲鸣,经久不息,直至死亡,有的甚至会一头撞死。丹顶鹤的悲鸣声混合着辽河口的风声,为我们生动地展现了"风声鹤唳"这一悲壮场景。正因为它们自由的飞翔、美丽的共舞、痴情的守候、不变的承诺无不诉说着人类对爱情的憧憬,演绎着美丽的童话,它成了恋人们最喜欢的吉祥物、护身符,人们渴望让自己的爱情在丹顶鹤的祝福下美丽地成长、成熟。

[石油井架]

大家看,那里有一排排林立的井架和磕头机。也有些文明的人称呼它为采油树,它每次向您磕个头、行个礼,产值都能达到60~70元。这里是辽河油田的第三分属工业区,是辽河油田非常重要的生产基地,同时还是海上钻井平台,稍后我想带领大家感受一下这里的石油文化。

盘锦地下蕴藏着丰富的石油和天然气,现已累计探明可采石油储量21.6亿吨,天然气储量150亿立方米,辽河油

田坐落于此。2007年6月，盘锦被国家增列为资源型城市经济转型试点市，可以说盘锦是一座新兴的石油化工城市。

石油井架

石油，人们都把它叫作液体黄金。目前，辽河油田的年产值已达到200多亿元，是全国最大、世界第四大特种油生产基地，现在已开发建设成26个油气田，打出各类油井6 000多眼，年产原油1 500万吨。辽河人用勤劳和智慧为国家、为盘锦创造了巨大的财富。

[廊桥爱梦、稻田漫画]

盘锦籍的诗人郎恩才曾这样评价红海滩："一次次见你，一次次惊叹。"是的，每个时间来红海滩，它的颜色都会随着季节的变化而让你赞叹不已。

国内外的沿海滩涂及其他盐碱地带都有翅碱蓬生长，但其他地区的翅碱蓬在一个生长季中，大多从嫩绿到枯黄，很少有变红的，即便是有变红的，也没有像盘锦的红海滩这样连成一片，绵延百里。盘锦的红海滩堪称"世界奇观"，它只有二十几年的历史。1986年，为了配合辽河三角洲的农业开发，当地政府修建了一条全长26.6公里的防潮大堤。大堤建成前，由于洪水和海潮的作用，使得潮间带滩涂上沟壑密布、凸凹不平，翅碱蓬只有零星分布。大堤建成后，辽河水裹挟的泥沙在这里沉积，加上渤海每天潮起潮落，这里的滩涂变成既是海滩，又是河滩；既有河水，又有海水，还有海水与河水的两合水，非常适合翅碱蓬生长。从20世纪90年代初起，翅碱蓬开始在这片泥质滩涂上迅速蔓延，逐年形成了连片的翅碱蓬单一植物群落。盘锦3万多公顷的滩涂上，有2 000多公顷长满了红艳艳的翅碱蓬，红海滩的名气也迅速红遍了全国。

稻田漫画

许多人认为这里的红海滩有着神秘的爱情力量，许许多多的新人都会到这个景点拍摄婚纱照，新娘子穿上长长的白色婚纱，背景是红色的海滩，拍摄出来的效果非常不错哦。大家可以百度一下红海滩国家风景廊道图片，有很多新人上传了他们的幸福瞬间。

盘锦市是因油而兴、以米著名的城市，盘锦大米誉满海内外，2008年奥运会，盘锦的大米被指定为奥运专用大米。近几年，利用大片稻田作画也成为一道亮丽的风景线，主要是以黄色、绿色和紫色叶水稻种植于水田中，栽种时先在农田里用传统画线器，画出九宫格，依图样定出坐标，再牵线描出图样或字体轮廓，最后种上黄色秧苗，随着水稻生长，就会呈现出预先规划的图形或文字。在不同的位置栽种不同的稻米品种，通过精细巧妙的排列组合，不同颜色叶子的稻米会在生长过程中自然铺陈出一幅幅美丽的图画。稻田彩绘可以维持两个半月左右。在景点的对面可以观看稻田画，想知道是什么图案吗，就请大家自己去寻找答案吧！

[情人岛]

大家可以看见栈桥的旁边有一块凸出来的小岛，那就是情人岛。关于情人岛还有一个美丽的神话传说。相传，在这条大河入海的地方，有一条水路连接着辽东湾里的水晶宫。水晶宫里住着老龙王和他心爱的女儿红袖，龙王只有这一个女儿，百般宠爱，从不让她出宫半步，生怕她有什么闪失。红袖在龙王的呵护下渐渐长大，出落得亭亭玉立，端庄秀美。故事就发生在红袖16岁那年的夏天。

这一天，老龙王突然接到玉帝的圣旨要他上天议事，老龙王放心不下女儿，百般叮嘱了一番，才上天去了。红袖一个人在宫里有些寂寞，她忽然听见从河口的地方传来一阵阵悦耳的笛声，便偷偷出了龙宫，沿着水路一直来到河口。她偷偷浮出水面，看见一个年轻的后生坐在滩头吹着芦笛。

那年轻的后生叫芦生，是个孤儿，清晨出海打鱼，傍晚就在滩头折一枝芦苇，对着夕阳吹奏。红袖被芦生深深地吸引住了，年轻的心房迸发出爱的火花，于是每晚，她便都来到滩头，躲在苇荡中偷偷地看着自己的心上人。终于有一天，红袖大胆地化作一位红衣少女来到了芦生身边。两人一见钟情，幸福地生活在了一起。红袖又把龙宫里的珊瑚草种在了这片滩头上，傍晚两人就依偎在草地上一起看天上的月亮。

天上一日，凡间一年。等老龙王回宫时，才发现自己的女儿已经和一个打鱼郎在一起生活几年了。老龙王勃然大怒，他趁芦生出海打鱼时，掀起了滔天巨浪，将芦生的渔船打翻，害死了芦生，将可怜的红袖押回龙宫。红袖知道父亲害死了丈夫，于是她每晚都到滩头前，对着月光哭泣。慢慢地泪哭干了，眼睛里流出了血，日复一日，年复一年，这片滩头上原本翠绿的珊瑚草都被染红了。

如今，一片一片的红珊瑚已经长满了所有的滩涂，向每一位路过的人讲述着这个凄美的爱情故事。老人们还说，即使是现在，在月亮半圆的晚上，你还可以在这里听到红袖那如泣如诉的声音。

[爱情宣言廊]

红海滩见证恋人情侣的山盟海誓，爱要大声地说出来，有爱的地方就是幸福的港湾。各位游客，此处景点叫作"爱情宣言廊"，是景区中最红、最漂亮的地方。整个景区由南至北，南侧是大片的红滩，北侧是大家看到的绿苇红滩。东面是一望无际的稻田，夏天的时候是满眼的绿色，到了秋天就是满眼的金黄。大家看！稻田里围着不少的塑料布，里面都是养着螃蟹的，河蟹小的时候就吃

水里面的浮生物，长大以后吃稻穗。虽然这会减少大米的产量，但河蟹的产值要高于单纯种植大米的产值。蟹田大米不用化肥和农药，口感好，更加畅销。

【结束语】

满眼的红色，是名副其实的红色海岸线。感谢红海滩让我们相识，感谢您在这一路上给予我的支持和鼓励，祝愿各位朋友一生平安、幸福，愿这片绚烂的红海滩为您铺就了一条通向希望和幸福的红地毯，愿您今后的生活像这红海滩一样绚烂多彩，红似朝阳！

【景区亮点】

红海滩风景区是国家5A级景区、辽宁省优秀旅游景区。属于湿地生态旅游景区，它以全球保存得最完好、规模最大的湿地资源为背景，以举世罕见的红海滩、世界最大的芦苇荡为依托，是自然环境与人文景观的完美结合，是集游览、观光、休闲、度假为一体的综合型绿色生态旅游景区。

【美食伴游】

盘锦大米、老酒醉虾蟹、芦花蒸河蟹、碱蓬菜团子、河虾炒小葱、碱蓬等。

【购物推荐】

盘锦大米、盘锦河蟹、大洼肉鸭、盘锦河豚、王把切糕、魏家葱油饼、凤桥纯粮酒、田庄台卤货、王家黏豆包、鹤乡王酒等。

【景区地址】

辽宁省盘锦市大洼区赵圈河乡境内

【交通指南】

1. 乘公交车

若在盘锦北站下车，可出北站右面有黄色大巴，票价8元，约40分钟可达盘锦火车站。从盘锦火车站出发，乘1路公交车到兴隆台步行街下车，票价2元，约30分钟可达。下车后到对面乘坐前往大洼的客车，票价3元，约30分钟可达。在大洼下车，转乘前往赵圈河的小客车，票价4元，在红海滩度假村下车，约20分钟可达。下车后，乘坐出租车或三轮车到红海滩风景区门口下车，10元/人，约10分钟到达。

2. 乘专线车

可在市内兴隆台锦江宾馆门口乘坐到红海滩度假村的客车，票价7元/人，隔1小时一班，车程约1.5小时；在度假村门口，转乘出租车或三轮车到红海滩风景区门口下车，10元/人，约10分钟到达。

3. 乘出租车或包车

盘锦火车站距离红海滩风景区为30多公里。费用参考：①盘锦火车站—红海滩风景区，包车为100~120元/车，拼车为30元/人；②兴隆台—红海滩风景区，包车为100元/车，拼车为25元/人（遇节假日可能上涨，最好谈好价钱再上车）。最好让司机直接送到红海滩风景区正大门，别在红海滩度假村接待中心下车，以免再费时转乘。

4. 自驾

红海滩风景区距市区20公里。秦沈高速铁路、京沈高速公路、连接沈大与京沈的盘海营高速公路都经过区域北缘；景区距盘锦南（大洼）高速公路出口仅12公里，庄林公路（305国道）在区域东侧通过。

【周边景点】

鼎翔生态旅游度假区、鑫安源莲花湖、七彩庄园、红海滩景观廊道等。

●鼎翔生态旅游度假区

游客朋友们好！欢迎游览鼎翔生态旅游度假区。

[鼎翔集团简介]

鼎翔集团的前身是原盘锦新生农场，始建于1952年，现全称辽宁盘锦鼎翔农工建（集团）有限公司。位于盘锦市的西郊，地处辽河和绕阳河交汇处，系辽河入海冲积三角洲末端的滨海平原。占地面积72平方公里，有稻田3.6万余亩、有机稻田1.8万亩、林地2.3万亩、养殖水面5 000余亩、芦苇2.6万亩，属世界第一大芦苇荡一隅。

集团是集农业、工业、建筑安装业、旅游业、水产养殖业等多种产业为一体的大型综合企业集团。多元化的产业经济结构充分发挥了该集团的资源优势，实现了持续发展、经济实力不断增强，连续多年年产值超过3亿元，在全省同系统单位中名列前茅。

集团地理位置优越，交通便利，距盘锦火车站13公里，距盘锦港50公里；穿越场区的中新、石新公路与102、305国道相接，京沈、盘海高速公路环抱而过。公路、铁路和海上运输都十分方便。集团境内的陆地与河流中生存着各种各样的野生动植物，木本植物有40个科、166种，浮游植物有4个门、104种，哺乳动物有21种，鸟类有46个科、236种，鱼类有57个科、124种，还有众多的纲、目、科的昆虫和爬虫类，呈现出生物多样化的特点。集团先后获得"全国部门造林绿化四百佳单位""辽宁省造林先进单位""盘锦市生态建设模范企业"等荣誉称号，被列为"全国循环经济试点单位"、环保总局基层生态建设示范区和联系点。但最让这里的人们倍感骄傲的是在2003年原董事长任玉书获得了国家环保总局最高奖项——第七届"地球奖"。二十多年的环境保护和生态建设营造出了太平河风光带、鸟乐园、苇海蟹滩等很多旖旎秀丽的鼎翔自然风光。

[太平河风光带]

各位游客，现在我们看到的是太平河风光带具有标志性的大门，据专家考证，这是我国最大的木制牌楼，正面是集团原董事长任玉书题写的"太平河风光带"，后面是全国人大常委会副委员长蒋正华题写的"美景天成"。现在大家看到的这个牌子就是市黑嘴鸥保护协会在这里设立的青少年环境保护教育基地的标志。

太平河风光带

现在请各位游客下车，随我进入太平河风光带景区。通过我们面前的孔雀桥您会看到一处人文景观，一个地球被一双大手托起，下面还有"家园"二字，意思就是我们要保护好资源环境，爱护地球就同爱护自己的家园一样。

各位游客请到这条栈道，大家看到的这个木楼就是登船码头了，眼前"临江楼"3个遒劲的大字是全国著名书法家杨再春特意为我们书写的。现在就请大家上码头穿上救生衣登船。太平河风光带是太平河流经集团境内天然形成的两岸林带，又经过我们多年的维护和人文打造，使这里形成了水光潋滟、绿林紫深、奇树虬枝、千鸟飞鸣、灵性凸显的河水和两岸风光，同时这里被评定为国家4A级旅游景区。

太平河是伪满时期日本人强迫中国劳工挖掘的一条人工河流，全长41.6公里，流域面积177.5平方公里。北起盘山县大荒农场，向南汇入辽河，流经集团境内5公里。在挖掘太平河时，涌现出了许多可歌可泣的中国劳工抗击日本侵略者的英勇故事。

现在大家左手边的这座亭阁就是我们专门为盘锦市佛教协会和宗教人士而修建的放生台。放生台上有四个殿，依次是九天玄女殿、观音殿、地母殿和四海龙王殿。由于太平河的名字是那样的吉祥温馨，加之我们多年在这里禁止捕捞、垂钓，吸引了全市众多佛教徒、市民和热衷于环境保护的人士前来放生、放流。

现在大家看到的是"群龟戏蟒"。相传，当人们挖掘太平河的时候，挖掘至此，竟然挖出了冬眠动物蛇数十条、龟数百只。后来有人在此竖碑撰文予以祈祷。

现在大家看到的是一处人文景观——蟹岛。我们盘锦地区出产中华绒螯蟹，又称河蟹，非常有名。"蟹岛"这两个字也是由著名的书法家王丹为我们题写的。现在大家看到的是江渚桥，原来是辽河油田的一条输油管线，为了方便油田作业，便与辽河油田共同修建了此桥，也为游人们提供了方便。

现在大家看到的是情人岛。传说在很久很久以前，这里居住着一对夫妇，他们过着幸福快乐的日子，由于他们对这里的动物非常好，所以吸引来了一些野鸭前来入住。很多年以后，这对夫妇相继去世了，可是这些野鸭并没有离去，仍然停留在这里，以表示对这对夫妇的怀念。我们在这里修建了两处水上人家，可以供游客观赏。

我们就要到南码头了，回程有两条路，一条是坐船原路返回，另外一条就是从两岸的林带步行回去。

现在请各位游客脱下救生衣，下船时注意安全。在来途上，我将太平河的历史以及部分景观向大家做了介绍，下面我再把两岸的动植物向大家介绍一下。

大家眼前这棵树叫雷击木，这棵树是被雷电击倒的，原本已经枯死，但是现在大家看已经枯死的树干上又长出了两株新芽，也就是人们常说的"枯木又逢春"，代表着欣欣向荣，在这棵树下走过的人会好运连年。

大家看那边用栅栏围起来的树上有一绿色团状植物，它叫槲寄生，因为它冬天也是绿的，所以人们习惯叫它冬青。

两岸的草本植物更是数不胜数，有益母蒿、蒲公英、车前子、苜蓿等100多种，青翠欲滴，繁花似锦，引来蝶蜂婆娑，燕舞莺歌。我们林带还素有"天然氧吧"之称，其中所含的植物精气和负离子将为您消去疲劳，还您一身轻松的感觉。

在大家的右侧，您会看到很大一片的水稻田，这就是我们鼎翔集团的粳冠大米也是国家有机米试验基地，占地面积9.1万余平方米，是我们东北地区单体规模最大的稻米加工企业。

现在大家看到的这两棵树，叫转运树，是一棵杨树和一棵柳树。

我们修建了转运盘，将这两棵树的灵性汇聚到这个转运盘上，大家现在只要转动这个转盘就可以时来运转，尤其是做生意的朋友，转一转可以让你的生意兴隆，财源广进。

大家眼前这棵形如虬龙戏水、又如彩虹卧堤的大树，我们称它为虹柳。几年前，这棵柳树在一次很大的暴风雨中被风吹倒而成为一只拦路虎，按游人的需求，本应该伐掉，但为了保护这棵树，特意修建了这座彩虹一样的小桥将它绕开。由此，我们鼎翔人注重生态保护的意识足可见一斑。

大家看我的左手边，是情侣石和连心锁。情侣石是由一高一矮两块石头紧紧地靠在一起组合而成的。有些情侣来到这里就把锁头锁在链子上，然后把钥匙扔入太平河中，祈求他们的爱情能够像太平河的名字一样平平安安，长长久久。再往前走就会看到一棵特别粗壮的柳树，它就是许愿树，您可以把您的愿望写在红色的吉祥条上，然后挂在树上，如此便可以心想事成了。

[北国灵隐太平寺]

通过我们眼前这座石拱桥——鹤翔桥，就到了北国灵隐太平寺了。它是以我们太平河的名字而命名的。太平寺是2002年批复修建的，2005年10月8日破土动工，2006年11月16日佛像开光。在开光当天，晴空万里，当开光之时天空中呈现出朵朵祥云，云层中有两只雄鹰在太平寺的上空展翅翱翔，大家都知道佛祖的身边有两只雄鹰，可见佛祖显灵驾临我们太平寺接受万人的顶礼膜拜。只看到雄鹰没看到佛祖，只因为我们肉眼凡胎看不见罢了。太平寺是由大雄宝殿、天王殿、地藏殿、护法殿、土地庙和放生池所组成，现在就请大家随我进入天王殿。

天王殿占地面积152平方米。各位游客请看，这尊袒胸露怀、喜笑颜开的坐佛，就是大肚子弥勒佛。在两侧护法的是四大天王，也就是《封神榜》里的魔家四兄弟。他们甲胄重铠、横眉怒目、姿态威严。

大家看这尊背朝着弥勒佛的就是韦驮天神，也叫韦驮菩萨。他是保护释迦牟尼的武士。又是南方增长天王的下属八大神将之一，在四大天王的三十二

将之中,韦驮列在首位。韦驮身穿古代武将铠甲,手持宝杵,威风凛凛,气宇不凡。

大雄宝殿占地面积416平方米,它是寺庙里最重要的大殿,是供奉佛祖释迦牟尼的地方。大雄宝殿的名称也来自释迦牟尼佛。"大雄"是释迦牟尼佛的德号,又是佛教徒对释迦牟尼佛的尊称,意思是说佛如同勇士一样,一切无畏;同时佛还有巨大的能量,能够降服障碍佛道的"四魔",即五阴魔、烦恼魔、死魔、天子魔。

现在请大家随我进大雄宝殿进行膜拜,宝殿中央供奉的是横三世佛,正中主位是释迦牟尼佛。释迦牟尼坐像左边是东方净琉璃世界的教主"药师佛",又称"大医王佛""琉璃光佛"。药师佛曾发十二大愿,要满足众生一切欲望,拔除众生一切痛苦。

释迦牟尼坐像右边是西方极乐世界的教主阿弥陀佛。释迦牟尼佛左右还有两尊立像,左边年纪较轻的叫阿难,他原来是释迦牟尼的堂弟,后来做了佛的侍者,由于佛法听到的最多,所以称他多闻第一;右边年纪较长的叫摩诃迦叶,佛哀怜他年长,劝他休息,但他苦修不懈,所以称他头陀第一。

各位游客请看大雄宝殿佛像的上方,有反映从释迦牟尼诞生、成道到创建佛教的整个过程的八幅图像,称为"八相成道"或者"释迦八相"。在大雄宝殿的两侧还供奉着十八罗汉。

大雄宝殿是寺院里最重要的殿堂,佛教里主要的佛都有了,菩萨当然也不能没有。大家都知道我国有四大菩萨,在这座大雄宝殿内就供奉着三尊。在横三世佛的两边是文殊菩萨和普贤菩萨,隔墙背面是海岛观音。

现在请各位游客随我到地藏殿,膜拜我国四大菩萨的最后一尊——地藏菩萨。

地藏菩萨的名号来源于"安忍不动犹如大地,静虑深密犹如宝藏"。传说地藏菩萨过去是个孝女,叫光目。她母亲生前特别爱吃鱼子,犯下的杀生罪极重。光目知道母亲死后一定会入地狱,并在地狱中受大苦难。光目二十四岁出家,一心念佛,以诚孝的力量,尽早救母亲离开受苦的地狱。后来她就发愿把地狱中所有受苦极重的众生都解救出来。

到此,太平寺的主要殿堂我们就游览到这里,下面就请各位游客自行到护法殿、土地庙等几处殿阁参观、游览。

我们所在的这条小路是通往趣园的,在那里您会看到一些小动物。受伤的黑嘴鸥是由盘锦市黑嘴鸥保护协会送来我们这里疗伤的,等它的伤好了,我们再把它放回到大自然中。黑嘴鸥在全球仅有8 000多只,而在我们盘锦市就有6 000多只,它们已成为盘锦市的珍稀鸟类,从而我们盘锦市也被称为"黑嘴鸥之乡"。这只小猴子叫盼盼,它没有足月就生出来了,它的妈妈生下它就死了,后来是由我们景区的一位罗大爷把它养大的,长大后把它放在大笼子里,大笼子里的其他猴子欺负它,没有办法我们只好给它设个雅间。孔雀是国家一级保护动物，又名越鸟，在草丛中以浆果、种子、植物嫩芽为食，清晨梳理羽毛，中午在树下休息，夕阳西下，相继飞到树上，躲藏在密枝浓叶中栖息。在求偶阶段，孔雀有时会出现亲昵的姿态，雄孔雀开屏立而不动，雌孔雀则用喙啄雄孔雀的头部，显示出亲切的样子，人们形象地称之为"孔雀吻"。还有野鸡、白鹇、红腹锦鸡等。

我们再往前走就会看到左手边的池塘中有个亭阁，它的一些组成部分是用报废的汽车零配件组装而成的。我们在池中养殖了一些野鸭和非洲雁，由于这里的环境非常好，所以吸引了很多的野鸭来这里入住，虽然我们没有给它们发"绿卡"，但它们却"死皮赖脸"地在这里安家落户，不再迁徙了。每逢春夏季，我们都会在池塘的周边惊奇地发现一些野鸭蛋和非洲雁的蛋，也不时地会发现一只只母鸭或非洲雁带出一窝窝毛茸茸的小家伙。在我们右手边还有一座桥，它叫涟漪桥，也是通往趣园的路。

我身后就是我们景区的出口，出来的时候请各位注意安全，不要碰到头。

到此，我们鼎翔集团的太平河风光带景区的游览就结束了，请各位游客上车到下一个鸟乐园景区参观、游览。

[鸟乐园]

各位游客，现在我们来到了鼎翔生态旅游度假区的第二个景区——鸟乐园。

鸟乐园原是一个种植有机水果、有机蔬菜和各种林苗的生态园，也是省林科所在我集团的林木实验基地。大家看，在紧贴着我们站着的这条道路的两侧有各种花卉（如牵牛花、大芍药、地味菊、千日红等）和各种有机果蔬长廊（如葫芦、葡萄、丝瓜、癞瓜等）。

鸟乐园

我们这里的有机水果主要有梨、葡萄、红枣。有机蔬果除了青椒、土豆、茄子、甘蓝等日常蔬菜以外，还有樱桃番茄、袖珍西瓜等特殊品种。

我向大家承诺，这里的水果、蔬菜是绝对不施化肥、不打农药的，是百分百的有机食品，营养丰富、安全、健康。如果您想尝尝鲜的话，可以花很便宜的价钱来品尝，也可以买一些给家里人带回去品尝。

现在请各位游客按照景区工作人员的指定位置去自行采摘各种有机果蔬。

在生态园的南面，有一片一千五六百亩的天然林，南面是一望无际的苇海，西面和北面有近万亩的稻田和坑塘沟渠。这里远离尘嚣、林木参天、静谧幽深。俗话说得好：花香蝶自来，林幽鸟相投，优越的生态环境招引来200多种

鸟类到这里栖息、繁衍,主要以鹭类家族为主,有白鹭、池鹭、夜鹭、牛背鹭、苍鹭,以白鹭居多。这里还有红隼、鹞鹰、苇莺等,世界珍奇鸟类黑嘴鸥、晨旦雀也在这里安家落户。在我们的这片树林里,最多的一棵树上竟然有19个鸟巢。这里已经成为候鸟的驿站、留鸟的乐园,所以我们给它起名为"鸟乐园",体现的正是王维"漠漠水田飞白鹭,阴阴夏木啭黄鹂"诗句的意境。到目前为止,已有多个鸟类研究机构到这里观察、研究。为了不打扰、惊吓这些可爱的精灵,更好地观察、了解这些鸟类的生活习性,我们在林子的西北侧修建了一座观鸟楼。大家可以看一看这个观鸟楼的楼记,就是盘锦市科普作协理事吴志俨老师写的。现在就请大家随我到观鸟楼楼上观鸟。我们在这里安装了电子监控系统,配置了高倍望远镜,通过这些设备就可以观察到它们日出而作、日落而息、其乐融融的生活全景图,特别是清晨它们一起外出觅食和傍晚归巢时,数以万计的各种鹭鸟在树林的上空展翼盘旋,那情景、那阵势尤为壮观。全国人大常委会副委员长蒋正华到这里看到这一景观时,不禁挥毫题词"美景天成"。

大家看,远处树枝上站着的几只白色大鸟就是白鹭。

谈到这儿,还有一段动人的故事。相传唐代这里本是平原,由于干旱少雨,所以当地的老百姓的庄稼都没有收成。村里有位叫白露的姑娘,长得非常貌美而且心地也非常善良,她为村里人的庄稼长势不好而焦虑不安。一天,她正在地边看着枯萎的庄苗叹气,迎面走来一位浑身长满疥疮的和尚,村里人都躲得远远的,唯有这位姑娘不避让。于是,那和尚脱下沾满浓血的袈裟求她清洗。白姑娘接过衣服,把最后剩下的一小盆水用来洗衣服了。哪知袈裟一入水,顿时盆里的水越涨越满,最后变成了一条河,再看那和尚,却早已不知去向。姑娘取出衣服,看上面绣有"绕阳"二字,便把自己门前这条河取名为"绕阳河"。村里人闻讯都赶了过来,看着这条救命的河,这时天空上盘旋着一只白色的大鸟,正当大家要来感谢白露姑娘的时候,可是谁也不知她的去向,有的人说:"白露姑娘变成神鸟了。"于是大家便把这只神奇的鸟称为白鹭。

为了更好地观察这些鸟类,与它们进行零距离接触,我们还在林子的西南侧挖了一处喂鸟池,定期向池里投放它们喜欢吃的小鱼、小虾,并在池旁修建了一座完全封闭的观鸟廊。说到这儿,我要提醒大家,一会儿到观鸟廊看鸟的时候,千万不要讲话,也千万不要来回跑动,否则,您会感到非常遗憾的。

各位游客,接下来我们乘车到鼎翔生态旅游度假区的下一个景区——苇海蟹滩。

[苇海蟹滩]

各位游客,大家现在所在的位置是苇海蟹滩景点,在这里您可以观赏到世界上第一大芦苇荡的风貌,还有使盘锦素有"蟹都"之称的螃蟹。首先请大家随我到"苇海"水上观光区一起乘船游览这片浩瀚的大苇荡。据我们所知,这片芦苇荡原来是亚洲第一、世界第二,由于原世界第一大芦苇荡多瑙河三角洲芦苇荡受人为破坏已经小于我们的这片苇荡,我们的这片苇荡已经成为世界上第一大芦苇荡了。

苇海蟹滩

盘锦市大芦苇荡集中分布在盘锦西南部辽河、双绕河、大凌河河口,南起渤海湾,北至沈山铁路,总面积954.6平方公里,现有苇田面积120万亩,分别由大洼县赵圈河苇场、辽滨苇场、市属东郭苇场、羊圈子苇场、石山种畜场、盘锦鼎翔集团6个单位所辖。所属我集团的这片芦苇荡有2.6万亩,由于长时期的人为保护,不仅芦苇长势良好,变异程度小,而且种类多。大家眼前这片郁郁葱葱的一望无际的植物就是我们辽河三角洲湿地最具代表性的挺水植物——芦苇。芦苇简称芦,别称苇,古称蒹葭。李时珍在《本草纲目》中写道:"苇之初生曰葭,未秀曰芦,长成曰苇。"芦苇是一种温带地区最常见的多年生禾本科芦苇属植物,芦苇的整个植株可分为根、根状茎、茎、叶、花和种子6个部分。芦根系纤维状,芦根茎向四面延伸,形成庞大的根系,借以吸收土壤内的水分。

由于芦苇是挺水植物,根不参与食物链,它的叶、叶鞘、茎、根状茎和不定根都具有通气组织,所以它在净化污水中起到重要作用,是净化空气、净化土壤、净化环境的自然生植物。在我们这片芦苇荡中还生长着香蒲、荻苇、三棱草、钢草、艾蒿等挺水植物。

我们当地还流传着这样一段传说。在很久以前,王母娘娘到人间游山逛景。走来走去,走到一片芦苇地里。这时候,芦花都开了,风一吹花絮就飞了起来,像下着大雪,好看得很。王母娘娘越看越爱看,就在芦苇丛中走来走去。不料,这苇叶子又尖又快,扎了她一下,她不禁叫道:"哈,好疼啊!"王母娘娘一看是芦苇,立刻恼了,说:"好你个小小芦苇,真不知道深浅,我掐了你吧。"没想到她的手指头又软又没劲,连个芦苇叶也掐不下来,掐了半天,才在芦苇叶上掐了个指甲印。现在,大家看一看,是不是每片苇叶上都有一个指甲痕呢?各位游客,我现在再给大家出个谜语好吗?谜面是:三尖柳叶长,绿叶包黄娘。要吃黄娘肉,解扣脱衣裳。对!是粽子。

大家也许不知道,我们盘锦还是辽河油田所在地。辽河油田油气资源丰富,油品分稀油、稠油、超稠油、天然

气等多种类型,被称为石油"大观园"。

在我们正前方的这一处景观叫红飘带影视基地。我们所看到的栈道、木屋、小桥都是拍摄《红飘带》这部电影所留下的道具。尽管现在看上去有些简陋,但我们依然可以读懂那一部承载着地域文化的影片,同时证明了这是一部环保加爱情的时尚电影。

请大家下船随我到"苇海"栈道观光区游览。大家现在看到的就是苇海栈道观光区了,这里浩荡苇海,一片青葱,清风徐来,碧浪起伏,飒飒之声,不绝于耳,寄情于景,百鸟翔集,嬉戏捕食……3 000余米的木制栈道蜿蜒于苇海之中,踏足栈道,听潮观鸟,让人心旷神怡,乐不胜收。涨潮时,碧水连天,起伏的苇浪,似绿色的锦缎随风飘曳。退潮后,滩涂上"横行无忌"的螃蟹犹如天降神兵,迅速占领整个苇荡,高擎双螯,横冲直撞。极目远眺,苇海中的栈道、木屋、小桥错落有致地镶嵌在碧涛中,犹如碧绿的地毯上绘就的美妙图案。

由于我们自然环境保护得力,同时招引来诸多动物种群,有各种鹭类、鸥类、鸭科禽类、锦雉、大小苇莺等,还有野兔、豹猫、黄鼬、刺猬等哺乳动物,更多的是各种螃蟹,有中华绒螯蟹、狭额绒螯蟹、天津厚蟹等。中华绒螯蟹是我们盘锦地区的特产,又称河蟹,是洄游性甲壳类动物,在动物分类学上属于甲壳纲、十足目、方蟹科、绒螯蟹属。其个体肥大,生长快速,体态丰腴,肉质细嫩,味道鲜美,营养价值很高。每100克鲜肉含蛋白质14克、脂肪5.9克、碳水化合物7克,另外还有丰富的矿物质及维生素,长期以来一直是我们喜爱的名贵水产佳品。

桥作为中国园林建筑一个不可缺少的元素,在我们景区有着充分的体现,我们即将通过的这座桥叫心曲桥,共由48根铁索斜拉而成,既是人性化的祝语,又为游人平添几分浪漫情思。大家

红飘带影视基地

站在桥上可以向两侧放眼望去，整个蟹滩被浩浩荡荡的天津厚蟹所占领。它们高擎双螯，徜徉于河岸。著名环境专家曲格平赞叹道："我到过全国各地，从没见过这么多螃蟹，对北京人来说，这是不可想象的。"游人们也都对我们独特的自然景观表现出了极大的兴趣。曾经有位游客说："远离了城市的喧嚣，脱离了钢筋水泥的禁锢，在这里我们真正领略到了什么是回归自然，什么是返璞归真。"

百闻不如一见，还是请大家到景区工作人员的手里租个钓竿，去钓蟹、逗蟹、戏蟹吧！可能有的朋友还是第一次钓蟹，那我在这里教您两招，先将钓线放开，再把诱饵放在螃蟹近处，注意，千万别来回晃动诱饵，否则它会害怕而不上钩。您看到那一对螯足抓紧诱饵时，就可以轻轻上提了，这样就可以有收获了。要提醒大家的是，等钓蟹结束时一定要把螃蟹放回到蟹滩上，因为这里是它们的家，它们是属于大自然的。现在再请大家仔细看一下您钓上来的螃蟹，它的背壳上是否有一个形如马蹄状的印记呢？关于这个印记有这样一个传说。话说唐太宗贞观年间，高句丽国大举侵犯我边境。唐太宗李世民率兵东进抵抗，途经绕阳河边时，正赶上河水泛滥，挡住了大军的去路。就在李世民与诸将一筹莫展的时候，从芦苇丛中爬来了数以万计的螃蟹，在湍急的河水中一个钳着一个架起一座蟹桥，李世民率兵马踏"桥"而过。大家知道吗，原来的螃蟹可是球体形状的，由于承受了众兵马的踩踏就变成了现在扁扁的样子，而且盖子上都留下了一个马蹄印。

神话总归是神话。但盘锦螃蟹之多，却非凭空杜撰。广为流传的民谣"棒打狍子瓢舀鱼，螃蟹爬到被窝里"，生动地描绘出了盘锦历史上盛产螃蟹的状况。

"秋风起，闸蟹肥"。当前正是食蟹好时节。但市场上优劣河蟹往往混杂在一起，难以分辨。如何挑选优质河蟹呢？看青中是否泛亮、肚脐是否突出、蟹螯上有无丛生之绒毛、仰放后能否迅速自行翻身爬行。大家记住两个字就行了：活、壮。"活"是第一位的。要注意的是螃蟹死后，蟹肉是有毒的，不能吃。

吃蟹讲究"九雌十雄"，就是说农历的九月要吃团脐的母蟹，这时它的蟹黄足；而十月则应吃尖脐的雄蟹，这时它已有了膏。

另外，患有下列疾病的人最好不要吃螃蟹：一是患有伤风、发热、胃痛以及腹病的人；二是患有肠溃疡、胆结石症、胆囊炎、肝炎的人；三是患有湿疹、皮炎、癣症、疱疹、疮毒等皮肤病的人；四是患有冠心病、高血脂的人；五是脾胃虚寒的人。

大家还可以随我前行，到河边长廊观赏一下辽河、绕阳河交汇入海的景观。

诸君纵有千种风情，莫如回归自然。苇海蟹滩之旅就基本上结束了，在此我竭诚地邀请大家再次来我们这里旅游、观光。

【景区亮点】

国家4A级旅游景区、世界上保存最完好的湿地之一。

被联合国确立为国际重要湿地，被国家相关部门确立为全国最美丽的湿地。

呈现出旖旎秀丽的自然风光，苇荡、林地、河流、苇海蟹滩、鸟乐园等生态旅游区凸显出浓郁的北国水乡情调。

【美食伴游】

盘锦大米、老酒醉虾蟹、芦花蒸河蟹、碱蓬菜团子、河虾炒小葱、碱蓬等。

【购物推荐】

盘锦大米、盘锦河蟹、大洼肉鸭、盘锦河豚、王把切糕、魏家葱油饼、凤桥纯粮酒、田庄台卤货、王家黏豆包、鹤乡王酒等。

【景区地址】

辽宁省盘锦市兴隆台区新生街（距盘锦火车站13公里）

【交通指南】

火车站乘6路中巴，可直接到达景区。

【周边景点】

红海滩景观廊道、鑫安源莲花湖、七彩庄园等。

●鑫安源莲花湖

游客朋友们好！今天我们游览的是国家AAA级景区——盘锦鑫安源莲花湖。

鑫安源莲花湖始建于2003年3月，占地面积600多亩，依托喜彬河宽阔的水域环绕水面而建。景区内风景秀丽、环境清幽，各种树木葱翠茂密，许多奇禽异鸟在这里栖息繁殖。2007年，为完善景区建设，使其具有独特的景致，在维持生态景观的同时种植了100多种、百万余株荷花。如今，这里不仅成为盘锦最大的荷花景观休闲旅游胜地，同时也拥有了东北最大的人工荷塘。

鑫安源莲花湖

景区还投资建设了3万平方米的汽车露营地，不仅有30多个房车营位和近百个露营位，更有几十个烧烤专位、铁锅炖鱼和炖鸡灶位，让您随钓随炖随吃，是东北最大的休闲自助游基地。

现在我们进入了荷花景区，渐入莲花深处。李清照有词曰："误入藕花深处，争渡，争渡，惊起一滩鸥鹭。"身在荷中走，谈谈荷花，品品荷花，是旅游的一大快事。

下面，我向各位简单介绍一下荷花。

荷花，又名莲花、芙蕖、菡萏、芙蓉、水芙蓉、玉环、六月春、君子花、静客、翠钱、红衣、宫莲、佛座须等，属睡莲科多年生水生草本花卉。

荷花原产于中国，现在一般分布在亚热带和温带地区。荷花是澳门特别行政区的区花，还是埃及的国花。荷花栽培品种很多，依用途不同可分为藕莲、子莲和花莲三大系统。中国莲系分大中花群和小花群，分单瓣类、复瓣类、重瓣类和重台类。中国荷文化博大精深，源远流长。自公元前11世纪起，荷花从湖畔沼泽的野生状态走进了人们的田间池塘。《周书》中载有"薮泽已竭，既莲掘藕"的词句。

荷花

荷花在以它的实用性走进了人们劳动生活的同时，也凭借它的艳丽色彩、幽雅风姿渗入人们的精神世界。我国最早的诗歌总集《诗经》中就有关于荷花的描述。

秦始皇统一中国，荷花文化得到了全面发展，逐步渗透到农业、医学、宗教、艺术等各个领域。

西汉开始，中国商业迅速发展，莲藕逐渐进入北方，扩大了荷花的分布区域，使北方人民进一步认识了荷花，了解了荷花，大大提高了荷花的栽培技艺。北魏贾思勰的《齐民要术》对此有记载，我国的医学经典中也有记述。汉朝《神农本草经》就有莲藕药用保健功能的描述。东汉神医华佗动手术前，先给病人饮麻沸散，使其失去知觉，剖割腹背后缝合伤口，最后涂敷以藕皮等制成的膏药，四五天后便可愈合。荷花遂成为我国医药宝库中不可多得的一朵奇葩。隋唐以后，荷花的栽培技艺进一步提高，荷花进一步成为人们养生保健的名贵补品。

由于"荷"与"和""合"谐音，"莲"与"联""连"谐音，故中华传统文化中，经常以荷花作为和平、和谐、合作、合力、团结、联合的象征，以荷花的高洁象征和平事业、和谐世界的高洁。由此可见，赏荷也是感受、领悟中华"和"文化的直观方式。

在江南，农历六月二十四为观莲节，称为荷花生日，届时人们成群结队、兴高采烈地观赏荷花。尤其是佛教徒对荷花最为尊崇，观音菩萨坐的就是莲花台。

自古以来，画荷、咏荷者不可胜数（宋马兴祖的《疏荷沙鸟图》、宋扇面画《晚荷郭索图》、宋人画《荷蟹图》、宋冯大有的《太液荷风图》、宋人《子孙和合图》、南宋吴炳的《出水芙蓉图》、明末张子政的《芙蓉鸳鸯图》、清陈书的《荷花》、清任伯年的《荷花鸳鸯图》、民国谢稚柳的《荷雀图》均是荷题材画的精品）。

咏荷的诗文，不可计数。《古诗十九首》、南朝民歌及唐、宋、元、明、清、民国、当代各有名家名作出现。周敦颐、温庭筠、周邦彦、李商隐、苏东坡、姜夔、杨万里、李渔及朱自清便是其中的代表。自北宋周敦颐

写出了"出淤泥而不染,濯清涟而不妖"的名句后,荷花便成为"君子之花"。"不识庐山真面目,只缘身在此山中。"在鑫安源莲花湖,"莲花过人头",遮住了我们的望眼。鑫安源莲花湖以其湖面宽阔、壮观、秀美享誉东北三省。

荷花喜温。每年5月初的时候,第一枝荷叶尖尖晃晃悠悠地从水下伸出,古人称之为"钱荷"。然后徐徐舒展开,铺在水面,我们给它取了一个很拟人化的名字——"踏水荷叶",如同古代江南舞蹈《踏歌》中纤纤少女轻轻起舞,婀娜多姿。其实,踏水荷叶就是一个阳光吸收盘,把能量源源不断地输送到根部,让更多的荷叶以更有力的姿态生长出来。水浅的地方荷叶长得快、长得好,荷花开得早。南朝民歌"江南可采莲,莲叶荷田田,鱼戏莲叶间,鱼戏莲叶东,鱼戏莲叶南,鱼戏莲叶西,鱼戏莲叶北"中描写的美景已经呈现在各位的眼前。

东北有"三宝":人参、貂皮、乌拉草(或说"鹿茸角")。鑫安源也有"三宝":莲子、莲藕、泥鳅。

鑫安源的藕,淀粉含量高,与菜藕和其他藕种截然不同,可炖、可蒸、可炒,样样风味独特。

鑫安源是淡水鱼天然水族馆,鱼种几乎涵盖了北方淡水鱼的所有品种,尤其是鑫安源的泥鳅,被称为水中的人参,是美食家神往的佳肴。法国前总理希拉克1979年来西安参观,称赞秦兵马俑是世界第八大奇迹,认为不看金字塔,不算真正到埃及;不看兵马俑,不算真正到中国。依我看,不吃鑫安源的藕、不吃鑫安源的鱼,不算到鑫安源。鑫安源的荷花菜盘盘飘荡着荷香,鑫安源的淡水鱼宴,厨师极尽烹饪之能事,煎、熘、煨、炖,色、香、味、形俱全。一荷多用,一鱼多吃,让您大快朵颐,唇齿留香。

现在我们来到的是鑫安源房车营地、汽车露营地和烧烤基地。

房车,被形象地称为"车轮上的家",以其"景在变而家未变"的美妙情境广受人们喜爱。房车兼具"房"与"车"两大功能,但其属性还是车。其车上的居家设施有:卧具、炉具、冰箱、橱柜、沙发、餐桌、椅、盥洗设施、空调、电视、音响等家具和电器。房车集"衣、食、住、行"于一身,是实现您"生活中旅行,旅行中生活"的产品。

早在1994年,北京龙腾影视的王丙权就将一辆江苏牡丹中巴进行了改装,可以说中国第一辆房车从此诞生。房车行业在中国从无到有,虽然还很不成熟,但仍在努力地不断成长壮大……1998年年底,冯氏贺岁片《不见不散》的上映让中国大众见识了中国人刘元在美国随性自由的生活状况。没有房子,葛优扮演的刘元整天住在一辆"白铁皮拖挂式房车"上,在这两室一厅的房车内,刘元与李清的生活坎坷与幸福交相上演。生活虽然艰苦,可那种自由自在与无拘无束让很多人心生羡慕。从那以后,房车在中国开始有了踪影,陆续有企业开始关注并研制中国自己的房车。

鑫安源房车营地属于环湖形营地，营地建设充分考虑了驻车的电源和上下水需要。在配套服务方面，每车位都配备了各自的烧烤位或铁锅炖鱼、炖鸡灶位，充分突出了自助的功能。紧邻房车营地的是可容纳500顶帐篷的汽车露营基地。在这里，游客可以自助烧烤、举行篝火晚会和卡拉OK。

情侣小屋

大家向前看，这几个迷彩小屋是鑫安源度假村别具特色的创意，是利用了水泥管道改制的情侣小屋。

今天大家游览的只是鑫安源已经开发的景区。整个景区将按照"赏荷采莲体验、生态湿地保护、休闲景观文化"的"三核"，"环湖游道、大湖水路"的"两道"，"休闲自助区、过去时光回顾区、佛教文化和神话传说区、名人艺术区、圆满爱情区"的"五区"规划设计进行升级建设。新的景观，新的项目不日将呈现在大家的眼前。

欢迎大家再次光临盘锦鑫安源度假村。祝大家旅途愉快！

【景区亮点】
东北第一荷塘。

【美食伴游】
盘锦大米、老酒醉虾蟹、芦花蒸河蟹、碱蓬菜团子、河虾炒小葱、碱蓬等。

【购物推荐】
盘锦大米、盘锦河蟹、大洼肉鸭、盘锦河豚、王把切糕、魏家葱油饼、凤桥纯粮酒、田庄台卤货、王家黏豆包、鹤乡王酒等。

【景区地址】
盘锦新区政府东边

【交通指南】
自驾交通：
见图。

鑫安源莲花湖交通图

【周边景点】
红海滩景观廊道、鼎翔生态旅游度

假区、七彩庄园等。

● 七彩庄园

游客朋友们好！欢迎到盘锦大洼区王家街道中尧七彩庄园参观游览。

我们王家街道地处盘锦城乡接合部，这里空气清新，环境优美，具有得天独厚的旅游资源，被誉为"鱼米之乡""塞北小江南"。景区与闻名世界的红海滩国家湿地风景区相邻，环境清幽，风景秀丽，各种树木葱翠茂密，百花竞放，水域丰富，宜居宜游。

大家请看，这里是七彩庄园农夫像，他时刻教导着我们：是一代又一代的农垦人不畏艰难，艰苦创业，才有了王家农场的今天。我们要汲取吃苦耐劳的农垦精神，沐浴厚重的农场文化，用新农垦精神，谋新时代跨越，加快发展以生态观光游、休闲度假游、科普考察游为主的休闲旅游业！

这里就是七彩庄园景区入口处，在它右侧有一块福石，这个福字是康熙皇帝在康熙十二年（1673）为祖母孝庄皇太后所请之福，孝庄太后自此百病全消，所以民间盛传此福为"天赐洪福"。这个福字在写法上暗含"子、田、才、寿、福"五种字形，寓意"多子、多田、多才、多寿、多福"。这个福是世上唯一不能倒贴的福，它又被称为"天下第一福"。在这里，导游也借助这块福石，祝愿大家：福气多多，财运滚滚来。

走进园区，首先展现在眼前的是莲花湖水上娱乐区。莲花湖之胜，独得于水；莲花湖之美，尽在于波光粼粼、跳跃闪烁，似一颗晶莹剔透的明珠大放异彩。既然说到水上娱乐区，那当然少不了各式各样的水上娱乐设施，这里有脚踏船、水上三轮车、快艇、龙舟等各式游船供游客选择。大家快看，水上漂浮着一只可爱的大黄鸭，它是盘锦市内最大的一只大黄鸭，它正在对各位的到来表示热烈的欢迎。

大黄鸭

遥望对岸，大家可以看到一排风格别致的小木屋，它们排列成行，又独立成院，这里是湖畔人家木屋别墅区，是我们精心为游客准备的休息、住宿场所——俄罗斯风情小木屋。其使用面积47平方米，设有客厅、卧室、卫生间，屋内环境整洁，功能齐全，让您体验不一样的五星级住宿环境。木屋院内种植着各式品种的绿色野菜、蔬菜，供游客采摘。在这里您可以尽情地享受乡村的美丽、幽静，远离城市的喧嚣与烦恼。

正所谓曲径通幽，转过这道弯，就进入了莲花湖自助烧烤园。这里，空气清新，气候宜人，林青水秀，鸟语花香，更有琳琅满目的珍馐美味：牛、羊

肉，海鲜，蔬菜等，让您自由选择。我们还为您免费提供足够的桌椅、大麦茶、爆米花、辣酱等。周到细致的服务、别具一格的环境、色香味浓的美食，定会让您回味无穷……

曲径通幽

毗邻的金水垂钓园，有垂钓池6个、钓位60个，池内放养了鲤鱼、花鲢、白鲢、草鱼、鲇鱼、鲫鱼等多种鱼类，可同时供100多人垂钓。放眼望去，绿色充斥了你的眼睛，深呼吸，小心"醉氧"，这里真的是名副其实的天然森林氧吧，绿化覆盖率达90%以上，空气中负氧离子每立方米含量达到34 000个，有净化空气、消除疲劳、杀菌、治疗疾病等功效。在这里您不仅可以享受垂钓的乐趣，更能感受心灵回归自然的美妙。

鸟乐园坐落在垂钓池内，白鹭、黑面琵鹭、夜鹭、牛背鹭等多种珍稀鸟类在这里栖息、繁衍。鸟乐园景区是园区的自然保护区域。您在这里可以尽情欣赏五彩斑斓的珍奇鸟类，聆听悦耳的鸟鸣，更可以体验到亲手喂鸟的乐趣，人鸟同乐，佳趣天成。

亲爱的游客朋友们，走进鸟乐园的

鸟乐园

同时您会看到一座白色的宝塔，到目前为止，它是辽西唯一的一座菩提塔，可称为"辽西第一塔"。菩提宝塔可保佑众生平安，风调雨顺，万物和谐。今天，希望各位能够乘兴而来，带着法喜圆满而归！说到宝塔的来历，还有一段故事。相传，一日清晨，圆智法师途经此地，忽见院内一片丛林中金光闪烁，法师忙向金光跪拜，当晚法师梦见佛祖来到他面前，对他说："这里乃一块宝地，但金光易属流转之体，必须在此建一座宝塔，以聚拢祥瑞之气，让众生时时呼唤，将这祥瑞挽住，可保一方发达。"宝塔共7层，高11米，塔身绘有麒麟等吉祥图案，宏伟壮观，巧夺天工。塔下放有七彩宝石、五彩哈达、五谷杂粮、吉祥水碗、地藏宝瓶、财神宝瓶、佛教经文、金银珠宝等各式宝物，数不胜数。举目望去，在蓝天白云的映衬下，宝塔显得格外庄严神圣、华美壮观。宝塔塔身分四面，每面铸有一尊佛像，大家不妨随我看一看，有兴趣的可以拜一拜。北面为释迦牟尼，为佛教创始人，被尊称为佛陀，意思是大彻大悟的人。民间信徒称呼他为佛祖。据佛经

记载，释迦牟尼在19岁时，有感于人世生、老、病、死等诸多苦恼，舍弃王族生活，出家修行。35岁时，他在菩提树下大彻大悟，遂开启佛教。南面为阿弥陀佛，又名无量佛。据记载，阿弥陀佛曾立大愿，建立西方净土，广度无边众生，成就无量功德，我们常说的"阿弥陀佛"也是祈祷祝福或感谢神灵的意思。东面为文殊菩萨，相传他是释迦牟尼的大弟子，以智慧辩才第一被推为众菩萨之首，人称"大智菩萨"。西面为普贤菩萨，其具体职责是将佛门所推崇的"善"普及每一个地方，人称"大行菩萨"。

有请香的朋友，这边请。可能有人要问，为什么一定要烧香？那是因为佛祖所在的世界离我们婆婆的世界比较远，我们的祈求和愿望佛祖很难听到，而香烟袅袅可以飘得很高，佛祖闻到这些香烟，就会知道有人在祈福了，于是就会帮助那些有苦难或疑惑的众信。

动物园位于七彩庄园西南部，占地面积11亩，内有各种动物11种，在此安家落户的有草原雪狼、德保矮马、鲁西黄牛、犄角羊、吉林梅花鹿、河南猕猴、山东斗鸡等。

有人说："人生就像一场电影"，今天我要说，电影就有如人生，我们每个人都可以做电影的主角，可以改变剧情的发展，甚至电影的结局也由我们说了算，这就是7D电影，好看又好玩的互动电影。大家里边请。7D影院针对每个主题，仿真虚拟出该主题的场景与影视情节，并配以特制的特效座椅和环境特效。随着剧情的进行，观众通过手中的仿真枪与屏幕中的三维仿真敌人进行一场激烈的对决，这些将给我们带来前所未有的刺激与快乐，让大家流连忘返。同时，7D影院还是一家"四店合一"影院，既可以播放7D电影，还可以播放3D、4D、5D电影。喜欢惊险、刺激的朋友，不妨体验一下！

沿途有4座田园别墅，因庭院内种植了海棠树而取名海棠屋。海棠树代表游子思乡，寓意着住进这里的游客会有宾至如归的感受。

古语云：民以食为天。前边就是美食广场，大家请跟我来。美食广场分为东西两侧，西侧为美食一条街、"七彩梦之韵"文化惠民大舞台，东侧为儿童乐园。在这里首先映入眼帘的是25米长的两座假山：东侧为"紫气东来"，顾名思义，紫气自东而来，寓意祥瑞降临；西面为"上善若水"，意思是说，水有滋养万物的德行，它使万物得到它的利益，而不与万物相争，故天下最大的善性莫如水。假山前面是直径60米的音乐小喷泉，它随着音乐的节奏，忽高忽低，非常美丽。此外，我们还配备了十多种儿童娱乐设施，如旋转木马、充气水池、小火车……可供不同年龄段的儿童同时玩耍。对面的美食一条街经营多种北方特色小吃，让您大饱口福。为丰富人民群众的文化生活，营造欢乐祥和的生活氛围，在这里还搭建了"七彩梦之韵"大舞台，在双休和节假日之际，我们常会在这里举办文艺会演，提高百姓生活的幸福指数。

七彩庄园还是一座生态农业观光园，大家请看，这里是我园的"阳光温室区"，有高标准的现代化温室6座，总占地面积25 200平方米。日光温室本着现代、节能、环保的建设理念，全部使用现代新型能源材料PC阳光板搭建而成，以水果采摘、种植为主，其中3座棚内种植草莓，另3座分别种植鲜瓜等有机水果。棚内温度适宜，四季如春，游客可四季观赏、采摘，让您在寒冷的北方也能享受到四季采摘的乐趣。

CS成就未来，我们提供舞台！这里是七彩庄园真人CS野战基地，这里是盘锦市内最大的户外真人CS野战基地，可同时容纳200人作战。一流的装备、一流的服务、仿真的作战场景、秀美的自然风光，让您尽情体验真人野战的乐趣，圆您英雄之梦。

CS野战基地

美丽的草地，奔驰的骏马，今天，我们在自家门口也可以欣赏到纯正的蒙古风光，这里就是异域风情园。园内有富有特色的蒙古包、宽阔的跑马场、美味的烧烤，在这里娱乐就餐，仿佛走进了广阔的大草原，听着马头琴、吃着烤全羊、喝着马奶酒，尽情地体会豪放的草原风情吧。

这里是近千米长的葡萄长廊，10月左右就可以供游人品尝、采摘了。

七彩庄园的风景美不胜收，不仅因为有千亩自然景观，还有国家二级保护动物白天鹅以及从各地引进的珍稀动物供游人观赏。水域辽阔的珍禽园内放养了国家二级保护动物白天鹅、野鸭、鸳鸯等，放眼望去，那群远在湖心的天鹅显得纯洁无瑕，碧水蓝天更衬托出天鹅的美丽与高雅。在孔雀园，人与孔雀可以零距离接触，让你感受人与自然、生物的和谐。向孔雀撒上一把玉米粒，看着它们竞相争食的婀娜多姿，就仿佛自己置身于画中一般。

这里是"荷塘清韵"景区，水域面积22亩，一望无际的绿色荷花清新淡雅、妖艳妩媚，亭亭玉立的小荷洗涤着人们的浮心燥气，淡淡的荷香令人内心平静，淡泊名利。

现在展现在大家眼前的是一望无际的花海，这里就是七彩花田。花田里种植的是波斯菊，波斯菊花形似太阳，也寓意着我们的园区会像太阳花一样欣欣向荣、蓬勃发展。在西藏，人们把波斯菊叫作格桑花，在藏语里面是美好时光的意思，也有勤劳美丽之意，连起来就是勤劳美丽的王家人希望七彩庄园能给您留下一段美好回忆。七彩花田的中心是月季园，园里种植了各种颜色、20多个品种的月季供游客观赏。从这个角度看，我们的七彩花田是最美的，大家可以在这里拍照留念。

"小竹排,顺水流,两岸风光美,小草绿油油。"这里是竹排自驾区,分为电动竹排和手动竹排两种。游人坐上竹排后,可观两岸风景,戏清澈秀水,与周围自然同置于天地间,完全享受天人合一的境界。

行走在七彩庄园的林青水秀之中,您会发现,这里美得很纯粹、很清雅、很脱俗、很地道、很乡村,用您的镜头和画笔随时都可以摄取一张张美图,展开一幅幅秀美长卷。这里是占地面积300亩的油菜花田,金灿灿的油菜花,寓意积极向上,也象征着王家人不畏艰难的精神。有道是:鲜花盛开,彩蝶自来!每年春夏之交,万千彩蝶在此汇聚,蔚为壮观,为摄影爱好者奉献了一道精彩的摄影大餐。

现在大家看到的是贯穿园区东西的一条白色河流,沿着河岸前行,我们看到了椰子树、沙滩,想游泳吗?这里能满足您的愿望,这里就是阳光浴场。为了让游客感受海洋的水温环境,河底铺设的是鲅鱼圈的优质海沙,引进地下温泉水。阳光浴场分深水区和浅水区两部分,以露天洗浴、儿童戏水、沙滩休闲为主,配备各式的水上娱乐设施,完全能够满足人们戏水、游泳、沙滩娱乐的要求,营造"回归自然,寻找童趣"的休闲娱乐场所。

走了这么久,相信大家一定口渴了,前面是"七彩饮吧",我们去休息一下。"七彩饮吧"临河而建,两侧丘陵层层叠叠,此起彼伏,错落有致,让您享受休闲时光的同时,感受心灵回归自然的质朴。在这里搭建休闲饮吧,是为恋人营造一个温馨的氛围,留下一段浪漫的回忆。饮吧外景色宜人,饮吧内环境幽雅,各式鲜榨果汁、特调果汁、果味沙冰、珍珠奶茶等特色饮品琳琅满目,随心所享。

大家请看,湛蓝的天空,如茵的草坪,芬芳的鲜花,设想一对新人手牵手,一起往幸福的殿堂走!这样唯美、浪漫的户外婚礼是不是情侣们所追求的梦想呢?如果是,这个地方会让梦想变为现实!广场绿化景色宜人,魅力非凡,使您身在都市却能领略大自然的生态美。一条白色的河从广场旁穿流而过,形成自然、野趣的世外桃源。这里是一首美丽的田园诗,一幅多彩的新画卷,一部天然合成的交响曲,更是为你打造浪漫户外婚礼的理想之所。我们不仅有棚室采摘,还有露天采摘区,包括眼前的农家菜园和前边的百果园。透过蔬菜长廊,我们可以看到十余个品种的绿色有机蔬菜没有经过任何农药的喷洒,根据自然规律的生态原理由专业人员进行种植,对人体的健康非常有益。有机蔬菜需精耕细作,劳动量大,产量低,生产基地少,但品质高,具有自然本色。现在,有机蔬菜已成为礼品菜需求的时尚。

现在我带大家前往的是"百果园"。"百果园"占地面积为500亩,以科学种植、绿色养殖、现代化管理为建设理念,种有梨、李子、山楂、桃、苹果等果树2 000多棵,为源自水果之乡的20余个优良品种,供游客观赏、休憩、拍照、采摘。果树与园内的花木相互衬托，形成了"四季有花，三季有果"的自然景观。路口雕刻的奇石景观"发"字寓意为：生机勃发，连年大发！

来到七彩庄园，不品尝一下纯正的乡土味道，真的是虚此一行。莲花湖饭庄主打菜"铁锅炖雁鹅"是城市里绝对找不到的味道，它还是CCTV2"消费新主张"栏目推荐的美食。同时，纯绿色的农家菜、溜达鸡、生态猪，让游客吃得放心，吃得健康，真正体会到"才下舌尖，却上心头"的美妙感受。饭庄内，别致的墙上文化与悦耳的包房名称相互呼应，更增添了饭庄的人文韵味。这里，就餐环境和农家菜肴富有特色，菜品价格合适，是您举办家庭宴、朋友宴、生日宴、同学宴的首选之地！

前边是盘锦特产专营店，主要经营具有地域特色的盘锦大米、河蟹、盘锦苇编、芦苇画、葫芦等纪念品。

千百年来，葫芦作为一种吉祥物和观赏品，一直受到人们的喜爱和珍藏，因为葫芦身大嘴小，只进不出，它能吸收万物邪气，所以葫芦还是辟邪镇宅的风水摆件之一；同时，葫芦的谐音是"福禄"，"葫芦到，福禄到"！所以说，葫芦是富贵的象征，代表长寿吉祥、幸福美满、人丁兴旺。

芦苇画是民间传统手工艺与现代审美的结晶，它具有耐久、不变形、不褪色的特点。苇艺画本色天然，朴素淡雅，风格古朴，适合带回家做室内装饰品。

蒲草编织工艺在我国也有悠久的历史，其制品细腻、精巧、朴实、典雅。利用蒲草可以编织出鞋、扇、垫、篮等实用品，富有较高的工艺欣赏性，是送给亲朋好友的纪念佳品。蒲草假茎部分非常鲜嫩，透明白净，被称为蒲笋，营养价值高，清香沁人，是莲花湖饭庄的特色美味之一，也是《舌尖上的中国》推荐的菜肴。

游客朋友们，我们今天的游览就要结束了，在这里，我引用"七彩庄园"这个名字祝愿大家：每天都能够拥有一份多姿多彩的好心情。希望能有机会再次为大家服务。谢谢！

【景区亮点】
北方最大的赏花玩水之地。

【美食伴游】
盘锦大米、老酒醉虾蟹、芦花蒸河蟹、碱蓬菜团子、河虾炒小葱、碱蓬等。

【购物推荐】
盘锦大米、盘锦河蟹、大洼肉鸭、盘锦河豚、王把切糕、魏家葱油饼、凤桥纯粮酒、田庄台卤货、王家黏豆包、鹤乡王酒等。

【景区地址】
辽宁省盘锦市大洼区王家街道营盘线附近

【交通指南】
自驾交通：
见图。

七彩庄园交通图

【周边景点】

红海滩景观廊道,鼎翔生态旅游度假区,鑫安源莲花湖等。

东线
——辽东边境风情游精品线

抚顺概况
——满族故里抚顺

抚顺地处辽宁东部长白山余脉与辽河平原相汇处，市中心距沈阳市中心45公里，距沈阳桃仙机场40公里，距大连港400公里，营口港200公里，有2条铁路、2条公路与全国路网相连，交通十分便捷。抚顺城市的区位优势也日益凸显，下辖4区3县2个经济开发区，总面积11 272平方公里，人口230万，有汉、满、朝鲜等34个民族，是中国大城市之一。抚顺也是一座因历史而影响中国、以资源而闻名世界，历史文化厚重、人文景观独特、自然风光秀丽的中国优秀旅游城市和国家重要的能源、原材料基地。新中国的第一桶页岩油，第一吨铝、镁、硅、钛，第一台挖掘机均出自抚顺。在这里，您可以感受厚重的文化积淀与历史的深沉凝重，体会古老与现代交汇的神韵，领略自然与人文相融的瑰丽，亲历淳厚与古朴的民风。

抚顺是一个具有悠久历史和神奇色彩的城市。在7 000年前就出现了人类"第一代矿工"。沈阳新乐遗址出土的煤精制品即产自这里。自古以来，抚顺乃兵家必争之地，境内的燕、秦、汉、明四代长城遗迹，诉说着千百年来的金戈铁马、无数征战。汉代在此设玄菟郡，唐朝设安东都护府，明朝兴建抚顺城。抚顺取明太祖朱元璋的"抚绥边疆，顺导夷民"之意。抚顺是清王朝的发祥地，有着深厚广博的清前文化和充满浓郁满族风情的民俗文化。1616年，努尔哈赤在赫图阿拉（今抚顺市新宾满族自治县）起兵，定都称汗，奠定了清王朝近300年的宏伟基业，因此抚顺又被称为"龙兴之地""启运之地"。康熙、乾隆、嘉庆、道光等皇帝曾九次亲临抚顺祭祖。被列为世界文化遗产的清初"关外三陵"之首——永陵，和素有"后金第一都城"之称的赫图阿拉城都坐落于此。

永陵

1950年，末代皇帝溥仪在这里开始了10年的改造自新生涯，清王朝始于此又终于此的历史轮回令世人称奇。这里还是满族的故乡，骁勇善战、自强不息的满族人民在这里世代繁衍、生息，谱写了推动中国历史发展的精彩华章。新宾满族剪纸、抚顺满族地秧歌、清原满族民间故事分别被列为世界、中国和辽宁省非物质文化遗产。在这里可以看到家喻户晓的"东北三大怪"，欣赏到充满满族风情的节庆、婚嫁庆贺等重要习俗表演。充满神奇传说的启运树、全国独一无二的缅甸玉卧佛、500罗汉石雕群及高、宽各达12.8米，自然形成的石佛，让人们感受到了宗教文化的博大精深。洒脱大方的满族大秧歌、令人捧腹的东北二人转、富有满族饮食风味的"八碟八碗"都凸显着独具特色的地域风情。

八碟八碗

抚顺是一个充满生机与活力的生态之城。抚顺的气候四季分明，属大陆性季风气候。夏季温暖多雨，冬季寒冷，春秋两季较短。年平均气温为14℃，年均降水量在800毫米左右，水资源十分丰富。这里山清水秀、景色迷人、沟谷幽深、林木奇异，森林覆盖率高达70%，居辽宁省之首，拥有国家级森林公园5座，国家4A级景区5家。徜徉于此，可以真正体会辽东山水的豪迈和瑰丽，尽情享受生态休闲的激情乐趣。这里冬季雪树银花、白雪红墙，充满诗情画意；春季冰雪融化、流水潺潺、鸟鸣清脆、新绿如茵；夏季百花娇艳、树木翠绿、浓荫遮掩、蛙鸣欢快；秋季层林尽染、万紫千红、五彩斑斓，充满丰收的喜悦。为辽宁中部城市群供水、总库容达26亿立方米的大伙房水库，水面宽广，烟波浩渺，周边群山起伏、树木茂盛、景色宜人。张学良将军为其父张作霖种植的元帅林就矗立于此。一年一度的中国（抚顺）满族风情国际旅游节以其富有浓郁满族风情的各类表演，吸引了众多的海内外游客观光旅游、祭祖寻根。在有"北方第一漂"和"东北小三峡"之称的红河峡谷漂流，您可以感受到浪遏飞舟、激流四溅的快乐和刺激。漫步在抚顺皇家海洋极地世界，您可以尽览海洋馆的各类珍稀极地海洋动物和美人鱼的表演，体会世纪丛林馆原始部落的激情洋溢，欣赏海兽城堡的动物表演，尽享室内冲浪馆的海水沙滩。热高乐园内的"巴厘岛水世界"，涵盖70多项大型水上游乐项目、200多处人文生态景观、20多个表演项目和主题购物区，精妙融合巴厘岛文化与现代水上游乐元素，尽显中国最大水上乐园的不凡之势。在这里，您可以感受在马车上碾雪飞驰的刺激，品味在农家院里吃农家饭菜的香甜，体会船行水上起网捕鱼的喜悦，尝试公园内习舞练剑的乐趣。

红河峡谷漂流

抚顺是一个闻名海内外的红色之旅城市。抚顺是雷锋的第二故乡，行走在有国家三代领导人题词，被列入全国首批百家爱国主义教育基地、50家廉政教育基地和国防教育基地的雷锋纪念馆，您会感受到雷锋精神的洗礼。驻足在被列

为全国百家红色旅游经典景区、全国重点文物保护单位、震惊世界的抚顺平顶山惨案纪念馆,和成功改造了末代皇帝溥仪、日本侵华战犯、国民党战犯的抚顺战犯管理所旧址,会让您牢记勿忘国耻、振兴中华之责任。伫立在素有"亚洲第一坑"之称的西露天煤矿,您会尽览30里煤海的浩瀚壮观,观赏被分别列为国家和省级非物质文化遗产的煤精雕刻和琥珀雕刻,欣赏栩栩如生的根雕艺术。

三块石国家森林公园

目前,抚顺的主要旅游路线有:雷锋纪念馆、战犯管理所旧址、平顶山惨案纪念馆、西露天矿、三块石国家森林公园、岗山国家森林公园红色经典旅游线;皇家海洋公园、丰远热高乐园、和睦国家森林公园、红河峡谷漂流休闲娱乐旅游线;萨尔浒风景名胜区、元帅林、神树沟风景区、猴石国家森林公园、清永陵、赫图阿拉城清前文化和满族风情旅游线。

● **清永陵**

游客朋友们好!欢迎游览抚顺永陵。在关东地区只有清代皇陵三座:昭陵、福陵、永陵,人称"关外三陵"。其中,永陵被誉为"关外第一陵"。

清永陵平面图

永陵始建于1598年,初称兴京陵。1659年,改称永陵,至今已有400余年的历史,是目前保存最完好、修动最少的帝王祖陵。陵内葬着努尔哈赤的六世祖猛哥帖木儿、曾祖福满、祖父觉昌安、父亲塔克世及伯父礼敦、叔父塔察篇古。1648年,清世祖福临追封猛哥帖木儿为"肇祖原皇帝"、福满为"兴祖直皇帝"、觉昌安为"景祖翼皇帝"、塔克世为"显祖宣皇帝"及伯父礼敦、叔父塔察篇古及他们的福晋。1682年至1829年,康熙、乾隆、嘉庆、道光等皇帝曾先后九次亲来永陵祭祖,使永陵祭祖活动成为清代的国家典制。康熙十年(1671)九月,清圣祖玄烨首次冬巡盛京(永陵),奉告统一中原;康熙二十一年(1682)东巡祭祖,祭告平定三藩;康熙三十七年(1698)第三次东巡祭祖,祭告三次亲征平定噶尔丹,祭告"御极六十年无所失,皆宗祖积德荫佑所致"。乾隆四十八年(1783),弘历第四次东巡,率皇十五子颙琰(嘉庆帝）等皇子、大臣于九月初十抵永陵行祭陵典礼，保佑大清昌盛永固。嘉庆十年（1805），颙琰首次东巡，穿素服，面对宝城列祖列宗三跪九拜奠爵举哀，祭告祖陵，大清盛事，皆列祖默佑。清帝东巡祭祖，气势巨大，人员众多，皇亲贵族、王公大臣及随行人员多达7万之众，除此之外，尚有京营军15万从皇城护驾到山海关，关东军15万于山海关接应护卫东巡。东巡队伍浩浩荡荡穿行在辽东的崇山峻岭之中，逶迤数十里，一路上场面磅礴、气势恢宏，旌旗蔽日、车水马龙。现在的清永陵已成为满族后裔祭祖寻根的圣地。如果您有幸，还可在永陵跨越时空，回到康乾盛世，领略那庄严的祭祖场面，当然，那只是一场精彩的表演。

永陵陵园最初并没有修建殿堂楼阁，建筑均为青砖青瓦，肃穆庄严。随着清王室的强盛，这座清王室营造最早、安灵最多的陵园也日趋完善。康熙十六年（1677），永陵改建，青砖青瓦变成了红墙黄瓦，陵园的规模和格局也基本定型。现存的永陵古建筑群由下马碑、前宫院、方城、宝城、省牲所等部分组成，总占地面积为1.1万多平方米。

永陵是满族祖先留下的宝贵的历史文化遗产，是全国重点文物保护单位。

[下马碑]

清代的皇陵、宫陵、王府及坛庙前，两侧的甬道上均设有下马碑和下马木，作为官兵人等下马的标志。永陵作为清王室的祖陵，下马碑更显得神圣而庄严。

永陵建陵之初，下马标志为木牌。1783年，年过七旬的乾隆皇帝最后一次东巡祭祖，于新宾境内的下元行宫传下圣旨，将盛京三陵原有的木制下马牌全部换成石刻的下马碑。这就是我们现在看到的竖立在永陵陵宫正前门1公里处的两座下马碑。两座下马碑相距120米，碑上用满、蒙、汉、藏、回5种文字刻着：诸王以下官员至此下马。

[正红门（栅栏门）]

永陵的正门称正红门，又称前宫门。它是永陵的总门户。

此门是一座硬山式通道门，共3间，每间有两扇对开木制栅栏门。门及前后檐柱均涂红色，颇具满族祖先的生活特点，不禁使人联想到满族先世依山傍水、联栅为城的古老生活习俗。栅栏门在国内皇陵建筑中极为少见，建筑风格独特，堪称一绝。长达数千年的部落生活，使满族的祖先们具有了强烈的疆土意识，以山为寨，立栅为城，便是这种疆土意识浓重的缩影。作为清代陵寝建筑的鼻祖，永陵之所以要用木制栅栏门，意在怀念祖先创业时那段艰难的岁月。"赫图阿拉连兴京，依山树栅聊为

正红门（栅栏门）

城"，乾隆皇帝在《乘马过兴京再咏》一诗中赞美了祖先的这种传统。"奕叶钦堂构，艰难尚克知"，乾隆皇帝的这两句诗道出了修建栅栏门的用意。300多年过后，我们看到的这六扇朱漆栅栏门坚挺依旧，风采依然。

[神门与神道]

这里就是永陵的前宫院。大家看，我们脚下是三条石甬道，这三条甬道与永陵的正红门、启运门一样，曾经是清代皇权的象征。

永陵正红门、启运门均为三间门，正中为神门，左为君门，右为臣门。与门一样，陵内的石甬道也是3条，中为神道，左为君道，右为臣道。神门与神道是陵内所葬清王朝6位祖先之"灵魂"行走的，其他人，包括皇帝均不得由此出入。皇帝祭祖时要走君门，随从则走臣门。皇帝祭祖时则要用芦席在门前搭盖帷幕，将神门遮挡起来，避免看见此门，以示对祖宗的崇敬。

今天，永陵的神门、君门、臣门与神道、君道、臣道对游人已经不具有任何约束力，它业已成为现实与历史之间的过道门。我们通过它，可以在现实与历史之间出出进进，来来往往，游尽现实中的历史，再由历史走向现实。

[四祖碑楼]

与其他清代皇陵相比，永陵有两个显著特点：一是一陵多葬，君臣共陵；二是葬在这里的4位皇帝生前在历史上并无建树，只是因为子孙为帝而贵，被清王朝追封为"肇兴四祖"。我们现在看到的4座碑楼，就是"肇兴四祖"的神功圣德碑楼。

四祖碑楼

原始的满族人有"祖孙父子生同居，死同域"的传统，而后世的满族人则讲究"四世同堂"。清王朝的"肇兴四祖"辈分不同，长幼有别，四座碑楼却式样一致，于前宫院内一字排开，坐北朝南，东西并列，给人以不分先后大小、不讲辈分高低之感。这个问题，乾隆皇帝弘历在《恭谒永陵》一诗中阐述得非常清楚。他在诗中写道："制因汉氏修园寝，尊以周家号古公。"由此可见，永陵的四祖碑楼是仿照汉人的陵寝所建，并按照古代士大夫阶级的宗庙制度排列四祖，其顺序是：中长次幼，左长右少，即高祖居中左，曾祖居中右，祖居左，父居右。

清王朝入关进京后，历朝皇帝生前死后都为自己建造了单独的陵寝，这样，永陵的"四祖碑楼"也就成了大清皇陵中的一曲绝唱。

[坐龙]

与坐落在沈阳的福陵、昭陵相比，永陵历史辈分最大，建筑规模最小。尽管如此，我们却不可以小视它，因为这里值得一看的东西很多，耐人寻味的历

史典故也不少。下面，就请大家跟我一道去看看"坐龙"。

坐龙

这就是著名的永陵"坐龙"。它是一种国内罕见的浮雕，龙首狗身，共16条。坐龙分别盘坐于四座碑楼前后二门左右两侧的石壁上，两只前爪直立撑地，尾部卷坐壁底。大家不妨在脑海里网罗一下所见过的龙，其姿或腾或舞或飞或盘旋，似乎从未见过龙像狗一样坐着。那么，坐龙究竟有何历史典故呢？

狗，是满族祖先的崇物，龙则是中华民族的图腾物，狗曾救过努尔哈赤的命，这是传说。不过，满族的祖先因游牧、打猎而崇尚狗，称其为天龙，将龙与狗合为一体，坐龙便诞生了。这种具有民族特色的龙是用来象征清王朝祖先的。每一种祭祀都是对神秘偶像的崇拜，坐龙作为祭祀中的一种偶像，向人们暗示着，清王朝既能打天下，又能坐天下。

[功德碑]

耸立在4座碑楼内的4座石碑，即清王朝"肇兴四祖"的神功圣德碑。4座石碑规格一致，高6.12米，宽1.48米，厚0.5米，建筑形式相同，只是碑文的内容各不相同。碑文由御笔亲撰，用满、蒙、汉3种文字合璧刻写。驮碑的这个动物叫赑屃。传说，龙生有九子，它是其中的一个，因为它寿命长而善于负重，所以，古人在建筑中大多用它来驮石碑。

据史料记载，四祖碑楼建于两个时期。肇祖、兴祖之碑立于顺治十二年（1655），景祖、显祖的碑立于顺治十八年（1661）。碑楼内的4座石碑是在北京郊区刻制而成后运到这里的。在没有火车和汽车，马车又载不动这4座石碑的15世纪中叶，它们是如何从千里之外被运来这里的呢？据说，那是在冬天，先将4座石碑上泼上水，让石碑结成冰坨子，再将冰坨子放在沿路铺设的圆木上，用杠子一步一步地往前撬动。史书上没有详细记载这一宏大的历史过程，试想，北京距新宾有千里之遥，4座石碑运至新宾经历了多长时间？上千里路程，上千里风雪，该有多少血泪，该有多少故事？而这些故事只能在我们的想象世界里了。

[前宫院其他建筑]

永陵前宫院除"四祖碑楼"建筑外，还建有祝版房、齐班房、茶膳房、涤器房、果房和膳房。正红门东侧的五间房是祝版房和齐班房。祝版房是存放祭祀祝版的处所；齐班房是守陵人员的住宿之地。正红门西侧的五间房为茶膳房和涤器房。茶膳房是当年制作祭祀供品的场所；涤器房是洗涤祭器的地方。

四祖碑楼后面,东、西设有果房和膳房,即存放祭祀用果品和茶膳的地方。

[启运门]

启运门,又称内宫门,是方城、宝城的门户。这道门为什么叫启运门,其中有一个典故。据永陵《大事记》载,顺治八年(1651),清王朝封永陵后的山为启运山。顺治十八年(1661),又命名永陵方城门为启运门,永陵享殿为启运殿。《现代汉语小词典》对"启运"一词的解释就是两个字:起运。封山、殿、门为"启运",无外乎是说清王朝的好运是从这里开始的。而清王室对此的解释则是:"光启宏图,肇兴帝业,开先裕后。"

启运门

了解了"启运"的含义后,我们再来仔细看看启运门。古代王侯贵族的住宅大门往往要漆成朱色以示尊贵,朱门则成了古代贵族邸第的代称。启运门是一座单檐歇山式建筑,两侧有袖壁,是由6扇朱红门板制成的。每扇门板上装饰着九九八十一颗镏金铜钉,并各配有一个铜门环。在中国封建社会里,自然数字以九为大,九是皇家御用数字,皇帝称九九之尊,所以皇家的门上有横九、竖九共九九八十一颗铜钉,逐次排列,老百姓的门上不许钉铜钉,因此才叫白丁,可见清代封建等级之森严。

[螭吻]

在永陵启运门与启运殿上,各有一条螭吻被宝剑刺在门脊与殿脊之上。传说螭吻是龙的二儿子,生于大海,生性凶猛,且能喷水成雨,有灭火之威。大家看,启运门上被宝剑刺在上面的那条龙,就是传说中的螭吻。用螭吻作为镇火防灾之物,这种做法古已有之。不过,永陵的螭吻又有所创新,加入了政治内容。

螭吻

大家仔细看,启运门上刺住螭吻的宝剑,剑柄是两个火焰圈,内里嵌了字,东边的火焰圈中镶"日"字,西边的火焰圈中镶"月"字,日月合为明,而将日月拆开则具有浓重的政治意味。永陵修建之时,清王朝刚刚入主中原不久,顺治皇帝担心江山不稳,于是便在这里将日、月拆开,意为破了明(朝),并希望祖先能够保佑大清帝业。另一层意义是,启运门脊形如一条长长的扁担,东担日、西挑月,象征着清王朝

"肩担日月,一统天下"之意。这充分体现了封建帝王在永陵陵寝建筑上的唯心史观。

[砖雕《五彩云龙》]

启运门左右两翼的红墙叫顺山红墙,是前宫院与方城的隔断。红墙内外建有4组国内罕见的大型砖雕龙壁《五彩云龙》,龙姿优美,栩栩如生。砖雕《五彩云龙》是劳动人民的艺术杰作。龙,先被工匠雕在泥坯上,烧成砖后再按砖的编号拼凑图案。砖雕《五彩云龙》工艺独特,其精雕细刻之技令人叹为观止,砖与砖在墙山的组合之艺更让人折服。它们经历了300年风雨,至今仍未变形走样。

五彩云龙

[启运殿]

建在方城内的启运殿是永陵的中心建筑。启运殿内供奉着四祖皇帝及皇后的神位。请大家随我一道进入殿内去参观。这4座大暖阁是康熙元年(1662)所建。暖阁上面是黄缎罩,里面有宝床、帐幔、衾枕,是用来供四祖皇帝及皇后休息的。暖阁前设有8个龙凤宝座,这是四祖皇帝及皇后的座位。宝座前设供案4张,用来摆放祭器、供品。启运殿是昔日清王朝举行祭祀大典的场所。这里每年都要举行大祭4次、小祭24次,终年香火不断,供品不绝,由此可见清王室对祖陵的重视。

道光九年(1829),道光皇帝来这里祭祖,曾留下龙褂一件。《礼记·玉藻》中就有"龙卷以祭"之说。在道光皇帝之前,乾隆皇帝曾因自己年事已高恐再不能东巡祭祖而将两件龙袍分别留在福陵和昭陵,叫守陵人逢祭日挂出来,替他向祖宗尽孝。显然,道光皇帝是在效仿祖宗。道光皇帝执政后仅东巡祭祖一次,由于清王朝日渐衰落,他行色匆匆,并从此结束了有清以来的这项盛典,成为清王朝皇帝东巡祭祖的终结者。

[《神树赋》卧碑]

启运殿东、西两侧的建筑叫配殿。东配殿主要用途是在启运殿大修期间,暂时取代启运殿供奉四祖神碑,举行祭典。平时用来储藏祭器。西配殿尊藏着乾隆皇帝御制的《神树赋》卧碑。请大家随我一道来看看。

传说,永陵宝城内曾长有一棵神树。当年,努尔哈赤的祖父曾将其父福满的骨匣寄存在树上,骨匣竟然长在树里,于是,才在这里修建了祖陵。1754年,乾隆皇帝弘历来永陵谒祖,作《神树赋》,又于4年后亲笔缮写,全文刻石立碑于永陵西配殿内,诏天下,告后人。在神树谢世百年后的今天，依然存在的《神树赋》碑作为名人古迹成为永陵的一道风景。《神树赋》碑面为青色，底座上刻有二龙戏珠、祥云、海水、江涯等多种纹饰。碑文竖书，汉、满文合璧书写。在序言之后，弘历写道："神树非松非柏，根从天上分来。"一句话就点明了主题。弘历说，此树绝非人间所有，它吸取着银河水生长，给我们的祖先带来了无限的幸福。我们则要把这天赐的福气无止境地延续下去。神树如同伞盖一样象征着吉祥。它承奉上天的旨意帮助我们，使我们兴旺。有这株神树保佑大清江山，我们子孙万代将享受不尽。弘历以树为赋，目的是告诉天下：君权授于天。《神树赋》问世后，大学士刘伦、吏部尚书汪由敦、左都御史金德英等均有《永陵神树赋》问世，与此同时，民间也有了"悬龙"等多种传说。

大家看，放在展柜里的这段榆木，就是当年那棵神树死后留下来的一段标本。关于神树的故事，到了宝城我再给大家详细介绍。

[焚帛亭]

这座以青砖为原料构筑的建筑叫焚帛亭，又称燎炉。它是大祭时用来焚烧祭文、祝版、制帛及金银锞子一万锭、烧纸一万张的地方。焚帛亭是永陵内最小的一个建筑物，它是一座用青砖修砌的小亭子，立于启运殿前，看上去远不及陵内其他建筑豪华，但它却又是永陵建筑中的一个文化点缀。

永陵内的建筑皆以启运殿为中轴线，左右相衬，东西相配，在这种汉族建筑的布局中，唯有焚帛亭孑然一身，不成双。它仅3米多高，既不妨碍其他高大建筑，又以其青色与周围的红墙黄瓦形成了强烈的色彩对比，体现出满族建筑的风格特色。

[宝城]

这座呈八角马蹄形的城，叫宝城，又称"月牙城"。这里就是陵寝的墓葬所在地，清王朝的6位祖先就安息在这里。皇帝的坟冢称宝鼎，容纳宝鼎的城则被誉为宝城。

永陵宝城宽20米，纵深18米，三面有青砖高墙环护，加上前面有宏伟高大的启运殿做门面，宝城便形成了一个封闭式的空间。宝城分成上下两级平台，上层的三座宝鼎，中间葬着兴祖福满、左面是景祖觉昌安、右面是显祖塔克世。兴祖的右上方有一小块平地，下面葬着肇祖猛哥帖木儿的衣冠。下层平台东面葬着努尔哈赤的伯父武功郡王礼敦，西面葬着努尔哈赤的叔父恪恭贝勒塔察篇谷。在墓地的5座宝鼎中，只有兴祖福满的墓是原葬，其余4座是清朝顺治十五年（1658）由辽阳的东京陵迁到这里的。

[神树]

永陵兴建之初，在兴祖福满的墓前，生有一株巨大的古榆树。这棵树就是后来被乾隆皇帝追封的"神树"。

相传，明朝末年，崇祯皇帝当政，钦天监夜观天象，发现辽东有望不断的紫气滚滚而来，就像100条神龙在腾云驾雾。崇祯皇帝害怕混龙出世，自己的皇位被篡，就从南方找来一个风水先生，到东北来破除100条龙脉。风水先生带领一班人马来到东北，在山上挖沟，割龙首；在山头上压小庙，镇龙气，一连破了99道龙脉，只剩下一条离地3尺的悬龙，能走能飞，破不了，风水先生想，既然是悬龙，不附在地面上，也就形不成龙脉，不破也罢，于是就回京城复命去了。恰在此时，努尔哈赤的祖父在长白山的部落被人打败，他背着父亲的骨灰匣沿着长白山走下来，打算给自己的部落找一个落脚的地方。这天，他来到苏子河畔、烟囱山下，见天色已晚，找到西堡的一个小店要投宿。店主人见他身背着骨灰匣，说什么也不让他进店。无奈，他只好背着骨灰匣来到龙岗山脚下，见有一棵大榆树，树干离地3尺分杈，于是便把骨灰匣放在上面，然后才去住店。没想到，第二天来取骨灰匣时，却发现骨灰匣长到了树上。他借来一把斧子，想砍树取匣，大树竟流出了几滴血来。他找来一位风水先生，风水先生看罢这里的地势、地形后，说："这儿是一块风水宝地，前有呼兰哈达相照，后有龙岗山相依，龙岗山上有12个山包，你家里将有12代皇帝可做。天意不可违，你就把骨灰匣葬在这里吧。"努尔哈赤的祖父就把父亲的骨灰匣葬在了此地，然后回长白山将部落迁到了这里。前面说的那条悬龙，就伏在这棵大榆树上，被努尔哈赤的祖父压中了，后来的清王朝果真出了12朝皇帝。

这段传说意在宣传"君权神授"，

同治二年（1863），所谓的"神树"被一场大风刮倒，最后枯萎而死。我们现在看到的这棵小榆树，是第二代"瑞榆"。它是新宾满族自治县成立后永陵人在此种下的，如今，它树干挺拔，枝繁叶茂，一派方兴未艾之势。

[招魂葬]

古时候，一般百姓人家讲究供奉祖宗三代，帝王则要追尊四祖。这是古代宗法制度规定的。皇太极在盛京（今沈阳）黄衣称朕后，为依附宗法制度，曾经做过将四祖归于一处、建造自家祖陵的梦，但由于其家族最高的一位老祖猛哥帖木儿的遗骨埋于朝鲜境内，无法迁回国内，因而没有完成建造祖陵的夙愿。

猛哥帖木儿生于明洪武三年（1370），曾任女真斡朵里部万户（官名，为世袭军职，统领千户所），后被明朝授予建州卫指挥使。因其女入宫为妃，他还是明朝的皇亲国戚。1433年，64岁的猛哥帖木儿被七姓野人所杀，葬于朝鲜境内一个名叫半山血的地方。

爱新觉罗家族可以说是东北的第一大家族。据有关资料介绍，其家族由猛哥帖木儿开始繁衍，到1905年，600年间家族人口已繁衍到了30余万人。永陵是爱新觉罗家族的祖陵，这里当然不能少了猛哥帖木儿。让这位高祖魂归祖陵，不仅仅是皇太极一个人的梦，也是爱新觉罗家族众望所归。顺治五年（1648），清王朝追封猛哥帖木儿为大清朝的肇祖原皇帝，并依照古已有之的"招魂葬"之法，用绸缎制成一套衣冠，

于衣领上缝白绸一条,上写肇祖姓名及生辰八字,葬入永陵宝城东北角。现在,我们在这里只能看到5座坟冢,而肇祖猛哥帖木儿之墓没有坟冢,仅仅以"魂"的形式存在于这里。

[宝城莲花]

人类自有了艺术,艺术便常常被用来表现自己。通过永陵的建筑艺术,我们不难看到满族祖先"敢于拿来,又不失自我"这种文化心态的端倪,最早的满族曾与孔子有过一个故事。

公元496年,一只中了箭的大隼鹰从天空掉进了陈国(今河南境内),有人拾到这只中了箭的大隼鹰后百思不得其解,即去请教下榻在附近驿馆里的孔子,孔子仔细看过这支箭,十分肯定地说:"这是肃慎人的箭呀!"肃慎人就是满族的祖先,肃慎人的箭能从白山黑水间"射"入中原,并不等于满族人就一定能够入主中原。满族之所以能够在中华大地上崛起,最重要的一点就是"兼收并蓄"了其他民族的优秀文化,永陵宝城内的莲花,即让我们看到了这一点。

大家看,宝城城墙上所设的宝瓶,即藏教中的莲花。为了防止雨水浊蚀围墙,永陵的设计者别出心裁地在围墙的每个拐角处设一个宝瓶,由它来分散雨水,这不仅是一个建筑上的创意,也是一个文化上的点缀。藏教将天地分为三界,三界正如莲花之莲、茎、根,宝城围上设莲花,是取"出淤泥而不染"之意。宝城是清王朝祖先的终极之地,这里的莲花却让我们看到了满族文化与其他民族文化的血缘关系。

[启运林]

启运林占地30亩,它分为爱情林、友情林、状元林、事业林、财运林和健康林6个林区。大家可以在这里自由选栽,在启运林里栽下具有象征意义的启运树,无论您是祈愿爱情美丽、友情地久天长,还是希望金榜题名、事业有成、财源滚滚、身体安康,您的愿望和寄托将随着这小小的树苗一同长大。小树要经历风雨和年轮,人要努力和拼搏。这里是好运开始的地方,这里是值得您回忆和兴奋的起点。当它们长成参天大树时,您定能梦想成真。

【景区亮点】

1.清永陵始建于明晚期,1659年改称永陵。

2.是清朝关外第一陵,是全国重点文物单位。

3.清永陵被联合国教科文组织正式列入《世界遗产名录》。

【美食伴游】

苏耗子、黄金肉、波萝叶饽饽、酸汤子、吃包儿饭、豆面卷子、八碟八碗、枣子糕等。

【购物推荐】

天然琥珀和煤精雕刻、人参、鹿茸、黄花、蕨菜、黄烟等。

【景区地址】

抚顺市新宾满族自治县永陵镇

【交通指南】

公交:

乘往新宾的长途汽车在永陵下车。

自驾：

本溪到抚顺清永陵自驾车路线：

本溪—人民路—市府北街—胜利路—地工路—峪明路—G1113丹阜高速—G1501沈阳绕城高速—G1212沈吉高速—S202/南杂木/白旗寨出口—202省道—201省道—抚顺清永陵

铁岭到抚顺清永陵自驾车路线：

铁岭—金沙江路—衡山路—澜沧江路—赣江路—新屯立交桥—102国道—331省道—G1京哈高速—G1501沈阳绕城高速—G1212沈吉高速—S202/南杂木/白旗寨出口—202省道—抚顺清永陵

抚顺到清永陵自驾车路线：

抚顺—临江东路—金城街—永城街—沈环北线—G1212沈吉高速—S202/南杂木/白旗寨出口—202省道—抚顺清永陵

【周边景点】

萨尔浒风景名胜区、元帅林、神树沟风景区、猴石国家森林公园、赫图阿拉城清前文化和满族风情旅游线等。

●赫图阿拉城

游客朋友们好！欢迎游览赫图阿拉城。

赫图阿拉是清太祖努尔哈赤的祖居之地。"赫图阿拉"是满语，汉译为横岗。横岗之上就是驰名中外的后金政权第一首府、清代第一都城——赫图阿拉城。

1438年，建州卫首领李满柱率部迁居这里，两年后，努尔哈赤的六世叔祖凡察、五尔世祖董山也率建州全卫300余户由阿木尔河辗转来到这里与李满柱会合，从此这里便成了女真人的栖息之地。在努尔哈赤出生之前，这里已经成为其祖父觉昌安的山寨。1559年，努尔哈赤生于该城。1616年，努尔哈赤在这里创建了史称后金的大金国，登基称汗，从此，开始了统一东北女真的大业。在烟囱山下，在苏子河畔，这座于16世纪初叶崛起的都城，便成为后金政权发号施令的政治舞台。努尔哈赤及其八旗贝勒大臣在这里制定了一系列适国情、顺民意的政策，发展军事工业，注重农副业生产，使后金政权在政治上、经济上迅速发展壮大，为其统一女真各部、进军中原、统一天下打下了坚实的基础。

赫图阿拉城

赫图阿拉城依山而筑，垒土围廊，三面环水，一面靠山，居高临下，地势南高北低，呈台地状，具有万山朝拱，易守难攻之势。分内外两城，方圆5公里，内城建于明万历三十一年（1603），外城建于万历三十三年（1605）。内城主要住着努尔哈赤的眷属、亲戚，外城住着他的精锐部队,全城居住两万余户,计10万余人。当年的赫图阿拉外城,建有点将台、校场、仓廒区和制造弓箭、铠甲的烘炉。这里主要是努尔哈赤演练兵马、囤积粮草、制造武器、驻扎部队的地方。内城则是政治、军事、文化的中心。内城方圆1.5公里,设东、东南、北、南四门。城内地势是南高北低,四周是土石筑的城垣。这里不仅建有尊号台,即努尔哈赤登基称汗的金銮殿,又称汗宫大衙门,还建有八旗衙门、驸马府、关帝庙、城隍庙、地藏寺和显佑宫。清王朝入关进京后,又在这里兴建了守尉衙门、理事通判衙门、启运书院、文庙、诸阁祠等。当年的赫图阿拉内城,建筑辉煌,文化昌盛,10万金戈铁马穿行于此,10里商贾闹市热闹非凡,而城中那口被人称为"千军万马饮不干"的古井,更是为人津津乐道。然而,就是这样一座历史古都、文化名城,却毁于20世纪初在中国土地上爆发的日俄战争。

1963年,赫图阿拉城作为满族的历史古城,被列为辽宁省重点文物保护单位。党的十一届三中全会以后,政府逐年投放资金,进行管理和修缮,使这座古老的城池逐渐恢复了历史原貌,成为国家4A级景点。赫图阿拉城像晶莹的宝石,在滔滔历史长河中闪烁。作为满族的历史名城,它将吸引更多的人来这里游览和探索。

[汗宫大衙门]

这座外形呈八角形的建筑,就是当年努尔哈赤登基称汗的汗宫大衙门。因

汗宫大衙门

这里是努尔哈赤建金称汗的受贺之地,又称尊号台,俗称金銮殿。1616年,正月初一,努尔哈赤在这里登基称汗,创建了史称后金的大金国。1616—1619年,努尔哈赤在这里运筹帷幄、发号施令、日理国政、研究军机、接待来宾、接纳降臣、庆功赏宴,为统一东北女真、巩固后金政权、最终进军辽沈打下了坚实的基础。站在这座汗宫大衙门里,不仅可以俯瞰全城,还可目及周围十数里的谷口、墩台,它从一个侧面体现了努尔哈赤当年宽阔的胸襟和远大的目光。最初,他仅以祖与父的"十三副盔甲"起兵,按说,被明朝封为"龙虎将军",当了建州左卫指挥使,他该满足了,但努尔哈赤却偏偏敢于向强大的明朝宣战。他坐在赫图阿拉城内这座金銮殿中,眼睛早已瞄准了北京故宫里的那座金銮殿,由此可见他超人的精神气魄和博大的胸襟。据历史记载,努尔哈赤在赫图阿拉城的这座金銮殿称汗不到4年,便决定放弃它,众贝勒大臣因留恋已居住16年之久的家园、田地和财产,曾极力阻挠迁都,努尔哈赤则认为,近处已无敌可打,打远处的敌人路途太长,

兵马劳顿，粮草难为，不利兴师，为此他力排众议，举国西移60公里，迁都萨尔浒城，半年后，又定都辽阳城。尽管努尔哈赤本人最终并没有住进北京故宫的那座金銮殿，但其精神却鼓舞了他的子孙，最终建立了清王朝。这里可以说是中国最后一个封建王朝的起点。刚才我已经介绍过，1900年在中国土地上爆发的日俄战争使赫图阿拉城的古建筑遭到了破坏，加上近三个多世纪的风雨洗礼，新中国成立后，努尔哈赤当年住过的那座金銮殿已经片瓦不留。我们现在看到的这座汗宫大衙门是政府于1999年投资重新复建的。

[启运潭]

在汗宫大衙门，左侧有一处深潭，面阔水幽，荷花争艳，鱼虾竞游；右侧有一陡坡，坡下有一池塘，清水粼粼，鱼荷斗胜。左潭右池景色宜人，汗宫大衙门好似龙头，两泓清水左右辉映，恰为龙目，为此又被称为"神龙二目"。

启运潭

努尔哈赤的父亲塔克世在八月十五荷花竞放之时，将自己祖先的遗骨放到此潭中的荷花上，荷花竟然谢了，导致后来努尔哈赤家族的皇运。努尔哈赤之所以能够崛起，就是他父亲塔克世当年抢先占到了风水宝地。

20世纪初，日俄战争在中国东北爆发之后，俄军屯驻赫图阿拉城。这群沙俄强盗在撤走时，于北墙根下放上炸药，将城墙炸成豁口，池水奔涌泄出，流入苏子河南岸，从此，启运潭干涸。我们现在看到的荷花池，是随着汗宫大衙门的复建而修建的。

[正白旗衙门]

在谈到清代历史的时候，我们常常能听到一个词语——八旗。

正白旗衙门

在后金时期，八旗是八面领兵打仗的旗帜，同时又是努尔哈赤麾下八个军政合一的组织。满语中有"牛录"一词，语意为"箭"。努尔哈赤用"箭"这个名称，史无前例地创建了一种兵民合一的基层组织，融生产、打仗、政权、文化为一体。300人为一牛录，5牛录为1甲喇，5甲喇为1旗。努尔哈赤最初率兵打仗时，仅有黄、蓝、红、白四种军旗，随着势力的扩大，1615年又增加了镶黄、镶蓝、镶红、镶白四种，合为八旗。八旗组织平时为民，战时为兵，开了"全民皆兵"的先河，其建制随后成为清以后的一代定制。后金政权建立八旗制度以后，赫图阿拉城内也相应地设立了旗署衙门，即八旗衙门。八旗衙门是八旗旗主日常处理本旗行政、军事、生产、民事等事务的行政官署。

我们现在看到的就是当年的正白旗衙门。后来的清太宗皇太极就是当年的正白旗旗主。正白旗衙门，占地面积约4 000平方米，为青砖瓦舍四合院，有正房、东厢房、西厢房、门房共20间。其他7座衙门分别位于赫图阿拉城的东门里、南门里、城东南和关帝庙后，当年的建筑今已无存。下面，就请大家到正白旗衙门里去参观当年的遗物和遗址。

[罕王井（启运井）]

这是赫图阿拉城内唯一的一口水井。它就是被称为"千军万马饮不干"的罕王井。罕王井又称汗王井，它以努尔哈赤的尊号命名，有人称，老汗王不仅是身经百战的英雄，还是一位打井专家。大家看，赫图阿拉位于横岗之上，要在这里打井十分困难。传说，当时这里没有一口井，城里的兵马和居民用水均须到城外的苏子河里挑，如果这座城池被围困，吃水就成了问题；若被围困几个月，不用兵马攻打，这里的10万金戈铁马就会自己倒下。为此，努尔哈赤曾派人在城内四处打井，可一口井也没打出来。一天，努尔哈赤带着卫兵来到这里，看见一只兔子，卫兵搭弓提箭要射兔子，却被努尔哈赤拦住。努尔哈赤想，兔子是要喝水的，看它到哪里喝水。见兔子钻进了一片草丛，努尔哈赤当即叫人在这里打井，果然打出了一口"千军万马饮不干"的水井，所以人们叫它汗王井。

汗王井

关于汗王井的传说还有许多种，我们就不一一讲述了。说努尔哈赤是打井专家，这一点也不假。16世纪初，他率部从费阿拉城到赫图阿拉城，从界凡城再到萨尔浒城，四次迁都皆以山为寨，四座都城都建在山上，每座城中都有井，足见其掘井有道。汗王井作为努尔哈赤留在赫图阿拉横岗上唯一的遗物，300多年来一直是岗上人的生命之源，至今仍未枯竭。饮水思源、饮水思宗、饮水思亲，尽管居住在赫图阿拉的人们早已喝上了自来水，但人们依旧爱戴着这口井。汗王井只是一口普通的水井，口为正方，以木镶嵌，井上既没有辘轳，井边也没有石阶、石栅栏和石碑。然而，当我们走近它时，便会产生一种强烈的好感。井水距地面只有60厘米，伸手可掬。

[塔克世故居]

塔克世故居是清太祖努尔哈赤的父亲塔克世与生母喜塔拉氏的居所，明嘉靖三十八年（1559），努尔哈赤在这里诞生，是具有代表性的女真贵族庭院式建筑群体。室内的陈设是当年社会经济

东线——辽东边境风情游精品线

塔克世故居

的一个缩影。

[普觉寺]

普觉寺

普觉寺是努尔哈赤当年在此所建的七大庙之一，原名叫关帝庙，民国以后才改称普觉寺。修庙建寺属文化盛事，我们却不禁要问，满族的祖先信奉的是萨满教，努尔哈赤为什么要在这里修建一座关帝庙呢？努尔哈赤从小精通汉文化，对行侠仗义、武功盖世、忠君保主的关羽十分崇拜，这是其一；更重要的一点是，努尔哈赤想要接近汉民族。努尔哈赤当然知道关公在汉民族中的地位，修建关帝庙则是他征服汉民族的第一步。在此之前，他通过信奉喇嘛教而赢得了蒙古人的感情，并由此尝到了用信仰笼络人心的甜头。关于修建关帝庙的民间传说有许多。例如，赫图阿拉城被明军包围，城破在即，关公及时托梦，努尔哈赤即派人扮了关公之相——红脸长须、手持青龙偃月大刀、乘坐赤兔马，率其子关平等众将，直杀向明军阵营，明军误以为关公显灵，阵营大乱，落荒而逃。到康熙年间，又有关公保佑着大清朝的传说。这些传说从一个侧面反映了关公在满、汉人民心目中的地位。关帝庙最大的价值在于，它在满、汉族之间架起了一座文化桥梁。如今，这里已经成为全县佛事活动的重要场所。每年四月十八日在这里举行的庙会则是本县与邻县各界群众进行经济、文化交流的一个窗口。

[文庙]

文庙

这座建在内城东南角高岗上的庙宇，就是文庙，也叫孔子庙，是供奉孔子的庙宇。从这座庙中可以看出一个满族首领对汉族文化先师的虔诚。努尔哈赤为加速后金政权封建化的进程，采取了广泛地吸收、融合中原汉文化，崇祀先儒、先贤，把满文化主动融入汉文化的一种手段。当年，这里钟鼓齐鸣、香烟缭绕，善男信女拜谒不绝。

[兴京启运书院]

兴京启运书院是清朝在兴京地区第一座官办学校，为后金及清初时期培养了大批创业精英。书院当时的师资水平很高，都是由大清名士亲自任教，八旗子弟及汉蒙儿童争相入学，盛极一时。书院后毁于日俄战争，1999年恢复历史原貌，供游人参观、游览。

【景区亮点】

1. 赫图阿拉故城是一座拥有400余年历史的古城。

2. 明万历四十四年（1616）正月初一，努尔哈赤于此"黄衣称朕"，建立了大金政权，史称后金。

3. 赫图阿拉故城是后金开国的第一都城，也是中国历史上最后一座山城式都城。

4. 更是迄今保存最完善的女真族山城。

5. 被视为清王朝发祥之地、满族兴起的摇篮。城内有清王朝第一座关帝庙等七大庙宇。

【美食伴游】

苏耗子、黄金肉、波罗叶饽饽、酸汤子、吃包儿饭、豆面卷子、八碟八碗、枣子糕等。

【购物推荐】

天然琥珀和煤精雕刻、人参、鹿茸、黄花、蕨菜、黄烟等。

【景区地址】

辽宁省新宾满族自治县永陵镇

【交通指南】

公交路线：

从沈阳或抚顺乘坐大客直达新宾，然后坐到赫图阿拉老城的小客。

火车路线：

从沈阳或抚顺乘坐火车到新宾下车，然后坐到赫图阿拉老城的小客。

自驾路线：

从沈阳出发，世博园上沈吉高速公路，南杂木下高速，走沈通公路至新宾永陵镇即可。

【周边景点】

萨尔浒风景名胜区、元帅林、神树沟风景区、猴石国家森林公园、永陵等。

● 萨尔浒风景名胜区

游客朋友们好！欢迎游览抚顺萨尔浒风景名胜区。

萨尔浒风景名胜区原名大伙房水库风景区，后改名为萨尔浒风景名胜区。

"萨尔浒"是满语，汉译为"木橱"，意思是此山森林茂密、物产丰富、取之不尽。关于"萨尔浒"名字的由来还有一个美丽的传说。相传在老汗王努尔哈赤大战萨尔浒的头一天，为严肃军纪，振八旗军威，将误报军情的大儿子杀死在浑河边。大战后，人们称此河为"杀儿湖"，后来人们就传成了"萨尔浒"。在附近还有个"得古村"，现已被水淹没，即寻得皇子尸骨之处。

大伙房水库始建于1954年，1958年竣工，坝长1834米，高49米，水面总面积110平方公里，总蓄水量21.8亿立方米，是当时全国第二大水库。该水库除具有防洪、灌溉、发电、水产养殖等几项功能外，现已成为沈阳、抚顺两

大城市居民的重要饮用水源地,在国民经济发展中具有举足轻重的作用。"大伙房"名称的由来是这样的:相传唐朝名将薛仁贵率兵征东时在此埋锅造饭、安营住宿,之后形成村落名"大伙房村"。建水库大坝时坝址即选在大伙房村,故起名大伙房水库。由于水库水面狭长,港湾交错,从高空俯视酷似一条飞舞的巨龙,所以大伙房水库又叫"飞龙湖"。

水库总长25公里,最宽处4公里,最窄处0.31公里,平均水深12米,最深处36米,水质达到国家地面水二级标准,纯净清澈,可直接饮用。水库水产丰富,盛产胖头鱼、鲤鱼、鲫鱼、武昌鱼等30多个淡水鱼种,其中胖头鱼最大的可达100多斤。

萨尔浒风景名胜区是以大伙房水库清澈的水面为中心,以沿水库四周的群山、岛屿为框架的大型山水名胜园林。山青、水碧、洞古、石奇,于粗犷、畅阔之中凸显雄秀幽奇,既有云山淡淡、烟水悠悠的湖泊水乡风貌,又具重峦叠嶂、溪谷纵横的山岳景观。萨尔浒的山水景观无论春夏秋冬还是阴晴雨雪,都能使人心旷神怡、流连忘返,被誉为镶嵌在辽东大地上的一颗璀璨明珠,每年到此游览度假的中外游客都在30万人次以上。

萨尔浒风景名胜区按分布共有白龙山(坝前)、王杲山、德古湾、莲花岛、营盘三岛、萨尔浒山、元帅林(张作霖墓园)、铁背山8个游览区。每个游览区都独具特色、各有千秋,下面由我来逐一向大家介绍。

[白龙山游览区]

白龙山游览区,即水库坝前游览区。相传在远古混沌初开的一个春秋,一条巨龙和一头黑色猛虎在浑河边展开激烈的搏杀,直杀得天昏地暗,不相上下,两败俱伤,无奈白龙化为一座青山卧于浑河北岸,即白龙山,并临终许下诺言:"若能剖开黑虎的胸膛为我复仇,我将化作银水为民造福。"黑虎变成一座石山雄踞于浑河的南岸,也许下诺言:"若能锁住白龙为我雪恨,粉身碎骨也在所不辞。"1954年,筑坝大军在黑虎山上开山劈石,筑起拦河大坝,锁住泛滥多年的浑河,建起了当时仅次于官厅水库的全国第二大水库——大伙房水库。从建坝至今,坝前区先后增设了罗台山庄、湖边宾馆、外商公寓等十多家服务类旅游接待设施,使坝前区形成了风景秀丽的旅游服务接待区。

萨尔浒风景名胜区

白龙山游览区

[王杲山游览区]

王杲山，俗称小青岛。王杲，系人名，是建州右卫指挥使，据考证是努尔哈赤的姻家尊长，即外公。由于王杲多年在此山筑城守塞，故后人谓此山为王杲山。此山海拔只有156米，面积只有2公顷。山虽小，但三面环水，东、南两面天险，悬崖峭壁。远看此山低浮水面，如雄狮卧坡，山上则林木葱郁，景致迷人。请看那山中亭廊楼阁若隐若现，如陶渊明笔下的"世外桃源"。此游览区是萨尔浒风景名胜区开发最早、游客最集中的一个景区。

王杲山游览区

[元帅林游览区]

元帅林是东北军首领张作霖的陵寝。1928年6月4日晨，张作霖乘坐由京城返回沈阳的专列至皇姑屯时，被日本人预谋杀害，随后由张学良夫妇及张作霖五姨太陪同两位姓周的风水先生选此风水宝地，建造陵墓。元帅林占地面积14.5公顷，总耗资1 400块大洋，建筑规模宏伟，布局严谨，金碧辉煌，并集中了大量石刻、石像生、牌坊等明清文物珍品，堪与清关外三陵媲美。陵城即将竣工时发生了"九·一八"事变，所以未及安葬，形成空陵，但也不失为一处不可多得的风景名胜。

[萨尔浒山之战书事碑]

众所周知，萨尔浒风景名胜区除拥有全国一流的自然山水风景名胜外，在此还发生过古今闻名、中外驰名的重要战役，那就是清太祖努尔哈赤指挥的萨尔浒大战。

该战发生在明万历四十七年（1619）。由于努尔哈赤所统率的女真族在新宾和萨尔浒一带日渐发展壮大，建立后金政权并建都于赫图阿拉城，明朝为了维护其日趋衰落的统治，于是集结重兵，兵分4路，想一举歼灭日渐崛起的后金政权。西路，即抚顺路，由山海关总兵杜松统帅；北路，即开原路，以原任总兵马林为主将；东路，即宽甸路；南路，即李如柏部。各路总兵力为20万人，号称47万，由东北经略杨镐坐镇沈阳总指挥。当时努尔哈赤面临强敌，采取的是"凭你几路来，我只一路去"的战略战术。

三月初一，由杜松统率的西路军已经过抚顺城到达萨尔浒山下，而其他三路军队有的刚刚出动，有的还正在途中，莽勇喜功的杜松为在此战中占据头功，未等其他三路军队到达就贸然进攻，结果被勇猛善战的八旗铁甲骑兵一举全歼，总兵杜松当场阵亡，战斗十分惨烈，正如乾隆皇帝在书事碑文中所叙"横尸亘山野，血流成渠，其旗帜、器械及士卒死者蔽浑河而下，如流澌焉"。

初二这天，北面开原路总兵马林率部到达距萨尔浒西北30多里的富勒哈山尚间崖，当闻听西路杜松兵已溃败，于是没敢继续前进，在山下布成"牛头阵"，转攻为守。但马林这个人雅好诗文，交游名士只图虚名，并无将才，所列阵式兵力分散，各自为营，加上士兵军心涣散，消极防御，这就给努尔哈赤提供了可乘之机。努尔哈赤用三倍于敌人的兵力，专攻一点，长驱直入，一举破阵，杀得马林仓皇逃遁。

初四这天，东路刘铤所率部队到达萨尔浒，但他还不知道西路和北路两路军队已被消灭，在没有任何防备的情况下，中了努尔哈赤所设埋伏，全军覆没，主帅刘铤当场战死。

剩下最后的一路南路李如柏部队还没有到达萨尔浒，就被坐镇沈阳指挥的经略杨镐下令回师，李如柏逃回清河后被下狱自裁。

至此历时4天，后金与明朝双方决定雌雄的萨尔浒大战，以后金的胜利和明军的惨败而宣告结束。这次战役，明军死亡将官300多人、士兵46 000多人。

这场战役一方面是中外战争史上以少胜多的一个经典范例；另一方面更重要的是其发生在明朝衰亡、清朝兴起的历史转折点上，因此具有极其重要的意义。这一战役的胜利极大地削弱了明朝的军事力量，为努尔哈赤日后西进辽阳、沈阳，问鼎中原，建立清朝王业奠定了基础。古今帝王、诗人作有祝诗多首，赞颂此战，如清代诗人升寅盛赞萨尔浒之战曰："百年承平由此役，至今村麓尽弦歌。"乾隆皇帝赋诗曰："铁背山头歼杜松，手麾黄钺振军锋。于今四海无征战，留得艰难缔造踪。"

萨尔浒大战的主战场就是现在的萨尔浒风景区水库库区。

这个"萨尔浒山之战书事碑"，是1776年清乾隆皇帝在东巡永陵祭祖，途经萨尔浒时为祭祀先祖之丰功伟业而钦笔御制的，全书共3 500字，分别用汉文和满文对应刻在碑的正面和背面，汉文楷书阴刻，笔迹工整，字体端庄，布局严谨，横竖有序。碑的侧面刻有清嘉庆十年（1805）秋，嘉庆皇帝东巡到萨尔浒，为歌颂祖先创业功德而钦书的一段诗文。

该碑及碑亭原位于萨尔浒山脚下，即现在的竖碑村附近，1978年因碑亭年久失修，又遭破坏拆毁，碑身遂移至沈阳故宫博物院收藏，并定为国家一级保护文物。1997年，市政府投资20万元，按原碑精心复制了此碑，并从保护、管理和方便游人参观等因素考虑，将碑亭复建在这里。碑亭的题字是由已故我国著名书法家沈延毅先生于1985年亲笔书写。

[努尔哈赤青铜雕像]

努尔哈赤青铜雕像建于1999年，高11.5米，四周共12个台阶，象征清朝12代皇帝，由沈阳鲁迅美术学院雕塑系教授、系主任，我国著名雕塑家孙家彬同志设计、监制完成。该雕像气势宏伟、造型别致，充分反映了当年努尔哈赤驰骋疆场、横扫千军的历史场面。这尊雕像已成为人们心中一个永恒的记忆和抚顺重要的标志性旅游景观。

[磕头松]

这两棵苍松原本相依而立，苍松挺拔已近百年，好像一对相濡以沫、恩爱无比的老夫妻。

1995年，辽宁省遭受了百年不遇的特大洪水灾害，大伙房水库经受着建坝以来的最大考验，进水量已大大超过大坝水位和容量的设计要求。在抚顺和沈阳人民生命和财产遭受危难之际，只见两棵苍松右边的一棵，有如一位慈善的"老妇人"，面对近在咫尺的大水缓缓跪倒在地，怀着虔诚、慈悲，为民祈福消灾的心愿，毅然与老夫分手，长跪不起，然而那老夫仍紧蹙眉头凝神望着远处的"汪洋"。"老妇人"的"义举"感天动地，自此雨停了、水退了，大坝也保住了。这只是一种巧合。这段故事说明抚顺是一块吉祥的"福地"。

在这里，大家还可继续参观抚顺植物园和三慧寺等景点。

【景区亮点】

山清、水碧、洞古、石奇，既有云山淡淡、烟水悠悠的湖泊水乡风貌，又具重峦叠嶂、雄秀幽奇的山岳景观特点，为辽东大型自然山水风景名胜，被誉为辽宁的"风景明珠"。

【美食伴游】

胖头鱼、时令山菜、河虾、全鱼宴、满族风味等。

【购物推荐】

天然琥珀和煤精雕刻、人参、鹿茸、黄花、蕨菜、黄烟等。

【景区地址】

抚顺市东洲区新太河街萨尔浒南路6号

【交通指南】

公交路线：

在抚顺南站百货大楼坐18路公交车，到终点阿金沟下车，从阿金沟上山，顺路走越过树林就到萨尔浒风景区了。或者坐11路公交车到终点新泰河下车，然后坐小出租车直达景区即可。

自驾路线：

抚顺市中心—浑河南路—东洲北街—绥化路—萨尔浒南路—呆山路—景区入口

【周边景点】

赫图阿拉城、元帅林、神树沟风景区、猴石国家森林公园、永陵等。

●雷锋纪念馆

游客朋友们好！欢迎游览抚顺雷锋纪念馆。

抚顺市是平凡而伟大的共产主义战士雷锋的第二故乡。"雷锋纪念馆"是全国弘扬雷锋精神的胜地和展现抚顺文明的窗口。

雷锋纪念馆平面图

雷锋纪念馆坐落在抚顺市望花区和平路东段61号，是全国重点烈士纪念建筑物保护单位之一，自1964年建馆以来，已接待国内外宾客4 600万人次，很好地弘扬了主旋律，发挥了爱国主义教育基地的作用。1990年10月29日，江泽民总书记亲临雷锋纪念馆视察，并亲题馆名。

雷锋雕像

2001年，雷锋纪念馆进行了全面的改扩建，使园区占地面积由原来的56 700平方米增至99 900平方米。园区内有凭吊区、展览区、碑林区、雕塑区、青少年教育活动区和综合服务区六大功能区。在凭吊区内有雷锋纪念碑、雷锋塑像、雷锋墓。雷锋同志的遗体静静地长眠于占地400平方米的墓区内。每年来祭扫烈士的群众不断，敬献的鲜花不败。在参观区的雷锋事迹陈列馆内翔实地再现了雷锋短暂而光辉的一生，生动地展示了全市学雷锋活动的历史画卷。室内布展汲取了当前国内各馆陈列之长，融入了现代陈列理念，并与雷锋纪念馆特有的文化特征相结合，展现出全新的创意和浓郁的人文气息。陈展资料丰富、翔实，有雷锋蜡像、大型浮雕《青山魂》、复制场景《雷锋童年的茅草屋》、油画、多媒体景箱、题词碑、电脑触摸屏等。雷锋纪念馆还为残疾人参观专门开设了通道，实现馆内无障碍参观；馆内的触摸屏，文字介绍精练，给观众以视觉和感观上的享受；陈列馆大型仿真蜡像是全国著名的蜡像制作家尔宝瑞的力作，再现了雷锋的生前工作、学习和生活情景。大型场景是现代科技与未来理念的统一和有机结合。这里给观众留下无限遐思，既可追忆雷锋走过的一生，又可畅想雷锋精神穿越时空的无穷魅力。在青少年教育活动区，设立琴桥、浮桥等富有趣味性的活动项目，并建有一座可容纳100人的露天剧场，

碑苑

可为青少年校外活动提供场所。园区内"雷锋之路"精选雷锋生前22篇日记;"碑苑"集全国著名书法家之长,全面体现雷锋精神的时代感。在园区内还配有音乐喷泉。

改扩建后的雷锋纪念馆将成为全国爱国主义教育示范基地、全国青少年教育基地、国家AAAA级旅游景区。这里有全新的陈展手段、有现代的园林景观、有高雅的雷锋碑苑艺术、有栩栩如生的雷锋形象再现、有自然与人物的有机融合,定会让您在重温雷锋精神的同时,得到意想不到的艺术收获和心灵的震撼。

让我们走进雷锋纪念馆,走进现代精神文明,同时也欢迎各位朋友到抚顺的其他爱国主义教育基地——抚顺战犯管理所、平顶山惨案遗址纪念馆参观。

【景区亮点】

世界唯一为一名普通士兵建造的大型纪念馆。展览区为纪念馆的主体部分,由雷锋之路、雷锋纪念碑、雷锋事迹陈列馆组成。纪念碑上面镌刻着毛泽东主席亲笔题写的"向雷锋同志学习"7个大字,昭示雷锋精神永放光芒。

【美食伴游】

苏耗子、黄金肉、波罗叶饽饽、酸汤子、吃包儿饭、豆面卷子、八碟八碗、枣子糕等。

【购物推荐】

天然琥珀和煤精雕刻、人参、鹿茸、黄花、蕨菜、黄烟等。

【景区地址】

抚顺市望花区和平路东段61号

【交通指南】

抚顺市内乘105、803、807路可达。

【周边旅游路线】

战犯管理所旧址、平顶山惨案纪念馆、西露天矿、三块石国家森林公园、岗山国家森林公园红色经典旅游线;皇家海洋公园、丰远热高乐园、和睦国家森林公园、红河峡谷漂流休闲娱乐旅游线;萨尔浒风景名胜区、元帅林、神树沟风景区、猴石国家森林公园、清永陵、赫图阿拉城清前文化和满族风情旅游线。

本溪概况

——"枫叶之都"本溪

尊敬的游客朋友们:

大家好!下面我来为大家介绍一下我们今天要去的旅游目的地本溪。

"本"是万物之根,"溪"乃四海之源——此释作"本溪"。以诚实守信为"本",本本分分做人;以脚踏实地为"溪",一点一滴做事——此释作本溪的城市精神。

本溪,原名"杯犀湖"。清雍正十二年(1734),因"杯犀湖"名称过雅,又难以辨认,故雍正皇帝取谐音改称为"本溪湖"。清光绪二年(1876),本溪地区始建桓仁县,光绪三十二年(1906)置本溪县。民国二十八年(1939)改设本溪湖市,民国三十七年(1948)正式称为本溪市。

东　线——辽东边境风情游精品线

[城市概况]

本溪位于辽东半岛东南部,北接沈阳,南连丹东,属北温带大陆性气候,四季分明,雨水充沛,气候宜人。"八山一水一分田"的天然地貌呈羽翼状分布,总面积8 414平方公里,总人口170万,是一个拥有34个民族的多民族地区。本溪市下辖两县四区和一个高新技术产业开发区,是全国著名的工业基地城市,素有"工业粮仓"之称,是"中国优秀旅游城市""中国温泉之城""国家森林城市""国家园林城市"和"国家地质公园",并享有"中国枫叶之都"的美誉。

本溪市全景

[自然资源]

本溪自然资源丰富、生态环境保护良好。作为全国为数不多的"国家森林城市",全市森林覆盖率达到75%。广袤的原始次生林、环城而建的生态风景林,使本溪形成了"外围森林环抱,内城绿树成荫"、结构合理、功能高效、景观优美的城市森林体系。在这种良好的生态环境支持下,本溪野生动植物资源丰富、种类繁多,尤其是中药材的品种及产量位居辽宁首位,境内盛产人参、辽细辛、鹿茸、五味子等著名药材。

[矿产资源]

作为远近闻名的钢铁之乡,本溪被誉为"国家地质博物馆"。目前,全市已发现铁、铜、锌、石膏、大理石等8大类矿产资源50余种,已探明铁矿石储量30亿吨以上,石灰石矿储量2.1亿吨,溶剂石灰(冶金)储量1.3亿吨,为历史悠久的特大型钢铁企业——本溪钢铁(集团)有限责任公司的不断做大做强,奠定了坚实的发展基础。

本溪钢铁(集团)有限责任公司车间

[历史文化]

作为国家的老工业基地,本溪留给世人的回味与记忆绝不仅仅是深远的铁轨、轰鸣的机车、喷溅的铁花,或者是

本溪市动物园

厚重的机床及高耸的林立塔吊。因为，本溪是古老的，在历史的涤荡和时光的冲刷下，这座城市被岁月的足迹镌刻着文明的蜿蜒——庙后山古人类文化、马城石器青铜文化、燕太子河文化、高句丽文化、建州女真文化、满族文化……城市的灵魂在多彩的风俗和文化的积淀中应运而生。

庙后山

[旅游景观]

本溪是秀美的，独特隽永的自然风光构成了本溪融"山、水、洞、林、泉、漂"于一体的"燕东胜境"。从八宝云光洞的长眉大仙，到遣荆轲刺秦的燕太子；从染满蚩尤血的漫山枫叶，到高句丽王子的城墙……每一处美哉之景和精妙的传说，都在赋予这座城市秀美容颜的同时也演绎着浪漫的内涵。

五女山山城

[发展蓝图]

本溪是崭新的，在"沈阳经济区"的建设热潮中，以"中国药都"为核心支柱的"沈本新城"悄然而起。这不仅仅是令城市升级换代的战略性举措，更加重要的是，在药都的建设积累中，本溪形成了以"坚定信心，坚韧实干，坚持创新，坚决一流"为核心的中国药都精神。这将为全市各行各业全力描绘"昂首'十三五'，建设新本溪"的俊美蓝图注入崭新的生机、活力和更具时代性的文化内涵。

● 九曲银河本溪水洞

尊敬的各位来宾，大家好！

欢迎您来到中国最美的洞穴——本溪水洞参观游览，我是您此次水洞之行的导游，大家可以叫我×导，非常荣幸能够为大家提供导游服务，我相信这水与石浑然天成的神奇洞穴能陪伴您度过轻松而愉快的时光。首先请大家注意游览安全，不要把手伸出船外，以免被岩石和过往船只碰伤手；同时提醒喜欢拍照的朋友保管好您手中的相机、手机以免落入水中。

本溪水洞又名九曲银河洞，全长5 800米，已开发可乘船游览的是2 800米（面积45 000平方米，体积39 000立方米）。洞中水清澈可见，长流不息，平均水深1.5米，最深处可达7米。洞内四季恒温，常年保持在12℃左右，一年四季皆可游览。

请看我们右上方硕大的形似葫芦的物体，它就是传说中沉香劈山救母的宝莲神灯，它的学名叫石钟乳。是悬垂于洞顶的碳酸钙次生化学堆积，呈倒锥形。它的形成往往需要上万年或几十万年的时间。

本溪水洞——水洞外景

左侧我们看到的是"芙蓉壁"，它是由于岩溶水从洞壁和洞顶流下来，形成一层层的小石幔和一个个石钟乳，就像一朵朵芙蓉花簇拥在一起，这正是清水出芙蓉，天然去雕饰。

本溪水洞——倒垂莲花

右前方有一石笋挺出水面，像指示航向的航标，把我们带到一个幽暗深沉的梦境当中，让我们飘飘欲仙、扶摇直上，故名"出水芙蓉"。

景观全部都是天然形成的，没有任何人为因素，三分看，七分想，大家可以发挥您丰富的想象力，任其驰骋，享受这游览的美好时空。

各位来宾，您见过涨潮吗？涨潮的时候一道道浪花似万马奔腾般涌过来，景象蔚为壮观。今天来到水洞，我要请您欣赏一下水洞的潮涌，但它不是在水中，而是在岩壁上，请看右侧就是我们洞中的"潮涌"，长约30米。这个景观在全国都是非常罕见的，它的形成也非常特别，这是因为这里的岩石在沉积过程中形成了成分不同的岩层，其抗风化能力也就不同，有相对坚硬的一层，相间的部分相对较软，在地下河流水的侵蚀作用下岩层产生差异溶蚀。大家看到中间凹下去的部分，就是已经被溶蚀掉了，它们是岩溶水沿着洞壁或洞顶呈薄膜状地漫流，在漫流过程中岩溶水里的碳酸钙逐渐沉积为波状或褶状的流石坝而形成的，正是在流水的差异溶蚀下才形成了这么壮观的"银河潮涌"。

看过《西游记》的朋友们都会对孙悟空的花果山充满无限的向往，山上有花有果，还有一群可爱的小猴子。这群猴子已经被我们水洞的美景深深地吸引住了，把它们的花果山搬到了水洞里。请看右前方有一座小山，由于洞顶坍塌下来的岩石在滴水沉积的作用下，在小山上形成一个个小石笋，这些散落的石笋像一只只憨态可掬的小猴子，它们正在追逐打闹呢，有的窃窃私语，有的倒挂树枝，自由而又快乐。

水洞还吸引了一位重量级女神，她就是天蓬元帅朝思暮想的嫦娥仙子。现在我们已经到嫦娥仙子的宫阙——广寒宫了,看嫦娥仙子在那里暗自神伤呢,因为有大家的到来,这冷清的月宫也温暖了许多,嫦娥也觉得没有那么孤独了。

前方峰回路转并非尽头,这里水深5米,到了这里才是我们真正一饱眼福的地方。

请看左侧是十八罗汉堂,由十八棵形态各异的小石笋组成。真实的十八罗汉是指佛教传说中的18位永住世间保持正法的阿罗汉,由16位罗汉加2位尊者组成,他们均为释迦牟尼的弟子。

我们水洞除了嫦娥仙子以外,还有一位中国上古神话的创世女神,她就是传说中的女娲娘娘。请看右前方就是"女娲补天",下面那棵小石笋就是"女娲娘娘"。石笋上方的岩石上生长了一片晶莹剔透的鹅管,它是钟乳石的最初形态,在国外称为麦秆状钟乳石。

大家请看右前方就是我们水洞的代表性景点——"宝鼎双钟",它是由于洞顶的水在慢慢向下渗流时,水中的碳酸钙逐渐沉积在洞底而形成的石笋。大家仔细看钟上的绳索,似连非接,隐约相连,隐约相差1厘米。经过洞穴专家测算,水洞石笋的生长速率为100年6.76毫米,因此大家可以推测,还要经过多少年才会连接无缝。我们一定要好好爱护洞中的自然景观。

前方我们即将进入双剑峡,顾名思义有两把剑,首先映入眼帘的是禹王的斩妖剑。侧看又极像一把刀,我们称其

本溪水洞——宝鼎双钟

为屠龙刀。有了屠龙刀当然少不了倚天剑,您看前方这把剑,横空出世,直垂水面,根部直径1.3米,长7米,是洞中最长的钟乳石,它是一把锻造了7万年的镇洞"宝剑"。

请大家抬头看,这里的钟乳石发育良好,犹如柄柄利剑悬于头上,刀光剑戟,水石相映,森严可惧,还真是船在水中迂回过,人在剑中穿剑行。前方我们穿过的就是九曲银河的第一门剑门,这里岩石低矮,请大家注意低头。

本溪水洞——剑门行舟

穿过剑门豁然开朗,洞体突然高大、宽敞起来,犹如一座富丽堂皇的宫殿,面积1 500平方米。

左上方的是"梦笔生花",接下来

的是"太白神笔"。诗仙李白对倚天剑仰慕不已,写下了"安得倚天剑,跨海斩长鲸"的诗句。您看这神笔真是苍劲有力,栩栩如生。

请看左前方有一巨石,极像一位绾着发髻的老妇人在翘首远望,正盼望远方游子归来。这正是"游子尚未归,慈母依稀泪。过尽千帆皆不是,肠断河中流"。

请看右侧这两只可爱的"小猫",蹲坐岸边,诗情画意,连绵不断,几十万年的相濡以沫,诠释这海枯石烂,还是让我们快快地离开吧。

请看右前方那稍具圆形的石板,就是古代四大吉祥动物之一的金龟,又有人说它像孔雀,孔雀被视为"百鸟之王",是最美丽的观赏鸟,它正展开自己的尾巴向大家展示它的美呢。

大家在洞中游览会发现钟乳石颜色各异,我为大家介绍一下。在洞中纯净的碳酸钙沉淀结晶形成的矿物为无色方解石,所以钟乳石可以表现为无色透明状,但因为沉淀过程中含有其他杂质或其他化学成分进入,导致钟乳石可以表现为不同的颜色,具有较高的观赏价值。

请看右前方有一只"石蛙",正欲纵身跃入水中去感受生灵与美景相融的意境。在古代传说中月宫有一只3条腿的蟾蜍,厌倦了月宫的冷清,便跑到了这里戏水,取名金蟾跳水。

右前方岩壁上有两棵小石笋,圆圆的脑袋,胖胖的肚子,仿佛两尊慈眉善目、笑口常开的弥勒佛。弥勒佛通常供奉在寺庙的天王殿,无论男女老少见到弥勒佛时心情都轻松而愉快,因此弥勒佛深受人们的尊重与喜爱,在这里希望朋友们见到这两尊石质弥勒佛后也能够心情更加舒畅。

现在我们进入的是"观音堂",观音菩萨大慈大悲,法力无边,能拯救一切苦难众生,是中国民众最崇拜和信仰的菩萨之一。大家请看银河岸边有一个小石笋,在灯光照射下,晶莹剔透,洁白如玉,仿佛一尊白玉观音,正站在高处,用柳枝蘸着净水向人们身上洒来,为大家祈求吉祥和幸福。旁边的小石笋,则是怀抱孩子的送子观音。

大家请看右前方那两个屹立在河边的石笋,光滑洁白,是不是很像两只小企鹅呢?它们就像水洞的小主人,在这里迎接往来的游客,祝愿大家有一个美好的旅程。

我们东北有"三宝":人参、貂皮、鹿茸角,大家请看那右前方岩壁上镶嵌的石幔,就是百草之王的"人参",这是洞壁流出的片状水流在这里形成的钟乳石。

大家知道,溶洞一般都形成于山区,我国南方喀斯特全都分布在西南山区,而本溪水洞位于辽东山的西部边缘,属于千山山脉的东北端,地理坐标为东经124°05′,北纬41°18′,海拔262米,在如此高纬度的地方能形成这样大的溶洞实属罕见。本溪水洞所在地区属于半温带大陆性湿润季风气候区,夏季湿热,冬季干旱,降水多集中在夏季,湿度较大,相对湿度在95%

左右。

前方我们进入的是九曲银河的第二门虎闸门，大家请看，正前方的这两块巨石，一上一下形成一个缺口，好似一只凶猛的老虎正张开血盆大口，仿佛要把我们连人带船一起吞掉似的，令人毛骨悚然。不过，大家不要害怕，请看右前方有一尊白玉观音，她正在为大家祈福，保佑我们平安通过。

右侧是"八仙过海"，由18个小石笋组成，他们正整装待发，准备参加王母娘娘的蟠桃盛会。

本溪水洞——钟乳奇观

各位来宾，我们即将欣赏到的是水洞另一个代表性的景点——水洞斜塔，说到斜塔，大家首先想到的肯定是意大利的比萨斜塔，它始建于1173年，于1372年完工，倾斜角度约5.5度。而我们洞中的斜塔，它的倾斜角度为45度，远远超过了比萨斜塔。比萨斜塔之所以会倾斜，是由于地基不均匀下陷造成的，而水洞的斜塔原本是直立在岸边的一个大石笋，由于石笋的根基不稳，受到地下河水不断侵蚀，石笋底部的物质被掏空了，致使石笋发生了倾斜。

在水洞中一共有13处转弯，现在我们来到的就是九曲银河最大的一弯——"之"字弯。在我们船的左侧这里就是水洞暗河河水最深的地方，据测量，深度达7米，为什么这个转弯处的水最深呢？因为这里是洞中最大的转弯处，地下暗河的流水对内侧岩壁的侧蚀和下蚀作用力加大才导致这里的水最深，其实，这与我们地表河流的原理是一样的。

我们游船的前上方有一座横跨银河两岸的天桥，它上不接洞顶，下不连水面，像一块岩石筑成的石拱桥跨河而过，在地下洞穴中实在罕见。

在距离本溪水洞36公里处有一座辽东名山九鼎铁刹山，它是东北道教发祥地，左上方就是道教鼻祖"太上老君"。

请看右前方就是我们水洞最著名的景观——玉象戏水，您看它晶莹剔透，鼻饮清流嬉戏于凌波之上，您虽正看不像可回头看像，仔细想想越想越像，取名为"玉象戏水"。

本溪水洞——玉象戏水

请看左前方有一钟乳石，是不是很像一位慈眉善目的老神仙呢？他正提着篮子，挂着拐杖准备上山采药呢。

各位来宾,在游览过程中您偶尔会感到有水滴,滴到头上和身上请大家不要刻意去躲避,据说它有种神奇的作用,滴在头上润发,滴在脸上养颜,滴在身上会带来好运。这是水洞送给大家特殊的礼物,我们称之为吉祥雨。在这里祝福大家身体健康,永远年轻。

现在我们来到的是九曲银河中最大的宫殿——"北极宫"。"北极宫"高38米,宽50米,是由于洞顶的岩层呈块状崩塌使空间不断增大,才形成如此宏伟的洞厅。首先我们看到的景观是"大雪山"。您看它千里冰封,万里雪飘,巍峨雄伟。前面我们还能看到"蒙古包"和"天山烟云"等景观,这些景观都属于石幔,又称作石帷幕石帘,是由饱含碳酸钙的薄层水由洞顶或洞壁流出沉积而形成,它们的主要矿物成分为方解石。

本溪水洞——巍巍雪山

请看右上方的"玉皇天姿",大家看这些钟乳石巧妙地组合在一起,是不是很像高高在上的玉皇大帝?玉皇大帝高高在上,气宇轩昂,神色威严,仿佛在对众仙发号施令。

现在我们所在的位置就是水洞已开发部分的尽头了,我们的游船将在这里掉头返航,前方还有3 000米延续暗洞没有开发。这个距离可是有科学依据的。1997年,水洞管理处会同中国科学院地质研究所,邀请法国洞穴联盟潜水队对洞内源头延续暗洞进行探测。经过2个星期的探索发现,暗洞发育寒武系地层有少量石钟乳和鹅管,河底淤泥较多,洞内有蝙蝠和多足类生物。

大家抬头看洞顶上方有一条大裂隙,沿东西分布,长约50米。这么大一条裂隙是怎样形成的呢?在地质学上通常将这类裂隙称为"节理",它是岩石受地壳内动力作用形成的裂隙。这是一种发育非常广泛的地质构造现象,而在我们自然界中的岩石露头上几乎随处可见。这条裂隙还起到通风的作用。在我们游览的过程中会感到清风拂面,这微风是从何处而来的呢?据科学家测定风的来源有三点:一是从洞口和泄水口进入洞内;二是通过岩石裂隙进入洞内;三是伴随着渗水进入洞内。由于洞内通常与外界有连通,洞外的气温随季节的变化而变化,而洞内的温度基本保持常年不变。这样就存在温差,空气受温差和气压的影响,便会有气流存在,产生流动,进而形成洞穴风。再加上地下河的水流使气流产生了"乘风效应",洞

内空气与洞外空气形成一个周而复始、循环不已的风带，持续地供给洞中新鲜的空气，更觉微风源源不断。

右侧这里是多阻断裂交汇地带。由于岩层的稳定性遭到破坏，所以就产生了大量的坍塌崩落，阻塞航道，无法行船，直到1991年之后才打开了畅通无阻的局面。

在我们洞中不仅有美景还有美食。这个倒垂的石钟乳仿佛是一只吊挂在岩壁上的北京烤鸭，虽然我们不能品尝这只烤鸭，但也希望能够激起大家对美食的向往，到了本溪后多品尝一点我们家乡的美味（特别是我们满族大餐、山野餐、河鱼、羊汤，保证让您垂涎三尺，回味无穷）。

游客朋友们，在我们原路返回的过程中仍然有许多美丽的景观等待着大家。请大家把目光聚集在左前方，喜欢摄影的朋友请准备好您的手机和相机，前面就是我们水洞最具代表性的景点——玉象戏水。您瞧这个庞然大物表面光滑洁白，正站在河里用它长长的鼻子戏水。它四肢齐备，五官俱全。虽然我们从这个角度看它是站在水里，但是大家仔细瞧，它是悬在水里的。这只玉象是向下沉积的石钟乳，后来由于地下河水位上涨，将石钟乳的下半段淹没而形成了现在这个景观。

请看上方的天桥是一个双重洞穴，在地下洞穴中实在是罕见，那它到底是怎么样形成的呢？当水洞在发育初期时，处于全充水状态，这时的水洞还处于地下水面以下。由于地壳在间歇上升过程中，地下河道发生垂直方向上的改变，原本位于上层的溶洞露出水面成为高悬的干溶洞，地下河河道更改到下面这层洞穴中，原本连接双层洞穴中间的岩石变成了天桥。

前方岩石低矮，请右侧来宾注意低头。

各位来宾，洞中景观从不同的角度看有不同的视觉效果，从我们返回的这个角度看斜塔的形状又不一样了，大家可以充分发挥想象，猜猜它像什么动物？有的说像老虎，有的说像海豹，还有的说像猫头鹰……对！大家猜得非常对，从我们侧面这个角度看，又非常像一条大鲤鱼。因此，我们又可以把这个景观称为"百变神兽"。

我们水洞还有一把千锤百炼的宝剑，大家请看，就是前方这把滴水剑，无论什么样的天气，干旱还是多雨，宝剑的剑锋总是会有水滴滴下来。而且，这把滴水剑的生长速度非常快，也许再过若干年，它将会成为我们水洞的钟乳石之王。

本溪水洞之所以在众多的旅游洞穴中脱颖而出，成为最美的洞穴，最大的特色就是水，因为有水，我们的水洞还在不断地生长发育，各种钟乳石晶莹剔透；也正是因为有水，我们现在游览的是目前已开发的最长的可乘船全程游览的溶洞，让大家轻松自在地畅游于美景之间。洞中水每昼夜的水流量为14 000立方米，水的来源主要包括汤河河水的直接补给，还有汤河河床以及水洞西岸灰岩含水层的岩溶水补给，这些水汇入地下暗河之后，分别从旱洞潜流洞和银波洞排泄于太子河。地下河水位的变化平稳，枯水季节大部分时间的水位都稳定在177.71米。根据水质分析，暗河的水为优质饮用水，可以直接饮用。但是由于这里的水属于硬水，钙盐和镁盐含量多，不宜长期饮用。

请看右前方这块巨石头顶上有两个小石笋，像两个龙角，因此，被人们称为"蛟龙戏水"。

虽然我们洞内黑暗无光，但仍然有许多小动物生存在这里面，根据动物对洞穴环境适应的情况，可将洞穴动物分为三种类型：

第一种是"真洞穴动物"，这类动物只能在洞穴中生活，离开了洞穴环境在洞外就无法生存。比如，洞中的盲鱼，视力明显退化，只能靠听觉，体内缺乏色素，呈透明状，摄食量小，生长速度缓慢，寿命很长。第二种是"喜洞穴动物"。这类动物在洞外和洞内都能正常生活，比如洞中的水老鼠。第三种是"寄居性洞穴动物"。这类动物经常进入洞穴，但会因特定生活需要周期性回到地面觅食。如蝙蝠，它们原来是洞中的主人，因为洞穴开发、人们游览惊醒了它们的好梦，它们就逃到没有开发的洞穴和银波洞内。这三种小动物相互依赖，形成了一个食物链的关系，水鼠以捕食盲鱼为生，盲鱼吃蝙蝠的粪便和水里的微生物，蝙蝠飞到洞外吃飞虫。

大家往河流的两岸看，可以看到很多堆积的淤泥。这些淤泥都是地下河带来的河流堆积物，在两岸一层一层地堆积起来。不过它们和地表河流堆积的淤泥有一点不同，它们由于表面有滴水的作用，在淤泥表层结晶形成了一层钙离子，当钙离子逐渐加厚，这些淤泥就会逐渐硬化。

下面请大家欣赏国外的浪漫故事，各位朋友请注意看右前方的巨石，外形是不是像是扬帆起航的巨轮？巨石上方的两个小石笋仿佛是电影《泰坦尼克号》中的杰克和露丝，正在船头相拥。

前面这个石笋我们称之为"将军石"，大家看，它的后背特别像一个威风凛凛的大将军，在这里为我们保驾护航。

这经历几十万年而形成的钟乳奇观，恰如神来之笔，有"倒挂石林"的美誉。这些石钟乳是地下水沿着细小的空隙和裂隙从洞顶渗出而进入洞内，由于洞内温度升高，压力降低，二氧化碳溢出，碳酸钙围绕着水滴的出口沉淀下来，这样水载石流便诞生了这千姿百态、巧夺天工的洞中奇石。

本溪水洞——银河泛舟

大家请看，右前的壁岩长满许多凹凸不平的小石粒，在水流的覆盖下晶莹

剔透，就像太上老君炼制的仙丹一般，我们为它取名为仙丹石。这里的河道是九曲银河中最窄的地方，是一处单行线，因此我们在这里设置了一个水上交通岗。请看，我们的工作人员正在上面指挥交通，当交通指示显示绿色的时候才能通过。

很多朋友都在说，能够修造这么神奇美丽的宫殿，估计也只有神仙才能做到。其实，最神奇的还是大自然这位能工巧匠，本溪水洞正是在它的鬼斧神工下形成的。本溪水洞的形成需要漫长的地质演变过程，远在古生代奥陶纪时代也就是4.5亿年前，本溪这个地方就是一片浅海，大量的石灰岩沉积下来。经历了5次剧烈的地质构造运动，尤其是燕山造山运动后，本溪不仅由浅海变成陆地，而且在沉积的石灰岩中产生了大大小小的裂隙。当含有二氧化碳的水随着裂隙流进来，不断溶解石灰岩中的碳酸钙，生成碳酸氢钙。碳酸钙溶于水，故而被水带走，久而久之，就形成了今天的本溪水洞。这种现象就是喀斯特现象。喀斯特一词来源于现斯洛文尼亚西南部并延伸至意大利东北部的石灰岩高原，由于那里的溶洞景观非常多，科学家研究之后，就把石灰岩溶洞称作喀斯特溶洞。我们本溪水洞就是属于典型的喀斯特地貌。

岩溶洞穴的形成可以划分为三个阶段，即早期的全充水阶段、中期的地下水位洞阶段以及晚期的化石洞阶段（又称旱洞阶段）。今天我们看到的水洞就是半充水溶洞态，将来有一天，水洞最终会变成旱洞。但是这个时间是非常漫长的，这也是自然界无法变更的规律。

在溶洞里面最常见的钟乳石景观就是各种石笋、石钟乳和石柱。请看右前方就是洞中的石柱景观。但是"悬石盘"是非常少见的。请看左上方就是我们水洞发现的唯一的一块"悬石盘"，它是由两期钟乳石形成的。石盘的位置原来应该是位于洞穴某一个地层面上，当洞顶的钟乳石长到这个地层面时，由于无法继续往下生长，便形成一个盘状的沉积物。后来随着地质构造的抬升，地下水把这个盘状沉积以下的部分侵蚀掉了，便成了一个顶板，钟乳石又在这个顶板上往下生长，形成新的钟乳石。"悬石盘"可以反映地区抬升的速率和频率，具有非常大的科学研究价值。

在我们头顶上方有一串串珠帘，晶莹剔透，洁白如玉。这就是钟乳石发育过程中最初的造型——鹅管。它自顶向下生长，上下直径变化不大，呈空心细玻璃管状。如果洞内的环境洁净无污染，就能生成色如白玉、质如凝脂的鹅管。

刚才我们在"北极宫"领略了"玉皇大帝"的仙姿，但是他的凌霄宝殿却在这里。

大家请看前面两尊大石笋拔地而起，它们是中国传统文化中象征福寿的两位神仙，分别是福星和寿星，古称谓"福寿双星"。它们的面部表情特别清晰，全部是天然形成的。在它们面前还摆着一个大寿桃，一起守望着河畔，为

过往的游客赐福增寿。

本溪水洞原名"谢家崴子洞",关于这个名字的由来至今流传着这样一个故事。我们当地的老百姓把山水转弯的地方叫崴子。传说清朝康熙年间,村里有一位叫谢老疙瘩的农民被债主逼债,逃入这个黑黑的洞口,躲过了灾难。以后便把这里称为谢家崴子村,这个洞也就被人称为"谢家崴子洞"。

本溪水洞一经开发,便获得了众多荣誉,1987年11月,成为辽宁省省级风景名胜区;1992年7月,成为国际洞穴学联合会会员单位;1994年1月,被批准为国家级风景名胜区;2002年3月,被评为国家4A级旅游景区;2005年10月,被《中国国家地理》杂志评为"中国最美的六大旅游洞穴";2015年7月,被评为国家5A级旅游景区,以其独特的景观被誉为"北国一宝,天下奇观,世界罕见",这正是:钟乳奇峰景万千,轻舟碧水诗画间。钟秀只应仙界有,人间独此一洞天。

朋友们,我们将回到洞口,现在大家抬头又可以看到我们刚进来时见到的第一个景点"宝莲神灯"了。细心的朋友会发现,这里的钟乳石下端都是往洞外的方向倾斜,而不是垂直向下生长,这是因为这里距离洞口较近,风由洞内向洞口吹,将水滴吹向洞外的方向,而水滴内可能有向光性微生物参与作用,导致钟乳石向洞口光亮处生长。

请看正上方那倒垂的钟乳多像含苞欲放的莲花啊,朵朵晶莹宛如玉,枝枝飞到石上来,本想采一枝送各位,可惜无法摘下来,只好请大家细细品味了。

在我们水洞中有两处泄水口:一是银波洞;二是左下方的泄水口。在这里您可以听到地下河水向下流动的声音,洞中水由此泄入旱洞的潜流洞,再由潜流洞流入本溪人的母亲河——太子河。

游客朋友们,我们的游船即将到达码头,在这里就要和大家说再见了,如果大家听完我的讲解后还想更深入地了解我们本溪水洞,欢迎您到游客中心索取免费资料;也可以通过扫描宣传页上的二维码,关注我们的官方微信,了解我们最新的活动信息和相关资讯。我想这世间罕见的本溪水洞定会给您留下深刻的印象,希望我的讲解给您留下美好的回忆,辽东美景观不尽,请君有幸再来游。请您下船时扶好慢下,带好您的随身物品。欢迎再次光临本溪水洞。

备注:

回音壁。前方的洞体空旷高远,大喊一声或高歌一曲语音久久不散,我们称之为"回音壁"。有兴趣的朋友不妨试一试这里的回音效果。

小白龙传说。说到蛟龙,我们水洞至今还一直流传着小白龙的传说。据说在1992年9月,当时水洞管理所谢所长带领电工检查旱洞的灯光。当他们走到龙潭附近时发现钟乳石柱上盘着一条两尺多长的小白蛇,全身泛着白光,眼睛有豆粒大小,又黑又亮。为了避免小蛇伤到游客,便用摄子把小蛇送到水洞山上。当时原本艳阳高照的天空,1小时后突然狂风大作,电闪雷鸣,还把水洞洞口的一棵

老杏树劈成了两半，水洞的电路全部损坏，电话也全部被切断，人们陷入了莫名的恐慌中。后来经人指点才知道此举惊动了神灵，谢所长赶紧到县里买回了祭祀用品。当夜12点钟，旱洞的更夫跑到谢所长办公室说："旱洞突然狂风大作，龙潭附近出现了一道白色的屏障，上至洞顶下至地面，刺得我睁不开眼睛，人们说这是小白蛇化作了白龙又重新回到了洞里。"这个传说为水洞增添了更多的神秘气氛，这不是迷信而是一种巧合，在本溪水洞大事记上有明确的记载。

【景区亮点】

本溪水洞位于辽宁省本溪市，主要景点和旅游项目包括水洞、旱洞、太子河漂流、鳄鱼园、本溪地质博物馆，其中本溪地质博物馆包括5个厅：地球科学厅、矿产资源厅、地质遗迹厅与多功能厅和综合厅。

【交通指南】

客车：

从本溪客运站有大巴、中巴和小巴可以直达景区，车票约12元，车程约45分钟。

自驾：

可从本溪高速公路出口按指示牌进入景区，高速公路路口至景区有28公里，约40分钟车程，沿途都设置醒目的指示牌，非常容易辨别。

【美食伴游】

周边有三姐妹烧烤、豆筋、山野菜、笨鸡、河鱼羊汤等美食。

【购物推荐】

本溪平山区桥头镇河东村的辽砚是馈赠朋友的佳品，山野菜、人参、鹿茸、冻梨等是当地著名的风味特产。

【景区地址】

辽宁省本溪县谢家崴子村

●五女山山城

大家好！欢迎参观风光秀美、文化深厚的历史名山——五女山。

[五女迎客]

各位抬头看一下上方，有五座大小不一的峭壁，称为"五女迎客"，传说是五姐妹的化身。姐妹们各个衣袂翩然，亭亭玉立，在这里庇佑一方平安，欢迎您的到来，并祝大家生活幸福，吉祥如意！

[开山鼓]

相传高句丽第一代王朱蒙每次出征，都在这里击鼓鸣号，点将出兵，战后便凯旋收兵。时至今日，我们叫它开山鼓，一敲招财进宝，二敲步步高升，三敲金榜题名，四敲万事如意！大家可以去敲几下，您一定能梦想成真！

我们面前的这条路叫石阶路，到达山顶共有999级台阶，是1999年修建的，意在九九归一。石阶路看上去既陡峭又漫长，但它象征着积极进取、节节登高。我相信每位登山的朋友都会生活幸福、财源广进、仕途平坦、步步高升。好了，下面就请大家随我一起去追寻历史的足迹，领略高句丽第一都城的风采吧！

五女山位于辽宁省桓仁县城北8.5

公里的浑江右岸，主峰海拔823米，山体平面呈不规则长方形，南北长1 500米，东西宽300~500米。公元前37年，一个叫朱蒙（邹牟）的王子慧眼识珠，看中此地，凭借天险建立了高句丽第一个王都——五女山山城。山城刚诞生时，名叫"纥升骨城"，"纥升"是说仙气缭绕上升，"骨"象征着坚固无比，这个名字显示这座山城犹如仙境且牢不可破。那么，"纥升骨城"是如何更名为"五女山山城"的呢？

相传唐代，有五位女子屯兵"纥升骨城"，身怀绝技，武功高强。公元755年，驻守北方的军事将领安禄山反叛，进攻长安。其间派人从幽州范阳郡到卒本城（也就是今天的桓仁）征兵抓丁，城里的百姓纷纷避进纥升骨城，并与官兵发生激战。搏斗中，五姐妹奋勇抵抗，誓死不降。官兵见此山山势险峻，易守难攻，就沿山麓纵火烧山。但是不愿参加叛乱的人们就是不下山。大火过后，山顶出现了五彩云霓，竟日不散。民间流传，说那是宁死不屈的五女魂魄。后人将五姐妹葬在山上，为了纪念先贤，便将她们屯居的山峰叫作"五女山"，把"纥升骨城"改称为"五女山山城"。时至今日，山上依然可见"五女房""五女坟""练功石"等历史遗迹，当然这只是一个悲壮的传说。

据考证，桓仁在西汉时期被称作卒本夫余，五女山又被称作夫余山，五女便是夫余的音变，五女山，其实就是夫余山。这里作为历史上中国东北边疆属国政权高句丽的第一都城，长达40年之久。2004年，在苏州召开的第28届世界遗产大会上，五女山山城以"高句丽王城、王陵及贵族墓葬项目"被列入《世界遗产名录》。

五女山全景图

[十八盘]

这是一条通向山顶城门的"之"字形千年古道，是2 000年前高句丽人修筑的。路面为土或山石，路外边大多砌有矮小的石墙，有部分路段砌了护坡。路面坡度在10度左右，最陡处为40度。路宽1米到1.5米，全长938米。这是一条唯一能走车马直达山顶的路，当时高句丽的运输几乎完全依赖这条路。现在为了方便游客行走，在土路面上铺设了石板，这条路曲曲折折，回环旋转，到达山顶，共有十八盘，所以叫"古道十八盘"。

近几年，考古学家对五女山进行了多次考古发掘工作，发现了众多的古代遗迹、遗址，出土了大量的古代文物。年代最早的文物是新石器时代晚期的陶器，距今已有4 500多年的历史，就是说早在4 500年前，我们的祖先就在这里繁衍生息。同时还发现了战国晚期的石剑、石凿和筒形罐，高句丽建国前后和中期的陶器与铁器，以及辽金时期的生活用具、生产工具和武器等。

古道十八盘

五女山山城不只是高句丽的发祥圣地，也是满族的肇兴之地。

明永乐二十二年（1424），建州女真首领李满柱率众来到桓仁，住在五女山下的瓮村等地，五女山由此开始成为满族先人的活动区域。

据史书记载，李满柱生性聪明强悍，一面向明朝俯首称臣，一面不断出兵攻掠边境，又经常骚扰朝鲜，对朝鲜烧杀抢夺。成化三年（1467）九月，明朝和朝鲜联合出兵，朝鲜出兵1.5万，明朝出兵7.8万，从各路开往婆猪江（现在的浑江），讨伐李满柱，斩杀李满柱和他儿子等286人，生擒李满柱和古纳合等人的妻子。

李满柱死后，其他部众纷纷逃散，此后时衰时盛。明末，女真人栋鄂部又兴起于桓仁，万历十六年（1588），该部落一万多人归附努尔哈赤。天命元年（1616），酋长何和礼被封为五大臣之一。所以五女山又是满族的发祥地之一。

1996年，五女山山城被列为全国重点文物保护单位，1999年被评为全国十大考古新发现之一，2004年被列入《世界遗产名录》，2024年被评为国家5A级游景区。

五女山山城以山险为天然屏障，在缓坡处砌筑人工墙防御。城墙全长4 754米，人工墙565米，占城墙总长的12%；天然墙4 189米，占城墙总长的88%。这个谷口两侧的峭壁垂直高度有100余米，它们就是山城的天然城墙，所以说朱蒙在五女山建造城郭宫室，可以节省大量的人力、物力、财力。

这株便是世界稀有名花——天女木兰，也是本溪市的市花。天女木兰花属于落叶小乔木，生长在阴暗潮湿的地方，不喜光。树高一般在4米到7米，最高的可长到10米，胸径最粗的是12厘米。这种树开白花，有9片花瓣，花的香味很浓，很远就能闻到。天女木兰是名贵的木本芳香植物，可以提取高级香料，也可以用于食品、化工、化妆品等行业。国家已经把天女木兰列为发展香料的重要品种之一。

五女山文化底蕴丰厚，自然景观秀美，它处处藏景，景秀四季，四季不同，春有杜鹃吐蕊，夏有木兰飘香，秋有红叶漫山，冬有青松傲雪。五女山的气质散发着大自然的淳朴，却不俗气。下面请大家去看第一个自然景观"云海松涛"。

[云海松涛]

意在远可观云海，近可闻松涛。秋季清晨，云海浮现，您看到的便是有形出浩渺，拨开是缭绕。近处枫叶绯红似火，怪石奇松，远处云朵涌动，穿行于崇山峻岭之间。可谓一涧白云,满面清风。再看古松参天,山风掠过,不知是风动,还是树动。风在枝间蹿,枝在风中舞,如波涛汹涌,万马奔腾。

云海松涛

[五女坟]

当年五姐妹为保一方平安,战死在这座山上。大家找到五位姑娘的遗体,悲痛万分,将她们葬在这里,为她们修坟砌庙,让后人永远记住五女护佑百姓的壮烈之举。后来虽然几番更改山名,但老百姓都不买账,仍然称其为五女山,并一直流传至今。

千百年来,人们不愿相信五女已死,而是幻想她们变作五位仙女踏着彩云升天而去,山上的"姊妹桥""五女松"等景点便是当地百姓对五姐妹恩德的一种怀念。时至今日,碑刻、祀台依然有所保留,还有人留下了这样的叹辞:

何必坟坛苦访寻,碑铭众口久弥殷。

边陬辗转传佳话,长仰安良除暴人。

[石台阶]

这里有63级石台阶,全长22.7米,宽2.2米。石台阶分两段,一段8级,一段55级。台阶是用块石、石板和楔形石砌成的。每级台阶用的石头数量不一样,少的有2块,多的有5块。台阶表面砌得不太平整,砌筑方法也比较简单。

从这里下去有一片很平的地方,考古工作者对那个地方没有进行发掘,所以不知道那个地方有没有建筑或有什么别的用处。也没有发现从这里通往山下的路,有很多人推测那里有可能是后宫,也就是妃子们居住的地方。如果真是后宫,那么后宫的妃子们就会经常地走这些石台阶了。

说起妃子们,我给大家讲一段故事。高句丽开国君主朱蒙长子类利继位的第二年,娶了沸流国国王松让的女儿作为妃子,一年后,松妃去世,类利又娶了两位妃子,一位叫禾姬,家住鹘川,在今天的五女山下,是高句丽人。另一位叫雉姬,是汉族人。两妃争宠,常常发生口角,类利便在凉谷建造了东西二宫,分别安置两位妃子。有一次,类利外出打猎,七天没回来,两位妃子在家里再次争斗,雉姬忍受不了禾姬的辱骂,愤然出走。类利回来以后,不见了雉姬,一听此事,骑马便去追赶,无奈雉姬已心灰意冷,百劝不归。类利只好一个人回宫。路上,他在一棵大树下休息,仰视树上的黄鸟双双飞落,心里悲凉,于是写下了一首诗:"翩翩黄鸟,雌雄相依。念我之独,谁其与归?"说的是,飞来飞去的黄鸟,双双依偎在树枝上。可怜我这样孤独,谁来和我一起回家。这首诗只有四句,很短,却道出了类利对雉姬深深的恋情。这首《黄鸟颂》的风格与《诗经》中的《黄鸟》极为相似，从中不难看出高句丽王族受中原文化的影响极为深刻。

五女山山城占地面积约160万平方米，有34平方公里的建设控制地带。森林非常茂密，覆盖率在80%以上。土质肥沃，林盛草丰，珍贵林木、食用野果、山菜品种繁多，珍贵林木有核桃楸、黄菠萝、紫椴、水曲柳等。花开之季有天女木兰、野杜鹃、红刺玫瑰等，动物有狍子、狐狸、野兔、野鸡等。

[西门遗址]

五女山山城共有东、南、西三个城门，现在看到的是西门，也是唯一设在山顶的城门，其他两个城门在山后的半山腰。大玻璃罩和木板下面的是石台阶，是用自然石板铺成的，下部石板较小，上部石板较大。台阶共有5级，长3.3米，宽2.4米。这两块是门轴石，是用花岗岩琢制的，顶部都有一个石窝。门轴石的发现，说明当时这里安装了大门。我们再看这两个建筑，南、北各有一个，形制一样，三面用石头垒砌，一面留口，面积很小，仅容一个人站立，这就是当时士兵站岗的警卫室，上面还应该有亭阁式的木制建筑，可以遮风避雨。五女山山城在城址布局、墙体砌筑以及墙石加工等方面，开了高句丽民族构筑山城的先河，对后世高句丽山城建筑乃至东北亚建筑技术都产生了巨大影响。那么，这些石墙是如何砌筑的呢？首先把石块加工成两种形状：一种为"梭形石"，就是两头尖尖的棱形石；另一种为"楔形石"，一头尖窄，一头宽厚，形状像楔子。然后墙内用梭形石插砌，以块石和碎石填充，形成牢固的内墙体；外壁再砌楔形石，把尖窄的一端插入梭形石垒砌留下的空隙中，形成平整的外墙皮，两者交错咬合，减轻城墙向外的张力，所以才能保存2 000多年不倒。南侧的这段城墙长4米，宽6.8米，残高2米，墙顶的面积较大，能容纳更多的人参加战斗，说明它应该是防御型设施。它的转角呈弧形，非常规整，这表明了高句丽人的智慧和高超的筑墙技术。北侧的这段城墙长25米，宽4米，高3.7米。西门与石墙、石崖共同组成了内凹的瓮门，如果有敌军攻打，守门士兵可以正面迎击，也可以从两侧夹击。前几年考古工作者在石墙下边发现过一些铁箭头，有的因为射在墙上，箭尖已经弯了，显然这里发生过战争。

五女山山城西门

[一号大型建筑遗址]

现在，我们大家看到的是一号大型建筑遗址，长13.5米，宽5米。前排有7块大石，东西排列，间距在1.7米左右。它们大小相近，比较平整，为菱形或不规则四边形，有人为加工的痕迹。左侧第二块石头被人挪动过，后来

又把它恢复到原位。那么，是谁挪动过这块石头呢？当年考古发掘时在遗址的后排也发现了5块同样的大石，但后排的5块和前排的7块不是一个时期的，后排要晚一些，是金代的遗迹，所以很显然后面的石头和前排第二块是被金代人挪动了。这些石头是干什么用的呢？据分析，它们是垫在木柱下面的础石。这是一座大型的房址，里面出土了汉代的"五铢"钱和王莽时期的"大泉五十"钱各一枚。这里坐北朝南，背风向阳，距离水源很近。因为此处房址规模较大，生活条件便利，所以推测它是朱蒙建国后修建的宫殿。

虽说是宫殿，但也十分简陋，并不像我们想象的那样辉煌，既没有五光十色的琉璃瓦，也没有洁白如玉的台阶，只不过是一座比较大的房子。当时高句丽民族还不会制造砖瓦，到了2世纪才掌握制造砖瓦的技术，所以推测那时宫殿的墙壁应该是土石结构或木质结构，房顶苫茅草。大家不要小看这座简陋的宫殿，高句丽的政权就是从这里开始经过一步一步的发展，逐渐走向成熟和壮大的。

五女山山城作为高句丽的第一都城，整整沿用了40年，先后曾经有两代国王在这里执掌大权，发号施令。公元3年，第2代王琉璃明王将都城迁到集安，也没有把这个都城废弃，仍然作为故都和重要的山城继续沿用，直到668年高句丽政权灭亡。

一号大型建筑遗址

[太极亭]

仁者好山，智者乐水，桓仁就是山清水秀、人杰地灵的好地方。我们登上太极亭，凭栏远眺，桓仁天然形成的太极图便可尽收眼底。这幅太极图是哈达河和浑江两水汇流以后回环旋转所形成的，桓仁县坐落在太极图的阳鱼。《易经》上说，太极生两仪，两仪生四象，四象生八卦，八卦定吉凶。光绪二年（1876），桓仁设县，第一任知县章樾认识到："城邑未修，则民无所依；生谷未兴，则民无所食"，于是广招民工，白手起家，在天然太极的小平原上凿池筑城。设计者东边道尹陈本植，按照易经学说，本着"城象八卦，以宣八风；门开三元，以立三才"的设计理念，把县城建成八卦形。县城设三处城门，东曰宾阳、西曰朝京、南曰迎薰，北修城楼。章樾任职期间，组织民众凿岭开道，发展桑棉，施德政，重民生，被民众称作"父母官"。老县城虽然不复存在，但道路建设基本还可以看出八卦的轮廓，县城内还保留了一段老城墙。

桓仁地貌还有一个奇绝之处，那

就是在太极图的周围还有四方之神守护。四方神分别是东青龙、西白虎、南朱雀、北玄武。玄武是由龟和蛇组合成的一种灵物，朱雀传说是大鹏金翅鸟的化身。五女山就是北方之神"玄武山"（前面的小五女山是乌龟的头，山梁是乌龟的脖子，我们脚下峭壁上方的平台是乌龟的背，山脚下的浑江和哈达河就是蛇）；我们正前方的那座山叫鲲鹏山，三个山尖连在一起，像一只展翅飞翔的大鸟，它就是南方之神"朱雀"；浑江水中的龙岗就是"青龙"，但它位于西方；凤鸣卧虎山上裸露出来的岩石就像一只回头的上山虎，它就是"白虎"，但位于东方。桓仁"青龙"和"白虎"的位置是颠倒的，那太极图形呢？桓仁的太极图也是一个反"S"形，现在让我们把这个太极图翻转过来，是不是就变成了"东青龙""西白虎"了呢？所以说桓仁八卦县城是名副其实的"中国易学标本地"。

太极亭远眺桓仁太极地貌

[蓄水池（俗称天池）]

俗话说，有多高的山，就有多高的水。这是山上最低的地方，水流到这里汇集，形成仅有的一处水源，俗称"天池"，也是高句丽第一王都的蓄水池。它养育了历朝历代居住在山上的人们。蓄水池长12.7米，平均宽度为5.7米，最深处达到2米。为了使池水清洁，高句丽人在四周砌筑了石墙，又在水池东南角砌筑了一个方形小井，小井深度是1.2米，天池水渗进井内，就等于完成了一次简单的过滤，使水质更清洁，可以直接饮用。

这边有一个小水池，大水池的水满后流入其中，那么这个小水池是干什么用的呢？史书上记载高句丽人喜洁净，它应该是姑娘们沐浴、洗衣服以及将士们饮马所用。

关于天池有一个传说。古时候，山下有户农家，儿女都成家立室，老两口相依为命。一日老翁上山砍柴，老妇家中纺织。晌午时分，老妇见一年轻人背了一担柴来到院中，便迎出门来仔细打量："咦！这不是老翁年轻时候的模样吗？"一问才知，老翁砍柴时口渴，偶遇一水池，喝了几口池水，便年轻了20岁。老妇也要变得年轻些，这样才能和老伴相配啊！于是第二天便独自上山寻找天池。可日落西山，还不见老妇回来，这年轻20岁的老翁心急如焚，便上山寻找。费尽周折，终于找到了当日的水池，但见那老翁连连摇头叹气，哭笑不得。猜猜为什么呢？原来他根本没看到老妇的踪影，看到的却是一个襁褓中的女婴。

[狐仙洞]

相传山下住着十几户人家，生活贫困，多以捕鱼、种地、狩猎为生。只有

老张家出了个读书人，将来若是有了出息，也许能泽荫乡里。

老张家就娘俩，儿子叫张元俊，读书勤奋，一表人才。一天，张元俊去探望舅舅，回家时灯笼被一阵风给吹灭了，他只好摸黑往家走。走着走着，张元俊忽然发现有两盏灯笼在前面为他引路照亮，却看不见人。快到家时，两盏灯不见了。张元俊在灯灭处细细察看，发现在一块大石头后面有个小洞，就嘟囔了一句："不许再出来兴妖作怪了！"顺手拾起一块石头把洞口给堵上了。

他回到家洗漱一下就安歇了。

睡下不一会儿，张元俊便做了个梦，见一个老者笑呵呵地对他说："张公子，我们本是一对狐狸精，修行近千年，还没成正果。三年前，多亏您的庇护，老妻才免遭伤害。我们希望能报答您，昨晚便冒昧为您引路。"顿了一顿，接着又说，"三次会试您可不能错过，您施展才华的机会到了。在西屋南墙下有一罐银子，可以做你的盘缠。最后请您把洞口的石头拿开吧！我们准备搬到山上去，那儿有个僻静所在，很适合我们修炼。"说完老者忽然不见了。

天亮后，张元俊仔细回想，的确三年前的一个雷雨天，他打柴回来，有只狐狸跑到柴捆下避雷。他挖了西屋的南墙角，果然发现一罐银子。第二天就去拿掉了堵在洞口的石头，为狐精解围。

苍天不负有心人，乡试、会试张元俊均名列前茅。一年半后，殿试得中一甲三名，成为探花郎。

张元俊觉得这对狐精知恩图报，十分善良，决定趁省亲之机到山上拜谢一番。但众人寻找半天却踪迹全无，只剩南坡断崖没有找过，有人自告奋勇扯藤萝顺到下面，果然发现狐精的踪迹，但却找不到它们。张元俊很失望，徘徊半天，在山石上题了首诗："残垒笼烟霞，台前仙路赊。巉岩凝玉露，虬干落松花。白昼春方永，黄粱梦未遐。太平期有日，野老乐桑麻。"

当晚，张元俊又梦到了那位老者，他说："恩公亲自上山寻访，我们却不敢贸然现身。就请您为我们书写一纸牌位，得了您的口封，我们就脱离了俗体，以后也好为百姓们做点事情！"

第二天，张元俊起床发现床头放着一张纸，上面写着：胡三名"中常"，胡三娘名"灵素"。

张元俊当下便依所求工整书写，命人用木牌刻好后涂上漆，带着供品率众人二次上山，将牌位放置在狐仙洞前，摆供上香，命人代他叩首拜祀。

临行前，张元俊三次上山辞别狐仙。后来他走马上任，为官清廉，造福百姓。胡中常与胡灵素一对狐精受了张元俊口封，加上积德行善，终成正果。千百年来只要人们所求正当，他们总是有求必应，至今善男信女、莘莘学子来此求福祈愿者仍然络绎不绝。

狐仙洞也是一个兵器库。古书记载，五女山上"又有窟，窟内刀枪甲胄多积，而取之者则死"。说的是，五女山上有一个洞，洞内堆积着大量刀、

枪、铁甲衣、铁盔，但是，谁来偷拿就会被砍头。《桓仁县志》也记载，山上有一洞，内插春秋刀一把，时有时无，任谁也拔不去。这洞，指的便是狐仙洞。

[三号大型建筑遗址]

这是一座高句丽时期的大型建筑遗址，长22米，宽16米，最深处1.4米，属于半地穴式建筑。平面为长方形，三面砌筑石墙，东面直接利用山坡凿出的土坎为墙壁。石墙分为内墙和外墙，中间有一条沟相隔，据分析这条沟有可能是排水沟。内墙的内壁是用规整的楔形石砌筑的，地面是自然石，比较平整。西面这个土堆就是修建这处遗址挖出的土堆积的。遗址上面的建筑已经不存在了，也很难想象出它是什么结构和样式。

这处遗址到底是干什么用的呢？现在还没有一个明确的定论。根据其他高句丽山城的特点来看，一般都有水源和仓储遗址，再根据这三面都有排水沟的特征，推断它可能是当时的仓储。但是也有其他的说法，比如马圈、武器库，还有的说是议事厅，也就是高句丽王召见大臣的地方。总的来说，这么大的遗址，在当时也是一项很了不起的工程，是要花费很大的人力和物力才能建成的。

[居住遗址]

在这片比较平的山地上，分布着一个个土坑，一共有21个，每一个土坑就是一座房址，比较密集，相互靠近，都是半地下式建筑，平面呈圆角长方形。

这些房子是怎样建造的呢？首先在地上挖一个深约半米的长方形坑，挖出的泥土堆积在房址的四周，形成低矮的防水墙。有的房址在室内墙壁四周贴上石板或砌筑石墙。室内铺设折尺形的火炕或火墙，火炕下面一般有两三条烟道，烟道上面铺石板，石板上抹泥形成炕面。这边是灶，烟囱在室外的土墙上，烟囱底部只有一圈石头，所以当时的烟囱应该是空心木。土墙上面没有发现石墙或柱洞，推测墙壁应该是横木搭建的。

这些房址里出土了大量的陶器、铁器等遗物，特别是有两座房子失火后，屋里的物品都被压在坑内，出土了很多兵器，有铁箭头、铁矛、铁甲片，还有一件铁甲衣，反映了这些遗址都具有军事性质。因此这里应该是兵营，是守卫山城部队的驻地，这些部队是兵民结合，平时为民，战时为兵。

[点将台]

位于山城最南端，海拔804米，是山城的制高点，这是瞭望的最佳位置，可以同时兼顾东、南、西三个方向。古代道路多沿江河两岸延伸，在这里，江上的行船、岸上的行人都能看得清清楚楚，也是监视浑江水路的重要哨所。

站在山巅，脚触祥云，眼汲沧海，桓龙湖、万乐岛美景尽收眼底。桓龙湖是1958年在浑江牤牛哨修建发电站时形成的。浑江发源于吉林省的白山市，全长447公里，流经桓仁境内161.8公里。桓龙湖横跨两省三县，是辽宁省最大的水库和最大的淡水养鱼基地，库

东　线——辽东边境风情游精品线

点将台远眺桓龙湖

容量34.6亿立方米，水域面积14.8万亩，沿线81公里，最深处达到60米，年产淡水鱼2 000吨以上，拥有"万乐岛""杜鹃岛""马面石""七音谷"等众多景点，并能观赏到"列宁峰"。桓龙湖烟波浩渺，群山浮荡。山水交接的地方是金色的沙，那是碧色桓龙身上的鳞片，碧水翻腾，金沙沟嵌，绿树蓝天掩映青瓦红墙，到处洋溢着人与自然的和谐统一。这里流云伸手可触，穿过指尖，心境会豁然开朗，慨叹"会当凌绝顶，一览众山小"，有"东临碣石，以观沧海"的豪情万丈。

如果说桓龙湖是一条腾飞的巨龙，那么万乐岛就是湖上一颗璀璨的明珠。

点将台远眺万乐岛

万乐岛是一个四面环水的湖中岛，因其地处万家沟沟门，从高空俯瞰，岛形酷似古代的"乐"字，故名"万乐岛"。万乐岛总面积225亩，海拔344米，高出水面部分近60米，岛岸线长2 600米。岛上森林茂盛、植被丰富，森林及草坪的覆盖率达85%以上，生态环境优越，有多种鸟类聚居，是一处集佛教文化、生态观光于一体的旅游胜地。全国最高的杨柳观音像依岛而立，同时建有东北最大的魁星楼、文昌阁、三方佛石窟及龙华寺、五方五土财神庙等，真是梵宇林立，晨钟暮鼓。善男信女们尽可在此拜观音、礼圣迹、求荣禄、祈平安，实现心中的美好夙愿。

[高句丽的丧葬习俗]

原来在江对岸有一个高丽墓子村，周围分布着大大小小上千座高句丽积石墓，修建水库时被淹没了，现在只剩两座在山坡上，其中一座是由六个墓葬连在一起纵向排列的串墓，具有典型的血缘关系和家族的墓葬形式，属于高句丽的早期墓葬。

我给大家讲讲高句丽民族的丧葬习俗。史书记载："男女已嫁娶，便稍作送终之衣，厚葬，金银财币，尽送于死，积石为封，列种松柏。"说的是，高句丽的男女在结婚后就把死后的衣服准备好，等死了以后把生前所有的钱财和贵重物品全都埋到坟墓里，用石头垒砌坟墓，然后在坟墓的周围种上松树。我们把"积石为封"的墓葬叫作积石墓，这种积石墓的大小不一样，有权势的墓就大一些，平民百姓的墓就要小一些，而

325

且随葬品也没有贵族墓葬的多。早期的墓葬大多数在山坡上，后期逐渐向平地发展，而且由早期的积石墓演变成中晚期的封土石室墓，这也是因为中原文化对高句丽的影响。

桓仁米仓沟村的将军墓就是典型的封土石室壁画墓，墓外土堆高8米，下面周长152米。墓里边有墓道、耳室、墓门、墓室，墓室是正方体的，长、宽、高都是3.5米。墙壁上有莲花图案的壁画。墓室里有大小相差几厘米的两座石棺床，属于夫妻合葬墓，女性的石棺床稍小一些，而男性的石棺床稍大一些，可见男尊女卑的封建思想在高句丽民族中也是根深蒂固的。将军墓是高句丽中晚期的王族墓葬，距今已有1500多年了。

[二号大型建筑遗址]

这是二号大型建筑遗址，长20米，宽9.5米，是在人工修整的平台上建筑的。这座遗址一共有三排础石，每排础石有9~11块，都是没有经过人为加工的自然石，横向和纵向的距离都在1.7米左右，中间距离大的是被后人把础石给拿走了。这些础石的间距这么小，直接在地表砌墙是不可能的，因为屋内的空间太小，人在里面活动非常不方便，所以推测它应该是杆栏式的建筑，也就是先在础石上立木柱，然后在离地面一定距离的空间建造房子，人居住和活动的空间都在半空中，这样既可防潮又可以躲避野兽的袭击。

考古工作者在对这处遗址进行发掘时，发现地面局部有大约1厘米厚的黑色木炭灰，木炭灰上有大量的红烧土块，红烧土块上面有木棒或木条的印迹。大量的木炭灰说明这座房子当时着过火，红烧土块也是泥土经过火烧以后才变成红色的。至于红烧土块上的木棒和木条的印迹说明房子的墙壁在当时应该是用泥贴在木棒或木条上留下的，着火以后倒在房子里。这座遗址出土的文物有高句丽时期的陶器残片和玉环等，从这座房址的规模和出土的玉环来看，这里应该是王族的居住遗址。

里面靠悬崖边有两座小的房址，年代要比这座大的遗址稍晚一些。每个房址在10平方米左右。左面的那座没有发现墙壁或火炕。右边的那座一面靠悬崖，两面砌有土石混筑的墙壁，里面有折尺形的火炕和灶坑，它的建筑方式和刚才我们看到的兵营遗址相同。

这边的小平台上有平铺或半埋地下的础石，在当时也应该有建筑，但是它被金代的房址给破坏了，具体的形式和结构已经无法想象，但考古工作者推测它应该是大遗址的附属建筑，是大遗址的配套工程。

《旧三国史》记载，五女山山城是天帝创建的城池。传说山上起雾的那天，不见山，不见水，不见人，却从茫茫大雾里传出了数千人凿石、砌石的声音。朱蒙听了，十分高兴，他说："这是天帝派人给我修造山城呢。"七天后，云开雾散，日丽天晴，五女山上果然出现了石城、宫殿、楼台。朱蒙非常感谢天帝，面向苍天拜了又拜，然后率领五名大臣进入城里，住进了宫殿。

这个传说把筑城说得太神了。

其实，修筑山城，耗费了高句丽大量的人力和财力，是高句丽人民负担的一项苦役。为了修城，年满15岁以上的高句丽男人常常被征调。由于人民不堪劳累，常常以逃亡的形式表示反抗。高句丽第14代烽上王，就因大修城郭宫室，被国相仓相利发动的政变赶下了台。

高句丽山城是军事要地，但不适于生产、生活，所以高句丽的都城均由山城与平原城复合组成。在五女山山城西南10余公里处浑江右岸的平原上，坐落着一座高句丽时期的平原城，就是今下古城子村。城墙夯土筑造，与五女山上下相望，互为依托。平时，高句丽王公贵族生活在平原城，一旦发生战事，则退守五女山山城。

[**一线天**]

全长71米，最宽处2米，最窄处0.65米，只容一人通过，最深处31米。一线天两侧绝壁对峙，惊险壮观，从崖底仰望，只见一线蓝天，所以取名一线天。大家往下走的时候要注意脚下的石台阶，两边有扶手，大家要注意安全，不要拍照。走到这里，您有什么样的感觉？曾经有人这样评价一线天："艰险畏如蜀道难，千阶穿壑入云端。扪藤人在清虚境，忽闻头上有客喧。"

[**朱蒙降生传说**]

关于朱蒙的降生，很多史书都有神话般的记载。

朱蒙是高句丽的第一代王，他原来是夫余王的一位王子，母亲名叫柳花，传说是河伯的女儿，后来做了夫余王金蛙的婢女。

柳花因被太阳照射而怀孕，生下五斤重的大卵。夫余王对这只大卵非常反感，把它丢给了狗和猪，狗和猪不吃；又把它抛在路上，牛和马见了，不踩也不踏，绕到一边走开了。夫余王又把它扔到荒野，鸟儿见了，却纷纷飞来，张开翅膀遮护着大卵。夫余王被气得举起大刀，一刀下去，本想把大卵劈成两半，然而左砍右砍，就是砍不开。没办法，只好把大卵还给了柳花。柳花得回了大卵之后，用一些衣物把它包裹起来，放到暖洋洋的地方，大卵的外壳很快就裂开了，从里边钻出了一个英俊的男孩，这个男孩，就是朱蒙。

这段神话听起来似乎很荒诞。其实，这里隐藏着一个历史的真实，它告诉我们，高句丽人是一个崇拜太阳的民族，太阳是他们的始祖。柳花因太阳照射而怀孕，言外之意就是她怀揣着太阳的儿子。有的史书说那个大卵"恒存日光"，其实便是太阳的幻影。史书记载朱蒙"承日光而生"，原因就在这里。有人考证，朱蒙是朱明的音变，朱明正是古时候对太阳的称呼。高句丽人每年十月都要举行东盟大会，实际上就是一次祭祀太阳的盛大活动。

[朱蒙是怎样来到桓仁地区建国立都的呢]

朱蒙是射箭高手，7岁的时候，自己就能制作弓箭，百发百中。夫余王一共有7个儿子，但他们的技术远远不如朱蒙。大儿子带素心里不服，便暗中向国王打了小报告，说朱蒙不是正常诞生的人，又有无穷的勇气，如果不早灭掉他，将来会留下祸患。夫余王没有接受这个主意，却给了朱蒙一个养马的苦差事。朱蒙喂马的时候，有意让骏马少吃草料，瘦下去；让笨马多吃草料，肥起来。一次，夫余王外出打猎不知内情，挑选了肥马自己骑，把瘦马给了朱蒙。朱蒙打了许多野兽，有野鹿、山狍、獐子，于是又引起了王子和大臣的嫉恨，他们聚在一起，再次预谋杀害他。柳花暗中听到了这个消息，偷偷告诉了朱蒙，劝他赶快逃走。朱蒙听从母亲的劝告，带着乌伊等三个人，逃离了夫余，向东南奔走。

走着走着，一条大江横在前面，挡住了去路，眼看追兵就要追上来了，江上又没有桥，朱蒙于是向水神祈祷说："我是太阳的儿子，河伯的外孙，今天逃难至此，追兵就要追上来了，帮帮我，渡过这条大江吧。"话音刚落，江里便涌出无数鱼鳖，搭起了一座浮桥。朱蒙等人踩着浮桥，渡过了大江，鱼鳖纷纷又沉入江底。追兵来到江边，望江兴叹，只好放弃追捕。

鱼鳖浮成桥，显然是神话，却反映了高句丽人信奉水神的宗教观念。传说柳花是河伯的女儿，因此朱蒙自称河伯的外孙，高句丽每年都要在国东水上祭祀隧穴神，可能和水神有关。

过江后，朱蒙遇见三个人，这三个人穿戴不同，一人身穿麻衣，一人身穿衲衣，一人身穿水藻衣。他们可能代表当时桓仁地区三个经济形态不同的部落，穿麻衣的人以耕为主，穿衲衣的人应该以狩猎为主，穿水藻衣的人应该以渔业为主。朱蒙遇到这三个人，非常高兴，他说："我刚刚接受天帝的命令，打算在此建立国家，正巧遇到你们三位贤士，真是上天的恩赐。"

朱蒙和这三个人一起到了卒本川，就是现在桓仁县的上下古城一带。朱蒙看见这个地方"土壤肥美，山河险固"，就打算在这里落脚，但没有修建宫室，便在浑江边上盖起了茅草房，暂时居住。不久，朱蒙来到纥升骨城，就是现在的五女山上称王，号称高句丽。

朱蒙建国时期为汉元帝建昭二年，即公元前37年，当时朱蒙22岁，正是风华正茂的好年纪。

朱蒙建国后，先后灭掉沸流国、荇人国、北沃沮，疆土渐大，国力渐强。公元前19年，朱蒙去世。《好太王碑》记载，朱蒙在位19年后"不乐世位，因遣黄龙来下迎王，王于忽本东岗，黄龙负升天"。意思是朱蒙不喜欢人间的王位了，因此，天帝打发黄龙来迎接他，朱蒙便在忽本东岗，驾着黄龙升天而去。高句丽人死后习惯于火葬，信奉人死后可以随烟升天，因此将烟比喻成黄龙。朱蒙死时年仅40岁，后人追谥为东明圣王。忽本东岗在五女山东面的

某一座小山上，到目前为止还没有发现朱蒙的墓葬，这也是一大遗憾，但是我们的考古工作者正在积极地调查寻找，相信在不久的将来会找到的。

[饮马湾]

这是山城唯一的一处山泉水，四季不干，常年流水，冬暖夏凉，水质纯净，经化验可以直接饮用。我们站的这条路是当年高句丽将士们巡山的马道，马道全长2 350米，宽2米。在城墙内住着大量的守城战士，每天战士们都到这里打水或饮马，这处泉水解决了守城将士们的吃水问题，所以才能有很多的高句丽人在山下守卫城墙和山上的都城。由于这里的水清纯可口，住在山上的高句丽的王族们也可能都吃这里的水，当然得有一些人专门负责往山上运水，才能满足他们的需要。

[漫水墙]

大家请看下面的这段城墙，这段城墙长120米，高4米，平面是外弧形。它建筑在山城的最低洼处，城墙外壁的基础有很多是用大石条砌的，基础上面砌的是楔形石，楔形石的规格要比其他几段城墙的大。城墙和山坡之间叠压或堆积大石板和石块，形成内高外低的缓坡。这段城墙没有内壁，那么这段城墙为什么要这么砌筑呢？因为墙内有饮马湾的水要流到墙外，每逢雨季雨水集中也要流到墙外，当时又不会砌筑排水系统，只能用这种方法让饮马湾的水和雨水从墙顶上流过。用规格大的石头既能加大城墙的稳固性，又解决了山上的排水问题，这在当时来说也是一个非常高

明的设计。在这段城墙上面曾经出土过一些战马身上的马具和一些铁箭头，也就是说有可能是骑马的士兵在这段城墙上打过仗。

[哨所遗址]

大家请跟我来看看这两个哨所遗址，这两个哨所遗址与其他的遗址不一样，我们在山上兵营遗址看到的都是圆角长方形的房址，而这两个房址都是正方形的，大小都在30平方米左右。更特殊的是这个遗址里有两铺炕连在一起呈折尺形，两铺炕总长8米，宽1.8米。这边和那边分别有一个烧火的灶坑，而且两铺炕都用那一个烟囱，屋里边除去火炕和灶坑的面积，剩下的活动空间非常小，只有4平方米左右，根本不适合家庭居住。其他房址没有发现门道，但这个房址就有一条非常明显的门道，宽0.7米，两边用石头垒砌，门道里和屋里地面铺了两块大石板，人顺着这个门道进去烧火、做饭、休息。我们再看看这边的房址，屋里一共有三铺单独的火炕，每个火炕都有一个灶坑和一个烟囱，这两边的火炕小一点，长3米，宽1.3米，只能住1个人。里边的那个炕大一些，长4米，宽2米，住的人也要多一些。从这些炕的布局上看，也不可能是一家人在这里居住，他们都是自己烧自己的火，自己做自己的饭，有集体宿舍的性质。在这个房址里出土了一些铁箭头和一把铁斧，这些都充分说明了这两个遗址带有极强的军事性质。这两个遗址就是观望山下道路和把守这个豁口的哨所，那边砬头也有两个哨所遗

址，它同时防守两面的豁口。五女山上一共发现了这样的遗址20多个，都是建在砬头上的，视野比较开阔，又有利于控制豁口。哨所遗址在整个山城的防御体系中占有非常重要的位置。

[东墙东门]

这里是山城的东门，宽4米，当时应该有门但并未发现门轴石。两侧的城墙形成折尺形，有战争时可以从正面迎击，也可以从侧面攻击，这是高句丽早期山城的一大特点。现在我们看到的人工设置的铜线是原始墙和后修复墙的分界线。铜线内的是原始墙，距今已有2 000多年的历史；铜线外是后修复的墙。原墙的主体保存完好，只是外墙皮脱落了，也就是用楔形石砌的外墙壁倒塌了，2000年修复城墙时又把倒塌和滚到山下的楔形石捡回来重新砌上。这段墙长118米，底宽4~6米，顶宽3~4米，外侧高6米，内侧高2~4米。靠近门的这段墙底部是用长方形大石条叠压砌筑的，其中一块长2.6米，厚0.45米。大石条增加了基础的承重能力，使城墙不容易倒塌。

[女墙]

我们再看底下的这段墙，上面有一段小矮墙，矮墙叫女墙。女墙起什么作用呢？就是为了墙上的人打仗或行走方便，不会掉到墙外边去。原来的女墙要比现在的长，但是那些已经倒塌，只剩现在的这一小段了。女墙下面有几个柱洞，间距在2米左右。柱洞又是干什么用的呢？就是有战争的时候在柱洞里立上木柱，又在木柱上钉木板做成木板墙，木板墙上留有观望口，人在木板墙内从观望口向外射箭，里面的人能射到外边的人，而外边的人却射不到里面的人，这样既增加了城墙的高度，又有利于人在墙内防守。

我们再看这两条路，底下的这条是将士们巡山的马道，上面的这条是通往山顶进入都城内部的路，高句丽人往山上运送粮草和饮用水都从这条路上山。

这段是整个东墙内壁保存最完好的一段墙，高2米，地下还有1.6米。地下的那部分墙面不齐，是因为层层垒砌、层层培土的原因，也就是砌一层墙培一层土，所以墙面不齐。

[南墙及南门]

这是山城的南门，它是城墙这端留口形成的门。下面是悬崖，高20米。这也是人工与自然结合的杰作。门宽2米，是山城里最小的一个门。这段墙全长138米，它是沿着山梁砌筑的。这段墙的砌筑方法与其他城墙的砌筑方法不一样，它不是沿着山坡整体砌筑的，而是采用水平的方法分段砌筑，有点像阶梯墙，这种砌筑方法有利于人在墙上活

东城墙

动或行走。墙的那端和悬崖相连，也是借助于天然屏障。当年的高句丽将士就站在南墙上防御着沟口和马道上来往的行人。

【景区亮点】

五女山山城凭借着巍峨的五女山、秀美的红枫叶、远眺可见的桓龙湖而享誉中外，景区集文化游、摄影、观光、历史游、徒步、攀爬、博物馆、古迹、水库、名山等特色为一体，让游客尽享五女山山城的优美风光与韵味十足的文化内涵。

【交通】

沈阳、抚顺方向走沈吉高速——永桓高速至桓仁站下高速，全程2.5小时，在六河转盘左转走201国道，行驶至201国道1 222.3公里处三岔路口直行走五女山路，前行800米过五女山大桥右侧即是（五女山停车场、售票处、五女山博物馆）。另有沈阳到桓仁的直达客车。本溪至桓仁，可在本溪长途客运站乘坐本桓客车，全程3个小时。桓仁1路公交县城客运站有直达五女山的班车。

【美食伴游】

五女山下浑江岸边全鱼宴，农家院东北菜，如鲇鱼炖茄子、排骨炖豆角、猪肉炖粉条、炖酸菜等。

【购物推荐】

桓仁大米、冰酒、山参、蛤蟆油、红松子、大榛子、山核桃油等。

【地址】

辽宁本溪市桓仁县

【路线】

在售票处购票后，先参观五女山博物馆，从博物馆出口小车场乘坐景区车至五女山山城西门入口，游客下车登山游览，从山城南门下山，在南门停车场乘景区车辆至山下停车场，整个游览过程需要3个小时。

● 关门山国家森林公园

关门山国家森林公园地处辽宁省东部山区，本溪满族自治县境内，距沈阳市156公里，距本溪市58公里，面积3 517公顷，是一处集旅游、观光、度假、休闲、娱乐为一体的综合性景区。

也许，您曾感叹黄山的神奇、华山的险峻和泰山的雄伟，我想如果您来到关门山国家森林公园，一定会被这里迷人的自然风光和淳朴的民俗风情所深深吸引。这里310~1 234米的海拔会让您感慨山之巍巍，尽情享受"无限风光在险峰"的乐趣；而95%的森林覆盖率更能让您体会到森林浴场中那份甜丝丝的空气。满眼的绿色、清清的河水，还有什么比这更让人心动的呢？来到这里您将会看到不同一般的美景，听到感人至深的故事传说，喝到清澈甘甜的泉水，吃到享有盛誉的满族美食。人们都说："来到关门山，走在画中间。五步一处景，十步一重天。千姿百态风光好，画中人醉画中山。早知关门山色好，何必千里去江南。"

关门山国家森林公园共划分六大景

区、180余处景点，六大景区各具特色，不同景点各具看点，这里到处是故事，遍地是传说。这里有数不尽的珍宝，这里更有迷人的风景。

[小黄山景区]

小黄山

进入景区首先映入眼帘的便是小黄山景区。它巍峨壮观，直入云霄，1 234米的最高海拔就是它了。小黄山景区是以登山为主的景区，进入景区内，每走一步皆为阶梯，这里是登山爱好者的乐园、这里是勇士的最爱、这里是好汉的证明地。当你走进它的时候，你将被它的气势所震撼。游走于其中，你将被它的美丽所深深吸引。走在石阶上，你可以听到鸟儿鸣叫、看到蜂蝶飞舞、闻到花儿芬芳。当然攀登小黄山最需要的还是巨大的体力和耐力。第一个挑战便是一线天，山中巨石相夹于山谷，只留一线之地，游人要在其中穿过，观赏天之一线，甚是有趣。再向上攀爬，皆为坡度60度左右的石阶，您将爬过一座山峰又一座山峰。在攀爬的过程中，您会看到苍松翠柏，其千姿百态各具特色，有的生于峰头，有的生于峭壁，其中有一棵古松正生于石阶旁，它姿态飘逸，伸枝向前，犹如迎客，故起名迎客松。此时的您也许会感到疲倦，因为爬到此地您已攀爬了一个小时，当然这并非最高处，再向上攀爬您可登上玉皇顶，此时的景色美丽异常，可一览环翠湖和服务区，清风吹来倍感舒爽。当然您想要成为好汉，还要经过更为艰巨的挑战，那就是攀爬75度的好汉坡。山在眼前仿佛直立，异常陡峭。无数人被此坡所难倒，但无数好汉不畏艰难，毅然要征服此地，古人云无限风光在险峰。当攀爬上好汉坡后，就是平路了，再走一段路便是风景秀丽的枫之海，这里每当秋季枫红满山，丹霞山谷，十分美丽，也是赏枫最佳之地。再向前行，便是下山的路了，下山的路共分两条：一条通向五彩湖，另一条通向龙门峡景区。

[夹砬子景区]

五彩湖

如果您不愿意辛苦攀登，您就沿着溪谷栈道行走，也就是游玩夹砬子景区，又名天趣谷。到了这里您可以看到山花烂漫，听到百鸟争鸣，仿佛步入一个有声有色的童话世界。这里有碧波荡漾的五彩湖、陡峭秀丽的宝塔峰、栩栩如生的雄狮镇岳等景点。最为著名的景点就是五彩湖,它是1998年修建的人工湖,平均水深3.6米,最深的地方能达到7.5米。为什么叫它五彩湖呢?因为这里每到秋季,在湖的对岸,红的枫树、绿的青松、黄的柞树再加上蓝天、白云,倒映在水中呈现出五彩缤纷的颜色,故此得名五彩湖。可以说是青山隐隐,绿水悠悠,远山、近树、飞鸟一一倒映在水中,呈现出鸟在水中飞、鱼在天上游、树在水中生、水在林中流的奇妙景象。人们都说"欲把此湖比西子,淡妆浓抹总相宜"。走在路上,大家可以感到空气特别清新,因为森林植物能分泌出强有效的杀菌物质,叫作杀菌素,它能够有效地杀灭空气中的病菌病毒,同时释放氧气。因此,在森林覆盖率比较高的地方,空气中的病菌病毒含量约是城市的八万分之一。请您看右侧这座独立的山峰,此峰取名宝塔峰,因外形酷似宝塔而得名。关于它还有一个神奇的传说。在很久以前,关门山一带被一个九头怪物所控制,它无恶不作、欺压百姓、危害人间。玉皇大帝心疼百姓,就派托塔李天王前来降妖除魔。李天王用七巧玲珑宝塔将九头怪收复并压于此地,这就是我们现在看到的宝塔峰了。请你再看左侧的"福寿双璧",福和寿在汉字中寓意吉祥,"寿在百岁外,人生万福中"是人们的愿望,到达此处景点可以给您增福添寿。请您再看右侧的山崖,此处景点取名"雄狮镇岳",

您看上面两个大的三角形是雄狮的眼睛,中间凸起的是雄狮的鼻子,下面小的三角形是雄狮的嘴。它就像一头狮子一样镇守着山岳,保护着一方太平。旁边四个大字"雄狮镇岳"是中国著名的工笔协会会长冯大中先生所题。关门山还是一个天然的聚宝盆,山上有百余种中草药,有人参、细辛、五味子、龙胆草、黄芪等。现在请您向左下方看,此处景点名为玉湖银帘。河水漫石过隙,顺流而下,断落处银光点点。偶尔可见鱼儿逆流而上,跃出水面,就像鱼跃龙门一样,为您带来吉祥与幸福。前方即将到达龙门峡景区,龙门峡景区属于步行观赏区。

[龙门峡景区]

龙门峡景区属于溪谷类型的风景区,全长2公里,这里气温比外面低3~4℃,因此这里是您夏季避暑的最佳选择。这里主要的景点有"随遇而安"、青龙出山、寿星树、夫妻树、六女争峰、蛟龙戏水、圣泉和晶帘瀑布等。

"随遇而安":请您看左侧半山腰上的这棵树,它是很早以前山体滑坡掉落于此处的,如果是一棵松树长在悬崖峭壁上并不算稀奇,但它却是一棵柞树。树根大部分裸露在外面,没有土壤,没有水分,但依然长得非常茂盛,显示出了顽强拼搏的精神。

青龙出山:它像一个蛇头伸在外面,而身子被压在了大山下。人们都说:"摸摸青龙头,保您一生无忧愁。摸摸青龙嘴,让您做事不后悔。"

寿星树：它的树种是水曲柳，据专家考证，这棵树大约有500年的历史了。都说："寿星树上搂一搂，能活九十九。寿星树上趴一趴，能活八十八。寿星树上摸一摸，也能活到七十多。"如果您连搂带趴能活一百八。

夫妻树：这两棵长在一起的是夫妻树，粗的是水曲柳，细的是榆树，被人们人格化地称作曲家小伙和榆家姑娘。两个不同的树种能生长在一起在植物学上称为一大奇观，任凭天荒地老，海枯石烂，它们依然相濡以沫，相爱有加。

六女争峰：这六棵树的树种为千斤榆，也叫女儿木。它们盘根错节生长在一起，共同用一个根，争相生长在这个小山峰上，因此叫"六女争峰"。

蛟龙戏水：它像一条蛟龙伸着长长的龙须饮水。这棵树的树种为拧筋槭，当地老百姓叫作拧劲子树。到了秋季，叶子就会变成红色，鲜艳欲滴，看上去就像一个天然的盆景。

圣泉：您看这涓涓细流顺石而下，无论多旱的天气它都不曾断流。圣泉曾经救过很多人的命，因此当地老百姓把它称为救命水和观音水。如果大家用瓶子接一些，立刻就能看到瓶壁上会出现一层霜，就像刚从冰箱里拿出来一样。人们都说："农夫山泉有点甜，其实关门山山泉更香甜。"

晶帘瀑布：这瀑布就像一个水晶的帘子倒挂于此。关于它还有一个动人的传说。大家现在看到瀑布两侧的山，如刀削一样。原来这两座山是相连在一起的，这里也没有流水。相传，由于这两座山相连在一起，山里的老百姓不得不翻山到另一侧的潭中取水。潭中有条大蛟龙，看到百姓担水很辛苦，于是它就竭尽全力撞向大山，撞开了一条通道，河水流了出来，人们的饮用水得到了解决，但是蛟龙却因筋疲力尽而死，人们为了纪念这条大蛟龙，便把大墙缝改名为龙门峡，把这条瀑布称为晶帘瀑布，下面的潭水称为龙涎潭。人们都说用龙涎潭的水洗脸可以美容养颜，祛除百病，令人神清气爽，精神百倍。

转心湖：这座亭子名为回心亭，此处是观赏转心湖的最佳之地。溪水顺着山崖流入潭中，水流带动水转，从而形成转心湖。

您看这山边洁白的花朵，它是天女木兰，因花瓣洁白、雄蕊紫色、香气迷人、形似天女而得名天女木兰。天女木兰乃珍奇花木，系太古第四纪冰川期幸存的珍稀名贵花卉，被列入国家濒危植物名录，是我国重点保护的世界珍稀植物，叶如翠雕，花似玉琢，具有浓郁的芳香，是重要的园林绿化树种和提取香料的轻工业原料。

[月台子景区]

月台子景区是秋季观赏枫叶的主景区。每年秋季，本溪枫叶节拉开序幕，全市的枫叶娇红欲滴迎接着八方来客。枫叶节是本溪走向全国、走向世界的桥梁，是本溪旅游事业蒸蒸日上的窗口。而关门山国家森林公园的枫叶更是备受赞誉，每逢秋季，万山红遍，层林尽

东 线——辽东边境风情游精品线

染,红红火火的枫叶会让您的思绪随之荡漾,让您不由得想起这样一首诗:"潇潇浅绛霞初碎,槭槭深红雨复燃。染得千秋林一色,还家只当是春天。"伴随着诗的优美,我们到了月亮湾。

户外露宿营基地

松林浴场

大家看到的前面这片松林是松林浴场,您可以漫步林中,在石桌上小憩,在秋千上放歌,寻找儿时乐趣。这片又高又直的是日本落叶松,稍矮稍小的是长白落叶松,日本落叶松属于东亚植物区系,长白落叶松属于长白植物区系。在这片松林中,景区开发、建设了辽宁首家户外露宿营基地,夏季无数户外爱好者在此安营扎寨,最高峰时基地内有200余顶帐篷在此,游客们享受着自然给他们带来的快乐。

现在请朝左侧看,那棵长在石头上、姿态飘逸的枫树就是关门山国家森林公园的镇山之宝枫树之王。它就像一个盆景一样,风情万种。

为什么叫它枫王呢?因为它的枫叶红得最早、落得最晚、红得最鲜艳、姿态最飘逸、角数最齐全。关门山的枫树分假色槭、拧筋槭、元宝槭等12个品种。色彩各有差异,有红的、黄的、红黄过半的,层次丰富,色彩缤纷。因此关门山又有着"五花山"的雅誉。关门山的枫叶分为三角枫、五角枫、七角枫、九角枫、十一角枫和十三角枫。其中十一角和十三角的枫叶是世界枫叶的珍品,如果哪位游客找到了这两种枫叶就会好运连连。秋季来到关门山不仅能看到枫叶,还可以品尝到许多的野果子,如榛子、核桃、山梨、山葡萄、野生的猕猴桃等。现在我们看到的这一排房子的地方是绿茵山庄,在此处可以体会农家院的乐趣,这里有茅屋、火炕、笨猪、溜达鸡、山野菜等。来到这里你可以品尝到猪肉炖粉条、山菜宴、河鱼、羊汤等地方美食,夜晚还有篝火表演,田园风情浓厚。

[鸣翠谷景区]

鸣翠谷景区听起来就是一个很雅致的名字,以"翠"字著称,"鸣"又突出动感。走在幽深的林间小路上,水

声、鸟声、林涛声声声入耳，飞动与静谧结合，刚烈与温柔相济，柔与刚、静与动自成一派又融为一体。它以原始的生态环境、清新的空气和来自大自然的天籁之音组成了神妙、奇幻、幽美的自然风光。

进入谷内，给您的感觉就是，抬头可看山景，俯首能赏水色，侧耳可听溪声，伸手能触清流，可以说是清清溪水青青山，山如画屏人如仙。仙人若在画中游，一步一景一重天。其静其幽其秀其美给人以尘虑尽涤之感，让您不得不慨叹鬼斧神工之巧和天公造化之妙，堪称人间仙境、世外桃源。

这里全长1 600米，共20多处景点，步随景移，景随步走，一步一景都包容着大山神秘的内涵和博大精深的底蕴。因此，我要向大家发出呼吁：快来接受大自然的沐浴吧！这里是一片乐土，是人间的世外桃源。进入谷内也就进入了一个森林茂密、万木垂荫、幽静绝尘、鸟语花香的童话世界，这里没有"荷锄带露归"的辛劳，却有回归大自然的惬意。每当春风轻裁慢剪的季节，刚刚钻出地面的小草和挂在枝头上鹅黄的嫩芽，都会让您诗兴勃发，充满了希望与遐想，生命也在那一刻变得有声有色。当烈日炎炎的季节，鸣翠谷就变成了绿的世界，深绿、浅绿、墨绿，还有许多叫不出名字的绿，正随意释放着，任意张扬着。绿了树木，绿了山峦，就连流淌在山涧的溪水也被染绿了。绿得彻底，绿得动人心魄。秋高气爽的日子林内枝头硕果累累，谷内变成了五颜六色的世界，仿佛进入了童话王国。冬季大雪纷飞，往日涓涓的泉水停止了涌动，世界变得如此安静从容。与静立的大山默默相对，诉说着积蓄了三个季节的情话，我们的心也随之变得澄清透明，无牵无挂。

来到这里深呼吸您可以嗅出山泉的清甜，闭上眼睛您可以感受到大山的心跳。如果您愿意的话，还可以到溪水中踩踏嬉戏，与蜂蝶共舞，此时此刻，无论多大年纪您都会返老还童，找到童年无忧无虑的感觉。谷内夏季平均气温要比外面低3~5℃，故这里是您夏季避暑的绝佳之地。

当您步入鸣翠谷就仿佛进入了仙境，这里常年云雾缭绕。古朴自然的凉亭更给这里增添了几分神秘。游走于山间你会感觉到，人在山中，山在雾中，雾在云中，云在空中，空在心中。这种超然脱俗的心境，这种远离世俗的畅快，只有到达此处方能感悟到。

鸣翠谷内的主要景点有：苍榆翡翠、虎弦瀑、鸳鸯石、卧牛听溪、孔雀仙姿、东坡怀古、好运石等。

枫王

苍榆翡翠：这棵古榆已经有200多年了，堪称"老者"，而绿色的苔藓又包围了树干，就像一层茸毛的外衣，为"老人"遮风挡雨，而老榆树也与它不离不弃。无论晴天或是雨天都穿着它，可能是恋老伴儿的缘故吧！用鹤发童颜来形容此榆此藓是不是又有一番新意呢？

虎弦瀑：咦！这条涓涓细流从何而来呢？难道是南海观世音玉净瓶里的琼浆玉液吗？不，它原来是从这只"老虎"嘴里吐出来的，飘飘洒洒，形成一瀑。您听，潺潺之声不断，抑扬之韵在耳，更给这座高山峡谷增添了几分神秘与空旷。

虎弦瀑

鸳鸯石：您看这二石隔溪相望，一大一小恰似一男一女，相传他们分别是九天仙女和牛娃的化身。天宫王母身边有位百花仙子，一天受王母之命到凡间收集百花种子，途中受难，正巧被牛娃所救。二人日久生情，渐渐难舍难分，此事被王母所知，惹怒天庭。于是天庭降罪将此二人化为山中石头，虽近在咫尺却不能牵手相依。这个故事结局似乎有些凄婉，但大家也不必伤感，因为天有阴晴，月有圆缺，正是有了这许多的缺憾，才会有人间百味。

卧牛听溪：您看这块巨大的石头多像一头水牛卧在溪边，聆听着溪水歌唱。它听得是那么入神、那么认真，这是大自然的天籁之音。

孔雀仙姿：您看这块平整的石头上长满了绿的青苔，就像孔雀开屏时展开的尾翼，而这伸出的树根好似孔雀的头部，翘然观望。都说"没有梧桐树，引不来金凤凰"，那么没有这绿水青山，也吸引不来这美丽的孔雀了。

东坡怀古：这一处山壁直立峻拔，就像一个天然的屏风。河水依崖而流，时缓时急，时聚时散，水声映衬峡谷的幽深。此处颇似东坡赤壁，故名"东坡怀古"。

好运石：这两块大石头形成了一道缝隙，相传能从二石间穿过的人，将会好运连连，财源滚滚。

[关山湖景区]

关山湖景区开工兴建于1985年，1991年10月竣工投入运行，此景区是以水库为主的观光景区。区内面积3 000余亩，最大的库容8 000万立方米，兴利库容5 500万立方米，上游流域控制面积169平方公里。水库枢纽工程有：大坝、泄洪闸、溢洪道、输水洞等。此库坝体为我国第一座建成投入

关山湖景区

使用的混凝土面板堆石坝,坝体全长186.3米,坝高58.5米。

关山湖景区内的主要景点有:迎仙壁、凌波崖、神斧开屏、木石缘、鳄鱼石、水产度假村等。

关山湖景赛三峡,乘船游览静观花。天造地设迎仙壁,人间美景凌波崖。关山湖景区是以乘船游览为主的观赏性景区,乘船时间在1小时左右。坐在船上,微风吹来倍感舒爽,此时您向左前方看,此山壁名曰迎仙壁。相传在古代,在迎仙壁的下方有一个山洞,山洞中住着"福""禄""寿"三星。当地老百姓为了纪念这个山洞,在水库修建成后,便把山洞上面的这个山壁取名为"迎仙壁",以迎接三星的到来。来到此处的人们都将受到"福""禄""寿"三星的保护。请看左侧的石崖,这就是素有"东北小桂林"之称的凌波崖。凌波崖的上方长有百年松树,可是为什么古松如此矮小呢?因为石头上没有水分和泥土的滋润,所以百年的松树才会这样矮小。您再看左侧,这面巨大的山壁名曰"神斧开屏",这是大自然巧夺天工的杰作,未经过任何人工的雕琢。您能相信木头和石头生长在一起吗?请您看左侧,此树与此石相生相长,相互融合,共同形成了这美丽的景色,这是天大的缘分,人们给它起名"木石缘"。您再看左侧,水面上有一个巨大岩石伸在水中,样子多像鳄鱼的头啊,故给它起名"鳄鱼石"。您向前看,这座白色、造型如船的建筑就是我们关山湖景区的水产度假村,这里养殖了大量的三文鳟鱼。由于这里的水质好,所以这里养殖的鱼每年都供不应求,远销国内外。

关山湖景区——水产度假村

关门山国家森林公园可以说是一个扩大的盆景,缩小的仙境,用这样几句话来形容最恰当不过了:关山湖畔,烟霞影里,涌出楼台;水上笙歌,云间笑语,人间蓬莱。天女暗逐风回路,山溪十里花盛开。佳景可餐,仙境入怀,带醉归来。

【景区亮点】

关门山是一处集旅游、观光、避

暑、度假、休闲于一体的森林旅游景区，有"五美"之说，"五美"为山美、水美、树美、花美、雾美。园内有六大景区：小黄山景区、夹砬子景区、龙门峡景区、月台子景区、鸣翠谷景区、关山湖景区，100多处景点，其中最著名的是枫叶。

【交通】

本溪长途汽车站位于火车站前，比较方便。从本溪走沈本高速公路到沈阳仅1小时车程，5:50—17:00流水发车。本溪市各大客运汽车站有前往景区的大巴。

【美食伴游】

三姐妹烧烤、豆筋、山野菜、笨鸡、河鱼、羊汤值得一尝。

【地址】

辽宁本溪满族自治县关门山

【路线】

小黄山入口—木兰谷—五彩湖—枫之海—好汉坡—龙脊岭—通天门—小黄山出口（即入口）。从通天门下山后，路过迎客峰岔路，上去鸟瞰关山湖全景后，再回到下山路上，继续下山直到关山湖岸边。此线路全程步行，无须搭车，耗时约4小时，挑战体力。

● 东北抗日义勇军纪念馆

尊敬的各位游客，欢迎您参观东北抗日义勇军纪念馆。东北抗日义勇军纪念馆是目前国家批准的唯一一家义勇军抗战史实纪念性场馆。纪念馆筹建于2015年，2016年12月获中央批准，2017年7月10日兴建，2018年9月3日建成。历时14个月，与中国14年抗战史相呼应。纪念馆建筑面积2 990平方米，展陈面积2 300平方米。现在我们所处的位置是纪念馆的序厅。序厅的主要陈列是一组主题雕塑。中间位置的群雕包含了东北抗日义勇军各方面的代表人物，中间的一位是中共党员，还有农民、知识分子、女性、旧军人、乡绅等，寓意东北抗日义勇军包含了东北各基层民众。两侧的浮雕反映了东北抗日义勇军同仇敌忾、奋起抗战、众志成城的大无畏精神和保家卫国的英雄气概。

东北抗日义勇军纪念馆

下面请随我来到第一部分——东北抗日义勇军的早期抗战参观。

为实现称霸亚洲，征服世界的"大陆政策"，田中内阁确定了"惟欲征服支那，必先征服满蒙；如欲征服世界，必先征服支那"的对华侵略纲领。从1906年开始，日军在东北陆续设置了一套完整的侵略机构，它们在各个方面互相配合，成为日本帝国主义推动大陆政策的得力工具。1931年春，关东军高级参谋板垣征四郎、参谋石原莞尔等

人对"九·一八"事变做出了具体的行动计划。1931年9月18日夜，日军自爆南满铁路沈阳柳条湖路段，反诬驻北大营的中国军队所为，以此为借口发动"九·一八"事变，仅4个月零18天，辽、吉、黑东北三省沦陷。1933年3月4日，东北四省的最后一个城市承德失陷。从此东北人民蒙受了一场前所未有的长达14年之久的灾难和浩劫。这是日军武装入侵中国东北电动沙盘，从中我们可以看出日军侵略东北四省的路线和侵占的城市。

电动沙盘下面展示的是"九·一八"事变之前，由日本秘密从国内运往沈阳城周边的两枚240毫米口径重流弹炮弹，目前国内仅有6枚，在本馆就展示了2枚。炮弹已经进行了安全化处理，感兴趣的，可以近距离感受一下。

这个大型的展柜里展示的是出自桓仁普乐堡与华来镇日本开拓团当年所使用的日用品。像这个铜罐，刻画的是葡萄的图样，受了中国民俗文化的影响，寓意着多子多福。

日本为了长期霸占中国东北，于1932年3月1日成立了伪满洲国，3月9日，溥仪充任伪满洲国"执政"，年号"大同"，将中国东北变成了日本的殖民地，历任关东军司令官是这块殖民地的最高统治者。

这就是伪满洲国使用的钱币和硬币，还有当时二户来地区的户口本。

据不完全统计，从1931年到1945年，日本强征中国劳工达到2 000余万名。这是出自桓仁刘家沟劳工房遗址中劳工所使用的工具，以及劳工穿过的棉裤。所谓棉裤，其实并没有棉花，只是一层补丁贴着一层补丁补起来的。可见，当年日本对我国劳工的压榨是非常残酷的。

日伪为了镇压东北民众，建立了一整套军警宪特机构。日本关东军根据日本天皇指令在哈尔滨、长春设立731和100两个进行细菌实验及细菌战的秘密部队。这是先后任731部队长的石井四郎和北野政次。这里展示的是731部队当年所使用的医疗器具，这是防毒面具，这是阿司匹林的药盒，这是滤水器的内胆，这个是非常珍贵的。为变东北为日本永久的殖民地，日军对东北人民进行了严酷的思想、政治、经济、文化等方面的压迫和摧残，并利用各种手段疯狂地搜刮掠夺东北的煤炭、钢铁、木材、粮食等物资。这是日军将掠夺的大批木材在大连装船运往日本。日本还强制推行归屯并户，将我500万同胞驱赶进"人圈"，过着非人的生活。日本强力掀起了向中国东北大规模武装移民的高潮。这是日本向中国东北移民中的青少年义勇队乘列车到嫩江训练所接受训练。

这两条逮捕绳是当年发生在桓仁的"西江惨案"见证者顾良志捐赠给本馆的。1937年2月23日，日军命人在今西江桥下50米处砍出三间房大小的冰窟窿，300余名抗日人员被捆绑运送至屠杀现场，刀砍、枪挑后填江。次日又在其附近填江百余名。总计受害人数达500余名。

1932年9月16日，日军以"通匪"为名将抚顺平顶山附近3 000多民众集中起来进行屠杀，制造了骇人听闻的"平顶山惨案"。这是参加平顶山屠杀的抚顺日军守备队井上小队。这是档案记载的平顶山惨案中被害的部分民众名单和平顶山惨案被杀民众尸骨。

这面浮雕墙就给大家复原了当年的场景，因为当时正逢中秋佳节，日军是以照相为由，用刺刀将百姓赶到平顶山上，当时的机枪是用红布遮住的，一声令下，日军揭开红布，露出机枪，疯狂地向人群扫射，大家可以看一下，浮雕墙中的小孩，脖子上戴着长命锁，手里还有半块没吃完的月饼。

面对日军的侵略，中国共产党及时发表抗日宣言，"九·一八"事变的第二天，中共满洲省委秘密召开紧急会议，制定《满洲省委为日本帝国主义武装占领满洲宣言》，这是中国共产党发出的号召中国人民进行反侵略斗争的第一份宣言。

这组青砖仿制的里弄和民宅就是复原当年中共满洲省委秘密召开紧急会

序厅

议、制定宣言的场景。我们采用场景复制和幻影成像技术，为大家真实呈现当时的画面。

9月22日，中共中央发表《关于日本帝国主义强占满洲事变的决议》，揭露日本帝国主义企图以武装占领东北为突破口，变中国为其殖民地的罪恶阴谋，号召人民开展抗日救亡运动。

"九·一八"事变后，中共满洲省委派遣200余名党团员到抗日义勇军中开展工作。这是几位具有代表性的党团员。

这些就是响应我党号召的首批抗日义勇军将领。这是高鹏振，报号"老梯子"，1931年9月27日在黑山朝北营子组织"镇北军"举旗抗日，同年10月10日改为"东北国民救国军"。1931年10月初，张永兴进入高鹏振部抗日义勇军中协助其进行抗日斗争。这是张永兴化名立川在《新中华》上发表的反映高鹏振部抗日义勇军从组建到取得五台子大捷战斗情况的《血战归来》文章。

1931年9月27日，流亡北平的东北爱国人士在北平奉天会馆召开东北民众抗日救国会成立大会。这是东北民众抗日救国会部分领导人合影。1932年4月，朱庆澜在上海成立东北义勇军后援会，同年5月改称辽吉黑民众后援会。8月，该会迁至北平。11月，东北民众抗日救国会和辽吉黑民众后援会联合组建"东北义勇军总司令部"，朱庆澜任总司令。

"九·一八"之夜，日军进攻沈阳城，遭到了黄显声所属公安警察部队

的抵抗。黄显声，辽宁凤城人。是一位经过五四革命运动洗礼，并在东北讲武堂受过正规军事教育的爱国军人。"九·一八"事变前，任辽宁省警务处处长兼沈阳市公安局长。1931年9月末，黄显声率部撤入锦州，继续组织抗日队伍。同年10月，黄显声根据自己手中掌握的抗日力量，在中共秘密党员刘澜波的协助下，率先组建"义勇军"，同时制定了详细的抗日义勇军《编委方案》。到12月日军开始进犯锦州之际，在东北民众抗日救国会的协助下，东北民众自卫义勇军统一编成22路后添编至56路，达10余万人。这是东北民众自卫义勇军组织序列表。

辽宁民众自卫军组织者唐聚五，原名唐福隆，吉林双城堡人，1939年5月在与日军作战中殉国，2014年被民政部列入第一批著名抗日英烈和英雄群体名录之中。"九·一八"事变时，唐聚五为东边镇守使于芷山部省防军辽宁步兵第一旅第一团中校团副，"九·一八"事变后，于芷山投降日军，唐聚五拒不接受，赴北平寻找张学良，经张学良任命为一团团长，返回东北组织抗日队伍。唐聚五与张宗周、郭景珊等人商议组织各部所属队伍及爱国民众进行抗日。其间，东北民众抗日救国会委派黄宇宙来到辽东地区协助唐聚五组织抗日义勇军。唐聚五进行了广泛的联络，并多次召开秘密会议。1932年4月21日，辽宁民众自卫军誓师大会暨各路军司令就职典礼在当时的桓仁师范学校（现在的桓仁实验小学）操场举行，同时成立的还有辽宁民众救国会，救国会下设政治委员会和军事委员会，唐聚五任军事委员会委员长兼辽宁民众自卫军总司令。这是政治委员会委员长王育文，这是救国会的其他三位常委：张宗周、郭景珊、黄宇宙。唐聚五在就职典礼上当场割破手指，写下"杀敌讨逆 救国爱民"八个字。同时，发表了《各司令就职通电》《辽宁民众自卫军全体将士告民众书》等布告。

之后，辽宁民众自卫军队伍不断发展壮大。由成立时编制18路后发展到37路，人数达到10余万人。这是辽宁民众自卫军组织序列表。

接下来大家将会看到大型场景演绎——辽宁民众自卫军誓师大会。采用先进的影像技术将把您带回当年那慷慨激昂、气壮山河的恢弘场景。

1931年末，桓仁地区的解麟阁、李向山联合山林队和爱国民众组织"大刀会"抗日，后编入辽宁民众自卫军。解麟阁，辽宁桓仁人，1934年加入中国共产党，解麟阁毁家纾难，家族为抗日牺牲5人，有"满门忠烈"的盛誉，1936年2月21日壮烈牺牲。这是解麟阁画像及烈士墓。

1932年1月9日，在锦西县西郊西园子村，抗日义勇军首领苑凤台率部痛击向锦西进犯的日军19师团步兵第38旅团骑兵第27联队，并击毙第27联队长古贺传太郎。古贺的死，引起日军的极大震惊，惊呼"这实在是满洲事变以来最大的悲惨事件"。

转过墙角，我们看到的大型油画是

由鲁迅美术学院教授创作的《痛歼古贺骑兵联队》，油画下面展示的是古贺传太郎当年所使用的一把军刀，里面刻有古贺铭文。这是一件非常珍贵的真品。

在日军侵占我国东北大好河山的过程中，吉林、黑龙江地区的爱国军民组织了江桥抗战、哈尔滨保卫战等对日军进行反击。马占山，吉林怀德人。原为黑龙江省警备司令兼第三旅旅长，"九·一八"事变后临危受命，1931年10月10日被张学良任命为黑龙江省临时政府代理主席兼军事总指挥，这是马占山发表的就职通电：此身存在，誓不屈服。1931年11月初，日军集结重兵进犯黑龙江省，在黑龙江省门户嫩江桥遭到马占山的阻击。1931年11月4日，江桥抗战打响。我方守军连续击退日军进攻，后日军援军到达，向江桥发起猛攻，经过半个月的浴血奋战，马占山部损失惨重，加之大兴阵地已被摧毁、后援无继，马占山不得已率军政两署人员撤往海伦。这是江桥抗战马占山所属部队配置要图。江桥抗战是"九·一八"事变后中国军队对日军进行的第一次有组织的顽强抵抗。

这是参加哈尔滨保卫战的李杜、冯占海、赵毅，联合手中军队编成吉林省自卫军，共3万余人。1932年1月31日，日军派出重兵，在飞机、大炮和坦克支援下，向双城堡发动进攻；由于自卫军没有空军支援，日军飞机威胁甚大，于2月5日下午全线撤至哈尔滨以东地区，哈尔滨随即沦陷。

王德林，山东沂南人，于1932年2月8日成立"中国国民救国军"，任总司令，接纳了中国共产党派入该部队的周保中、孟泾清等人，且不反对在其救国军中发展党的组织。1933年1月王德林退入苏联后，李延禄和周保中各率一部救国军旧部坚持抗日，并在此基础上发展和组建了东北抗联第四军和第五军。1933年5月，王德林绕道回国，全面抗战爆发后在家乡组织抗日武装，1938年病逝。2015年被民政部列入第二批著名抗日英烈和英雄群体名录之中。

这首木兰从军诗是从吉东地区征集过来的，属于王德林部女战士手工刺绣作品，表明了其效法巾帼英雄勇赴国难，忠勇不屈的英雄气概。诗的作者是清代的杨庚。

下面请随我参观第二部分：东北抗日义勇军英勇抗战。

日军发动"九·一八"事变进而武装入侵中国东北，引起国际社会的强烈反响，国联组成调查团赴中国东北调查真相。调查团由英、美、法、德、意五国代表组成，团长为英国人李顿。1932年4月21日，国联调查团抵达沈阳，1932年10月，《国联调查团报告书》公布于世，称"九·一八"事变之夜日军"所采之军事行动不能认为合法之自卫手段"，伪满洲国的成立也不是东北人民的"自觉"。但未能制止日本侵略活动，同时又企图以国际共管取代日本独占东北，受到中国人民的强烈反对。1933年3月27日，日本宣布退出国联，《国联调查团报告书》和《关于中日争

端的决议》均成为废纸。

伪满州国成立和国联调查团到达中国东北期间,东北各地的抗日义勇军队伍纷纷主动出击,在东北大地再次掀起了抗日斗争的高潮。这是沈阳周边地区的抗日义勇军队伍攻入沈阳城后,群众在小东门内欢迎抗日义勇军入城。这是在攻打沈阳城的战斗中三进三出的14岁抗日小英雄关玉林。东北各地的抗日义勇军经过救国会等统计的大约有50万人,没有统计的可能更多,且此起彼伏,层出不穷。

1932年6月1日,在东北民众抗日救国会第19次常委扩大会议上通过决议,将辽宁、热边、蒙边和吉林南部地区的义勇军统一改编为5个军区,每个军区设总指挥一名。这是第三军区总指挥唐聚五。为指挥便利,1932年6月,唐聚五率部移驻通化,同年8月辽宁民众自卫军召开军事会议,对自卫军进行了整顿,并宣告在通化成立辽宁临时政府,唐聚五为代理省主席,这是辽宁民众自卫军总司令部暨辽宁省临时政府旧址。

这里展示的是出土于桓仁的义勇军当年所使用的武器。

辽宁民众自卫军先后进行了新宾战役、宽甸战役、柳河战役等,陆续克复了通化、桓仁、新宾、宽甸、柳河等14县,这是辽宁民众自卫军第五、第六方面军在桓仁砍橡岭阵地内与日军作战。大家看到的这部照相机,这是张学良赠送给唐聚五部的照相机,附带相机有两卷交卷,拍下了这些珍贵的照片。这枚勇子勋章,张学良颁给唐聚五和郭景山每人一枚,唐聚五那枚不知所踪,这枚是由郭景山的儿子郭春光老先生捐赠给本馆的。

这是辽宁民众自卫军光复区域图。1932年10月以后,由东北民众抗日救国会编为的各路抗日义勇军队伍由军区改为军团,方面军改为梯队。

这个大型展柜里展示的是义勇军当年所使用的武器。这把大刀是出自辽西地区的,属于高鹏振部义勇军使用过的。这把刀鞘是木质的,能保存至今非常不容易。这是出自桓仁凤鸣的火枪管。

吉林地区的抗日义勇军在整顿与发展的同时,进行了一系列对敌斗争,给日本侵略者及伪满政权以沉重打击。吉林抗日义勇军冯占海部在斗争中不断发展壮大。冯占海,辽宁锦县人,"九·一八"事变后拒绝投降日军,率全团3 000余人宣布抗日,后转进舒兰。11月12日,吉林省临时政府在哈尔滨附近宾县成立,任命冯占海为吉林省警备司令,称"吉林省警备军"。吉林地区的其他抗日义勇军队伍也在战斗中发展壮大。至1932年10月,王德林部总计人数约10万名。这是吉林中国国民救国军总司令部直辖部队驻防表。

吉林抗日义勇军在战斗中曾一度发展到15万多人,在一年多的时间里与日伪军战斗500余次,攻克城镇30余座。

1932年2月,马占山误入敌人圈套,在不得已任伪职期间,暗中筹备,做再

次抗日的准备。这是1932年4月12日，马占山发表继续抗日通电，再次举起了抗日的旗帜。在马占山"降日"期间，李海青将所部改称"东北民众自卫军"继续抗日，并公开提出"打倒日本帝国主义"的口号，各地爱国人士纷纷来投，几个月时间发展到2万余人。1932年6月，李海青部被再度抗日的马占山成立的黑龙江省民众抗日救国义勇军总司令部编为第三军，李海青任军长。

苏炳文原为呼伦贝尔警备司令兼东北路军第十五旅旅长。江桥抗战后，马占山"降日"就任伪职，苏炳文拒不接受诱降，在海拉尔地区加紧训练士兵，扩充军事实力。其间，谢珂辗转来到苏炳文部，与其共谋抗日。经过充分的准备之后，1932年9月27日，苏炳文率部起义，拉开了"海、满抗战"的序幕。10月1日，宣告成立"东北民众救国军"，这是苏炳文发表的誓师通电。

苏炳文率部在进行的海、满孤军奋战68天，前后牺牲将士3 600余人。

"九·一八"事变后，由于国民党政府实行"攘外必先安内"政策，致使东北大好河山惨遭践踏，1931年11月，马占山率部打响江桥抗战，引起了国内外的强烈反响，社会各界积极支援马占山抗战。这是标有"捐款救国"字样的捐款箱，这是南京妇女协会制作捐给冰雪中抗敌的义勇军战士的棉马夹。东北的沦陷和抗战，同样得到了国外华侨和各国爱好和平人民的支持和援助。爱国华侨陈嘉庚通过辽、吉、黑民众后援会向义勇军提供大批捐款。

现在我们来到了纪念馆的中庭，这个大型场景演绎采用了目前国内具有领先技术的三叠幕投影技术，名为《林海激战》，通过四个篇章展示了义勇军宿营、战斗、转移等场景，把义勇军当年爬冰卧雪、奋勇杀敌的革命气概展现得淋漓尽致。

下面请随我参观第三部分：东北抗日义勇军坚持抗战。

遍及东北大地抗日义勇军队伍的发展壮大及对敌斗争，极大地动摇了日伪对中国东北的统治，从而招致了日军的疯狂镇压。这是关东军设在东边道的"讨伐"司令部，在东边道和铁岭地区进行疯狂的讨伐。破坏义勇军的驻地，大批的抗日义勇军被逮捕杀害。1936年，日军在宽甸崔家大院杀害22名抗日义勇军战士。

这是日军杀害我抗日义勇军战士后，恶毒地作出为日军战死者做"慰灵祭"状。1932年末，东北抗日义勇军大部开始转移，这是1933年初李杜、马占山等撤退进入苏联境内后在某地广场合影。

热河保卫战：吉林北部和黑龙江的义勇军向苏联撤退期间，辽宁和吉林南部的义勇军向热河转移。这是1932年11月东北抗日义勇军第三军团唐聚五部主力到达热河凌源。

1933年2月下旬，经过整顿后的东北抗日义勇军第三军团在朝阳凤凰山与日军作战。日军攻占朝阳后，直攻承德。日军在3月4日占领热河省会承德。至此，东北全境沦陷。

长城抗战：日军侵占热河后，图谋越过长城进犯我国华北地区。这是参加长城抗战的部分抗日义勇军将领，这是长城抗战示意图。在长城抗战方酣之时国民党政府代表接受了日方代表的城下之盟，和日方交涉停战事宜。5月25日，双方正式停战；5月31日，中日双方签订了《塘沽停战协定》，国民党政府认可了日本对我国东北四省的非法侵占，并将长城以南冀东22县定为中国不得驻军的非武装地带，长城抗战正式结束。同时，国民政府按协定取消山海关内外一切抗日行动，取缔对关外抗日义勇军的支持。

察哈尔抗战：《塘沽停战协定》签订前夕，民族危机日益严重，以冯玉祥为首的一批爱国将领，在中国共产党的推动下，于1933年5月26日成立察哈尔抗日同盟军。这是总司令冯玉祥和方振武的合影。方振武与冯玉祥共同组织抗日民众同盟军，任前敌司令。这是察哈尔民众抗日同盟军前敌总指挥、共产党员吉鸿昌，在指挥收复多伦的战斗中身先士卒，亲率敢死队冲锋陷阵。同年6月21日，抗日同盟军誓师北征，相继收复了康保、宝昌、沽源和多伦四县。多伦战役，同盟军与日军血战五昼夜，给敌人以沉重的打击。国民党政府得知同盟军收复多伦，一面派部队进驻察哈尔，一面对同盟军进行瓦解。而日本方面也借机提出中国方面违反塘沽协定，继续给国民政府施加压力。此后，抗日同盟军处境艰难，各抗日首领纷纷出走。

这是关于王蕴萍、李海峰在热河坚持抗战的报道。1932年底，未进行转移及长城抗战后返回原籍的抗日义勇军，一直在东北地区坚持抗战。这是坚持抗战到1934年9月28日在沈阳惨遭日军杀害的英勇就义的邓铁梅。

这是邓铁梅部总参议兼军校教育长苗可秀，也是辽宁本溪县人，邓铁梅牺牲后继续坚持抗战，1935年7月被害。2015年被民政部列入第二批著名抗日英烈和英雄群体名录之中。

这是坚持抗战的辽宁民众自卫军第六路军司令李春润全家照，这是1933年9月李春润在与日军战斗中负伤牺牲的照片，这是王凤阁当时被捕时的照片。

1934年2月21日，杨靖宇联合其他16支抗日武装在临江县成立抗日联合军总指挥部，杨靖宇任总指挥。后杨靖宇率部与日伪军进行多次战斗，取得了1934年反"讨伐"的胜利。

辽宁民众自卫军斗争失败后，其余部分散在桓仁山区达50多帮，1934年7月，杨靖宇与解麟阁、李向山召集山林队首领120余人在柞木台子刘贵礼家开会，当场收编"要地好""老北风""朱海乐"等帮，编入农民自卫队。这是《东北义勇军运动史话》中关于杨靖宇收编唐聚五旧部的记载。

1935年8月1日，中国苏维埃政府、中国共产党中央发表《为抗日救国告全体同胞书》，明确提出："一切抗日军队组成统一的抗日联军。"这是东北抗日联军各军的军长，这其中的第八军

军长谢文东与第九军军长李华堂后来叛变，这里没有展出两人的照片。大家看到的这个房屋复制和人物雕像，展现了当年共产党员在义勇军中发展党员的一个场景。

以上第一至第三部分，就是东北抗日义勇军的发展史，下面我们上二楼参观第四部分《东北抗日义勇军与〈义勇军进行曲〉》。前方正中间墙上是桓仁几位版画家共同创作的大型版画作品——《血肉长城》，一个个不甘做亡国奴的人们奋起抗争，用血肉之躯筑起了新的长城。这个大型版画也是目前国内最大的群雕版画。转过台阶，左边墙上是国内媒体报道东北抗日义勇军事迹的展示，右边是各时期有关义勇军的歌曲。

田汉和聂耳是好朋友，而且当时都是进步青年，他们俩共同创作了14首歌曲，最后的合作也是最伟大的合作就是《义勇军进行曲》。1935年初，电通公司在上海荆州路405号，拍摄了第一部影片《风云儿女》，《义勇军进行曲》便是影片的主题曲。这些是各国录制的《义勇军进行曲》的唱片，在20世纪三四十年代，《义勇军进行曲》不仅是中国人民争取自由解放的民族战歌，也成为世界反法西斯阵营的国际战歌。中华人民共和国成立后，义勇军进行曲被确定为《中华人民共和国国歌》，2017年10月1日《中华人民共和国国歌法》颁布实施。

大家顺着我手指的方向看，我们头顶上的棚顶装饰着大大小小的五角星形的灯饰，中间的一颗大星象征着中国共产党，周围6颗中星象征着当年的辽、吉、黑及热河、蒙边、察哈尔，环绕外围的14颗小星象征着14年抗战。这个由三组雕塑加上大屏幕组成的区域，我们称之为国歌厅。下面就请您观看大型演绎——东北抗日义勇军与《义勇军进行曲》。

现在我们来到的这个半封闭的空间，我们称之为东北抗日义勇军将士名录厅。大家看到的半圆形墙体就是东北抗日义勇军将士名录墙，上面14个花环环衬菊花、松针等，庄严肃穆，表达着对义勇军将士们的崇高敬意。名录是按照姓氏笔画排列的。由于年代久远，至今仍有义勇军将士的英名不为人知。这些无名将士和镌名于此的将士一样，都永远活在人们心中。他们的精神与山河同在，与日月同辉！

东北抗日义勇军发起抗战最早，持续时间最长，打乱了日本帝国主义的侵略计划，燃起了全民抗战烽火，为东北抗日民族统一战线的形成和东北抗日联军的组建奠定了基础、提供了经验，为伟大的中华民族抗日战争暨世界反法西斯战争的胜利作出了重要的历史贡献。

让我们向捍卫祖国领土完整和民族尊严的民族英雄们致敬！让我们共同铭记历史所启示的伟大真理：正义必胜！和平必胜！人民必胜！

本次参观到此结束，谢谢大家的光临！如果您有什么感想，请在这里题词留念。

丹东概况
——江畔名城丹东

尊敬的游客朋友们，大家好！下面我来为大家介绍一下我们今天要去的旅游目的地丹东。

丹东，位于辽宁省东南部的鸭绿江畔，黄海岸边，与朝鲜民主主义人民共和国新义州市隔江相望。丹东是中国万里海疆的最北端起点，有着绵延126公里的黄金海岸线，是长白山的余脉、万里长城东端起点，也是中国最大的边境城市和中国优秀旅游城市。城市背靠翠绿的青山，头枕蔚蓝的黄海，侧依碧波荡漾、如诗如画的鸭绿江。行政区划面积1.52万平方公里，人口245万。辖3区、1县、2个县级市、1个国家级边境经济合作区。旅游经济总量居全省第三位，跻身辽宁省旅游第一方阵。

[英雄城市]

丹东是一座英雄城市。每当我们听到"雄赳赳，气昂昂，跨过鸭绿江"这首雄壮的中国人民志愿军军歌时，就不能不想起丹东。1950年初的抗美援朝战争中，丹东作为大后方和中国人民支援抗美援朝战争的最前线，要人出人，要钱捐钱，要物捐物，要血献血，作出了巨大的牺牲和贡献，被命名为"英雄城市"。

[自然风光]

丹东是一座美丽的城市。著名歌唱家蒋大为演唱的那首《在那桃花盛开的地方》，写的就是丹东，唱的也是丹东。这首歌从一个侧面唱出了丹东的山美、水美和人美。丹东旅游资源占地面积1 500平方公里，是全市土地面积的1/10，拥有国家和省级风景名胜区、自然保护区及森林公园24处，其中，A级景区10处。丹东江、河、湖、海、泉、山、林、洞、岛、瀑应有尽有，"山不高而林茂，水不深而鱼肥，地不阔而谷丰"，始终保留着大自然的色彩、气韵、温馨和宁静，令人赏心悦目，流连忘返。

蜚声中外的中朝界河鸭绿江，流经丹东203公里，沿途分为六大景区、100多个景点，构成了一幅独具异国风情的边陲画卷和蔚为大观的鸭绿江百里文化旅游长廊。

[旅游资源]

这里的虎山长城是中国万里长城的最东端起点。

这里的大东港是祖国万里海疆的最北端起点。

这里是辽宁沿海经济带、"五点一线"1 443公里滨海大道的最东端。

这里有集雄、奇、险、幽、秀于一身的国门名山——凤凰山。

这里有"北方九寨"之称的青山沟。

抗美援朝纪念馆

东 线——辽东边境风情游精品线

鸭绿江大桥

这里有抗美援朝战争期间存留的断桥、浮桥。

这里有全国唯一一座铭记抗美援朝战争的专题纪念馆。

这里有中日"甲午海战"的古战场。

这里是国家特许经营赴朝旅游的试点城市，赴朝1~4日游已成为丹东旅游的特色产品。

这里的美食令游人称赞，满族、朝鲜族及海鲜等风味餐馆遍布城乡。

这里的旅游商品极具特色，柞蚕丝、东港稻米、即食海鲜、北方山奇、朝鲜邮票都成为游人购物的最爱。

丹东的市花是杜鹃花，丹东的市树是银杏树……

[养生城市]

丹东是一座养生的城市。丹东依山、临江、面海，环境优美，气候宜人，冬无严寒，夏无酷暑，年平均气温9℃，年平均降水量800~1 200毫米，素有"北国江南"之美誉，是东北地区最温暖、湿润的地方，生态环境在国内屈指可数，是最适合人类居住的城市之一。丹东淡水资源丰富，大小河流达1 300多条，水库58座，人均占有淡水量是全国的1.5倍、辽宁省的4.5倍。鸭绿江江心水质符合饮用水标准，硬度小于50毫克/升，pH值为7.5左右，生物原生质和透明度等指标都优于国家标准，可直接饮用。森林覆盖率达67%，是支撑辽东半岛的一把天然绿伞和一座天然

黄椅山森林公园

丹东市区

氧吧，对人体具有很好的保养作用，所以大家都说丹东的姑娘美、小伙子帅。

[风物特产]

好山好水孕育了丹东的富足。丹东素有"中国板栗之乡""天然中草药库"的美誉。有烟、蚕、果、药、鲜、菌、畜、禽、鱼、蛙等十大特色产业种类，质地优良，尽显丹东特产的丰饶。其中，药用植物122科、960多种，约占东北地区药用植物种类的70%；驰名中外的"石柱参"已有300多年历史；"中国林蛙"食用、药补兼用，年产5 000多万只，可加工林蛙油3万多公斤；烟叶种植近5万亩，年产烟叶11万担；鱼类89种，其中淡水鱼67种，土著鱼类57种；海水贝类41种，色泽、规格、口感、肥满度方面均优于其他地区，深受国内外欢迎，是辽宁省重要的贝类生产基地。

丹东黄蚬子

[活力城市]

丹东是一座充满活力的城市。目前，丹东正面临着百年难遇的开放和发展机遇。新鸭绿江公路大桥开工建设，中朝威化岛和黄金坪合作开发正式启动，一批重大基础设施项目也将投入使用，全方位、立体化的交通网络系统将全面形成，特殊的开放优势逐渐明朗，开放环境日益优化，主要表现在：

一是区位和交通优势明显。丹东地处东北亚的中心地带，是规划中的东京—首尔—北京国际大通道的核心枢纽站，已形成了陆、海、空立体交通网。铁路交通距平壤220公里，距首尔420公里，是贯穿整个东北亚铁路大动脉上的重要枢纽。公路交通距沈阳220公里，距大连252公里，距通化196公里，距海城143公里。丹东港是中国北方天然不冻港，距韩国仁川港仅245海里，与韩国、日本多个港口直接通航，是连接韩国、日本的便利海上通道。丹东民航机场正在争取成为口岸机场。

二是产业和经济基础雄厚。以农副产品加工业、交通运输设备制造业、能源工业、金属矿产开采及冶炼压延加工业、纺织服装业、机械设备制造业六大产业为主的企业已达900家。其中黄海客车、曙光车桥、化纤等产品在国内外享有较高声誉。丹东水电、风电、火电齐全，发电能力居辽宁省第二位。外向型的特色农副产品基地在国内外享有很高的声誉，是全国最大的草莓、板栗和贝类养殖生产和出口基地。商贸服务业、物流业蓬勃发展，是辽宁省最重要的出口商品集散地。

三是投资环境和发展空间优越。丹东处于东北亚经济圈和环渤海经济圈的交会处。1988年，经国务院批准成为沿海开放城市。2000年，被评为中国优秀旅游城市。2009年，辽宁沿海经济带

东　线——辽东边境风情游精品线

丹东市区

上升为国家发展战略，对处于辽宁沿海经济带前沿的丹东具有划时代的战略意义。2012年，被辽宁省旅游局评为全国赴朝旅游聚集区。2015年，荣获了"全国十佳生态休闲旅游城市"称号。丹东紧紧抓住这个历史性的重大发展机遇，坚持高标准规划、高强度投入、高质量建设、高水平管理的原则，以率先发展、快速崛起为目标，加快以新区、大孤山、前阳、东港四大经济区为重点的沿江沿海经济带建设步伐，全力打造辽宁沿海经济带新的增长极、东北东部新的出海口、辽宁对外开放的新高地。

接下来，我们就尽情享受丹东的宁静、体验丹东的清爽、品味丹东的自然、感受丹东的亲切！

● 鸭绿江风景名胜区

各位游客朋友，大家好！非常高兴在这阳光明媚的日子里，与您相识在美丽的江城"丹东"。现在就由我为大家介绍一下鸭绿江风景名胜区。

鸭绿江风景名胜区是国务院于1988年批准的国家重点风景名胜区，地处鸭绿江下游，浑江口至大东港之间，与朝鲜的碧潼、清水、义州和新义州隔江相望，全长210公里，面积824.2平方公里。

鸭绿江风景区2003年被国家旅游局评为4A级旅游景区；2004年获辽宁省"十佳"旅游区称号；2006年，虎山长城、鸭绿江断桥升为全国重点文物保护单位；2007年获"全国十佳休闲景区"称号；2008年被评为辽宁省文明景区。

[绿江景区]

绿江景区位于宽甸振江镇，从东江至浑江口，面积141平方公里，为鸭绿江景区上游。这里层峦叠嶂、风景秀丽、野趣横生，为胜景荟萃之地，由南天门、小青沟、壮哉谷、绿江渔火、十二天门、浑江口、砬子沟猎场等景点组成，至今仍保持着原始状态，处于待开发阶段。

[水丰景区]

水丰景区以水丰水库为核心，面积为274平方公里。建成于1941年的水丰大坝，长900米，高146米，宽8.5米，为世界少见的水泥结构高坝。素有"东北第一大水库"和"辽宁第一大淡水湖"之称的水丰湖，因开发较晚而完整地保存了自然风貌。湖面浩瀚壮阔，

水丰景区

水丰景区

山水相映，空气清新，既有北方山水的雄浑壮美，又有江南山水的清秀恬淡。水丰湖水面由中朝两国共管，船只在水面上自由往来停泊，游人尽可饱览两岸风光和异国风情。

[太平湾景区]

太平湾景区距丹东市50公里，与朝鲜平安北道朔州郡隔江相望，主要由古渡新村和太平湾电站等景点组成。其中太平湾电站为景区核心，是全国工业旅游示范点。在这里可以直观地看到"水是怎样发电的"，也可以乘船游览中朝两岸风光。

太平湾景区

[河口景区]

河口景区位于宽甸县长甸镇境内，素有"塞外江南"之美誉，是鸭绿江沿线景色最优美的地方，也是一个汇集自

河口景区

然景观、人文景观、历史遗迹、民俗民风及异国风情的超浓缩型综合景区。自然景观有著名歌唱家蒋大为唱红大江南北的《在那桃花盛开的地方》中的万亩桃花园，2014年，河口村被评为"中国十大最美乡村"；人文景观有电视剧《刘老根》中的"龙泉山庄"；抗美援朝志愿军渡江作战的"河口断桥"，原名"清城桥"，是鸭绿江上的第一座公路桥。

[虎山景区]

虎山景区是鸭绿江国家级风景名胜区的核心景区，为全国重点文物保护单位，与"朝鲜八大景"之一——统军亭隔江相望。景区内有明万里长城东端的起点——虎山长城、中朝边境"一步跨"、睡观音、长城历史博物馆、千米古栈道等国内外知名景点。从一定意义

虎山长城

上说，虎山景区是一处以古代军事文化遗址为主题的旅游景区，是以边境旅游和红色旅游为特色的著名景区。

一步跨

[丹东市城区]

鸭绿江风景名胜区的丹东市城区段中著名的大桥景区，主要有宝山悬虹、碧水玉榭、鸭江帆影、铁桥弹洞等著名景点。其中，断桥原是鸭绿江上的第一座大桥，由当时殖民机构——日本驻朝鲜总督府铁道局承建，1909年8月动工，1911年10月竣工，长944.2米，宽11米，共12孔，始为铁路桥。从中方数第四孔起为开闭梁，以四号墩为轴，可以平行旋转90°，便于大型船舶通行。

1943年4月，日本人在此桥上游不足百米处，建成了第二座铁路大桥（今中朝友谊桥），遂将鸭绿江第一桥改为公路桥。

1950年11月8日，"第一桥"被美军飞机多次轰炸，成为残桥并保留至今，俗称"断桥"。桥上保存碉堡等文物遗迹，并开设有大桥旋转处观赏台、断桥炸断处观赏台、断桥史话、世界桥梁与战争史展等。登上断桥不仅可以领略中朝两国风光，更可凭吊历史、缅怀英烈，激发爱国之情的游览胜地。鸭绿江断桥已成为丹东这座英雄城市的标志性景点。

[江口景区]

江口景区是鸭绿江风景名胜区最南端的一个景区，从江口至文安岛北端，面积为246平方公里。大东港区的江海分界线是中国海岸线的最北端，三号江海界碑吸引了许多游客。

【景区亮点】

鸭绿江风景名胜区由绿江、水丰、太平湾、河口、虎山、大桥和江口等景区100多个景点组成，以自然风光旖旎、人文景观荟萃、地理区位独特、环境质量优越而驰名中外，是一览两国风光，凭吊历史遗迹，融休闲度假、科学考察和异国旅游于一体的河川型风景名胜区。

【交通指南】

（1）鸭绿江风景名胜区管理局附近的公交站：二三零医院、金海新村、四纬路、站前、十二号坝门、二经街、渔

断桥

阳湾、十三中学、中国电信、丹东站、站前（IC卡充值中心）、六纬路。

（2）鸭绿江风景名胜区管理局附近的公交车：103路、105路、106路、120路、122路、124路、126路、127路旅游专线路、129路、211路、213路、213路区间路、214路、215路、216路、217路、218路等。

【美食伴游】

丹东是全国最大的满族聚居区之一，故饮食方面有浓重的满族风味。满族人过去以玉米、稗子、高粱米、小米、荞麦为主食，现在以小麦、大米为主食。具有满族特色的食品主要有枣饽饽、煮饽饽（饺子）、米饭、秫米水饭、豆干饭、饸饹、豆擦糕、酸汤子等。另外，丹东有两万多朝鲜族居民，又与朝鲜隔江相望，世代往来，故朝鲜族食俗对丹东的饮食文化也有很大影响，各式朝鲜料理、韩国烧烤在这里风靡。此外，襟江临海的丹东，还盛产大黄鱼、面条鱼、公鱼（秋生鱼）、鲳鱼、对虾、文蛤、海蟹。总之，丹东的饮食汇聚了满族的酸、黏、甜，朝鲜族的辣、酸、咸，回族的烧、烤、涮，加上各色海鲜水产和传统风味小吃，足以让游客大饱口福。

【关于住宿】

鸭绿江风景名胜区附近可供选择的酒店有：丹东鸭绿江大厦（地址：丹东振兴区九纬路87号）；丹东福瑞德大酒店（地址：丹东振兴区滨江中路158号）；丹东昆仑商务酒店（地址：丹东元宝区锦山大街110号）。

【景区地址】

辽宁省丹东市境内

【联系电话】

鸭绿江断桥景区：0415-2122145 2138507

虎山景区：0415-5578511 5578909

太平湾景区：0415-3763195 3763069

水丰湖景区：0415-3160679 5624004

河口景区：0415-5625712 5625080

鸭绿江湿地保护区观鸟园：0415-7147004

趣味小故事

鸭绿江古称"马訾水"，有人说因江水碧绿似雄性野鸭头颈之色，故称鸭绿江；也有传说：据说很久以前，天上有几个仙女，来到关东长白山的天池，见那水面明亮如镜，四周山色溟蒙，几个仙女乐得不知如何是好，其中一个说："姐妹们，咱们下去洗澡吧。"其他仙女说："好。"于是飞快脱了衣裳，跳进天池，互相泼水嬉戏，泡在水中看眼前的山光……太阳很快落到西山，仙女们想起该回天庭了，便急忙跳上岸穿衣裳。这时才觉察到所有衣裙全被水溅湿了，她们一件件扯起来用力抖，那些衣裙全是鸭绿色，抖下的水也成了鸭绿色，顺着山谷往下淌，汇聚一起，成了鸭绿江。

这只是一则神话。古昔的人们往往把与自身生活息息相关的客观存在视为神灵，把趋吉避凶、获取生活温饱、自然对人赐予的一系列愿望寄托在神灵的恩赐上，并且把此种神灵由模糊的存在变为有形体、有感情、有行动的具体的存在，由虚幻的捉摸不定的意念变为抽象化的可以感知的存在。仙女洗浴，把天池水染绿，且鸭绿江发源于天池，自然它的水就该是鸭绿色。天池和鸭绿江是生活在它周围的人们所尊敬和依靠的，为了表达这种愿望，这则神话便诞生了。

但是我们近些年通过研究、整理发现满语中"鸭绿"为"边界"的意思，那么鸭绿江就是边界之河，因为丹东地区好多地名都是满语演变过来的，所以这个解释更合理一些。

●凤凰山风景名胜区

各位朋友，大家好！今天我们要去游览的是东北名山凤凰山。大家知道，在我们辽宁有两座凤凰山：一座在辽东的丹东市；另一座在辽西的朝阳市。两座凤凰山都是辽宁的名山，尤其是丹东的凤凰山更是遐迩闻名，备受赞誉。

丹东凤凰山风景名胜区位于凤城市区东南3公里处，距沈丹高速公路凤城站3.5公里，交通方便快捷。凤凰山形成于1.5亿年前，属长白山余脉，主体由花岗岩构成，巨崖阔石，青苔如墨，景观奇特，独具一格。主峰攒云峰海拔836.4米，景区面积182平方公里。

凤凰山自古有"辽东第一名山""国门名山""万里长城第一名山""华夏历险第一名山"的美誉。早在清道光年间就雄踞辽宁省四大名山（凤凰山、千山、医巫闾山、药山）之首。1994年被评定为国家级风景名胜区，1997年被授予全国重点文物保护单位，2004年被评为国家4A级旅游景区。

凤凰山正门

凤凰山历史悠久，文化源远流长。南北朝时期称"乌骨山"，隋末唐初称"熊山"。相传，唐贞观年间太宗李世民御驾东巡，游览此山时有凤凰率百鸟飞来朝拜，太宗大悦，遂赐名"凤凰山"，迄今已有1 300多年的历史。

[景区景点]

凤凰山现已建成西山、东山景区，山高林茂，溪瀑纵横，景观奇美，自晋代起便以八大美景闻名于世。明清时期，文人墨客在大石崖上的题词镌刻，更使凤凰山熔自然美与人工美于一炉，形成石棚避暑、涧水飞涛、斗母圣境、山云铺海、苍松伴月、怪石凌空、松径寻秋、天池在望、叠嶂留云和东地瀛洲十大举世瞩目的美景。

[凤凰山之雄]

凤凰山气势雄伟，集"雄、险、幽、奇、秀"于一身，融自然美与人文美于一体，是以观光历险、休闲度假为主的山岳型景区。游人登山游览，恍如进入"壁岩丹青千尺画，海云仙阁一溪诗"的神奇胜境。

将军峰

箭眼

凤凰山是一座雄伟的山！将军峰、神马峰、箭眼峰等7座峻峰拔峭冲天，直上青云，雄视天下，为方圆百里登高望远之地。

[凤凰山之奇]

凤凰山是一座"奇特"的山！石壁鹤影、金龟求凰等怪石奇景，形神兼备，栩栩如生；天女木兰、玉玲、杜鹃等珍稀花卉争奇斗艳、漫山飘香；"山高水长""亘立中天"等40余处摩崖镌刻

沉稳厚重、瑰丽多姿；凌空栈道如苍龙游卧山间、俯仰天地、倘徉信步，令游人怡然自得。

金蟾望月

"亘立中天"

[凤凰山之险]

凤凰山是一座险峻的山！著名险景老牛背、"天下绝""百步紧"使人望而生畏、行而却步、过而叫绝；"山城"踞山而建，规模宏大，气势磅礴；800米索道穿山越岭，掠过丛林，盘旋于山腰、山脚。

老牛背

玻璃栈道

[凤凰山之幽]

凤凰山是一座幽静的山！山云铺海、涧水飞涛等景观如梦似幻，美如仙境；丹泉、圣源、凤泪等山泉甘甜舒爽，沁人心脾；凤凰洞、通玄洞等曲径通幽，别有洞天；忽必烈塔、解放纪念塔等巍峨矗立，承载历史；紫阳观、朝阳寺等庙宇庄重古朴、香火鼎盛。

紫阳观

[凤凰山之秀]

凤凰山是一座秀丽的山！凤凰山景色因时而变，四季可赏：春山吐翠杜鹃红，夏赏云海听瀑声，秋枫尽染胜锦绣，冬雪冰凌掩青松。

云海

凤凰洞

秋景

凤凰山药王庙是为纪念药王孙思邈而修建的。一年一度的四月二十八药王庙会，从清代起便已形成，从农历四月二十七至四月二十九，持续3天。其间商贾云集、群英荟萃，热闹非凡，游人多达数十万之众。

"早知凤凰山色好，何必千里去江南。"如今，凤凰山已经成为丹东地区首屈一指的龙头景区。景区客源地近辐东北三省、远射京津冀乃至全国，更受到韩、日、俄等亚欧国家国民的青睐，是一个极具区域竞争力的旅游目的地。

药王庙

我的讲解到此结束了，大家在自行参观的时候，千万要注意安全，祝大家旅途顺利！

【景区亮点】

丹东凤凰山景区是国家级风景名胜区、辽宁四大名山之一，占地面积182平方公里，山高林茂，瀑布流泉，雄伟壮丽，四季景色各异，文物古迹比比皆是，是著名的旅游胜地，以"景、峰、险、石、洞、泉、物、庙、刻、迹"十大景观为主线，有重点景观100多处。其中，十景：石棚避暑、洞水飞涛、斗母圣境、山云铺海、苍松伴月、怪石凌空、松径寻秋、天池在望、叠嶂留云、东地瀛洲。奇峰：攒云峰、箭眼峰、神马峰、老牛背、双龙背、百步紧、天下绝、烽火台、点将台、聚仙台、棋盘顶。怪石：石壁鹤影、金蟾望月、金龟求凤、蚕娘望夫石、龟猴朝圣、观音座。幽洞：凤凰洞、凤泪洞、一品洞天、将军洞、灵仙洞、蚕娘洞、响水洞。清泉：观音圣源丹泉、八仙醉酒、摘星岩、瀑布飘逸。寺观：紫阳观、三官殿、忠贤殿、慈仁殿、纯阳殿、碧霞宫、斗母宫、观音阁、三教堂、清虚宫、朝阳寺、药王庙。

【交通指南】

在凤凰城火车站前乘10路公交车可达，出租车也只要10元左右。从凤城东高铁站可乘坐公交专线抵达市内，也可乘坐出租车前往。

【美食伴游】

丹东凤凰山景区周边的饭店有：鑫鑫酒楼宾馆（地址：丹东市凤城市凤山村2组，TEL：0415-8128645）；苹果园农家饭庄；钱聚德饭庄等。

【景区地址】

凤城市区东南3公里，北距沈阳市213公里，西南距大连市300公里

【登山路线】

山脚大门—盘山路（有两条小路）—检票口—登山口—凤凰洞（这里有三条路线，可任选其一）—凌空栈道—此后请沿着唯一的上山路一直走，不要下山—杜鹃坡—黑风口栈道—下山路—山脚大门。注：景区内有游览示意图。

东　线——辽东边境风情游精品线

● 趣味小故事

  凤凰山在历史上曾有过几个名字。早在南北朝时，这里筑有"乌骨城"，山叫作"乌骨山"。隋末唐初，建"熊山城"时，山名改为"熊山"。现在我们称之为凤凰山，不是因为其形像凤凰，是根据这样的一段传说：相传唐贞观年间，一代开明皇帝唐太宗李世民慕名来游，山上凤凰起舞，飞立于"拜祖石"上，向唐太宗点头行大礼，唐太宗很是高兴，随即赐此山名为"凤凰山"。我们都知道皇上是"金口玉言"，从那时起到现在，1 300多年过去了，一直称其为凤凰山。

● 天桥沟国家森林公园

  各位游客，大家好！欢迎大家来到天桥沟国家森林公园，我将竭诚为大家做好导游服务。下面，我向各位朋友介绍一下天桥沟国家森林公园。

  天桥沟位于丹东市宽甸西北部，属长白山脉老岭支脉，距丹东市155公里，距沈阳市220公里，西与本溪县毗邻，北与桓仁县接壤，登高远眺，可一山望尽三县美景。

  天桥沟景区于1992年被评为国家级森林公园，2004年被评为国家4A级旅游景区，2012年被评为全国十佳游客满意度风景名胜区，2013年被确立为房车露营地国家标准试点基地。

[地质地貌]

  天桥沟景区独特的地质地貌形成于1.4亿年前的侏罗纪晚期，被中外地质学家誉为"地球造山运动经典之作"。这里曾是清王朝的"龙兴之地"和皇家围场。清王朝长达277年的封禁，造就了天桥沟茂密的原始森林。林区植被覆盖率达96%，负氧离子高达40 000个/立方厘米，是联合国环境开发署确认的"世界六大无污染区之一"，也是164岁"东亚人瑞"阮国长（1760—1923）老人生活的地方。

天桥沟森林公园正门

[林木气候]

  天桥沟森林公园占地4 000多公顷，平均海拔600米，最高峰海拔1 160米。森林以原始林和天然次生林为主，共有木本植物170多种，草本植物980余种。这里的气候为季风性湿润气候，年平均

绿石谷

气温8℃，夏季平均气温23.6℃，年降雨量≥1 200毫米，相对湿度达73%以上，是绝佳的避暑胜地。天桥沟水源清澈甘洌，富含多种矿物质，经检测为国家一级水质。

[四季景色]

公园内四季景色鲜明，春天百花争艳、俏色满园，盛夏青山滴翠、凉爽宜人，金秋万山红遍、层林尽染，冬日银装素裹、玉树琼枝，可谓"一季一世界，四季四重天"。奇峰上，怪石似鬼斧神工千姿百态；峭壁间，苍松如天外飞仙婀娜多姿。

晓月峰

莲花峰

天桥峰

[景区景点]

景区现有天宫、莲花峰、玉泉顶、晓月峰、栈道五大游览区，共计103个旅游景点，其中莲花映日、天桥霁月、鹰岩积雪、天潭垂钓、层林红枫、双松飞瀑、晓月鸣禽、云海观涛被誉为"天桥八景"。景区以"层林红枫"享誉中外，曾被中国旅行家杂志评为"中国枫叶最红、最艳的地方"，为国内十大枫叶观赏地之一。

溪谷景区

[服务设施]

天桥沟旅游服务设施完备，有集商务、餐饮、娱乐等多种功能于一体的枫叶会馆；依山而建、临水而居，供游客下榻的枫墅小区；辽宁省内最长的三级四道 4.6 公里滑雪场及狩猎场等。整个项目将回归自然、休闲度假两种模式交融，实现了从观光旅游到休闲度假旅游的根本转变。

各位朋友！今天的天桥沟让您流连忘返，明天的天桥沟将会更加美丽迷人。欢迎您再来天桥沟，我们将竭诚为您再次提供旅游度假服务。

【景区亮点】

天桥沟森林公园以林海、奇峰和怪石景观为主体，以丰富的生态资源和独特的自然景观为依托，以浓郁的人文景观和神秘的抗联遗址为点缀，是一处融森林景观、地质景观和红色旅游于一体的著名旅游景区，尤以"层林红枫"享誉中外。

【美食伴游】

此地饮食以山珍海味为主。山溪水极为清澈，可直接饮用。地方特产主要有野山参、中华蜂蜜、林蛙、参仙源人参酒等。

【景区地址】

丹东市宽甸满族自治县双山子镇国有黎明林场

【交通指南】

乘车路线：先到凤城，再乘坐去天桥沟的客车；自驾线路：丹东—宽甸—天桥沟。

趣味小故事

天桥沟的得名源自山门附近一块横卧山涧的巨石，宛如"天桥"，故名。据当地民间传说，玉帝之女有一头秀发，不知何故突然脱发，公主茶饭不思，一筹莫展。玉帝钦命巡天将四处打探医治脱发之法。一日，有大将来报："凡间有一胜景，其山之泉可治脱发。"公主遂来到山泉喷涌的天桥沟，掬碧潭清溪梳洗秀发，果然有奇效，遂居此地。一天，公主又来到溪边梳洗，突闻一阵歌声由远及近，但见一位英俊的牛郎踏歌而来，公主见之顿生爱慕之情，但山涧阻隔，无法通行，遂拔出头饰金簪，化作石桥，有情人得以相会并终成眷属。玉帝闻知，龙颜大怒，命公主急速返回天宫。公主不从，与牛郎双双化作耸立的高山，从此得以永驻人间，并为后人留下一段美丽的佳话。后来，当地人就把这座石桥命名为"天桥"，"天桥沟"的地名即由此得来。

●抗美援朝纪念馆

游客朋友们，大家好！欢迎参观抗美援朝纪念馆。

抗美援朝纪念馆位于辽宁省丹东市鸭绿江畔的英华山上，与朝鲜民主主义人民共和国新义州市隔江相望，是全国唯一全面反映中国人民抗美援朝战争和抗美援朝运动历史的专题纪念馆。

该馆始建于 1958 年，由郭沫若同志题写馆名。1990 年，抗美援朝纪念馆移地扩建。1993 年建成开馆。2014 年，抗美援朝纪念馆进行新一轮改扩建。于 2020 年，纪念中国人民志愿军抗美援朝出国作战 70 周年之际，面向社会重新开放。抗美援朝纪念馆总占地

抗美援朝纪念馆全景

面积 182 475 平方米，建筑面积 29 983 平方米，由抗美援朝纪念塔、陈列馆、全景画馆及国防教育园组成。现有馆藏抗美援朝文物 2 万余件，各类抗美援朝资料 3 万余份，是目前国内收藏有关抗美援朝文物与资料较为全面和系统的纪念馆。

游客朋友们，现在我们看到的就是抗美援朝纪念塔。

抗美援朝纪念塔塔高 53 米，寓意 1953 年朝鲜战争停战实现，抗美援朝战争取得伟大胜利。塔体为方型中空式，灰白色花岗岩贴面，正面镶嵌着邓小平同志题写的"抗美援朝纪念塔"七个鎏金大字，塔的下部是由旗帜、鲜花、彩带组成的汉白玉塔花，代表和平、胜利和友谊。塔的背面镌刻有颂扬中国人民志愿军丰功伟绩的塔文。塔体两侧镶嵌有大理石制作的"和平万岁纪念章"。四个塔墩上铸有四组大型群雕，分别为抗美援朝战争、抗美援朝运动、志愿军空军和钢铁运输线。纪念塔前大台阶宽 10.25 米，寓意 10 月 25 日为中国人民志愿军抗美援朝出国作战纪念日。大台阶中部为牌楼，寓意志愿军凯旋。牌楼与塔基之间设有 5 层缓步台，寓意抗美援朝战争运动战时期的五次战役。进馆台阶共由 1014 块条石砌成，寓意志愿军将士在朝鲜奋战的 1014 个日日夜夜。

游客朋友们，这里就是陈列馆。

陈列馆建筑面积 23 845 平方米，以"抗美援朝，保家卫国"为基本陈列主题，设置了序厅、抗美援朝战争、抗美

抗美援朝纪念塔

毛泽东与彭德怀大型铸铜雕像

东 线——辽东边境风情游精品线

援朝运动、中朝人民友谊、中国人民志愿军英烈、纪念厅六个部分，全面、客观、真实地再现了伟大的抗美援朝战争和抗美援朝运动的光辉历史。

序厅正面上方"抗美援朝、保家卫国"八个大字，高度概括了抗美援朝纪念馆的基本陈列主题。序厅中央这座毛泽东主席与彭德怀司令员的大型铸铜雕像名为《临危受命》，表现的是20世纪50年代中共中央和毛泽东主席根据朝鲜劳动党和政府的请求，作出抗美援朝、保家卫国的战略决策以及彭德怀临危受命时的情景。背景的大型浮雕分别表现了伟大的抗美援朝战争和波澜壮阔的抗美援朝运动。序厅左侧是1950年10月8日毛泽东主席签署的《组成中国人民志愿军的命令》；右侧是1950年11月4日发表的《各民主党派联合宣言》。

抗美援朝战争是中华人民共和国成立初期，中国人民在中国共产党领导下，为维护正义、反对强权、保卫国家安全而被迫进行的一场反侵略战争。

1949年10月，中国人民在中国共产党的领导下，取得了新民主主义革命的伟大胜利，建立了中华人民共和国。刚刚诞生的中华人民共和国面临严重的战争创伤，国际国内形势严峻，建设新国家的任务十分艰巨，一切需从头做起。正当中国人民开始恢复经济，发展生产，巩固新政权之时，1950年6月25日朝鲜内战爆发，美国杜鲁门政府立即进行武装干涉，并派第7舰队侵入中国台湾海峡。1950年7月7日，美国操纵联合国安理会，通过关于组成"联合国军"的非法决议，发动对朝鲜的全面战争，并不顾中国政府的一再警告，悍然越过"三八线"，将战火烧到鸭绿江边，严重威胁中国的安全。1950年10月，中共中央和毛泽东主席根据朝鲜劳动党和政府的请求以及中国人民的意愿，作出抗美援朝、保家卫国的战略决策，组成中国人民志愿军，开赴朝鲜战场，同朝鲜军民并肩抗击侵略者。从1950年10月19日开始，中国人民志愿军第39军、40军、42军、38军先后从安东、长甸河口、辑安跨过鸭绿江，开始了伟大的抗美援朝战争，辽宁也被称为抗美援朝出征地。中国人民志愿军开赴朝鲜后，遵照中共中央和毛泽东主席的指示，在彭德怀司令员的指挥下，采取"以运动战为主，与部分阵地战、敌后游击战相结合"的作战方针，从1950年10月至1951年6月，连续进行5次战役，歼敌23万余人，把"联合国军"从鸭绿江边打回到"三八线"，并将战线稳定在"三八线"地区，迫使"联合国军"转入战略防御，打出了朝鲜停战谈判的局面，为抗美援朝战争的胜利奠定了基础。停战谈判开始后，战争形成边打边谈局面。根据朝鲜战场形势的变化，中共中央和毛泽东主席确定了"充分准备持久作战和争取和平，达到结束战争"的指导方针。在两年多的阵地防御作战中，志愿军以阵地战为主要作战形式，越战越强，越战越主动，与朝鲜人民军一起，先后粉碎了"联合国军"的夏秋季攻势、"绞杀战"、细菌战，并取得全线战术反击作战、上甘岭战役和1953

年夏季反击战役的胜利，促进了朝鲜停战的实现。经过两年零九个月的浴血奋战，1953年7月27日，《朝鲜停战协定》签字，朝鲜战争结束，中国人民取得了抗美援朝战争的伟大胜利，彻底改变了近百年来中华民族在世人眼中任人宰割、凌辱的软弱状态，令全世界刮目相看，极大地提高了中华人民共和国的国际地位，促进了中国人民解放军和国防现代化的建设，为中华人民共和国的巩固、建设和发展打下了坚实基础。朝鲜停战以后，志愿军又进行了维护《朝鲜停战协定》的斗争，直至1958年10月全部撤出朝鲜回国。伟大的抗美援朝战争永久载入了中华人民共和国和中华民族的光辉史册。

在抗美援朝战争期间，全国人民在中国共产党的领导下，由中国人民抗美援朝总会统筹组织，广泛深入地开展了轰轰烈烈的抗美援朝运动。在这场伟大的运动中，中国人民以高度的爱国热情和巨大的牺牲精神，以各种方式支援抗美援朝战争。通过对全国人民进行抗美援朝爱国主义教育，极大地提高了全国人民的政治觉悟，增强了民族自尊心、自信心和凝聚力，充分调动了全国人民的积极性和创造力，有力地支援了抗美援朝战争，并促进了国民经济恢复的顺利完成。

在共同反抗美国侵略者的伟大斗争中，中朝两国人民的传统友谊得到了进一步加强和发展。中国人民志愿军严格遵守政治纪律和军事纪律，在战时，与朝鲜人民和军队并肩战斗，同甘苦、共患难，密切配合，互相支援；停战后，积极帮助朝鲜人民重建家园。朝鲜政府和人民以高度的热情关怀与爱护志愿军。中朝两国人民和军队用鲜血凝成的伟大友谊将永世长存！

在抗美援朝战争中，中国人民志愿军在极为艰难的条件下，充分发挥了思想政治工作的保障作用，教育官兵认识抗美援朝的伟大意义，激励官兵的作战积极性和创造性，保持部队的旺盛战斗意志，以灵活机动的战略战术和一往无前的英雄气概，英勇作战、不畏牺牲，创造了可歌可泣的英雄业绩，涌现出大批英雄、模范和功臣。他们的精神永远是中华民族的骄傲，他们的业绩将万古流芳！

在这场战争中，中国人民付出了巨大的牺牲和代价，但取得了抗美援朝战争的伟大胜利。这场战争，打出了中华人民共和国的国威和军威，保卫了朝鲜民主主义人民共和国和新中国的安全，深刻影响和改变了亚洲乃至世界的政治格局，奠定了中华人民共和国在亚洲和国际事务中的重要地位。同时锻造了伟大的抗美援朝精神，那就是：祖国和人民利益高于一切、为了祖国和民族的尊严而奋不顾身的爱国主义精神；英勇顽强、舍生忘死的革命英雄主义精神；不畏艰难困苦、始终保持高昂士气的革命乐观主义精神；为完成祖国和人民赋予的使命、慷慨奉献自己一切的革命忠诚精神；为了人类和平与正义事业而奋斗的国际主义精神。

游客朋友们，现在我们来到了全景

东　线——辽东边境风情游精品线

画馆。

全景画馆是圆柱形密闭堡垒式建筑，直径44.6米，高24米，面积3 150平方米。馆内陈列有周长132.15米、高16米的大型全景画《清川江畔围歼战》，并设有1 100平方米表现各种战斗场景的地面塑型，配有烘托战争场面的灯光、音响效果，生动、艺术地再现了抗美援朝战争第二次战役，志愿军在清川江畔，围歼以美国为首的"联合国军"的壮观场面和恢宏的战争氛围。

游客朋友们，现在我们参观的是国防教育园。

国防教育园占地3万平方米，园区内陈列了抗美援朝时期及中国人民解放军在发展和壮大过程中使用的重要装备150余件，其中抗美援朝时期中国人民志愿军使用过的重要装备如：单管37毫米高射炮、苏式T-34坦克、苏式122毫米榴弹炮、苏式喀秋莎火箭炮发射架、85毫米加农炮等，是非常珍贵的战争见证物；米格-15战斗机、图-2型轻型轰炸机是中国人民志愿军空军组建时期使用的主要机型。

国防教育园

●鸭绿江断桥景区

各位游客朋友们，大家好！欢迎来到鸭绿江断桥景区，百年征程波澜壮阔，百年初心历久弥坚。弘扬红色基因，赓续红色血脉，是断桥景区矢志贯之的初心使命。鸭绿江断桥始建于1909年，距今已有百年的历史，是鸭绿江上第一座单线铁路桥。鸭绿江断桥不仅经历过抗美援朝战争的洗礼，还是志愿军渡江的重要地点。被美军炸断的残痕就是这段历史最有力的见证。鸭绿江断桥目前是丹东市的标志性建筑和旅游景区。

鸭绿江断桥

我们现在看到的是桥头西侧的碉堡，是1928年夏天修建的，也是中共满洲省委成立不久，从此，中国共产党在辽阔的白山黑水间有了独立领导的抗日武装队伍。碉堡的修建也证明了中共满洲省委在安东地区的抗日活动给予侵略者沉重的打击。

面向碉堡左手边停放的是两门苏制37高炮，抗美援朝战争初期，志愿军主要凭借着高射炮守卫鸭绿江大桥这条运

365

输线。在电影《金刚川》中,击落美军飞机的就是37高炮。抗美援朝战争中,中国人民志愿军高射炮兵共击落敌机2 300多架,为战争的胜利作出了重要贡献。

游客朋友们,我们现在看到的是大型群雕《为了和平》,是根据1950年10月19日彭总率军过江的真实历史、真实人物所雕造的。雕塑高5米,长12米,背景是旗海,象征着新中国刚刚成立,百废待兴之时,应当时朝鲜劳动党和政府的请求,党中央和毛主席做出英明决策:抗美援朝、保家卫国。雕塑由26位统帅、领导、英模所组成,代表了首批过江的26万志愿军将士。最前面这一位是彭德怀司令员,右边手指前方这一位是毛泽东之子毛岸英,左手边这一位是我军在战场上牺牲的最高将领,五十军代军长兼党委书记蔡正国。还有特级战斗英雄杨根思、黄继光、邱少云等。整个雕塑体现了中国人民志愿军的精神风貌,彰显了中华儿女的英雄气概。

迟浩田上将题写的"鸭绿江断桥"牌匾

上方的牌匾"鸭绿江断桥"是原中共中央政治局委员、中央军委副主席、国防部长迟浩田上将题写的。迟浩田上将也是参加过抗美援朝的老战士,这五个大字,表达了一位志愿军老战士对在那场战争中牺牲的战友无限思念之情和对丹东这座英雄城市的热爱与怀恋。

鸭绿江大桥是连接安奉(丹东—沈阳)铁路和京义铁路(首尔—新义州)物资运输的交通大动脉,所以安奉铁路沿线和鸭绿江大桥是安东地区抗日武装主要的打击目标。"九·一八"事变后的两年里,中国共产党领导的各路义勇军在安东到奉天全长303公里沿线,多次破坏铁路、桥梁、站房、阻击列车,沉重打击了侵略者的嚣张气焰,鼓舞了丹东地区军民的士气。到1933年9月,丹东地区的抗日义勇军达到3万余人,他们有邓铁梅、李春润、李子荣部队等,犹如一颗颗璀璨的星星,照亮辽东抗日战争的历史星空。

时间来到1945年8月15日,日本接受《波茨坦公告》,宣布投降,西南太平洋地区盟军总司令道格拉斯·麦克阿瑟立即发出关于受降的第一号命令,其中确定以北纬38°线为界,命令朝鲜地域的日军在三八线以北者向苏军投降,三八线以南者向美军投降,朝鲜被人为分成了两半。1948年,李承晚在美国的支持下当选总统,8月15日宣布成立大韩民国,同年9月9日朝鲜民主主义人民共和国成立,金日成当选国家元首。1950年6月25日,朝鲜爆发全面内战,9月15日,美国第十军所属部队

7万人，在260余艘舰艇、近500架飞机的配合下，在朝鲜西海岸仁川登陆。党中央和毛主席作出"抗美援朝、保家卫国"的决策，1950年10月19日，彭德怀临危受命，率领首批中国人民志愿军26万人分三路，"雄赳赳，气昂昂，跨过鸭绿江"，奔赴朝鲜战场，与朝鲜人民并肩作战。

抗美援朝战争共分为运动战和阵地战两部分，其中运动战共分为五次战役。从1950年10月25日志愿军先头部队在利洞、两水洞、黄草岭地区与敌遭遇，重创美骑兵第一师，志愿军首战胜利，到1951年4月22日第五次战役，我军连续奋战50天，歼敌8.2万余人，把战线稳定在"三八线"附近地区。从此，交战双方形成战略相峙，抗美援朝战争运动战阶段结束，阵地战阶段开始。

阵地战从1951年6月中旬至1953年7月27日战争结束。中朝人民军队依靠坚固阵地，曾先后粉碎了敌军多次局部进攻，并取得了反"绞杀战"和"反细菌战"的胜利。

1953年7月27日，美方在走投无路的情况下，不得不在《朝鲜停战协定》上签字。抗美援朝战争随之胜利结束。

在抗美援朝战争中，鸭绿江上的两座"姊妹桥"承担着抗美援朝志愿军过江、军需物资供应和后方支援前线的繁重而紧张的运输任务，是连接中朝两国的交通大动脉。"联合国军"为切断这条中朝交通运输的生命线，把破坏鸭绿江大桥作为重要的战略目标，不断地进行侦查、扫射、轰炸。1950年11月8

鸭绿江上的两座姊妹桥

日上午9时左右，美军百余架B29轰炸机飞入朝鲜新义州和鸭绿江大桥的上空，投下无数颗炸弹和烧夷弹，大桥被拦腰炸断，8孔桥梁落入水中，大桥已彻底"瘫痪"，成为一座断桥。朝方一段上的钢轨被炸断、炸弯，枕木和桥板被炸飞起火。安东铁路分局200余名职工经过5个多小时的拼搏，于下午3时将桥上大火完全扑灭。晚6：30集中进行抢修。为了加快进度，抢修队员不点灯，用手摸着摆枕木、铺桥板，打道钉。他们凭着这股忘我的斗志，在敌机9次干扰、扫射的情况下，于9日凌晨3时，终于完成了任务，保证了我军和援朝物资的顺利过江。鸭绿江断桥的存在不是偶然的，是基本按照桥的界限来炸的，当时的美国总统杜鲁门和"联合国军"统帅麦克阿瑟商议，只能炸朝鲜一侧，不能炸中方一侧，他怕惹翻了我们，引起更大的矛盾。由此可见，鸭绿江断桥的存在，生动地展示了刚刚诞生的新中国在国际上已经具有举足轻重的作用和地位。

鸭绿江第一桥被炸断以后，志愿军

被炸断后的鸭绿江断桥

战士为保证后方支援前线的运输,就把中朝友谊桥的双轨铁路拆除一轨,改为公路和铁路两用桥。1951年4月7日上午9时零5分,美军突然出动 B-29 型轰炸机及喷气式战斗机,对中朝友谊桥及安东市进行轰炸。炸坏朝方桥段第三、第四两孔桥梁,炸得钢梁和枕木零碎四散,铁轨弯曲,钢梁移位,桥面起火。

安东铁路局和工程兵部队、抢修工程队组织1 600多人立即冲上江桥用装满沙石的沙袋修筑临时桥墩,经过4天的艰苦奋战大桥得以修复,11日中午恢复通车,保证了部队过江和作战物资的运输,中朝友谊桥就此成为打不断炸不烂的钢铁运输线的重要组成部分。从1951年下半年开始,面对堪称"世界王牌"的"联合国"空军,志愿军空军先后击落敌机330架,击伤95架,粉碎了"联合国军"的"绞杀战",开辟了让"联合国军"闻风丧胆的"米格走廊",圆满完成了争夺制空权、掩护交通运输、保卫重要目标和支援地面部队作战的任务。

1993年,由丹东市旅游局等八家单位联合开发,经过一年的整修于1994年6月对外开放。2001年6月,鸭绿江断桥被中宣部命名为全国爱国主义教育示范基地,2004年被国家发改委拟定为2004—2007年全国百家重点建设的红色旅游经典景区,2006年5月列为全国重点文物保护单位。

鸭绿江中朝边境碑

桥的对岸就是朝鲜民主主义人民共和国,朝鲜现有人口2 000多万,首都平壤距丹东200公里,对面的城市就是朝鲜平安北道新义州市。

当我们走进炸断平台,可以清晰地看见到卷起的横梁、扭曲的钢架、裂开的钢板,都是当年美军飞机轰炸后遗留下来的。抗美援朝胜利后,中方所属的残桥,带着累累弹痕,完整地保存下来。断桥就成为抗美援朝战争胜利的历史见证。伟大的抗美援朝精神是志愿军空军英勇顽强、舍生忘死的革命英雄主义精神;不畏艰难困苦、始终保持高昂士气的革命乐观主义精神;为了祖国和民族的尊严而奋不顾身的爱国主义精神;为完成祖国和人民赋予的使命、慷慨奉献自己一切的革命忠诚精神;为了人类和平正义事业而奋斗的国际主义精神。

图书在版编目（CIP）数据

畅游美丽辽宁 / 范秋梅，谢春山，达温阳编著. -- 2版. -- 北京：旅游教育出版社，2023.7（2025.7重印）
ISBN 978-7-5637-4573-9

Ⅰ．①畅… Ⅱ．①范… ②谢… ③达… Ⅲ．①导游－解说词－辽宁 Ⅳ．①K928.931

中国国家版本馆CIP数据核字(2023)第114764号

全国导游资格考试教材

畅游美丽辽宁

（第2版）

范秋梅　谢春山　达温阳　编著

策　　划	丁海秀　李荣强
责任编辑	李荣强
出版单位	旅游教育出版社
地　　址	北京市朝阳区定福庄南里1号
邮　　编	100024
发行电话	（010）65778403　65728372　65767462（传真）
本社网址	www.tepcb.com
E - mail	tepfx@163.com
排版单位	北京旅教文化传播有限公司
印刷单位	唐山玺诚印务有限公司
经销单位	新华书店
开　　本	710毫米×1000毫米　1/16
印　　张	23.75
字　　数	363千字
版　　次	2023年7月第2版
印　　次	2025年7月第3次印刷
定　　价	58.00元

（图书如有装订差错请与发行部联系）